The Best

텔레마케팅관리사
1차 필기

기출분석 단기완성

시대에듀

텔레마케팅관리사 안내

📂 개요
전문 지식을 바탕으로 컴퓨터를 결합한 정보통신 기술을 활용하여 고객에게 필요한 정보를 즉시 제공하고 신상품 소개, 고객의 고충사항 처리, 시장조사, 인바운드와 아웃바운드 등 다양한 기능을 수행하는 숙련된 기능 인력을 양성하기 위해 텔레마케팅관리사 자격 제도를 제정하였다.

📂 수행 직무
통신수단을 이용하여 이루어지는 상품 또는 서비스에 대한 판매 및 고객관리를 의미하며 시장환경 분석, 상품개발기획, 전략 수립, 조직운영관리, 성과관리, 고객관계관리, 판매관리, 인·아웃바운드 마케팅, 텔레마케팅 시스템 운용의 업무를 수행한다.

📂 시험 구성

구분	1차 필기시험	2차 실기시험
시험 과목	1. 고객관리 2. 시장환경조사 3. 마케팅관리 4. 조직운영 및 성과관리	실무
검정 방법	객관식(CBT 방식)	주관식
문항 수	과목당 25문항(총 100문항)	20~25문항
시험 시간	2시간 30분	2시간 30분
합격 기준	100점을 만점으로 하여 과목당 40점 이상, 전과목 평균 60점 이상	100점을 만점으로 하여 60점 이상

📂 응시 자격
제한 없음

📂 시행처
한국산업인력공단(www.q-net.or.kr)

※ 2022년 제3회부터 1차 필기시험 방식이 CBT 방식으로 변경되었습니다. 자세한 내용은 한국산업인력공단으로 문의하시기 바랍니다.

1차 필기시험 현황

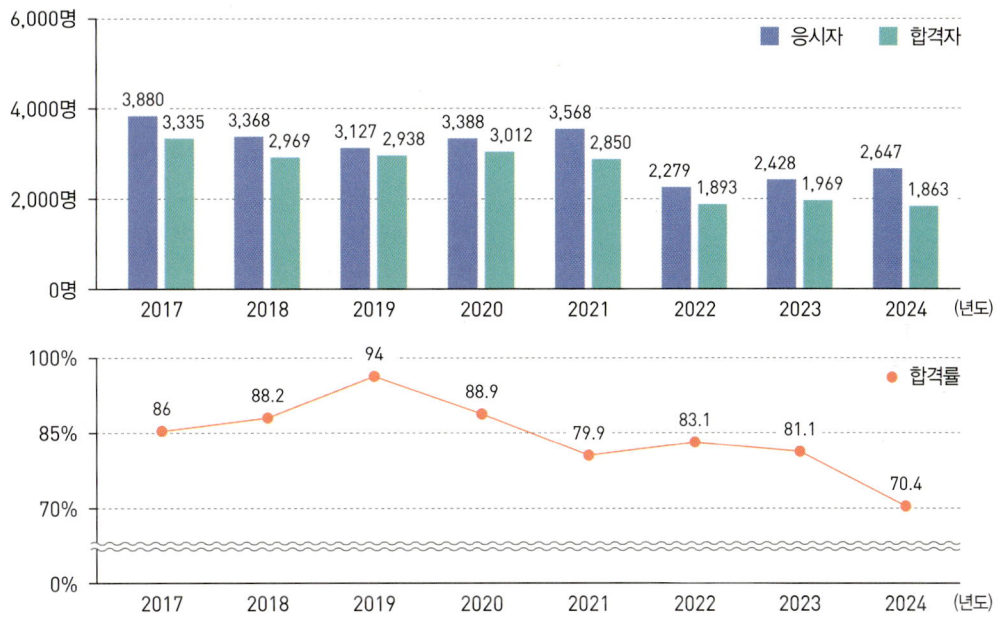

2차 실기시험 현황

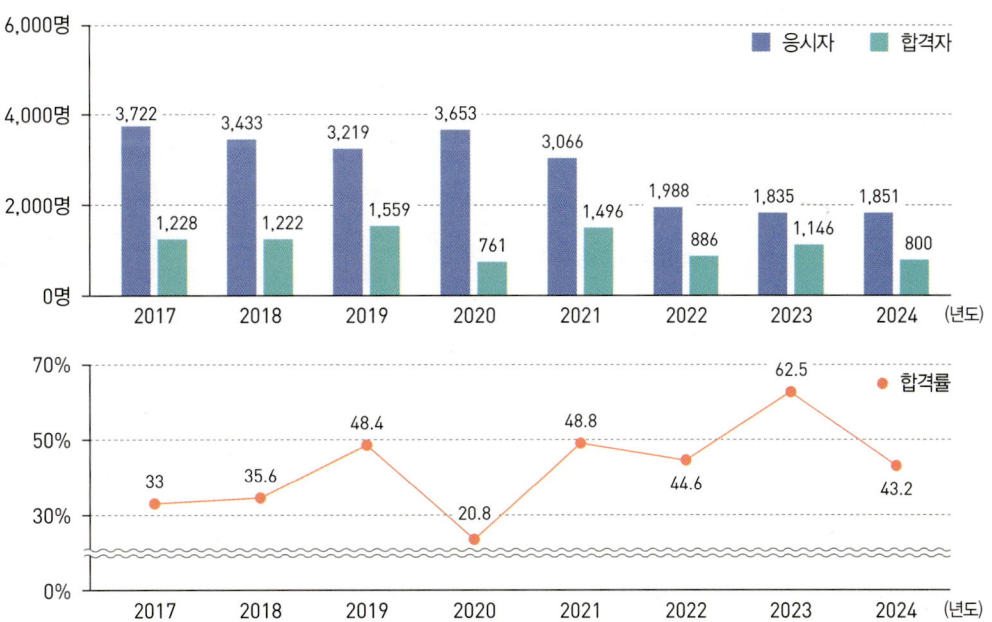

출제 기준

※ 적용 기간: 2026.1.1.~2028.12.31.

※ 국가직무능력표준(NCS)을 기반으로 하여 출제 기준(과목명, 주요 항목 등)이 직무 중심으로 개편되었습니다.

🔒 고객관리(25문항)

주요 항목	세부 항목	세세 항목	
1 고객 분석과 데이터관리	1. 대상 고객 선정	① 분류 기준 설정 ③ 대상 고객 선정	② 고객 데이터 추출
	2. 고객 정보 분석	① 분석 기준 설정 ③ 고객 정보 분석	② 분석 방법 결정
	3. 고객 유형 결정	① 고객 범위 결정 ③ 고객 가치 측정 방법	② 고객 세분화 및 유형 분류
	4. 고객 데이터 수집 및 유지	① 데이터 유형 분류 ③ 데이터 정제 ⑤ 개인정보 관련법	② 데이터 수집 경로 및 방법 결정 ④ 데이터관리지침
2 고객지원과 고객관리 실행	1. 고객 요구사항 파악	① 요구사항 파악	② 요구사항 분류
	2. 고객 요구사항 이력관리	① 고객 요구 분석	② 고객 만족도 조사
	3. 고객 응대	① 고객 응대 기술 ③ 유관기관 교섭	② 고객 유형별 상담 기술
	4. 고객관계 유지	① 커뮤니케이션 전략	② 고객관계 유지 활동
	5. 고객관계 강화	① 수익성 예측	② 고객이탈 방지 활동
3 고객 필요정보 제공	1. 필요정보 산출	① 소비자 행동과 성향 분석	② 자사와 경쟁사 비교 분석
	2. 경로별 정보 제공	① 매체 유형 및 특성	② 마케팅 커뮤니케이션 전략
4 통신판매 고객관계관리	1. VOC관리	① VOC 수집 ③ VOC 분석	② VOC 처리
	2. 우수고객관리	① 고객 가치의 개념 ③ 고객생애가치	② RFM 분석 ④ 고객 충성도 강화
5 통신판매 고객 상담	1. 고객 접점 응대유형 파악	① 고객 만족 개념 ③ 비대면 커뮤니케이션 개념	② 고객 접점 개념 ④ 통신판매 접점 채널에 대한 지식
	2. 고객 니즈 파악	① 라포 ③ 매슬로우의 욕구 이론	② 경청 기법 ④ 질문 기법
	3. 고객 응대	① 설득 화법 ③ 스트레스 개념 ⑤ 감정노동자 보호법	② 국어 표준 화법 ④ 스트레스관리방법
6 영업 고객 불만관리	1. 불만사항 수집 및 분석	① 불만사항 수집	② 불만사항 분석
	2. 불만사항 해결	① 불만사항 해결방안	② 소비자 관련법

🏠 시장환경조사(25문항)

주요 항목	세부 항목	세세 항목
1 통계조사 계획	1. 통계조사 목적 수립	① 고객 요구 분석 ② 조사 목적 및 세부 목표 수립
	2. 조사 내용 결정	① 조사 내용 도출 ② 측정 방법 결정
	3. 조사 방법 결정	① 조사 방법론
	4. 실행 계획 수립	① 조사 범위 결정 ② 조사 실행 계획
2 통신판매 환경 분석	1. 시장환경 분석	① 3C 분석 ② SWOT 분석 ③ 내·외부환경 분석
3 표본 설계	1. 조사 대상 선정 및 표본	① 모집단 선정 ② 표본추출 ③ 표본오차 ④ 표본크기
4 설문 설계	1. 분석 설계	① 척도 종류 ② 분석 방법 설계
	2. 설문 항목 작성	① 설문 항목 구조화 ② 설문 항목 작성 ③ 설문 작성
5 기술통계 분석	1. 추정·가설검정	① 자료 유형 및 척도 적용 ② 추정과 가설 ③ 독립 변수 및 종속 변수의 설정
	2. 통계 분석	① 빈도 분석 ② 교차 분석 ③ 분산 분석

출제 기준

🔸 마케팅관리(25문항)

주요 항목	세부 항목	세세 항목
1 통신판매 전략 수립	1. 판매촉진 계획	① 판매촉진 유형 ② 고객 구매 행태 및 선호도 분석 ③ 판매촉진 효과 분석
	2. 데이터베이스 활용 계획	① 데이터베이스 마케팅 ② 데이터 마이닝
2 STP 전략 수립	1. 시장세분화 및 목표시장 선정	① 시장세분화 ② 목표시장 선정 ③ 마케팅 전략 수립
	2. 포지셔닝	① 포지셔닝 의의 ② 포지셔닝 전략 수립 과정 ③ 포지셔닝 전략
3 마케팅믹스 전략 수립	1. 제품 전략 수립	① 제품 수명 주기 ② 신상품 기획
	2. 가격 전략 수립	① 가격과 소비자 행동 ② 가격 결정 방법 ③ 제품 원가에 따른 손익 분석 ④ 가격차별화관리
	3. 유통 전략 수립	① 유통경로 유형 및 정의 ② 유통경로 설계 ③ 신유통경로 마케팅
	4. 촉진 전략 수립	① 촉진 의의와 목적 ② 촉진 체계 유형 ③ 촉진 방법 ④ 통합적 마케팅 커뮤니케이션 전략 　　(Intergrated Marketing Communication)
4 인·아웃바운드 판매 채널 운영 관리	1. 인바운드	① 인바운드 채널별 개념 ② 인바운드 업무 유형별 프로세스
	2. 아웃바운드	① 아웃바운드 채널별 개념 ② 아웃바운드 업무 유형별 프로세스
	3. 스크립트 활용	① 스크립트 개념 ② 스크립트 작성 ③ 스크립트 활용

조직운영 및 성과관리(25문항)

주요 항목	세부 항목	세세 항목	
1 통신판매 조직운영관리	1. 인력관리	① 채용계획 수립 ③ 면접 기법 ⑤ 리더십 이론	② 채용절차 ④ 인사 및 노무 지식
	2. 교육훈련 실시	① 교육훈련 계획 ③ 교육과정 평가	② 교육과정 설계
	3. 인사 평가	① 평가지표 설정 ③ 평가시행 및 성과보상	② 평가계획 ④ 경력경로관리
2 통신판매 시스템 운용	1. 인바운드 시스템 활용	① 인바운드 시스템 지식	② 인바운드 지표
	2. 아웃바운드 시스템 활용	① 아웃바운드 시스템 지식	② 아웃바운드 지표
	3. 시스템 문제 대응	① 문제 상황 대응 프로세스	
3 마케팅 성과 측정과 활용	1. 마케팅 성과 측정	① 마케팅 성과 측정 계획 ③ 마케팅 성과 측정	② 마케팅 성과 측정 기준
	2. 마케팅 결과 활용	① 마케팅 결과 분석	② 마케팅 결과 활용
4 통신판매 성과관리	1. 목표 설정	① 성과관리 개념	② 목표 설정 이론
	2. 성과 평가	① 업적 및 역량 평가 ③ 개인 및 집단 평가	② 다면 평가 ④ 상대 및 절대 평가
	3. 보상하기	① 동기부여 이론 ③ 보상 재원관리	② 인센티브 제도
	4. 모니터링	① 모니터링 유형 및 정의 ② QA(Quality Assurance/품질보증)관리 기술	

시험 응시 유의사항

🔖 기본 유의사항

❶ 시험 시작 시간 이후에는 입실 및 응시가 불가합니다.
❷ 수험표 및 접수 내역을 사전에 확인하여 시험장 위치와 시험장 입실가능 시간을 숙지하시기 바랍니다.
❸ 공단 인정 신분증과 수험표를 반드시 지참하시기 바랍니다.
❹ 시험 중 다음과 같은 행위를 하는 자는 국가기술자격법 제10조 제6항의 규정에 따라 당해 검정을 중지 또는 무효로 하고 3년간 국가기술자격법에 의한 검정을 받을 자격이 정지됩니다.

> - 다른 수험자와 시험과 관련된 대화를 하거나 답안지를 교환하는 행위
> - 다른 수험자의 답안지 또는 문제지를 엿보고 답안을 작성하거나 작품을 제작하는 행위
> - 다른 수험자를 위하여 답안을 알려 주거나 엿보게 하는 행위
> - 문제 내용과 관련된 물건을 휴대하여 사용하거나 이를 주고받는 행위
> - 시험장 내외의 자로부터 도움을 받아 답안지를 작성하거나 작품을 제작하는 행위
> - 다른 수험자와 성명 또는 수험 번호를 바꾸어 제출하는 행위
> - 대리 시험을 치르거나 치르게 하는 행위
> - 전자·통신기기를 사용하여 답안지를 작성하거나 다른 수험자를 위하여 답안을 송신하는 행위
> - 그 밖에 부정한 방법 또는 불공정한 방법으로 시험을 치르는 행위

❺ 시험 중 전자·통신기기를 비롯한 불허물품 소지가 적발되는 경우 퇴실 조치되며 당해 시험은 무효 처리됩니다.

🔖 CBT 유의사항

❶ CBT(Computer Based Test)란 인쇄물 기반 시험인 PBT와 달리 컴퓨터 화면에 문제가 표시되어 응시자가 마우스를 이용해 풀어 나가는 컴퓨터 기반의 시험을 말합니다.
❷ 입실 전 반드시 본인의 좌석을 확인한 뒤 착석하시기 바랍니다.
❸ 전산으로 진행되므로 안정적인 운영을 위해 입실 후 감독위원 안내에 적극 협조하여 응시해 주시기 바랍니다.
❹ 최종 답안을 제출한 뒤에는 수정이 절대 불가하오니 충분히 검토한 뒤 제출하시기 바랍니다.
❺ 답안 제출 후 본인의 점수를 확인한 뒤에 퇴실하시기 바랍니다.
❻ 필요시 계산용 연습지를 배부하나 퇴실 시 제출해야 합니다.
❼ CBT 문제는 비공개를 원칙으로 하며, 문제나 본인이 작성한 답안을 수험표 등에 옮겨 적을 수 없습니다.

※ 유의사항은 변경될 수 있습니다. 정확한 내용은 한국산업인력공단으로 문의하시기 바랍니다.

무엇이든 물어보세요!

CBT 방식의 필기시험은 어떻게 공부해야 하죠?

CBT 방식의 시험은 컴퓨터 화면에 시험문제가 표시되며 응시자마다 다른 문제를 풀게 됩니다. 문제은행식으로 출제되므로 특정 문제 유형에만 치중하기보다는 각 과목의 핵심 개념과 원리를 폭넓게 이해하는 것이 중요합니다. 다시 말하면, 개념을 확실하게 이해하여 어떤 문제가 나오더라도 적용하여 풀 수 있도록 해야 합니다. 또한 다양한 유형의 문제를 풀어 보며 실전 감각을 키우는 것이 필요합니다.

텔레마케팅관리사 1차 필기시험은 공부를 하지 않아도 합격할 수 있다고 들었습니다. 소문이 사실인가요?

1차 필기시험의 평균 합격률이 85%를 넘다 보니 그런 이야기가 나온 것으로 보입니다. 하지만 이는 10명 중 1~2명은 불합격한다는 의미이기도 합니다. 따라서 준비를 확실히 하여 한 번에 합격하는 것이 좋겠죠?

시간이 별로 없는데 1차 필기시험을 어떻게 준비하면 좋을까요?

공부할 시간이 별로 없는 분들께는 기출문제를 풀어 보며 모르는 개념을 찾아서 학습하는 방법을 권해 드립니다. 텔레마케팅관리사 시험은 기존에 출제되었던 문제들이 반복해서 출제되는 경우가 많기 때문입니다.

2차 실기시험은 합격률이 낮던데 어떻게 준비해야 할까요?

2차 실기시험은 1차 필기시험과 달리 주관식입니다. 핵심 내용을 외우지 않으면 시험을 통과하기 어렵습니다. 1차 필기시험과 마찬가지로 기출문제를 중심으로 공부해야 합니다. 먼저 기출문제를 외우고, 그와 관련된 내용을 확장해서 공부하는 방법을 권해 드립니다.

이 책의 구성과 특징

부록

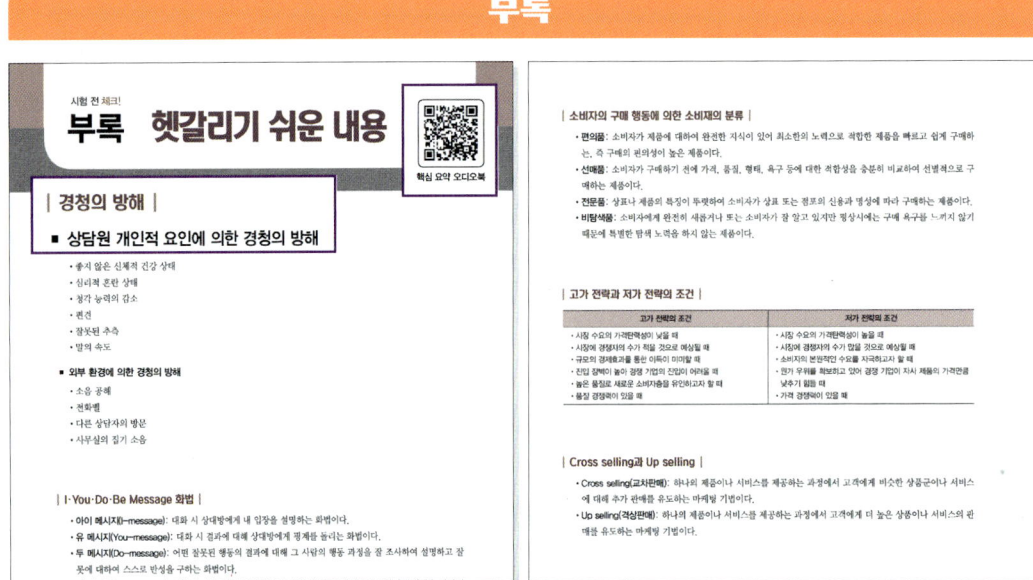

▶ 중요하지만 이름이나 종류가 비슷해서 헷갈리기 쉬운 내용을 따로 정리하였으니 시험 전에 한 번 더 체크해 두세요. 또한 오디오북으로 언제 어디서나 편하게 학습하실 수 있습니다. QR코드를 스캔해 보세요.

PART 1 빈출 이론

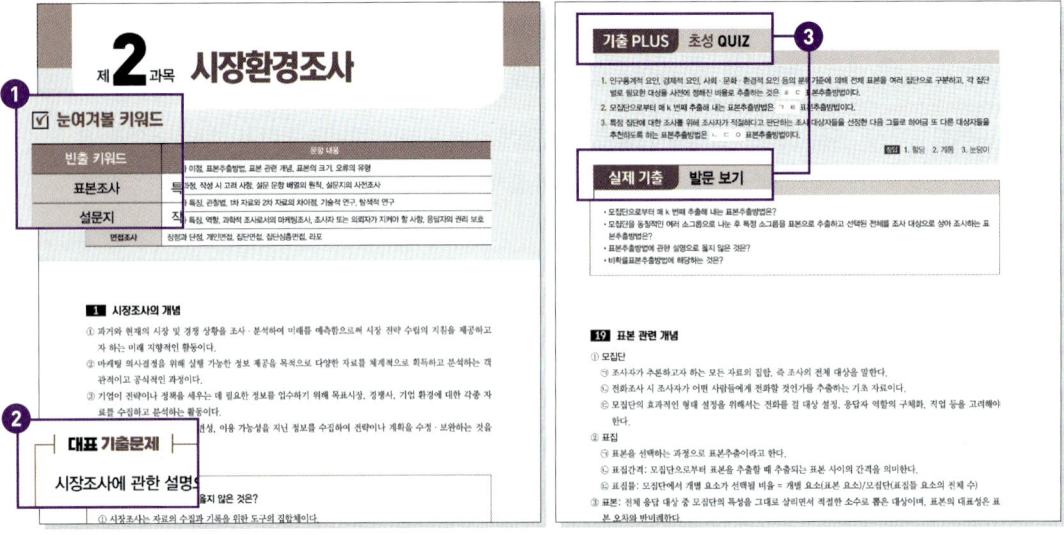

❶ 최신 6개년 기출문제 전 문항을 분석하여 빈출 키워드와 이론을 정리하였습니다.
❷ 빈출 이론마다 자주 출제된 기출문제를 뽑아 대표 기출문제로 수록하였으니 반드시 익혀 두세요.
❸ 기출문제의 선지를 OX QUIZ, 초성 QUIZ 그리고 발문 보기로 제공하였습니다. 실제 시험에서는 어떤 문제가 출제되는지, 어떤 점에 중점을 두고 학습해야 하는지 파악해 보세요.

PART 2 실전 모의고사

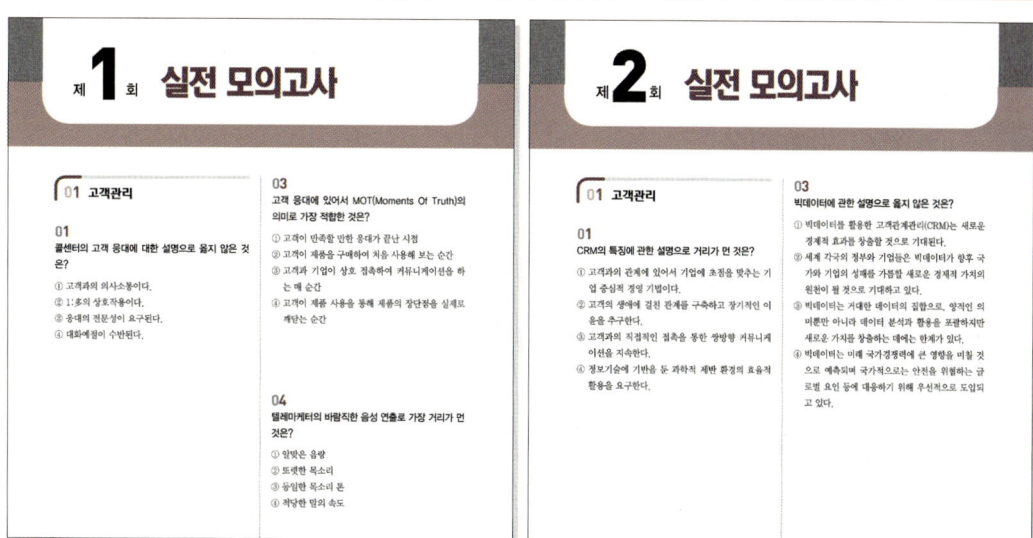

▶ '기출문제'와 '기출 동형의 문제'를 섞어 실제 시험과 비슷한 실전 모의고사 5회분을 만들었습니다. 정해진 시간 내에 풀어 보며 실전 감각을 익혀 두세요.

PART 3 정답 및 해설

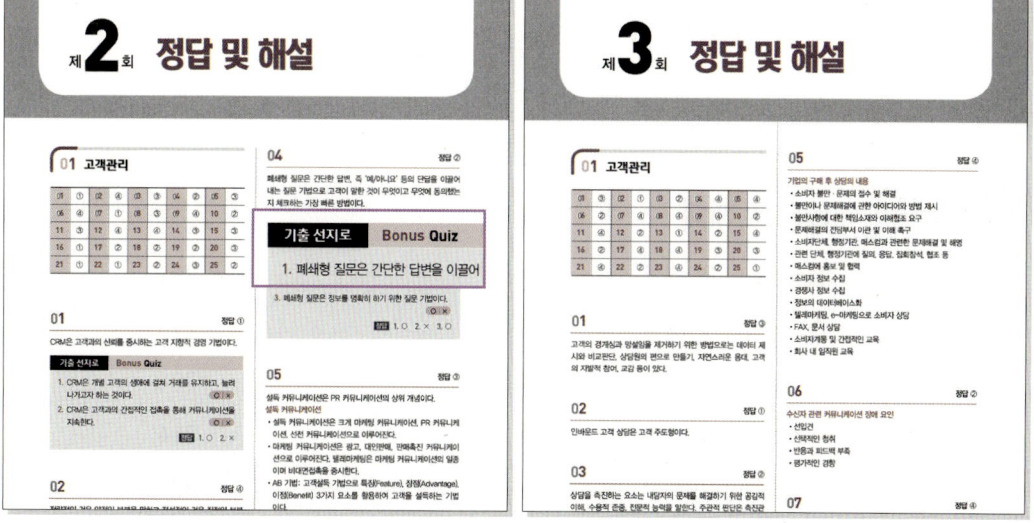

▶ 잘 모르는 문제가 있다면 친절하고 꼼꼼한 해설로 확실히 이해하고 넘어갈 수 있습니다. 또한 기출문제의 선지를 정리한 Bonus Quiz로 놓치는 부분 없이 시험에 대비할 수 있습니다.

이 책의 목차

| 부록 | 헷갈리기 쉬운 내용 | 3 |

PART 1 빈출 이론

- 제1과목 고객관리 · 11
- 제2과목 시장환경조사 · 41
- 제3과목 마케팅관리 · 92
- 제4과목 조직운영 및 성과관리 · 140

PART 2 실전 모의고사

- 제1회 실전 모의고사 · 187
- 제2회 실전 모의고사 · 205
- 제3회 실전 모의고사 · 223
- 제4회 실전 모의고사 · 241
- 제5회 실전 모의고사 · 260

PART 3 정답 및 해설

- 제1회 정답 및 해설 · 281
- 제2회 정답 및 해설 · 293
- 제3회 정답 및 해설 · 304
- 제4회 정답 및 해설 · 314
- 제5회 정답 및 해설 · 325

※ 도서의 마지막 페이지에 있는 쿠폰 번호를 시대에듀 합격시대 홈페이지에 등록하시면 CBT 모의고사에 응시하실 수 있습니다. CBT 모의고사의 문항들은 기출복원문제를 바탕으로 구성되며, 구성 방식(랜덤)에 따라 각 회차별로 문항이 일부 중복될 수 있습니다.

부록

시험 전 체크!

헷갈리기 쉬운 내용

교육은 우리 자신의 무지를
점차 발견해 가는 과정이다.

- 윌 듀란트 -

부록 헷갈리기 쉬운 내용

시험 전 체크!

| 경청의 방해 |

■ **상담원 개인적 요인에 의한 경청의 방해**
- 좋지 않은 신체적 건강 상태
- 심리적 혼란 상태
- 청각 능력의 감소
- 편견
- 잘못된 추측
- 말의 속도

■ **외부 환경에 의한 경청의 방해**
- 소음 공해
- 전화벨
- 다른 상담자의 방문
- 사무실의 집기 소음

| I·You·Do·Be Message 화법 |

- **아이 메시지(I-message)**: 대화 시 상대방에게 내 입장을 설명하는 화법이다.
- **유 메시지(You-message)**: 대화 시 결과에 대해 상대방에게 핑계를 돌리는 화법이다.
- **두 메시지(Do-message)**: 어떤 잘못된 행동의 결과에 대해 그 사람의 행동 과정을 잘 조사하여 설명하고 잘못에 대하여 스스로 반성을 구하는 화법이다.
- **비 메시지(Be-message)**: 잘못에 대한 결과를 일방적으로 단정함으로써 상대방으로 하여금 반감을 불러일으키게 하는 화법이다.

| 표본추출방법 |

■ **확률표본추출방법**
- **특성**: 선정된 표본이 모집단을 적절히 대표해 체계적인 편중의 위험을 최소화한다. 비용이 많이 들고 불편하지만 표본 오차의 추정이 가능하다.
- **종류**: 단순무작위표본추출방법, 층화표본추출방법, 군집(집락)표본추출방법, 계통표본추출방법

- **비확률표본추출방법**
  - **특성**: 모집단을 정확하게 규정할 수 없는 경우나 표본의 크기가 작은 경우에 유용하다. 또한, 표집 오차 추정이 불가능하므로 표집 오차가 큰 문제가 되지 않을 경우에 유용하다.
  - **종류**: 편의(임의)표본추출방법, 판단(목적)표본추출방법, 할당표본추출방법, 눈덩이(누적)표본추출방법

| 1차 자료와 2차 자료의 종류 |

- **1차 자료의 종류**
  - 실태 조사를 통하여 수집한 자료
  - 실사 자료
  - 원 자료
  - 현장 자료

- **2차 자료의 종류**
  - 내부 자료
    - 조사자가 종사하는 조직 내부에서 수집할 수 있는 자료
    - 조직 내부에 보유한 각종 자료
  - 외부 자료
    - 타 기관에서 생성된 모든 자료
    - 정부 기관 및 공공 기관 또는 사설 단체 등의 보고서, 통계 자료 등

| 종단조사와 횡단조사 |

- **종단조사**: 특정 조사 대상들을 선정한 뒤 시간 간격을 두고 반복적으로 조사하여 마케팅 변수의 반응을 측정하는 방법이다.
- **횡단조사**: 모집단에서 추출된 표본으로부터 단 한 번 조사하며, 상이한 특성을 가진 집단들 사이의 측정치를 비교하여 차이를 규명하는 것이 목적이다.

| 신뢰도와 타당도 |

- **신뢰도**
  - 시간적 간격을 두고 동일한 조건 아래에 있는 측정 대상을 반복하여 측정하였을 때 각 반복 측정치들 사이에 나타나는 일관성의 정도이다.
  - 측정 도구가 측정하고자 하는 현상을 일관성 있게 측정하는 능력을 말한다.

- **타당도**
  - 연구자가 측정하고자 하는 개념이나 속성을 정확히 측정했는가의 정도이다.
  - 검사 점수가 검사의 사용 목적에 얼마나 부합하느냐의 개념으로 적합성과 관련된다.

척도의 유형

- **명목 척도**: 가장 간단한 척도로서, 양적인 개념이 전혀 내포되어 있지 않으며 단지 확인과 분류에 관한 정보만을 내포한다. 예 인종, 성별, 상품 유형별 분류 등
- **서열 척도**: 순위 척도로서 순서에 대한 정보를 포함한다. 예 순서, 순위, 등급, 사회 계층 등
- **등간 척도**: 구간 척도로서 측정의 대상인 사물이나 현상을 분류하고 서열을 정할 수 있을 뿐만 아니라 이들이 분류된 범주 간의 간격까지도 측정할 수 있다. 예 온도, 지능지수, 태도, 의견 등
- **비율 척도**: 척도를 나타내는 수가 등간일 뿐만 아니라 의미 있는 절대 영점을 가지고 있는 경우에 이용되며 사칙연산이 가능하다. 예 투표율, 월 소득액, 매출액, 구매 확률, 무게, 나이 등

변수의 종류

- **독립 변수**: 마케팅조사 설계의 기본 요소로서 일반적으로 마케팅 관리자가 통제하는 변수이며, 관찰하고자 하는 현상의 원인이라고 가정한 변수이다.
- **종속 변수(결과 변수)**: 독립 변수의 영향을 받아 변화된 결과를 나타내는 변수이다.
- **외생 변수**: 실험 변수 밖에서 결과에 영향을 미치는 변수이다.
- **매개 변수**: 독립 변수와 종속 변수의 사이에서 독립 변수의 결과인 동시에 종속 변수의 원인이 되는 변수이다.

마케팅믹스의 구성 요소(4P)

제품(Product), 가격(Price), 유통(Place), 촉진(Promotion)

코틀러의 제품 3가지 수준

- **핵심제품**: 소비자들이 제품을 구입할 경우 그들이 실제로 구입하고자 하는 핵심적인 이익이나 문제를 해결해 주는 서비스이다.
- **실체제품**: 소비자들에게 핵심제품의 이익을 전달할 수 있도록 결합되는 제품의 부품, 스타일, 특성, 상표명 및 포장 등의 기타 속성이다.
- **확장제품**: 핵심제품과 실체제품에 추가적으로 있는 서비스와 이익들로서 품질 보증, 애프터서비스, 설치 등이 있다.

소비자의 구매 행동에 의한 소비재의 분류

- **편의품**: 소비자가 제품에 대하여 완전한 지식이 있어 최소한의 노력으로 적합한 제품을 빠르고 쉽게 구매하는, 즉 구매의 편의성이 높은 제품이다.
- **선매품**: 소비자가 구매하기 전에 가격, 품질, 형태, 욕구 등의 적합성을 충분히 비교하여 선별적으로 구매하는 제품이다.
- **전문품**: 상표나 제품의 특징이 뚜렷하여 소비자가 상표 또는 점포의 신용과 명성에 따라 구매하는 제품이다.
- **비탐색품**: 소비자에게 완전히 새롭거나 또는 소비자가 잘 알고 있지만 평상시에는 구매 욕구를 느끼지 않아서 특별한 탐색 노력을 하지 않는 제품이다.

고가 전략과 저가 전략의 조건

고가 전략의 조건	저가 전략의 조건
• 시장 수요의 가격탄력성이 낮을 때 • 시장에 경쟁자의 수가 적을 것으로 예상될 때 • 규모의 경제효과를 통한 이득이 미미할 때 • 진입 장벽이 높아 경쟁 기업의 진입이 어려울 때 • 높은 품질로 새로운 소비자층을 유인하고자 할 때 • 품질 경쟁력이 있을 때	• 시장 수요의 가격탄력성이 높을 때 • 시장에 경쟁자의 수가 많을 것으로 예상될 때 • 소비자의 본원적인 수요를 자극하고자 할 때 • 원가 우위를 확보하고 있어 경쟁 기업이 자사 제품의 가격만큼 낮추기 힘들 때 • 가격 경쟁력이 있을 때

Cross selling과 Up selling

- **Cross selling(교차판매)**: 하나의 제품이나 서비스를 제공하는 과정에서 고객에게 비슷한 상품군이나 서비스에 대해 추가 판매를 유도하는 마케팅 기법이다.
- **Up selling(격상판매)**: 하나의 제품이나 서비스를 제공하는 과정에서 고객에게 더 높은 상품이나 서비스의 판매를 유도하는 마케팅 기법이다.

시장세분화 변수

구분	내용
지리적 변수	지역, 인구 밀도, 도시 규모, 기후 등
인구통계적 변수	나이, 성별, 가족 규모, 가족생활주기, 소득, 직업, 학력, 종교 등
심리분석적 변수	라이프스타일, 사회 계층, 개성, 관심, 활동 등
행동분석적 변수	추구하는 편익, 구매 준비 단계, 사용 경험, 가격 민감도, 사용량 등

| RFM 분석 |

- **R(Recency)**: 최근 구매일이라 하며, 가장 최근에 구매한 시점을 말한다(얼마나 최근에 자사 제품을 구매했는가?).
- **F(Frequency)**: 구매 빈도라 하며, 일정 기간 동안 구매한 빈도수를 말한다(일정 기간 동안 얼마나 자주 자사 제품을 구매했는가?).
- **M(Monetary)**: 구매 금액이라 하며, 일정 기간 동안 구매한 금액을 말한다(일정 기간 동안 얼마나 많은 액수의 자사 제품을 구매했는가?).

| 고정비와 변동비 |

- **고정비**: 매출액이나 생산량의 증감에 관계없이 일정하게 고정적으로 발생하는 비용이다.
  - 예 감가상각비, 사무직원의 급여, 고정자산의 보험료, 부동산 임차료, 차입금의 지급이자, 재산세와 종합토지세 등
- **변동비**: 제품의 생산량 증감에 따라 원가가 증감하는 비용이다.
  - 예 재료비, 외주가공비, 판매수수료, 포장비 등

| 소비자 심리적 가격조정 방법 |

- **관습가격**: 소비자들이 오랜 기간 일정 금액으로 구매하여 사회적 관습으로 가격이 어느 정도 확정되어 있는 경우, 원가가 상승하였음에도 동일한 가격대를 계속 유지하는 방법이다.
- **명성가격**: 구매자가 가격에 의하여 품질을 평가하는 경향이 강한, 비교적 고급 품목에 대하여 고가격을 결정하는 방법이다.
- **단수가격**: 가격이 정확한 계산에 의해 가장 낮게 책정되었다는 인상을 구매자에게 주기 위하여 고의로 단수를 붙여 가격을 결정하는 방법이다. 예 제품 가격을 10,000원에서 9,900원으로 조정

| SWOT |

S	강점(Strength)으로, 자사와 자사 제품·서비스에 좋은 영향을 주는 내부 환경 요소
W	약점(Weakness)으로, 자사와 자사 제품·서비스에 나쁜 영향을 주는 내부 환경 요소
O	기회(Opportunity)로, 자사와 자사 제품·서비스에 좋은 영향을 주는 외부 환경 요소
T	위협(Threat)으로, 자사와 자사 제품·서비스에 나쁜 영향을 주는 외부 환경 요소

| OJT와 Off JT |

OJT	Off JT
• 직장 내 교육훈련 • 현실적 · 실제적인 교육훈련 • 훈련과 직무의 연결 • 개인의 능력에 따른 훈련 가능	• 직장 외 교육훈련 • 현장작업과 관계없이 계획적인 훈련 가능 • 훈련에만 전념하여 훈련효과 상승 • 현장에서 즉시 활용 가능

| SMART 성과 목표의 설정 항목 |

- S(Specific): 구체적이어야 한다.
- M(Measurable): 측정할 수 있어야 한다.
- A(Achievable, Attainable): 달성 가능한 지표여야 한다.
- R(Result-oriented): 전략 과제를 통해 구체적으로 달성하는 결과물이어야 한다.
- T(Timely, Time-bound): 일정한 시간 내에 달성 여부를 확인할 수 있어야 한다.

| CRM의 유형 분류 |

- **운영적 CRM**: CRM의 구체적인 실행을 지원하는 시스템이다. 전사적 자원관리시스템의 기능 중에서 고객 접촉과 관련된 기능을 강화하여 조직의 전방위 업무를 지원한다.
- **분석적 CRM**: CRM 자료를 토대로 고객 정보를 추출하고 이를 통해 고객들의 움직임이나 향후 동향을 모델링하고 분석하는 시스템이다.
- **협업적 CRM**: 운영적 CRM과 분석적 CRM을 통합하는 시스템이며, 고객과 기업 간의 상호작용을 촉진시키기 위해 고안된 메일링, 전자 커뮤니티, 개인화된 인쇄 등이 있다.

| 다이얼러 시스템의 종류 |

- **Preview dialing(프리뷰 다이얼링)**: 상담원이 직접 모니터상에서 전화번호를 클릭하여 연결한다.
- **Progressive dialing(프로그레시브 다이얼링)**: 응대 가능한 상담원이 발생할 경우, 시스템이 기존 데이터를 분석해 자동으로 연결한다.
- **Predictive dialing(프리딕티브 다이얼링)**: 상담원이 통화를 하는 동안에도 시스템이 통계를 바탕으로 상담원의 통화가 끝나는 시기, 연결 가능한 콜 수 등을 예측하여 통화가 끝나면 자동으로 다음 콜을 연결한다.

PART 1

빈출 이론

제1과목 고객관리

제2과목 시장환경조사

제3과목 마케팅관리

제4과목 조직운영 및 성과관리

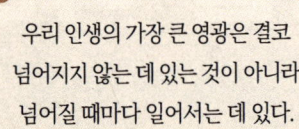

우리 인생의 가장 큰 영광은 결코
넘어지지 않는 데 있는 것이 아니라
넘어질 때마다 일어서는 데 있다.

- 넬슨 만델라 -

제1과목 고객관리

✓ 눈여겨볼 키워드

빈출 키워드	문항 내용
CRM	등장 배경, 개념 및 특징, 도입에 따른 기대 효과, 유형 분류, MOT
고객 상담 기술	불만족 고객, 표현적인 고객, 수다스러운 고객, 우유부단한 고객, 단호한 고객
상담 화법	상담 화법의 개념, 올바른 상담 태도, 의사소통 기법, 고객 상담 전략
커뮤니케이션	원칙, 구성 요소, 장애 요인, 언어적 의사소통, 비언어적 의사소통
빅데이터	특징, 분석도구, 수집 방법, 수집 시스템의 요건

1 고객관계관리(CRM; Customer Relationship Management)의 등장 배경

① 등장 배경
  ㉠ 산업 사회에서 정보화 사회로 변화되었다.
  ㉡ 기업의 경쟁력이 규모의 경제에서 가치의 경제로 변화되었다.
  ㉢ 제품 구입에 대한 소비자들의 인식이 소유 개념에서 공유 개념으로 전환되었다.
  ㉣ 기업이 가치 있는 고객을 중심으로 기업 경영을 함에 따라 고객의 중요성이 점차 증대되었다.
  ㉤ 기존 대량생산체제 아래의 고객관리에서 벗어나 타깃(Target) 중심, 개별 고객 중심의 고객관리를 지향하게 되었다.

② 등장 원인
  ㉠ 업체 간 과다 경쟁
  ㉡ 고객 욕구의 다양화
  ㉢ 라이프스타일의 다양화
  ㉣ 정보기술의 변화
  ㉤ 기업들의 지속적인 성장 유지 노력

| 대표 기출문제 |

CRM이 등장하게 된 환경적 요인과 가장 거리가 먼 것은?

① 개별 고객 정보의 실시간 활용 가능
② 마케팅 활동 및 고객에 대한 중요성 부각
③ 전산시스템의 구축으로 인한 영업비용의 증가
④ 고객 정보의 과학적 분석을 통한 데이터 추출 가능

해설 마케팅 자동화를 이용하여 영업비용을 줄일 수 있게 되었다.

정답 ③

| 실제 기출 | 발문 보기 |

- CRM의 등장 배경에 관한 설명 중 틀린 것은?
- CRM의 등장 배경이 되는 마케팅 패러다임의 변화로 틀린 것은?
- CRM이 등장하게 된 원인과 거리가 먼 것은?

2 CRM의 개념 및 특징

① Customer Relationship Management의 약자로 고객관계관리를 의미한다.
② 고객에게 직·간접적으로 영향을 미칠 수 있는 모든 활동을 포함한다.
③ 관계 마케팅을 근본적인 배경 이론으로 한다.
④ 고객 통합 DB를 구축하고 분석·활용한다.
⑤ 고객관리에 필수적인 요소들을 고객 중심으로 정리·통합하여 개선하고, 장기적인 고객관계를 구축한다.
⑥ 기업의 장기적인 수익성과 주주가치를 창출하기 위해 고객관계를 관리한다.
⑦ 고객 만족과 고객 유지를 목적으로 1:1 마케팅, 대량 고객화 등을 실현하는 솔루션을 공급한다.
⑧ 안정적이고 장기적인 수익을 창출한다.
⑨ 고객과의 신뢰를 중시하는 고객 지향적 경영 기법이다.
⑩ 고객의 생애에 걸친 관계를 구축하고 장기적인 이윤을 추구한다.
⑪ 정보기술에 기반한 과학적인 제반 환경의 효율적 활용을 요구한다.
⑫ 고객과의 직접적인 접촉을 통한 쌍방향 커뮤니케이션을 지속한다.
⑬ 정보기술 관련 부서의 지원이 필수적이다.

대표 기출문제

CRM에 대한 설명으로 틀린 것은?

① CRM은 고객과의 관계관리에 기반하는 고객 중심적, 고객 지향적 경영 방식이다.
② CRM은 고객의 생애 전체에 걸친 장기적이고 지속적인 이윤을 추구하는 동적인 경영 방식이다.
③ CRM은 고객관계관리를 위해 사용되는 고객 데이터 분석 등에 정보기술을 효율적으로 활용한다.
④ CRM은 고객과의 직접적인 접촉을 통해 단방향 커뮤니케이션을 지속함으로써 고객과의 관계를 강화시킨다.

해설 CRM은 고객과의 직접적인 접촉을 통하여 쌍방향 커뮤니케이션을 지속한다.

정답 ④

기출 PLUS 초성 QUIZ

1. CRM이란 고객관리에 필수적인 요소인 조직의 경영능력 등을 ㄱ ㄱ ㅈ ㅅ 으로 통합하여 고객 활동을 개선함으로써, 고객과의 장기적인 관계를 구축하고 기업의 경영성과를 개선하기 위한 새로운 경영 방식이다.

정답 1. 고객 중심

실제 기출 발문 보기

- CRM의 개념적 특성에 관한 설명 중 틀린 것은?
- CRM의 특징에 관한 설명으로 거리가 먼 것은?
- 다음 중 고객관계관리(CRM)의 정의로 가장 옳은 것은?

3 MOT(결정적 순간, Moments Of Truth)

① 고객이 조직의 어떤 일면과 접촉하는 접점으로서, 서비스를 제공하는 조직과 그 품질에 대해 어떤 인상을 받는 순간이나 사상을 말한다.
② 일반적으로 고객이 종업원과 접촉하는 순간에 발생하며 고객이 기업과 만나는 모든 장면에서 기업에 대한 고객의 경험과 인지에 영향을 미치는 결정적인 순간을 의미한다.
③ SAS(스칸디나비아항공)사 얀 칼슨이 주장한 것으로 고객 접점의 중요성을 뜻하는 용어이다.
④ 고객과 기업이 상호 접촉하여 커뮤니케이션을 하는 매 순간이다.
⑤ 기업의 생존이 결정되는 순간이다.
⑥ 고객과 기업이 접촉하여 그 제공된 서비스에 대해 느낌을 갖는 15초간의 진실의 순간이다.
⑦ 자사의 서비스나 제품을 선택한 것이 가장 현명한 선택이었다는 사실을 고객에게 입증시켜야 할 소중한 시간이다.

> **대표 기출문제**

고객이 기업과 만나는 모든 때에 기업에 대한 고객의 경험과 인지에 영향을 미치는 '결정적인 순간'을 의미하는 것은?

① CRM(Customer Relationship Management)
② MOT(Moments Of Truth)
③ MIS(Marketing Information System)
④ CSM(Customer Satisfaction Management)

해설 일반적으로 고객이 종업원과 접촉하는 순간에 발생하며 고객이 기업과 만나는 모든 장면에서 기업에 대한 고객의 경험과 인지에 영향을 미치는 '결정적인 순간'을 의미하는 것은 MOT이다.

정답 ②

> **실제 기출 | 발문 보기**
> - SAS사 얀 칼슨이 주장한 것으로 고객 접점의 중요성을 뜻하는 용어는?
> - MOT(Moments Of Truth)와 관계없는 것은?
> - 고객 응대에 있어서 MOT(결정적 순간, 진실의 순간)의 의미로 가장 적합한 것은?

4 CRM의 목적

① 신규 고객 확보 및 기존 고객 유지를 통한 고객 수 증대
② 고객 가치 증진을 통한 매출 및 고객 충성도 향상
③ 고객 운영 비용 효율화를 통한 비용 절감
④ 고객 유지 비용의 최적화를 통한 마케팅 비용 효율화 등으로 기업의 수익 증대 및 비용 절감
⑤ 차별화된 맞춤 서비스를 제공함으로써 고객 만족도 향상

> **실제 기출 | 발문 보기**
> - CRM의 활용 목적에 대한 설명으로 가장 적합한 것은?
> - CRM의 목적에 대한 설명으로 옳지 않은 것은?

5 CRM 도입에 따른 기대 효과

① 산재되어 있는 고객 DB를 통합하여 고객 서비스의 프로세스를 개선하고 다양한 고객 요구에 적극적으로 대처할 수 있다.
② 대용량 데이터에 신속하게 접근할 수 있다.
③ 고객 DB를 적극적으로 활용할 수 있다.

④ 다양한 데이터 분석을 수행할 수 있다.
⑤ 마케팅 프로그램의 실효성 평가가 체계적으로 이루어진다.

대표 기출문제

CRM 도입에 따른 기대효과로 가장 거리가 먼 것은?

① 고객 DB의 분산
② 고객 DB의 적극적 활용
③ 고객서비스 프로세스 개선
④ 다양한 고객 요구에 대한 적극적 대처

해설 CRM을 이용하여 산재되어 있는 고객 DB를 통합할 수 있다.

정답 ①

실제 기출 | 발문 보기

- 다음 중 CRM을 기반한 콜센터의 내부적인 효과는?
- 다음 중 CRM의 효과로 볼 수 없는 것은?

6 CRM의 역할

① 고객의 니즈를 분석한다.
② 고객을 평가 및 세분화한다.
③ 고객의 이탈을 방지한다.

실제 기출 | 발문 보기

- 고객관계 유지를 위한 CRM의 역할로 볼 수 없는 것은?

7 CRM의 유형 분류

① 운영적 CRM: CRM의 구체적인 실행을 지원하는 시스템이다. 기존의 전사적 자원관리시스템이 조직 내부 관리 효율화를 담당하는 시스템인 데에 반하여 운영 CRM은 조직과 고객 간의 관계 향상, 즉 전사적 자원관리시스템의 기능 중에서 고객 접촉과 관련된 기능을 강화하여 조직의 전방위 업무를 지원하는 시스템이다.
② 분석적 CRM: 데이터 웨어하우스나 데이터 마트에서 나온 유용한 CRM 자료를 토대로 고객 정보를 추출하여 고객들의 움직임이나 향후 동향을 모델링하고 분석하는 시스템이다.
③ 협업적 CRM: 운영적 CRM과 분석적 CRM을 통합하는 시스템이며, 고객과 기업 간의 상호작용을 촉진시키기 위해 고안된 메일링, 전자 커뮤니티, 개인화된 인쇄 등이 있다. 파트너 네트워크의 구축, 고객과의 상호작용 관리, 고객과 비즈니스 조직 간의 지속적인 협업을 위한 채널 제휴 전략을 포함한다.

대표 기출문제

다음 중 운영 CRM 시스템에 포함되지 않는 것은?

① 고객상호작용센터
② 영업자동화시스템
③ 마케팅자동화시스템
④ 고객서비스자동화시스템

해설 고객상호작용센터는 협업적 CRM에 포함된다.

정답 ①

실제 기출 발문 보기

- 메타그룹의 산업보고서에 처음 제안된 CRM 시스템 아키텍처의 3가지 구성 요소가 아닌 것은?
- 분석 CRM의 본질적인 역할을 수행하기 위해 고려해야 하는 요소가 아닌 것은?
- CRM의 기본 분류 방법 중 프로세스 관점에 따른 분류가 아닌 것은?
- CRM 연구에서 신뢰성 있는 척도로 사용되는 메타그룹(Meta group)에 의한 CRM 유형 분류에 해당되지 않는 것은?

8 CRM의 성공 요인

① 조직 측면
  ㉠ 최고 경영자의 관심과 지원
  ㉡ 고객 및 정보 지향적 기업 문화
  ㉢ 전문 인력 확보
  ㉣ 부서 간 업무 협조
② 시스템 측면
  ㉠ 데이터의 통합성
  ㉡ 시스템의 통합성

> **실제 기출** 　**발문 보기**
>
> • 조직 측면에서의 CRM 성공 요인에 해당되지 않는 것은?

9　B2B(Business to Business) CRM

① 기업 대 기업의 판매이지만 본질적으로는 기업이 아닌 실체적인 개별 인간과의 거래이므로 실체적 인간이 바라는 요구에 대응하는 것이 B2B CRM의 핵심이다.
② B2B 고객과의 관계관리는 기업의 특성을 고려하여 가치 있는 해법을 찾는 것이 과제이다.
③ B2B 프로그램의 경우 기업과 소비자 모두를 대상으로 하므로 개별 소비자 프로그램에 비해 범위가 넓다.
④ 기업체를 대상으로 제품·서비스를 효율적으로 판매하거나 판매 경로와 상권 확대를 도모하고 기업 간의 여러 가지 수·발주 업무를 원활하게 처리하기 위해 전화를 조직적으로 이용하는 것으로, 고려해야 할 범위는 B2C와 다를 바 없다.

> **실제 기출** 　**발문 보기**
>
> • B2B(Business to Business) CRM의 설명으로 틀린 것은?

10　고객평생가치(LTV; Life Time Value)

① 개별 고객이 최초로 기업과의 거래를 시작한 시점부터 마지막으로 구매할 것이라고 판단되는 시점까지의 거래에 대한 모든 기록의 누계이다.
② 현재까지 누적된 수익 가치뿐만 아니라 미래의 평생가치에 대한 예측분까지 합산한 고객의 총평생가치 개념이다.
③ 진정한 우량 고객을 파악하기 위해서는 수익성 외에도 기업에 대한 적합성과 관계 지향에 대한 성향을 현재와 미래를 고려한 고객의 수익 기여도와 함께 복합적으로 고려해야 한다.
④ 고객평생가치는 실현 가치와 잠재 가치로 나눌 수 있다.
⑤ 고객별로 일일이 계산하므로 경우에 따라 비용이 과다하게 소요될 수 있다.
⑥ 고객 이탈을 방지하기 위해 투여할 최대 금액을 미리 산정하여 재무를 안정적으로 운영할 수 있다.

> **실제 기출** 　**발문 보기**
>
> • 고객평생가치에 대한 설명으로 틀린 것은?
> • 고객데이터 분석 방법 중 고객의 평생가치를 기준으로 사용하는 방법은?

11 빅데이터

① 개념: 용량이 너무 방대하여 기존 분석 체계로는 수집·저장·분석 등이 어려운 데이터의 집합을 의미한다. 대용량 데이터와 관계된 기술 및 도구도 빅데이터 범주에 포함된다.
② 특징(3V)
　㉠ 방대한 규모(Volume): 데이터의 양이 방대하다.
　㉡ 종류의 다양성(Variety): 데이터의 형식이 다양하다.
　㉢ 데이터 처리 및 분석의 속도(Velocity): 데이터 처리와 분석의 속도가 빠르다.
③ 가치
　㉠ 빅데이터를 활용한 고객관계관리(CRM)는 새로운 경제적 효과를 창출할 것으로 기대된다.
　㉡ 세계 각국의 정부와 기업들은 빅데이터가 향후 국가와 기업의 성패를 가름할 새로운 경제적 가치의 원천이 될 것으로 기대하고 있다.

> **실제 기출 발문 보기**
> - 빅데이터의 3가지 특징(3V)에 해당하지 않는 것은?
> - 빅데이터에 관한 설명으로 옳지 않은 것은?

12 빅데이터 분류

① 정형화 데이터: 고정된 필드가 있고 연산 가능한 데이터로 그 자체로 의미를 해석하고 바로 활용할 수 있는 데이터이다. ERP, CRM 등 기업의 정보 시스템에서 자주 생성된다.
　예 관계형 데이터베이스, 스프레드시트 등
② 반정형화 데이터: 고정된 필드는 있지만 연산이 불가능한 데이터이다. 일반적으로 문자로 서술된 정보를 담고 있다.
　예 XML, HTML, 로그 형태 등
③ 비정형화 데이터: 구조가 정의되지 않은 일관성 없는 데이터이다.
　예 소셜 데이터(페이스북, 인스타그램 등), 동영상, 이미지, 음성 등

> **대표 기출문제**
>
> 빅데이터를 이용한 고객관계관리를 하고자 한다. 다음에서 설명하는 빅데이터의 종류는?
>
> - 스마트 기기를 통해서 형성되는 데이터
> - 페이스북, 트위터, 카카오톡 등으로 상호 교류가 되는 정보
>
> ① 정형화 데이터(Structured data)　　② 비정형화 데이터(Unstructured data)
> ③ 사례 데이터(Case data)　　　　　　④ 반정형화 데이터(Semi-structured data)
>
> **해설** 비정형화 데이터는 구조가 정의되지 않은 일관성 없는 데이터로 소셜 데이터, 동영상, 이미지 등이 있다.
>
> **정답** ②

> **실제 기출** 발문 보기
>
> • 다음 빅데이터 분석 기법 중에서 정형 데이터 분석 기법에 해당하지 않는 것은?

13 빅데이터 수집

① 개념
  ㉠ 여러 데이터 소스로부터 필요한 데이터를 수동 또는 자동으로 검색하여 수집한다.
  ㉡ 데이터를 검색, 수집, 변환·통합하여 정제된 데이터를 확보하는 기술까지 포함한다.
  ㉢ 데이터 수집의 목적을 명확히 하여, 조직 외부의 무한한 데이터 중 필요로 하는 데이터를 찾아내 수집하는 것이 중요하다.

② 수집 시스템의 요건
  ㉠ 확장성: 데이터 수집 대상이 되는 서버 대수는 무한히 확장할 수 있어야 한다.
  ㉡ 안정성: 수집된 데이터를 유실하지 않고 안정적으로 저장할 수 있어야 한다.
  ㉢ 실시간성: 수집된 데이터를 실시간으로 반영해야 한다.
  ㉣ 유연성: 다양한 포맷을 지원해야 한다.

> **대표 기출문제**
>
> 다음 중 빅데이터를 수집할 때 기술적으로 고려해야 할 내용이 아닌 것은?
> ① 대용량 데이터의 수집 가능
> ② 실시간 수집 가능
> ③ 수평적 확장의 용이성
> ④ 데이터 적재 시간의 증가
>
> **해설** 데이터 적재 시간은 빅데이터를 수집할 때의 고려사항이 아니다.
>
> **정답** ④

> **실제 기출** 발문 보기
>
> • 빅데이터를 수집하기 위한 수집 시스템의 요건으로 옳게 묶인 것은?

14 빅데이터 수집 방법

① HTTP 수집
  ㉠ 크롤링(Crawling): 주로 검색엔진의 웹 로봇을 이용하여 SNS, 뉴스, 웹 정보 등의 조직 외부, 즉 인터넷에 공개되어 있는 웹 문서 정보를 수집한다.
  ㉡ Open API: 지도, 검색, 단축 URL 등 HTTP로 호출할 수 있는 API를 활용하여 수집한다.
② Log 수집: 웹 서버 로그, 웹 로그, 클릭 로그, DB 로그 등 각종 로그 데이터를 수집한다.

③ FTP 수집: TCP/IP 프로토콜을 활용하는 인터넷 서버로부터 파일들을 송수신하여 수집한다.
④ DBMS 수집: DB에 직접 연결해 데이터를 수집한다.
⑤ 스트리밍(Streaming): 인터넷에서 음성, 오디오, 비디오 데이터를 실시간으로 수집한다.
⑥ RSS: 콘텐츠 수집 방법으로, 사이트에서 제공하는 주소를 등록하면 PC나 휴대폰 등을 통하여 자동으로 전송된 콘텐츠를 이용할 수 있도록 지원한다.

대표 기출문제

빅데이터 수집 방법 중 웹 로봇을 이용하여 조직 외부에 존재하는 소셜 데이터 등 인터넷에 공개되어 있는 자료를 수집하는 것은?

① 크롤링(Crawling)
② 센싱(Sensing)
③ 로그 수집기
④ RSS

해설 크롤링(Crawling)
주로 검색엔진의 웹 로봇(Web Robot)을 이용하여 SNS, 뉴스, 웹 정보 등의 조직 외부, 즉 인터넷에서 제공되는 웹 문서 정보를 수집한다.

정답 ①

실제 기출 | 발문 보기

- 다음 빅데이터 수집 방법 중에서 크롤링(Crawling)과 가장 관련이 있는 것은?

15 빅데이터 처리

① 개념
  ㉠ 빅데이터에서 유용한 정보와 의미 있는 지식을 찾아내기 위해 데이터를 가공하거나 분석을 지원하는 과정이다.
  ㉡ 대용량인 빅데이터를 적시 처리할 수 있도록 하는 아키텍처 및 기술을 말한다.
  ㉢ 다양하고 대용량인 데이터 소스와 복잡한 로직의 처리 등을 위해 분산 처리 기술을 필요로 한다.
② 순환 과정: 데이터 추출 → 데이터 저장 → 데이터 분석 → 분석 결과의 시각화 → 미래 행동의 예측 → 결과의 적용

실제 기출 | 발문 보기

- 빅데이터에서 유용한 정보와 의미 있는 지식을 찾아내기 위해 데이터를 가공하거나 분석을 지원하는 과정은?
- 다음 중 빅데이터 처리의 순환 과정을 바르게 표현한 것은?

16 빅데이터 분석

① 개념
  ㉠ 빅데이터 분석의 목적은 대용량 데이터를 분석하여 사용자가 효율적으로 의사결정을 하도록 돕는 것이다.
  ㉡ 빅데이터의 가치를 창출하기 위해서는 대용량 데이터와 다양한 데이터를 핸들링하고 분석할 수 있는 통계적 방법이 필요하다.

② 분석 도구: 크게 상업용과 오픈 소스로 구분되는데, 상업용으로는 SAS, SPSS가 있고 오픈 소스로는 R, 파이썬(Python) 등이 있다.
  ㉠ SAS: 현재 공인되어 있는 거의 모든 통계 분석을 포괄하여 수행할 수 있고, 매우 정밀한 결과를 제공한다. 데이터 입력 및 편집을 위한 DATA STEP과 본격적인 데이터 분석이 이루어지는 PROC STEP의 단계를 거쳐 진행된다.
  ㉡ SPSS: 데이터 수집에서 통계, 데이터 마이닝, 보고서 입수까지 가능하기 때문에 학교, 연구소 등 대용량 데이터 처리가 없는 곳에서 주로 사용한다.
  ㉢ R
    • 오픈 소스 프로그램으로 통계, 데이터 마이닝, 그래프를 위한 언어이다.
    • 텍스트, 엑셀, DBMS 등 다양한 종류의 정형·비정형 데이터를 이용할 수 있는 포괄적인 통계 플랫폼이다.
    • 윈도우, 유닉스, 리눅스, 맥OS 등 다양한 플랫폼에서 작동이 가능한 멀티 운영 환경을 지원한다.
    • 기존 스크립트를 재사용하면서 유사 데이터에 대한 분석 작업을 처리할 수 있는 작업의 재현성을 제공한다.
  ㉣ 파이썬(Python): 오픈 소스로 다양한 라이브러리를 지원하고 있고 IT 사용자들이 쉽게 사용하고 있는 언어이다.

> **실제 기출** 발문 보기
> • 빅데이터 분석 도구에 대한 설명으로 옳지 않은 것은?
> • 빅데이터의 분석 기술에 해당하지 않는 것은?
> • 빅데이터 분석 도구인 'R'의 대표적인 특징이 아닌 것은?

17 라포(Rapport)

① 개념
  ㉠ 고객과 응대자 사이에 형성되는 공감대를 의미한다.
  ㉡ 상품 또는 서비스의 판매에 긍정적이고 호의적인 감정을 형성하여, 판매 체결 및 지속적인 거래 관계를 유도하는 연결 고리이다.
  ㉢ 인바운드 상담 중 고객이 전화한 용건을 말하고 텔레마케터가 고객의 문의 내용을 파악하는 과정에서 감사 인사 또는 칭찬을 하는 것을 말한다.

② 형성 기법 중요
  ㉠ 고객에게 관심을 갖고 고객의 욕구를 파악함으로써, 친밀감을 형성하여 고객이 신뢰감을 느끼도록 하는 기법이다.
  ㉡ 라포(Rapport) 형성은 고객의 말을 긍정적으로 받아들이고 성의 있는 관심을 표출했을 때 극대화된다.

대표 기출문제

라포(Rapport)에 대한 설명으로 옳지 않은 것은?

① 상대방에 대한 관심을 가짐으로써 형성될 수 있다.
② 성공적인 상담을 이끌어 가기 위하여 라포 형성은 매우 중요하다.
③ 상담 시 고객마다 응대하는 방법이 다르므로 항상 중요하게 생각하지 않아도 무방하다.
④ 상담사가 따뜻한 관심을 가지고 상대방을 대할 때 라포가 형성될 수 있다.

> **해설** 라포(Rapport)
> 고객과 상담자 사이에 형성되는 공감대를 의미하며, 인바운드 상담에서 고객이 전화한 용건을 말하고 텔레마케터가 고객의 문의 내용을 파악하는 과정에서 감사 인사 또는 칭찬을 하는 것을 말한다. CRM에서 고객과의 공감대를 형성하는 것은 중요하다.
>
> **정답** ③

실제 기출 | 발문 보기

- 고객과 상담원 간의 공감대 형성을 위한 라포 형성 기법에 관한 설명으로 옳은 것은?
- 다음 중 의사소통 과정에서의 친밀감(Rapport) 형성에 관한 설명으로 옳은 것은?

18 효과적인 경청 기법

① 고객이 말한 것을 상담자가 다시 한번 명료화한다.
② 비판하거나 평가하지 않는다.
③ 편견을 갖지 않고 고객의 입장에서 듣는다.
④ 고객에게 주의를 집중하여 듣는다.
⑤ 고객에게 계속적인 반응을 보인다.
⑥ 고객의 말을 가로막지 말고 끝까지 듣는다.
⑦ 요점은 기록한다.
⑧ 적절한 질문으로 고객의 니즈를 정확히 파악한다.
⑨ 고객의 대화상 실수를 너그럽게 이해한다.
⑩ 고객의 이야기에 대한 관심을 구체적으로 표현하고 고객에게 적극적인 응대를 한다.
⑪ 확실하지 않은 내용은 다시 한번 정중하게 물어본다.
⑫ 편안한 마음 상태로 듣는다.
⑬ 고객이 말하는 객관적인 사실뿐만 아니라 고객의 감정이나 정서적 상태도 고려하여야 한다.

실제 기출 | 발문 보기

- 상담원의 효과적인 경청으로 가장 거리가 먼 것은?
- 고객 응대 시 효과적인 경청(Listening) 방법으로 볼 수 없는 것은?

19 경청의 방해 요인

① 상담사의 개인적 요인
  ㉠ 신체적 건강 상태가 좋지 않을 때 경청 능력이 저하된다.
  ㉡ 잡념이 심하거나 심리적으로 혼란스러운 상태일 때 경청 능력이 저하된다.
  ㉢ 청각 능력의 감소 현상은 경청에 큰 악영향을 초래한다.
  ㉣ 편견이 경청을 방해한다.
  ㉤ 잘못된 추측으로 경청 능력이 저하된다.
  ㉥ 말의 속도가 너무 빠르거나 느리면 상담사와 내담자와의 대화가 순조롭지 못하고 서로 말의 핵심을 놓쳐 경청에 지장을 준다.
② 외부 환경에 의한 경청의 방해
  ㉠ 외부에서 들려오는 소음 공해가 경청을 방해한다.
  ㉡ 전화벨이 자주 크게 울리는 것은 경청에 지장을 준다.
  ㉢ 다른 상담자의 방문은 상담을 중단시키고 시선을 빼앗아 경청에 영향을 미친다.
  ㉣ 사무실의 집기 소음도 경청에 영향을 미친다.

대표 기출문제

경청의 방해 요인을 상담사의 개인적 요인과 외부 환경 요인으로 구분할 때 개인적 요인이 아닌 것은?

① 편견
② 잡념
③ 신체 상태
④ 사무실 집기 소음

해설 사무실 집기 소음은 환경적 잡음으로 개인적 요인이 아니다.

정답 ④

실제 기출 발문 보기

- 고객의 이야기를 효율적으로 듣는 것을 방해하는 개인적인 장애 요인이 아닌 것은?
- 외부 물리적 환경에 의한 경청의 방해 요인이 아닌 것은?
- 고객의 이야기를 경청함에 있어 방해가 되는 경우가 아닌 것은?

20 매슬로우의 욕구 단계 이론

① 1단계: 생리적 욕구
  ㉠ 특징: 인간의 기본적 욕구로, 의식주를 해결하여 생명을 유지하고 성적 욕구를 해결하면서 후손을 남기려는 욕구이다.
  ㉡ 상담 기술: 대부분의 저소득층 고객은 금전적 손해가 초래될 때 가장 민감한 반응을 보이므로 주의한다.
② 2단계: 안정의 욕구
  ㉠ 특징: 생활의 안정, 신체적인 안정, 생명의 안전, 직책상의 안정을 추구한다.
  ㉡ 상담 기술: 소비자를 안전하게 보호하거나 생활의 안정을 찾도록 지원·상담해야 한다. 불량품에 대해서는 신속·정확하게 서비스를 제공하고 환불·보상 시 소비자에게 피해가 없도록 처리한다.
③ 3단계: 애정과 소속의 욕구
  ㉠ 특징: 친목 단체, 학술 단체 등 기관이나 모임에 소속되기를 원한다.
  ㉡ 상담 기술: 고객의 취미에 관한 대화나 건강, 가족, 소속된 회사에 관심을 보이는 것이 좋으며 대화를 유도하여 동참시킨다.
④ 4단계: 자기 존중의 욕구
  ㉠ 특징: 존중과 인정을 받고 싶은 욕구이다.
  ㉡ 상담 기술: 고객의 불평불만을 우선 인정해 주는 자세가 필요하다. 고객의 말을 주의 깊게 듣고 고객 입장에서 인정해 주고 객관적으로 회사의 입장을 이해시키는 것이 좋다.
⑤ 5단계: 자아실현의 욕구
  ㉠ 특징: 개인의 타고난 능력 혹은 성장 잠재력을 실행하려는 욕구이다.
  ㉡ 상담 기술: 고객이 자기표현을 할 수 있도록 하고, 상담원이 고객의 목적을 달성하도록 돕는 느낌이 들도록 지원·상담해야 한다.

> **실제 기출** 발문 보기
> • 매슬로우(Maslow)의 욕구 5단계 중 생리적 욕구에 대한 설명으로 옳은 것은?

21 고객의 욕구

① 고객은 관심과 정성을 원한다.
② 고객은 적시에 서비스를 제공받길 원한다.
③ 고객은 자신의 문제에 대해 공감받고 문제가 공정하게 처리되길 원한다.
④ 고객은 유능하고 책임 있는 일 처리를 기대한다.
⑤ 고객은 기대와 욕구를 수용해 주길 원한다.
⑥ 고객은 존중받고 편안함을 느끼길 원한다.

> **실제 기출** 발문 보기
> • 일반적인 고객 욕구에 대한 설명으로 옳지 않은 것은?

22 고객의 욕구 파악 방법

① 개방형 질문
  ㉠ 문제해결에 도움을 줄 수 있는 방법을 구상하면서 고객의 욕구 사항을 파악하는 질문법이다.
  ㉡ 상담자가 고객에게 5W1H 형식에 맞추어 '누가, 언제, 어디서, 무엇을, 어떻게, 왜'로 질문한다.
  ㉢ 고객 상황에 대한 명확한 이해가 용이하다.
  ㉣ 고객으로부터 많은 의견과 정보를 기대할 수 있다.
  ㉤ 답변하는 사람에 따라 말의 내용과 분량이 달라진다.
  ㉥ 개방형 질문을 한 뒤 고객의 답변에 이어, 필요하다면 다른 내용을 추가로 질문함으로써 고객의 욕구를 명확하게 파악할 수 있다.
  ㉦ 상담 초반에 사용하는 것이 효과적이다.
  ㉧ 질문 내용
    • 고객의 욕구 확인하기: 고객이 무엇을 원하거나 기대하는지를 파악하는 데 도움을 주는 것으로 '당신은 어떤 형태의 제품을 찾고 계십니까?'라고 하는 식의 질문이다.
    • 많은 정보 수집하기: 고객이 마음속에 생각하고 있는 여러 가지 요구 사항들을 가급적 많이 얻으려는 질문이다.
    • 관련 자료 탐색하기: 어떤 사건이나 상황에 대한 과거의 정보, 과거의 정황이나 배경들, 관련 자료를 가능한 한 많이 찾아내려고 하는 질문이다.

② 폐쇄형 질문
  ㉠ 짧은 답을 이끌어 내며 새로운 정보를 얻지 못한다.
  ㉡ 간단한 답변, 즉 '예/아니요' 등의 단답을 이끌어 내는 질문 기법이다.
  ㉢ 전체 상담 시간을 조절할 수 있다.
  ㉣ 상담원이 원하는 방향으로 고객을 리드할 수 있다.
  ㉤ 질문 내용
    • 정보 확인하기: 단정적인 답을 구하는 질문으로, 고객이 말한 것이 무엇이고 무엇에 동의했는지 체크하는 가장 빠른 방법이다.
    • 주문 체결하기: 고객의 욕구를 확인하고 구매 결정, 주문 계약 체결을 추구하기 위한 질문이다.
    • 동의 얻기: 지속적인 대화를 한 뒤 실행이 요구되는 경우에 폐쇄형 질문으로 원하는 결과를 만들 수 있다.
    • 정보를 명확히 하기: 상대방과 대화 중 여러 가지 문제점이 도출되는 경우에 상대가 원하는 것을 정확하게 확인하기 위한 질문이다.

③ 고객의 구체적 욕구를 파악하기 위한 질문 기법
  ㉠ 고객의 말을 비판하지 않는다.
  ㉡ 가급적이면 긍정적인 질문을 한다.
  ㉢ 구체적으로 질문한다.
  ㉣ 더 좋은 서비스를 제공하기 위해 소비자가 확실히 원하는 것을 찾아내는 질문을 한다.

> **대표 기출문제**
>
> 고객의 구체적인 욕구를 알아내기 위한 질문 기법으로 거리가 가장 먼 것은?
>
> ① 다양하고 방대한 양의 질문을 한다.
> ② 고객이 쉽게 이해할 수 있도록 질문한다.
> ③ 가급적이면 긍정적으로 질문을 한다.
> ④ 질문을 구체화, 명료화시킨다.
>
> **해설** 방대한 양의 질문은 고객을 지치고 지루하게 만들 수 있다.
>
> **정답** ①

실제 기출 | 발문 보기

- 소비자 욕구를 파악하기 위해 고객 조사를 할 때 폐쇄형 질문이 적절한 경우는?
- 영업사원이 다음 응대 기법을 통해 충족시키고자 하는 고객의 욕구는?
- 폐쇄형 질문에 대한 설명으로 가장 적합한 것은?
- 고객의 구체적인 욕구를 알아내기 위한 상담원의 태도와 거리가 먼 것은?

23 수다쟁이 고객과의 상담

① 상담 기법
  ㉠ 가능한 한 따뜻하게 수용한다.
  ㉡ 가능하다면 가벼운 농담을 주고받으며 될 수 있는 대로 고객에게 이야기를 시킨다.
  ㉢ 상담원이 주도권을 빼앗기지 않도록 주의한다.
  ㉣ 맞장구와 함께 천천히 용건에 접근한다.

실제 기출 | 발문 보기

- 수다스러운 소비자에 대한 상담 기법에 관한 설명으로 틀린 것은?

24 유아독존형인 고객과의 상담

① 상담 기법: 묻는 말에 간결하게 대답하고 의사를 존중한다.

실제 기출 | 발문 보기

- 다음 중 유아독존형 고객의 응대요령으로 가장 옳은 것은?

25 화난 고객과의 상담

① 고객의 특징
　㉠ 화를 표출한 후에는 허전해하거나 후회하는 경향이 있다.
　㉡ 이메일 작성 시 욕설부터 퍼붓는다.
　㉢ 문제해결이 잘못되면 대표 이사를 찾거나 매스컴에 고발하는 등 문제를 확대시키기 쉽다.
　㉣ 문서 상담에서도 불쾌한 표현, 결례가 되는 어휘를 사용한다.
　㉤ 전화를 걸자마자 화부터 낸다.
　㉥ 대중을 선동하는 경우도 있다.

② 상담 기법
　㉠ 자사의 제품에 대한 불만을 토로하거나 화를 내더라도 같이 화를 내지 않는다.
　㉡ Yes, But 화법으로 정중히 사과한다.
　㉢ 화내는 이야기에 공감하면서 경청한다.
　㉣ 원인을 정확하게 분석·규명하고 질문이나 불만을 종합적으로 분석하며 원인에 대한 책임 소재를 파악한다.
　㉤ 침착하게 응대한다.
　㉥ 긍정적 자세로 고객을 안심시키도록 노력한다.
　㉦ 전화 상담 시 너무 오래 기다리게 하지 않는다.
　㉧ 불만을 줄이도록 노력해야 한다.
　㉨ 확인은 뒤에 하며, 먼저 사과의 뜻을 표한다.
　㉩ 동의를 구한다.
　㉪ 해결 방법을 협의한다.

> **실제 기출 발문 보기**
> • 화난 고객을 대하는 상담 전략에 대한 설명으로 옳은 것은?

26 우유부단한 고객과의 상담

① 고객의 특징
　㉠ 어떻게 조치할지 궁금한 상태에 있다.
　㉡ 피해 보상 요구에서도 A안과 B안 중 어느 것이 유리한지에 대한 결단력이 부족하다.
　㉢ 어떤 것을 선택하는 것이 유리한지 망설인다.
　㉣ 제품·서비스를 구매하는 데 필요한 정보가 부족한 상태이다.

② 상담 기법
　㉠ 상담 경험적 통계로 더 유리한 안건을 제시한다.
　㉡ 인내심을 가지고 경청한다.
　㉢ 고객 스스로 의사결정을 하도록 돕는다.
　㉣ 문제를 분석한 후 선택에 필요한 정보를 제시한다.
　㉤ 상대방을 먼저 칭찬하면서 주의 깊게 경청한다.

| 실제 기출 | 발문 보기 |

- 우유부단한 고객에 대한 상담 기술로 적합하지 않은 것은?

27 불만족한 고객과의 상담

① 고객의 특징
  ㉠ 자신의 구매 행위 실수에 대한 자책감이 있다(화난 상태).
  ㉡ 관련된 법규를 알아보거나 전문가와 상의한 후 상담을 요구하는 경우가 많다.
  ㉢ 보상 거절에 대한 불안 심리가 있다.
  ㉣ 상담원이 자신의 문제를 해결할 것이라고 믿는다.
  ㉤ 금전적 손해를 보상받기를 원한다.
  ㉥ 자신의 말을 들어주길 원한다.
  ㉦ 즉각 화를 내기도 한다.
  ㉧ 애원하며 호소한다.
  ㉨ 병원 치료 실수의 경우 신체적·정신적 피해와 후유증에 대한 과민 반응을 하기도 한다.
  ㉩ 공격적인 상태가 많다.

② 상담 기법 중요
  ㉠ 고객이 만족할 수 있는 방법을 제시한다.
  ㉡ 전문 기관을 알선한다.
  ㉢ 개방형 질문을 한다.
  ㉣ 충분히 배려한다.
  ㉤ 보상받기를 원하는 것이 무엇인지 질문한다(즉, 대안으로 A안, B안을 제시한다).
  ㉥ 공감을 하면서 경청한다(상대방의 화난 상태를 공감하고 이해하는 마음으로 듣는다).
  ㉦ 긍정하면서 상담원 측의 이야기를 한다(Yes, But 화법을 활용하고, 미소를 지으며 목소리를 낮춘다).

대표 기출문제

다음 중 제품에 불만족한 고객을 상담할 때 필요한 상담처리 기술로 적절하지 않은 것은?

① 공감을 하면서 경청을 한다.
② 차분하게 목소리를 상대적으로 낮추어 응대한다.
③ 문제해결을 위해 최선을 다하고 있음을 전한다.
④ 고객사의 민·형사상 처리절차 등 법적 대응 방안 정책에 대하여 신속하게 알려 준다.

해설 고객의 입장에서 공감을 하며 문제해결을 위해 최선을 다하고 있음을 전해야 한다.

정답 ④

> **실제 기출** | **발문 보기**
>
> - 불만족 고객의 심리 상태에 대한 설명으로 옳지 않은 것은?
> - 다음 중 불만족한 고객을 대상으로 상담할 때의 응대요령으로 적합하지 않은 것은?
> - 다음 중 불만 고객이 감정을 표현하는 경우 상담원이 지양해야 할 행동이나 언어는?

28 고객 불만 처리 시의 효과

① 고객 유지율이 향상되어 장기적 · 지속적인 이윤을 높일 수 있다.
② 고객 불만 처리에 소요된 비용으로 단기적 사후 비용은 증가하나 장기적으로는 회사의 이미지 향상으로 기업 이윤의 증가를 가져올 수 있다.
③ 마케팅 및 경영 활동에 유용한 정보로 활용할 수 있다.
④ 효과적인 고객 불만 처리를 통해 기업의 대외 이미지를 향상시킬 수 있다.
⑤ 고객으로부터 신뢰를 얻음으로써 구전 효과를 꾀할 수 있다.
⑥ 소송 등으로 인한 법적 비용을 줄일 수 있다.
⑦ 좋지 않은 평판을 미리 막을 수 있다.
⑧ 신뢰성 상승으로 인한 홍보 효과를 얻을 수 있다.
⑨ 새로운 아이디어 창출의 기회이다.
⑩ 서비스의 문제점을 개선할 수 있는 기회이다.
⑪ 불평 고객을 충성 고객으로 전환할 수 있는 기회이다.

> **대표 기출문제**
>
> **고객 불만 처리의 중요성에 대한 설명으로 적절하지 않은 것은?**
>
> ① 기업의 좋은 이미지를 구축할 수 있다.
> ② 경영에 대한 유용한 정보를 얻게 된다.
> ③ 고객 불만의 해결은 장기적으로 기업 이윤을 감소시킨다.
> ④ 고객 불만을 잘 처리하면 고객 유지율이 향상된다.
>
> **해설** 고객 불만 처리에 소요된 비용으로 단기적 사후 비용은 증가하나 장기적으로는 회사의 이미지 향상으로 기업 이윤의 증가를 가져올 수 있다.
>
> **정답** ③

> **실제 기출** | **발문 보기**
>
> - 불평하는 고객이 회사에 주는 이익으로 볼 수 없는 것은?
> - 효과적으로 고객 불만 및 VOC를 처리하였을 때 얻을 수 있는 이점으로 볼 수 없는 것은?

29 고객의 반론에 대한 극복 방법

① Yes, But 기법을 활용한다.
② 3F(Feel, Felt, Found) 스킬을 활용한다.
③ 고객의 반론을 질문으로 활용한다.
④ 거절이나 반론에 대한 두려움을 없앤다.
⑤ 고객의 니즈를 집중적으로 분석하여 관심을 유도한다.
⑥ 인간적인 신뢰성으로 설득한다.

> **실제 기출 | 발문 보기**
> • 고객의 반론을 극복하기 위한 방법과 가장 거리가 먼 것은?

30 개인정보보호법에서 개인정보를 처리하는 방법

① 개인정보의 수집, 이용: 개인정보 처리자는 정보 주체의 동의를 받은 경우 등 법률이 정하는 바에 따라 개인정보를 수집할 수 있으며 그 수집 목적의 범위에서 이용할 수 있다.
② 개인정보의 수집 제한: 개인정보 처리자는 개인정보를 수집하는 경우에 법률을 준수하여야 하며 목적에 필요한 최소한의 정보를 수집하여야 한다.
③ 개인정보의 제공: 개인정보 처리자는 개인의 동의를 받은 경우 등 법률이 정하는 바에 따라 개인정보를 제3자에게 제공할 수 있다.
④ 개인정보의 목적 이외 이용 및 제공 제한: 개인정보 처리자는 개인정보를 법률이 정하는 범위를 초과하여 이용하거나 제공할 수 없다.
⑤ 개인정보를 제공받은 자의 이용 및 제공 제한: 개인정보 처리자로부터 개인정보를 제공받은 자는 법률이 정하는 경우를 제외하고는 개인정보를 제공받은 목적 이외로 이용하거나 제3자에게 제공할 수 없다.
⑥ 정보 주체 이외로부터 수집한 개인정보의 수집 출처 등 고지: 개인정보 처리자가 정보 주체 이외로부터 수집한 개인정보를 처리할 때에는 정보 주체의 요구가 있으면 즉시 정보 주체에게 법률이 정한 사항을 알려야 한다.
⑦ 개인정보의 파기: 개인정보 처리자는 보유 기간의 경과, 개인정보의 처리 목적 달성 등 그 개인정보가 불필요하게 되었을 때에는 지체 없이 그 개인정보를 파기하여야 한다.
⑧ 개인정보 보호 기본 계획: 보호위원회는 개인정보의 보호와 정보 주체의 권익 보장을 위하여 3년마다 개인정보 보호 기본 계획을 관계 중앙행정기관의 장과 협의하여 수립한다.

> **실제 기출 | 발문 보기**
> • 개인정보보호법령상 개인정보 보호 기본계획의 수립 시기는?
> • 개인정보보호법상 개인정보 처리자가 개인정보를 수집·이용할 수 있는 경우로 볼 수 없는 것은?

31 개인정보보호법상 정보 주체의 권리

① 개인정보의 처리에 관한 정보를 제공받을 권리
② 개인정보의 처리에 관한 동의 여부, 동의 범위 등을 선택하고 결정할 권리
③ 개인정보의 처리 여부를 확인하고 개인정보에 대한 열람(사본의 발급을 포함) 및 전송을 요구할 권리
④ 개인정보의 처리 정지, 정정·삭제 및 파기를 요구할 권리
⑤ 개인정보의 처리로 인하여 발생한 피해를 신속하고 공정한 절차에 따라 구제받을 권리
⑥ 완전히 자동화된 개인정보 처리에 따른 결정을 거부하거나 그에 대한 설명 등을 요구할 권리

실제 기출	발문 보기

- 개인정보보호법상 정보 주체의 권리로 볼 수 없는 것은?

32 개인정보 분쟁조정위원회

① 분쟁조정위원회는 위원장 1명을 포함한 30명 이내의 위원으로 구성하며, 위원은 당연직위원과 위촉위원으로 구성한다.
② 위원장과 위촉위원의 임기는 2년으로 하되, 1차에 한하여 연임할 수 있다.
③ 분쟁조정위원회는 출석위원 과반수의 찬성으로 의결한다.
④ 위원장은 위원 중에서 공무원이 아닌 사람으로 보호위원회의 위원장이 위촉한다.

실제 기출	발문 보기

- 개인정보보호법령상 개인정보 분쟁조정위원회에 관한 설명으로 틀린 것은?

33 개인정보보호법령 벌칙

① 다음에 해당하는 자는 10년 이하의 징역 또는 1억 원 이하의 벌금에 처한다.
  ㉠ 공공 기관의 개인정보 처리 업무를 방해할 목적으로 공공 기관에서 처리하고 있는 개인정보를 변경하거나 말소하여 공공 기관의 업무 수행의 중단·마비 등 심각한 지장을 초래한 자
  ㉡ 거짓이나 그 밖의 부정한 수단이나 방법으로 다른 사람이 처리하고 있는 개인정보를 취득한 후 이를 영리 또는 부정한 목적으로 제3자에게 제공한 자와 이를 교사·알선한 자

실제 기출	발문 보기

- 개인정보보호법령상 다음에 해당할 경우 벌칙 규정은?

34 감정노동

① 개념
  ㉠ 말투나 표정, 몸짓 등 드러나는 감정 표현을 직무의 한 부분으로 연기하기 위해 자신의 감정을 억누르고 통제하는 일이 수반되는 노동을 말한다.
  ㉡ 주로 고객, 환자, 승객, 학생 및 민원인 등을 직접 대면하거나 음성 대화 매체 등을 통하여 상대하면서 상품을 판매하거나 서비스를 제공하는 고객 응대 업무 과정에서 발생한다.
② 감정노동 직업군의 분류
  ㉠ 직접 대면 직업군: 백화점·마트의 판매원, 호텔 직원, 음식업 종사자, 골프장 경기 보조원, 택시 및 버스기사, 금융기관 종사원, 미용사, 항공사 승무원 등
  ㉡ 간접 대면 직업군: 콜센터 상담원 등
③ 감정노동으로 인한 스트레스 증상 완화법
  ㉠ 자신의 감정 털어놓기
  ㉡ 자기주장 훈련하기
  ㉢ 복식 호흡과 근육 이완법 훈련하기
  ㉣ 긍정적으로 생각하기
  ㉤ 생활 습관 개선하기

> **실제 기출** 발문 보기
> - 다음 중 감정노동 해결을 위하여 개인이 직접적으로 참여하는 방법은?
> - 감정노동 직업군 분류 중 간접 대면에 해당하는 것은?

35 감정노동 종사자 건강보호 조치

① 감정노동 종사자 보호를 경영 방침으로 설정한다.
② 감정노동 실태 파악 후 스트레스 완화 방안을 마련한다.
③ 부당한 요구 시 서비스가 중단될 수 있음을 안내한다.
④ 고객과의 갈등을 최소화하기 위한 업무 처리 재량권을 부여한다.
⑤ 감정노동 종사자 지원 체계 마련 등 협력적 직장 문화를 조성한다.
⑥ 휴식시간을 제공하고 휴게 시설을 설치한다.
⑦ 사업장 특성에 맞는 고객 응대 업무 매뉴얼을 마련한다.
⑧ 폭력 등의 발생 시 업무 중단권을 부여하고 상담·치료를 지원한다.
⑨ 고객 응대 업무 매뉴얼 및 직무 스트레스 예방 교육을 실시한다.
⑩ 스트레스를 관리한다.
⑪ 고충 처리 위원을 배치하고 건의 제도를 운영한다.

> **실제 기출** 　**발문 보기**
>
> • 감정노동 종사자의 건강보호 조치 방법이 아닌 것은?

36 　커뮤니케이션의 개념

① 정보나 지식, 가치관, 기호, 감정, 태도, 사실, 신념 등을 음성이나 문자 등을 통하여 전달하거나 교환함으로써 공감대를 형성하는 의사 전달 과정이다.
② 문자(구문, Written) 커뮤니케이션은 커뮤니케이션의 내용을 보존할 필요가 있을 때 사용하는데, 문자 커뮤니케이션을 할 경우에는 정확성, 간결성, 경제성의 원칙을 고려해야 한다.
③ 커뮤니케이션은 상대방과 어떠한 관계에 있느냐에 따라 주고받는 내용이나 전달 방식이 달라진다.
④ 커뮤니케이션은 쌍방향으로 진행되는 활동이다.
⑤ 고객으로부터 정확한 정보를 얻기 위한 수단이다.

> **실제 기출** 　**발문 보기**
>
> • 커뮤니케이션에 대한 설명으로 가장 적합한 것은?

37 　커뮤니케이션의 특징

① 서로의 행동에 영향을 미친다.
② 오류와 장애가 발생할 수 있다.
③ 수단과 형식은 매우 유동적이다.
④ 순기능과 역기능이 존재한다.
⑤ 정보를 교환하고 의미를 부여한다.

> **실제 기출** 　**발문 보기**
>
> • 다음 중 커뮤니케이션의 특징이 아닌 것은?

38 　커뮤니케이션의 원칙

① **일관성의 원칙**: 발신자는 전달하는 메시지의 내용·표현 방법·언어의 사용·매체의 이용 등에 있어서 일관성을 가져야 한다.
② **명료성의 원칙**: 발신자는 수신자가 이해할 수 있는 공통적인 언어로써 명료하게 의사소통을 행하여야 한다.

③ **적시성의 원칙**: 커뮤니케이션을 통해서 경영상의 모든 기능이 수행되므로 업무 활동이 이루어지는 적시에 커뮤니케이션이 이루어져야 한다.
④ **적정성의 원칙**: 조직의 의사소통 내용도 피전달자가 수용가능한 정도의 것이어야 한다.
⑤ **배분성의 원칙**: 커뮤니케이션은 조직 구조상의 혈액순환과 같은 것이므로 조직 전체의 필요한 모든 경로에 적절히 배분되어야 한다.
⑥ **관심과 수용의 원칙**: 의사소통은 전달에 의의가 있는 것이 아니라 수신자의 수용 여부에 더 큰 의미가 있다.

> **실제 기출** 발문 보기
> - 커뮤니케이션의 원칙에 대한 설명으로 틀린 것은?
> - 다음 중 커뮤니케이션의 원칙과 가장 거리가 먼 것은?

39 효과적인 커뮤니케이션을 위한 방안

① 일반화되어 있는 표준어를 사용한다.
② 알기 쉬운 주제를 화제로 선택한다.
③ 상담원은 객관적인 자료에 근거하여 말을 하고 개인의 주관적인 생각과 감정을 표출해서는 안 된다.
④ 적극적 경청을 통하여 고객의 욕구를 파악한다.
⑤ 상대방의 관점에서 이해하고, 적극적인 태도의 피드백을 해야 한다.
⑥ 예상되는 장애에 대한 사전 준비를 해야 한다.
⑦ 고객이 신뢰감을 느끼도록 친밀감(Rapport)을 형성하는 것이 중요한데, 이를 위해서는 고객에게 관심을 갖고 고객의 욕구를 파악해야 한다.

> **실제 기출** 발문 보기
> - 효과적인 커뮤니케이션을 위한 방안으로 볼 수 없는 것은?

40 커뮤니케이션 장애 요인

① **일반적 커뮤니케이션 장애 요인**: 언어상의 장애, 특정인·전문가의 편견, 지위 차이, 지리적 차이, 다른 직무로 인한 압박감, 발언자의 자기 옹호 등
② **발신자에 의한 커뮤니케이션 장애 요인**: 목적·목표 의식 부족, 커뮤니케이션 스킬 부족, 발신자의 신뢰성 부족, 준거의 틀 차이, 타인에 대한 민감성 부족, 왜곡과 생략 등
③ **수신자에 의한 커뮤니케이션 장애 요인**: 선입견, 평가적인 경향, 선택적인 청취, 반응과 피드백의 부족, 수용성 부족 등
④ **상황에 따른 커뮤니케이션 장애 요인**: 비언어적인 메시지의 오용, 과중한 정보, 시간의 압박 등
⑤ **여과(Filtering)**: 발신자가 의도적으로 정보를 조작하여 수신자에게 회의적으로 보이게 하려는 것 등

⑥ 텔레커뮤니케이션의 심리적 장애 요인
  ㉠ 목소리의 느낌만으로 상대방을 판단하려는 선입관
  ㉡ 자신의 상품에 대한 확신감 결여
  ㉢ 똑같은 내용 반복에 대한 권태감

대표 기출문제

고객의 이야기를 효율적으로 듣는 것을 방해하는 개인적인 장애 요인이 아닌 것은?

① 편견 ② 청각장애
③ 사고의 속도 ④ 정보 과잉

해설 정보 과잉은 상황에 따른 경청의 장애 요인이다.
상담원 개인적 요인에 의한 경청의 장애 요인
나쁜 건강 상태, 잡념, 심리적 혼란 상태, 청각 능력의 감소, 편견, 잘못된 추측, 너무 빠르거나 느린 말의 속도 등

정답 ④

실제 기출 | 발문 보기

• 커뮤니케이션의 장애 요인에 해당되지 않는 것은?
• 커뮤니케이션의 장애 요인 중 발신자에 의한 장애 요인이 아닌 것은?
• 다음 중 의사소통의 장애 요인이 아닌 것은?
• 의사소통의 장애 요인을 발신자, 수신자, 상황에 따라 구분할 때 수신자에 의한 의사소통 장애 요인에 해당하지 않는 것은?

---

41 커뮤니케이션의 구성

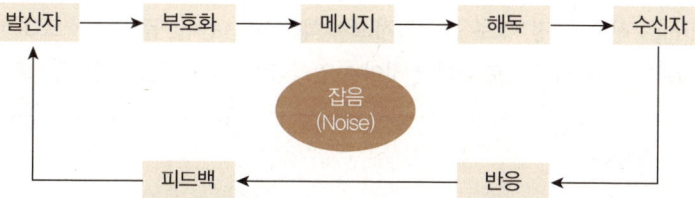

① **발신자**: 상대방에게 사상, 감정, 정보 등을 전달하고자 하는 사람을 말한다.
  ㉠ 전달자 관련 요인: 메시지의 명확화 능력, 전달 능력, 개인적 특성
  ㉡ 전달자의 장애 요인 개선 방안
    • 분명하고 적절한 언어를 사용한다.
    • 병행 경로와 반복을 이용한다.
    • 물리적 환경을 효과적으로 활용한다.
    • 수용자의 입장에서 사고한다.
② **수신자**: 수신자는 수신된 정보의 의미를 이해하기 위해 해독화(Decoding) 과정을 수행한다.

③ 잡음
　㉠ 개념: 커뮤니케이션의 과정에서 전달과 수신 사이에 발생하며 의사소통을 왜곡시키는 요인이다. 잡음은 기계의 오작동이나 환경의 부조화로 인한 물리적 요인뿐 아니라 심리적 요인까지 포함하는데 이로 인해 메시지가 정확하게 전달되지 못하는 경우가 종종 발생한다.
　㉡ 의미적 잡음, 기계적 잡음, 환경적 잡음이 있다.
④ 메시지 및 채널(매체)
　㉠ 전달자가 수신자에게 전하려는 내용이며, 부호화의 결과이고 커뮤니케이션의 경로이다.
　㉡ 발신자가 수신자에게 메시지를 전달하는 데 사용되는 수단을 말한다.
　㉢ 크게 인적 채널과 비인적 채널로 나뉘는데, 인적 채널에는 입소문, 영업 사원 등이 포함되고 비인적 채널에는 인쇄 매체, 방송 매체 등이 포함된다.
⑤ 부호화, 해독화, 해석
　㉠ 부호화, 기호화: 발신자가 전달하고자 하는 생각과 느낌을 언어, 어휘, 상징, 차트 또는 제스처와 같은 형태로 전환하는 구성 과정을 말한다. 상징물이나 신호 등에는 전달자의 의도가 하나의 부호로 실려 있게 되는데, 눈으로 보이지 않는 체계이므로 전달자와 수신자 간의 보다 깊은 심리적인 교감이 필요하다.
　㉡ 해독화(Decoding): 신호에 해당하는 물리적 자극을 일정한 형태의 기호들로 지각(식별)하는 활동이다.
　㉢ 해석: 해독된 기호와 메시지의 의미를 이해하는 활동으로, 해석을 위해서는 일정한 관점 또는 이론이 필요하다. 이러한 메시지의 해석과 해독은 수신자의 능동적인 활동에 의하여 수행된다.
⑥ 피드백(Feedback)
　㉠ 한 체계가 과거의 성취 결과에 따라 체제 내에 재투입되어 그의 체제를 조절하는 방법이다. 즉, 통신 이론에서 피드백은 통신 활동 중 송신자가 수신자의 어떤 반응을 받아들일 때 메시지를 조절하는 행위이다.
　㉡ 인간 통신에 있어서 피드백은 상호 의존 관계에 있는 개인들의 공통적 의미이며 영역을 확대하는 것이다.

대표 기출문제

커뮤니케이션의 기본 요소에 대한 설명으로 옳지 않은 것은?

① 발신자(Communicator): 상대방에게 사상, 감정, 정보 등을 전달하고자 하는 사람을 말한다.
② 부호화(Encoding): 사상, 감정, 정보 등 전달하고자 하는 것을 언어, 몸짓, 기호로 표현한 것을 말한다.
③ 메시지(Message): 기호화의 결과로 나타난 것이며 언어적인 것과 비언어적인 것으로 구분된다.
④ 해독(Decoding): 메시지를 받고 나서 어떤 반응을 보일 뿐만 아니라 자신의 반응 일부를 전달자에게 다시 보내는 과정을 말한다.

해설 해독은 신호에 해당하는 물리적 자극을 일정한 형태의 기호들로 지각(식별)하는 활동이다. 메시지를 받은 뒤 반응을 보이고 반응 일부를 전달자에게 다시 보내는 것은 반응과 피드백 과정에 대한 설명이다.

정답 ④

> **실제 기출** 발문 보기
>
> - 커뮤니케이션 채널에 대한 설명으로 틀린 것은?
> - 커뮤니케이션 과정에서 전달과 수신 사이에 발생하며 의사소통을 왜곡시키는 요인을 의미하는 것은?

42 언어적 의사소통

① 말에 의한 의사소통
  ㉠ 장점
   - 신속한 피드백이 가능하다.
   - 수시로 아이디어 또는 해결책을 주고받을 수 있다.
   - 개인적인 상호작용이 가능하다.
  ㉡ 단점
   - 시간이 소요되며 갈등을 유발할 위험이 있다.
   - 공식적인 기록을 할 수 없다.
   - 메시지가 왜곡될 수 있다.

② 글에 의한 의사소통
  ㉠ 장점
   - 공식적인 기록을 할 수 있다.
   - 정확하고 권위 있어 보인다.
   - 필요할 때는 언제든지 참고할 수 있다.
  ㉡ 단점
   - 해석이 다양해질 수 있다.
   - 피드백을 구하기 힘들다.
   - 문서를 작성할 시간이 필요하다.

③ 의사 전달을 위한 표현 방법의 예
  ㉠ "잔디밭에 들어가지 마시오."는 부정형 표현 방법이다.
  ㉡ "실내에서 조용히 해 주시겠습니까?"는 청유형 표현 방법이다.
  ㉢ "서류를 가져와야 합니다."는 평서형 표현 방법이다.
  ㉣ "옆 계단에서 담배를 피울 수 있습니다. 담배는 그곳에서 부탁드립니다."는 긍정형 표현 방법이다.

> **실제 기출** 발문 보기
>
> - 다음 중 언어적 성격을 가진 의사소통은?
> - 다음 중 의사 전달을 위한 표현 방법에 대한 설명으로 옳지 않은 것은?
> - 다음 중 의사소통의 도구는?

43 비언어적 의사소통

① 장점
　㉠ 언어적 의사소통을 보완할 수 있다.
　㉡ 다른 의사소통의 필요성을 감소시킬 수 있다.
② 단점
　㉠ 언어를 통한 의사소통과 일치하지 않을 수 있다.
　㉡ 무시될 수 있다.
③ 비언어적 메시지의 종류 　중요　: 음성의 고저, 표정, 몸짓, 자세, 눈치 등이 있다.
　㉠ 긍정적 행동 단서: 미소 짓기, 짧게 눈 마주치기, 고객과 대화 시 고개를 끄덕이기 등
　㉡ 부정적 행동 단서: 고객에게 손가락 또는 물건으로 지적하기, 팔짱을 끼거나 주먹을 움켜쥐기 등
④ 호감 가는 음성의 조건: 정확한 발음, 안정적인 억양, 적절한 속도, 편안한 목소리 등이 있다.
⑤ 비음성적 단서들 중 신체 언어의 특징
　㉠ 신체 언어로 전체 내용의 50% 이상을 의사소통할 수 있으므로 신체적 언어를 이해하는 것이 필수적이라고 할 수 있다.
　㉡ 모든 사람이 동일한 방식으로 비언어적 단서들을 사용하지는 않는다.
　㉢ 언어적 메시지를 강조하기 위한 손동작의 적절한 사용은 의사소통을 촉진시킨다.

> **실제 기출　발문 보기**
> • 비음성적 단서들 중 신체 언어에 대한 설명으로 거리가 가장 먼 것은?
> • 다음 중 비언어적 의사소통 도구에 해당하지 않는 것은?
> • 비언어적 의사소통에서 사람이 다른 사람과 상호작용을 할 때 공간적 영역에 대한 설명으로 틀린 것은?

44 화법

① I · You · Do · Be Message 화법
　㉠ 아이 메시지(I-message): 대화 시 상대방에게 내 입장을 설명하는 화법이다.
　㉡ 유 메시지(You-message): 대화 시 결과에 대해 상대방에게 평계를 돌리는 화법이다.
　㉢ 두 메시지(Do-message): 어떤 잘못된 행동의 결과에 대해 그 사람의 행동 과정을 잘 조사하여 설명하고 잘못에 대하여 스스로 반성을 구하는 화법이다.
　㉣ 비 메시지(Be-message): 잘못에 대한 결과를 일방적으로 단정함으로써 상대방으로 하여금 반감을 불러일으키게 하는 화법이다.
② 고객과의 효율적인 커뮤니케이션을 위해 사용하는 화법
　㉠ 전달 내용을 복창하며 확인하고 고객의 발언을 인용한다.
　㉡ 전문용어의 사용은 최대한 줄이고 고객 수준에 맞는 어휘를 사용해야 한다.
　㉢ 긍정적인 언어를 사용하고, 고객의 입장에서 서비스를 제공한다.
　㉣ 결론과 요점을 먼저 전하고 너무 장황하게 응답하지 않는다.
　㉤ 명령형보다는 의뢰형으로 표현해야 한다.

ⓗ 텔레마케터 중심의 언어가 아닌 고객 중심의 언어로 표현해야 한다.
　ⓢ 부드러운 말과 표정, 경어와 표준어 사용, 명확한 발음 등 훈련된 언어를 사용해야 한다.
　ⓞ 억양으로 고객과 공감한다는 태도를 보인다.
　ⓩ 사투리나 방언의 사용을 피하고 표준어를 사용하는 것이 좋다.
　ⓩ 상담의 진행을 위하여 유도성 질문을 이용한다.
　ⓚ 전화로 이야기할 때에도 미소를 지으며, 필요한 낱말에 강세를 두어 말한다.
　ⓔ 고객이 말하는 속도에 보조를 맞추되, 상담원은 되도록 천천히 말하는 습관을 갖는 것이 좋다.
　ⓟ 명확한 발음을 하기 위해 큰 소리로 반복해서 연습하는 것이 필요하다.
③ 효과적인 단어 선택
　㉠ 고객에게 확신을 줄 수 있는 긍정적인 단어를 선택해야 한다.
　㉡ 고객이 받을 수 있는 이점을 위주로 한 단어를 선택해야 한다.
　㉢ 칭찬, 감사, 기쁨을 표현할 수 있는 단어를 선택해야 한다.
④ 상담 화법
　㉠ 상담 화법은 의사소통의 과정이다.
　㉡ 말하기의 대부분은 음성 언어로 이루어진다.
　㉢ 대인 커뮤니케이션과 밀접한 상관관계를 지니고 있다.
　㉣ 대화 상대, 대화 목적에 따라 적절하게 변화되어야 한다.
⑤ 텔레마케터가 고객에게 의사를 전달하는 방법
　㉠ 어려운 것을 쉽게 전하는 방법: 예시나 표현을 궁리해서 고객을 이해시킨다.
　㉡ 쉬운 것을 어렵게 전하는 방법: 이야기가 길어지는 경향이 있고, 고객이 듣기 싫어한다.
　㉢ 쉬운 것을 쉽게 전하는 방법: 전하고자 하는 내용을 간략하게 있는 그대로 설명한다.

> **실제 기출　발문 보기**
>
> - 효과적인 커뮤니케이션을 위해 메시지 전달자에게 요구되는 사항으로 틀린 것은?
> - 텔레마케터가 고객에게 의사를 전달하는 방법에 대한 설명으로 틀린 것은?
> - 상담 화법에 대한 설명으로 바람직하지 않은 것은?

45　텔레마케터의 고객 응대

① 특징 　중요
　㉠ 쌍방향 커뮤니케이션을 필요로 한다.
　㉡ 통신 장비를 활용한 비대면 중심의 커뮤니케이션이다.
　㉢ 언어적인 메시지와 비언어적인 메시지를 동시에 사용할 수 있다.
　㉣ 상호 거래적이며 피드백이 즉각적으로 이루어진다.
　㉤ 고객과 텔레마케터 간에 제품 구매 또는 서비스 거래 등의 커뮤니케이션 행위가 일어난다.
　㉥ 상대방의 얼굴을 볼 수 없어 청각에 전적으로 의존하게 되므로 더욱 세심한 주의가 요구된다.

② 고객 응대 시 주의할 점
  ㉠ 고객은 시간과 장소를 가리지 않고 전화를 하므로 언제든지 이를 수용할 수 있는 자세를 갖추어야 한다.
  ㉡ 고객의 시간과 경비를 배려하기 위해 정확하고 간결하게 정보를 전달해야 한다.
  ㉢ 상담 시 외부에서 들려오는 소음 공해는 경청을 방해하므로 소음 요인을 제거하도록 한다.
  ㉣ 전문용어나 속어는 사용하지 않는다.
  ㉤ 중요한 사항은 반복 확인하고, 5W1H 형식에 맞추어 메모하며 응대하는 습관을 기른다.
  ㉥ 숫자로 된 표현은 알아듣기 어려울 수 있으므로 또박또박 천천히 말한다.
  ㉦ 고객 반응별 상황 대응 능력이 중요하다.
  ㉧ 알맞은 음량, 또렷한 목소리, 적당한 말의 속도 등을 갖추어야 하며, 고객과의 상담 상황에 따라 적절하게 변화시키는 음성 연출이 필요하다.
③ 고객이 가지고 있는 경계심과 망설임을 없애는 방법
  ㉠ 고객의 자발적인 참여를 유도한다.
  ㉡ 고객에게 객관적인 자료를 제시한다.
  ㉢ 고객 응대 시에는 감정과 정서를 효과적으로 표출해 친밀감을 형성한다.
  ㉣ 고객에게 타사와 비교·분석한 내용을 설명한다.
④ CSP 기법: CSP(Customer Situation Performance)는 고객상황 퍼포먼스를 뜻하는 것으로, 고객이 느끼는 육체적·심리적인 상황 관계를 말한다.

대표 기출문제

고객이 가지고 있는 경계심과 망설임을 없애는 방법과 가장 거리가 먼 것은?

① 고객의 자발적인 참여를 유도한다.
② 고객에게 객관적인 자료를 제시한다.
③ 고객에게 업무 중심의 고객 응대를 한다.
④ 고객에게 타사와 비교·분석한 자료를 설명한다.

해설 고객이 신뢰감을 느끼도록 친밀감(Rapport)을 형성하는 것이 중요한데, 이를 위해서는 고객에게 관심을 갖고 고객의 욕구를 파악해야 한다.

정답 ③

실제 기출 | 발문 보기

• 고객 응대에 대한 설명 중 틀린 것은?
• 텔레마케팅 고객 응대의 특징으로 틀린 것은?
• 고객 응대 시 필요한 지식과 거리가 먼 것은?

제2과목 시장환경조사

☑ 눈여겨볼 키워드

빈출 키워드	문항 내용
표본조사	특성과 이점, 표본추출방법, 표본 관련 개념, 표본의 크기, 오류의 유형
설문지	작성 과정, 작성 시 고려 사항, 설문 문항 배열의 원칙, 설문지의 사전조사
1차 자료	개념과 특징, 관찰법, 1차 자료와 2차 자료의 차이점, 기술적 연구, 탐색적 연구
시장조사	개념과 특징, 역할, 과학적 조사로서의 마케팅조사, 조사자 또는 의뢰자가 지켜야 할 사항, 응답자의 권리 보호
면접조사	장점과 단점, 개인면접, 집단면접, 집단심층면접, 라포

1 시장조사의 개념

① 과거와 현재의 시장 및 경쟁 상황을 조사·분석하여 미래를 예측함으로써 시장 전략 수립의 지침을 제공하고자 하는 미래 지향적인 활동이다.
② 마케팅 의사결정을 위해 실행 가능한 정보 제공을 목적으로 다양한 자료를 체계적으로 획득하고 분석하는 객관적이고 공식적인 과정이다.
③ 기업이 전략이나 정책을 세우는 데 필요한 정보를 입수하기 위해 목표시장, 경쟁사, 기업 환경에 대한 각종 자료를 수집하고 분석하는 활동이다.
④ 정확성, 현실성, 충분성, 관련성, 이용 가능성을 지닌 정보를 수집하여 전략이나 계획을 수정·보완하는 것을 주요 목적으로 한다.

대표 기출문제

시장조사에 관한 설명으로 옳지 않은 것은?

① 시장조사는 자료의 수집과 기록을 위한 도구의 집합체이다.
② 시장조사는 제품을 공급하는 공급자의 요구를 정확히 파악하는 것이다.
③ 시장조사는 매출과 이익을 증가시키도록 도와주는 질적 기법들의 집합이다.
④ 시장조사는 경쟁자들의 매출 및 시장 점유율에 대한 정보를 수집하는 것이다.

해설 시장조사는 공급자가 아닌 소비자의 니즈와 특성을 정확히 파악하는 활동이다.

정답 ②

2 시장조사의 특성

① 타당성, 신뢰성, 적시성을 갖춘 정보를 과학적 방법으로 수집하고 분석·해석·보고해야 한다.
② 조사 시기와 조사 기간을 고려하여 최적의 시점에 정보가 제공될 수 있도록 함으로써 정보의 가치를 증대시켜야 한다.
③ 체계성, 객관성, 실증성, 간주관성을 유지해야 한다.
④ 조사된 자료는 조사 의뢰자를 객관적으로 이해시킬 수 있어야 하고, 특수성보다는 보편성에 충실해야 한다.
⑤ 마케터들의 마케팅 활동 시 근거 자료로 활용된다.
⑥ 조사 목표의 3가지 기본 요소는 조사 문제, 가설의 개발, 조사의 범위이며 시장조사의 궁극적인 목표는 고객만족이다.

> **기출 PLUS OX QUIZ**
>
> 1. 시장조사는 직감을 통한 조사로 이루어진다. O | X
> 2. 시장조사는 마케팅 전략수립을 위한 과정이다. O | X
> 3. 시장조사는 현장에서 활용될 수 있는 실용성이 있어야 한다. O | X
> 4. 시장조사는 과학적 방법으로 진행해야 한다. O | X
>
> 정답 1. ✕ 2. ○ 3. ○ 4. ○

3 시장조사의 역할

① 문제해결을 위해 조직적으로 탐색한다.
② 기업의 문제해결에 도움을 주는 정보를 제공한다.
③ 불확실성과 위험성을 최소화한다.
④ 타당성과 신뢰성 높은 정보를 획득하고 의사결정 능력을 제고한다.
⑤ 고객의 심리적·행동적 특성을 간파하여 고객 만족 경영을 실현한다.
⑥ 마케팅을 효과적으로 수행할 수 있도록 도움을 준다.

> **대표 기출문제**
>
> **시장조사의 역할로 옳지 않은 것은?**
>
> ① 의사결정능력 제고
> ② 기업 지향적 경영활동 지원
> ③ 문제해결을 위한 조직적 탐색
> ④ 고객의 심리적·행동적인 특성 파악
>
> **해설** 시장조사는 고객의 특성, 욕구나 행동적 특성을 간파하여 고객 지향적 마케팅 활동에 도움을 준다.
>
> 정답 ②

> **실제 기출** 발문 보기
>
> - 마케팅믹스 전략 중에서 '제품 전략'과 관련된 시장조사의 역할과 목적으로 가장 거리가 먼 것은?
> - 다음 중 시장조사의 역할이 아닌 것은?

4 과학적 조사로서의 마케팅조사

① 합리적인 의사결정에 필요한 유용한 정보를 획득할 목적으로 시장조사를 실시할 때, 가장 신뢰할 수 있는 지식 획득 방법이다.
② 과학적 연구 방법에는 관찰 과정에서 개인적 편견을 배제하고, 관찰 결과의 진위 여부에 대해 학문 공동체 구성원 간 합의에 도달하게 해 주는 규칙들이 존재한다.
③ '현상 → 개념 → 가설 → 검증' 과정을 거친 객관적인 자료를 바탕으로 이론을 도출한다. 즉, 체계적인 실험 활동을 통해 일반적인 원칙을 밝혀낸다.
④ 문제의 연관성에 대해 가정을 설정하고 이를 체계적·실증적·핵심적으로 조사한다.
⑤ 과학적 조사는 추론에 근거하며, 귀납적 방법과 연역적 방법으로 나뉜다.
⑥ 조사자는 시장 문제를 구성하는 요소를 구분하고 그 상호 관계를 분석하여 시장 문제의 원인을 파악하고 해결 방안을 모색한다.
⑦ 과학적 조사 방법을 통해 시장조사 과정과 분석 과정에서 오류를 최소화해야 한다.
⑧ 과학적 조사 방법으로 시장의 문제점을 발견하고, 원인 규명을 통해 시장 문제를 예측할 수 있다.

> **대표 기출문제**
>
> **과학적 조사 방법의 설명으로 옳지 않은 것은?**
>
> ① 과학적 조사 방법을 통해 시장조사 과정과 분석 과정에서 오류를 최소화하도록 해야 한다.
> ② 과학적 조사 방법은 개인적 경험, 직관, 감성을 근거로 자료를 수집하여 시장 문제를 분석한다.
> ③ 과학적 조사 방법으로 시장의 문제점을 발견하고, 원인 규명을 통하여 시장 문제를 예측할 수 있다.
> ④ 조사자는 시장 문제를 구성하고 있는 요소들을 구분하고 그 상호 관계를 분석함으로써 시장 문제의 원인을 파악하고 해결방안을 모색한다.
>
> **해설** 과학적 조사 방법은 관찰 과정에서 개인적 편견을 배제하고 관찰 결과의 진위 여부에 대해 학문 공동체 구성원 간 합의에 도달하게 하는 규칙을 지켜야 한다.
>
> 정답 ②

> **실제 기출** 발문 보기
>
> - 마케팅조사의 과학적 특성으로 적절하지 않은 것은?

5 마케팅조사의 절차

문제 규명 및 정의(조사 목적 설정) → 조사 설계 → 자료 수집 → 자료 분석 및 해설 → 보고서 작성

> **실제 기출 | 발문 보기**
>
> • 다음 중 마케팅조사 과정이 순서대로 올바르게 나열된 것은?

6 조사자가 지켜야 할 사항

① 조사 대상자의 존엄성과 사적인 권리를 존중해야 한다.
② 조사 결과는 성실하고 정확하게 보고하여야 한다.
③ 자료의 신뢰성과 객관성을 확보하기 위해 자료원을 반드시 보호해야 하며 조사가 끝난 후에도 입수한 자료의 비밀을 유지할 필요가 있다.
④ 조사 결과를 조사의 목적 외에 사용해서는 안 되며 조사 결과의 왜곡, 축소 등은 피해야 한다.
⑤ 고객에 관한 정보를 경쟁 기업에게 누설하지 않는다.
⑥ 부적절한 방법으로 조사를 진행하지 않는다.
⑦ 정보 제공자의 익명성을 보장하여야 한다.
⑧ 설문지 작성법, 분석 방법 등에 많은 지식을 가져야 한다.
⑨ 응답자의 개인적인 응답은 공개하지 않는다.
⑩ 의뢰자가 동의하지 않는 한, 의뢰자의 이름을 밝혀서는 안 된다.
⑪ 조사 결과가 일관성이 없는 경우에는 자료를 이용해서는 안 된다.
⑫ 개인이나 기업에 행해진 업무 및 의사결정 등의 정당화 수단으로 사용하면 안 된다.

> **대표 기출문제**
>
> **응답자에 대해 조사자가 지켜야 할 사항으로 옳지 않은 것은?**
>
> ① 조사를 통해 모아진 응답자들의 개인 자료를 함부로 사용하거나 공개해서는 안 된다.
> ② 응답자가 조사에 참여하는 동안 신체적, 심리적으로 해로운 상황이 없도록 해야 한다.
> ③ 조사자는 응답자에게 조사 참여 여부를 강요하지 않고 응답자가 스스로 결정하도록 해야 한다.
> ④ 특수성이 있는 경우 응답자에게 조사 목적, 정보를 제공받는 곳 등의 내용을 알려 주지 않아도 된다.
>
> **해설** 조사자는 응답자에게 조사 목적과 정보를 제공받는 곳 등의 내용을 고지해야 한다.
>
> **정답** ④

> **실제 기출** 발문 보기
>
> - 조사자가 응답자에 대해 지켜야 할 사항으로 틀린 것은?
> - 전화조사를 수행할 때 조사자가 지켜야 할 원칙으로 옳은 것은?
> - 윤리적 측면을 고려한 조사자의 행동으로 옳지 않은 것은?

7 의뢰자가 지켜야 할 사항

① 연구 목적이나 조사 목적을 의도적으로 숨기지 않는다.
② 조사 결과가 일관성이 없는 경우에는 자료를 이용해서는 안 된다.
③ 조사 결과를 왜곡하거나 축소해서는 안 된다.
④ 법과 규칙에 부합되는 조사를 의뢰한다.
⑤ 계약 이외의 것을 요구하는 행동은 바람직하지 못하다.

대표 기출문제

조사 의뢰인(Client)이 지켜야 할 윤리에 대한 설명 중 틀린 것은?

① 조사는 의사결정을 위한 정보를 추출하기 위해 실시되어야 한다.
② 실제 조사를 의뢰할 생각 없이 단지 조사회사의 제안서를 보기 위해 제안서를 요구해서는 안 된다.
③ 의사결정을 이미 내린 상태에서 그 결정이 올바름을 확인하기 위한 증거를 확보하고자 조사가 실시되어야 한다.
④ 특정 회사를 미리 정해 놓은 후 요건을 갖추기 위해 다른 회사에게 제안서를 제출하라고 요구해서는 안 된다.

해설 개인이나 기업에서 이미 진행한 업무나 의사결정을 정당화하는 수단으로 조사를 사용하면 안 된다.

정답 ③

> **실제 기출** 발문 보기
>
> - 시장조사를 의뢰한 기업체가 지켜야 할 사항과 가장 거리가 먼 것은?

8 응답자의 권리 보호

① 응답자는 사생활을 보호받을 권리와 참여를 선택할 권리가 있다.
② 응답자는 신체적·정신적으로 피해를 당하거나 불쾌감을 느끼지 않도록 보호받아야 한다.
③ 응답자는 존중받아야 하며, 조사를 거부할 수 있는 권리가 있다.

> **대표 기출문제**

설문조사 시 응답자가 보호받아야 할 권리에 대한 다음 설명 중 (   )에 공통적으로 적합한 것은?

> (   )는 응답자가 응답한 정보에 관하여 조사 기업(조사자)은 함부로 사용하거나 공개해서는 안 된다는 것을 뜻하며, 지나치게 민감한 질문도 응답자의 (   )를 침해하는 것으로 볼 수 있다.

① 안전할 권리
② 참여를 선택할 권리
③ 조사에 대해 알 권리
④ 사생활을 보호받을 권리

해설 응답자는 사생활을 보호받을 권리가 있기 때문에 직접 혹은 우편으로 권유되는 질문지에 답하지 않거나 폐기할 수 있는 권리가 있으며, 설문지 등에서 자신이 노출될 수 있는 질문 항목에는 답을 하지 않을 권리가 있다.

정답 ④

> **실제 기출 | 발문 보기**
>
> • 조사응답자가 가진 4가지 권리 중 조사 시 성적 선호, 약물 복용 등 개인적으로 민감한 질문을 하지 않도록 하는 것과 관련된 것은?

9 SWOT(Strength, Weakness, Opportunity, Threat) 분석

① 자사 및 경쟁사의 강점(Strength)과 약점(Weakness)을 분석하고, 기업 외부에서 일어나고 있는 환경 변화를 종합적으로 정리하여 자사가 처한 기회(Opportunity)와 위협(Threat) 요인들을 파악하는 것이다. 기업의 내·외부 환경 분석으로 가장 많이 사용되는 분석 방법이다.

② SWOT의 각 요소

S	강점(Strength)으로, 자사와 자사 제품·서비스에 좋은 영향을 주는 내부 환경 요소
W	약점(Weakness)으로, 자사와 자사 제품·서비스에 나쁜 영향을 주는 내부 환경 요소
O	기회(Opportunity)로, 자사와 자사 제품·서비스에 좋은 영향을 주는 외부 환경 요소
T	위협(Threat)으로, 자사와 자사 제품·서비스에 나쁜 영향을 주는 외부 환경 요소

> **실제 기출 | 발문 보기**
>
> • 기업의 환경 분석을 통해 강점과 약점, 기회와 위협 요인으로 규정하고 이를 토대로 마케팅 전략을 수립하는 기법은?

10 BCG 매트릭스

① 개념
- ㉠ BCG 매트릭스는 자금의 투입, 산출 측면에서 사업(전략 사업 단위)이 현재 처해 있는 상황을 파악하여 상황에 맞는 처방을 내리기 위한 분석 도구이다.
- ㉡ 성장-점유율 매트릭스(Growth-share matrix)라고도 불리며, 산업을 상대적 시장 점유율과 시장 성장률로 구분하여 네 가지로 분류한다.
- ㉢ X축(수평축)을 상대적 시장 점유율로 하고, Y축(수직축)을 시장 성장률로 하여, 미래가 불투명한 사업을 물음표(Question mark), 점유율과 성장성이 모두 좋은 사업을 스타(Star), 투자에 비해 수익이 월등한 사업을 캐시카우(Cash cow), 점유율과 성장률이 둘 다 낮은 사업을 도그(Dog)로 구분한다.

② 사업의 구분 **중요**
- ㉠ 스타(Star) 사업: 성공 사업이다. 수익성과 성장성이 크므로 계속적 투자가 필요하다.
- ㉡ 캐시카우(Cash cow) 사업: 수익 창출원이다. 기존의 투자에 의해 수익이 계속적으로 실현되므로 자금의 원천 사업이 된다. 시장 성장률이 낮으므로 투자 금액이 유지·보수 차원에서 머물게 되어 자금 투입보다 자금 산출이 많다.
- ㉢ 물음표(Question mark) 사업: 신규 사업이다. 상대적으로 낮은 시장 점유율과 높은 시장 성장률을 가진 사업으로, 기업의 행동에 따라서는 차후에 스타(Star) 사업이 되거나 도그(Dog) 사업으로 전락할 수 있는 위치에 있다. 일단 투자하기로 결정한다면 상대적 시장 점유율을 높이기 위해 많은 투자 금액이 필요하다.
- ㉣ 도그(Dog) 사업: 사양 사업이다. 성장성과 수익성이 없는 사업으로, 시장에서 철수해야 한다. 기존의 투자에 매달리다가 기회를 잃으면 더 많은 대가를 치를 수 있다.

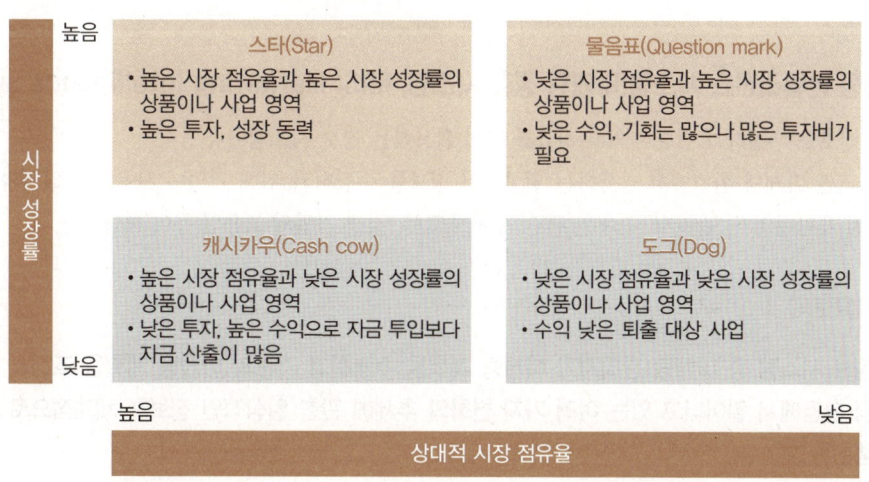

11 마케팅 정보 시스템

① 경영정보 시스템(Management Information System)의 하위 시스템으로서, 마케팅 경영자가 마케팅관리를 보다 효율적으로 수행하기 위해 의사결정 시 사용할 수 있도록 만들어진 시스템이다. 정확한 정보를 적시에 수집, 분류, 분석, 평가, 배분하도록 기획, 설계되어 지속적으로 상호작용한다.
② 마케팅 내부정보 시스템, 마케팅 고객정보 시스템, 마케팅 인텔리전스 시스템, 마케팅조사 시스템, 마케팅 의사결정 지원시스템의 5가지로 구분할 수 있다.

> **기출 PLUS** **OX QUIZ**
> 1. 기업 내·외부 자료를 체계적으로 관리한다. O | X
> 2. 정성적 데이터와 정량적 데이터로 구분하여 관리한다. O | X
> 3. 경영정보 시스템의 상위 시스템이다. O | X
>
> 정답 1. O 2. O 3. ×

> **실제 기출** **발문 보기**
> • 마케팅 정보 시스템의 종류와 가장 관련이 없는 것은?
> • 마케팅 정보 시스템의 특성이 아닌 것은?
> • 마케팅 정보 시스템에 관한 설명으로 옳지 않은 것은?

12 마케팅 인텔리전스 시스템(마케팅 정찰 시스템, MIS; Marketing Intelligence System)

① 경쟁사의 정보를 수집하기 위하여 외부 자료를 많이 활용하는 정보 시스템이다.
② 기업을 둘러싼 마케팅 환경에서 발생하는 일상적인 정보를 수집하기 위해 기업이 사용하는 절차와 정보원의 집합으로서 재판매업자, 관리자, 판매원 관련 기관 보고서, 경쟁 기업의 고용인 등이 해당한다.

> **대표 기출문제**
>
> 마케팅 정보 시스템 중 마케팅 관리자가 마케팅 계획을 수립하고 기존의 마케팅 계획을 조정하기 위하여 마케팅 환경에서 일어나고 있는 여러 가지 변화와 추세에 관한 일상적인 정보를 체계적으로 수집하는 시스템은?
>
> ① 마케팅조사 시스템 ② 마케팅 고객정보 시스템
> ③ 마케팅 내부정보 시스템 ④ 마케팅 인텔리전스 시스템
>
> **해설** 마케팅 인텔리전스 시스템(마케팅 정찰 시스템, MIS; Marketing Intelligence System)
> 경쟁사에 대한 정보를 수집하기 위하여 외부 자료를 많이 활용하는 정보 시스템으로, 기업을 둘러싼 마케팅 환경에서 발생하는 일상적인 정보를 수집하기 위해 기업이 사용하는 절차와 정보원의 집합이다.
>
> 정답 ④

13 마케팅조사 시스템(MRS; Marketing Research System)

① 기업이 직면한 마케팅 문제의 해결과 직접적으로 관련된 1차 자료에 대한 시스템이다.
② 대부분의 관련 자료는 소비자로부터 수집하여 문제해결에 사용한다.
③ 마케팅 의사결정에 유용한 정보는 체계적, 객관적으로 수집되어야 한다.
④ 마케팅조사는 마케팅 의사결정에 유용한 정보만을 제공하여 마케팅 문제의 해결에 도움을 주어야 한다.
⑤ 특이사항이 발생하거나 긴급한 사항이 발생하였을 때 운영되는 시스템이다.
⑥ 마케팅 기회와 문제를 식별하고 마케팅 활동을 계획, 정의, 평가하는 시스템으로, 마케팅 실적을 모니터하고 마케팅 과정에 대한 이해를 증진하기 위해 이용한다.
⑦ 마케팅조사 과정: 조사 문제의 목적 결정 → 마케팅조사 설계 → 자료 수집 → 자료 분석 및 해석 → 조사 결과 분석

> **실제 기출** 　**발문 보기**
> • 마케팅조사 시스템에 관한 설명으로 옳지 않은 것은?

14 마케팅 내부정보 시스템(MIIS; Marketing Internal Information System)

① 기업 내부에 존재하는 정보를 통합적으로 관리하고자 하는 시스템이다.
② 기업 내부에 존재하는 정보에는 상품별·지역별·기간별 매출, 재고 수준, 외상 거래, 회계 정보 등이 있다.

15 마케팅 고객정보 시스템(MCIS; Marketing Customer Information System)

① 기업의 제품을 구매하는 고객정보를 체계적으로 모아 놓은 시스템이다.
② 고객의 인구통계학적 특성, 라이프스타일, 추구하는 혜택, 구매 일자, 구매 빈도, 구매 가격과 같은 구매 정보들을 포함하는 정보 시스템이다.

16 마케팅 의사결정 지원시스템

① 마케팅 환경으로부터 수집된 정보를 해석하고, 마케팅 의사결정의 결과를 예측하기 위해 사용되는 관련 자료, 소프트웨어, 분석 도구 등을 통합한 것이다.
② 최고 경영자의 의사결정을 도와주는 시스템으로, 정형적인 문제일 때는 준비한 의사결정 규칙에 의해 자동으로 해결 방법을 제시하고, 비정형적인 문제일 때는 문제를 분석하여 최종 결정에 도움이 되는 정보를 제공한다.
③ 각종 요인의 변화에 대해 결과를 즉시 요약·제시하는 정보 시스템이며, 의사결정을 대신하지는 않고 지원만 한다.
④ 비구조화된 문제해결에 유용하고 사용자 중심적이며, 유연성과 적응성을 강조하는 시스템이다.

| 실제 기출 | 발문 보기 |

- 외부 환경 및 기업 내부로부터 정보를 수집, 처리하여 기업이 환경변화에 적절히 대응할 수 있도록 컴퓨터에 기반을 둔 데이터 베이스, 의사결정 도구와 모델로 이루어진 시스템은?

17 표본조사

① 특성
  ㉠ 부분조사라고도 한다.
  ㉡ 조사 대상 중 일부를 추출하기 때문에 표본추출이 중요하고, 모집단이 클 경우에 효과적이다.
  ㉢ 표본 오차가 존재하나 그 오차의 계산이 가능하다.

② 이점
  ㉠ 시간과 비용, 인력을 절약할 수 있다.
  ㉡ 조사 대상자가 적기 때문에 조사 과정을 보다 잘 통제할 수 있다.
  ㉢ 비표본 오류를 상대적으로 더 많이 줄일 수 있기 때문에 정확도를 높일 수 있다.

대표 기출문제

전수조사와 비교하여 표본조사가 가지는 이점으로 볼 수 없는 것은?

① 시간과 비용, 인력을 절약할 수 있다.
② 조사 대상자가 적기 때문에 조사 과정을 보다 잘 통제할 수 있다.
③ 통계자료로부터 올바른 모수추정이 어려운 경우에 더 효율적이다.
④ 비표본 오류를 상대적으로 더 많이 줄일 수 있기 때문에 정확도를 높일 수 있다.

해설 표본조사는 조사 대상 중 일부를 추출하기 때문에 표본추출 문제가 중요하다. 올바른 모수추정이 어려운 경우에는 조사 대상 전체를 빠짐없이 조사하는 전수조사가 더 효율적이며 추정의 정밀도가 높다.

정답 ③

---

18 표본추출방법

① 확률표본추출방법
  ㉠ 특성
    • 모집단에 속한 모든 요소가 표출됨에 있어 같은 확률을 가진다는 것이 전제가 된다.
    • 선정된 표본이 모집단을 적절히 대표해 체계적인 편중의 위험을 최소화한다.
    • 비용이 많이 들고 불편하지만 표본 오차의 추정이 가능하다.

ⓒ 종류 　중요

- 단순무작위표본추출방법: 표본추출 프레임에서 각 대상자를 무작위로 추출하는 방법으로 표본 요소들이 표출될 확률이 동일하다.
- 층화표본추출방법: 일정한 특성에 의해 모집단을 구분(층화)하고 각 층에서 일정 수를 무작위로 표출한다.
- 군집(집락)표본추출방법: 모집단을 동질적인 여러 소그룹으로 나눈 후 특정 소그룹을 무작위로 선택하여, 선택된 전체를 조사 대상으로 삼아 조사하는 표본추출방법이다.
- 계통표본추출방법: 체계적 표본추출방법이라고도 하며, 모집단 추출 틀에서 단순무작위로 하나의 단위를 선택하고 그다음 k 번째 간격마다 하나씩의 단위를 표본으로 추출하는 방법이다.
- ※ 표본의 크기가 같을 시, 표본 오차의 크기 순: 군집표본＞단순무작위표본＞층화표본

② 비확률표본추출방법

㉠ 특성

- 모집단을 정확하게 규정할 수 없는 경우에 유용하다.
- 표본의 크기가 작은 경우에 유용하다.
- 표집오차 추정이 불가능하기 때문에 표집오차가 큰 문제가 되지 않을 경우에 유용하다.
- 표본추출 시 표본으로 추출될 확률을 전혀 알 수 없는 상태여서 인위적인 표본추출을 해야 하는 경우에 사용하면 시간과 비용의 절감 효과가 있다.

ⓒ 종류 　중요

- 편의(임의)표본추출방법: 조사자가 편리한 대로 임의로 표출하며, 우연적 표집이라고도 한다.
- 판단(목적)표본추출방법: 조사 목적에 적합하도록 전문가의 주관과 판단에 따라 표본을 선택하는 방법이며, 유의표집이라고도 한다.
- 할당표본추출방법: 모집단을 일정한 카테고리로 나눈 다음, 이들 카테고리에서 필요한 만큼의 조사 대상을 작위적으로 추출하는 방법으로, 표본의 규모가 비교적 큰 상업적 조사에서 가장 보편적으로 사용된다.
- 눈덩이(누적)표본추출방법: 특정 집단에 대한 조사를 위해 조사자가 적절하다고 판단하는 조사 대상자들을 선정한 다음 그들로 하여금 또 다른 대상자들을 추천하도록 하는 표본추출방법이다.

대표 기출문제

비확률표본추출방법의 특징이 아닌 것은?

① 인위적 표본추출이다. 　　　　② 시간과 비용이 많이 든다.
③ 표본 오차 추정이 불가능하다. 　④ 표본분석 결과의 일반화에 제약이 있다.

해설 　표본추출 시 표본으로 추출될 확률을 전혀 알 수 없는 상태여서 인위적인 표본추출을 해야 하는 경우, 비확률표본추출방법은 시간과 비용의 절감 효과가 있다.

정답 ②

> **기출 PLUS** **초성 QUIZ**
>
> 1. 인구통계적 요인, 경제적 요인, 사회·문화·환경적 요인 등의 분류기준에 의해 전체 표본을 여러 집단으로 구분하고, 각 집단별로 필요한 대상을 사전에 정해진 비율로 추출하는 것은 ㅎ ㄷ 표본추출방법이다.
> 2. 모집단으로부터 매 k 번째 추출해 내는 표본추출방법은 ㄱ ㅌ 표본추출방법이다.
> 3. 특정 집단에 대한 조사를 위해 조사자가 적절하다고 판단하는 조사 대상자들을 선정한 다음 그들로 하여금 또 다른 대상자들을 추천하도록 하는 표본추출방법은 ㄴ ㄷ ㅇ 표본추출방법이다.
>
> **정답** 1. 할당 2. 계통 3. 눈덩이

> **실제 기출** **발문 보기**
>
> - 모집단으로부터 매 k 번째 추출해 내는 표본추출방법은?
> - 모집단을 동질적인 여러 소그룹으로 나눈 후 특정 소그룹을 표본으로 추출하고 선택된 전체를 조사 대상으로 삼아 조사하는 표본추출방법은?
> - 표본추출방법에 관한 설명으로 옳지 않은 것은?
> - 비확률표본추출방법에 해당하는 것은?

19 표본 관련 개념

① 모집단
  ㉠ 조사자가 추론하고자 하는 모든 자료의 집합, 즉 조사의 전체 대상을 말한다.
  ㉡ 전화조사 시 조사자가 어떤 사람들에게 전화할 것인가를 추출하는 기초 자료이다.
  ㉢ 모집단의 효과적인 형태 설정을 위해서는 전화를 걸 대상 설정, 응답자 역할의 구체화, 직업 등을 고려해야 한다.

② 표집
  ㉠ 표본을 선택하는 과정으로 표본추출이라고 한다.
  ㉡ 표집간격: 모집단으로부터 표본을 추출할 때 추출되는 표본 사이의 간격을 의미한다.
  ㉢ 표집률: 모집단에서 개별 요소가 선택될 비율 = 개별 요소(표본 요소)/모집단(표집들 요소의 전체 수)

③ 표본: 전체 응답 대상 중 모집단의 특성을 그대로 살리면서 적절한 소수로 뽑은 대상이며, 표본의 대표성은 표본 오차와 반비례한다.

④ 추출: 모집단에서 표본을 뽑아내는 일을 말한다.

⑤ 표본 프레임
  ㉠ 표본을 추출하기 위한 모집단의 목록을 말한다.
  ㉡ 표본추출 단위가 집단인 경우에는 모집단의 목록인 표본 프레임도 개인별 목록이 아니라 집단별 목록만 있으면 된다.
  ㉢ 정확한 표본추출을 위해서는 모집단과 정확하게 일치하는 표본 프레임을 확보해야 한다.

20 변수의 종류

① **독립 변수**: 마케팅조사 설계의 기본 요소로서 일반적으로 마케팅 관리자가 통제하는 변수이며, 관찰하고자 하는 현상의 원인이라고 가정한 변수이다.
② **종속 변수(결과 변수)**: 독립 변수의 영향을 받아 변화된 결과를 나타내는 변수이다.
③ **양적 변수**: 양의 크기를 나타내기 위하여 수량으로 표시하는 변수이다.
④ **외생 변수(가외 변수)**: 실험 변수 밖에서 결과에 영향을 미치는 변수이다.
⑤ **매개 변수**: 독립 변수와 종속 변수의 사이에서 독립 변수의 결과인 동시에 종속 변수의 원인이 되는 변수이다.
⑥ **선행 변수**: 독립 변수보다 먼저 발생된 변수이다.
⑦ **억제 변수**: 두 변수가 상관관계가 있는데도 없는 것으로 나타나게 하는 제3의 변수로, 독립 변수와 종속 변수 간의 관계를 약화시키거나 아예 소멸시킨다.
⑧ **구성 변수**: 검정 요인 중 총체적 개념과 다른 변수와의 관계에 있어서, 총체적 개념을 구성하는 요소들 중 어떤 것이 관찰된 결과에 결정적인 영향을 미치는지 파악하는 데 사용되는 변수이다.
⑨ **연속 변수**: 길이, 무게, 온도 변화와 같이 연속적인 모든 값을 가질 수 있는 변수를 말한다. 즉, 사람이나 대상물 또는 사건을 그들 속성의 크기나 양에 따라 분류하는 것이다.
⑩ **통제 변수**: 두 변수의 관계를 정확히 파악하기 위해 두 변수 간의 관계에 영향을 미칠 가능성이 있는 제3의 변수를 통제할 경우, 그 제3의 변수이다.
⑪ **중재 변수**: 독립 변수와 종속 변수의 관계에서 직접적인 인과 관계가 아닌 제3의 변수의 효과를 포함하는 경우, 그 제3의 변수이다.
⑫ **관찰 변수**: 조작적 정의에 따라 관찰 가능하고 측정 가능한 실체가 있는 변수이다.
⑬ **이산 변수**: 값과 값 사이가 서로 분리되어 있어, 그 사이의 값이 아무런 의미를 갖지 않는 변수이다.

기출 PLUS   초성 QUIZ

1. 교육 수준에 따라 월평균소득에 차이가 있다면 월평균소득이 ㅈㅅ 변수가 된다.
2. 사람·대상물 또는 사건을 그들 속성의 크기나 양에 따라 분류하는 것은 ㅇㅅ 변수이다.
3. 한 변수(X)가 다른 변수(Y)에 시간적으로 선행하면서 X의 변화가 Y의 변화에 영향을 미칠 때 영향을 미치는 변수는 ㄷㄹ 변수이다.

정답 1. 종속 2. 연속 3. 독립

실제 기출   발문 보기

- 인과 관계를 규명하는 모형이 포함된 변수에 해당하지 않는 것은?

21 표본 크기

① 시장조사의 주체가 표본추출방법을 결정할 때 반드시 같이 결정해야 할 사항으로 조사 비용 및 조사의 정확도와 가장 밀접한 관련성이 있다.
② 모집단의 구성 요소가 이질적인 경우는 동질적인 경우에 비해 표본 크기가 커야 한다.
③ 표본 크기가 클수록 표본 오차는 감소한다.
④ 모집단 요소의 동질성, 조사의 목적, 모집단의 크기 등이 표본 크기 결정에 영향을 미친다.
⑤ 요구되는 신뢰 수준이 높을수록 표본 크기는 커야 한다.

> **실제 기출 | 발문 보기**
> - 표본 크기에 관한 설명으로 옳지 않은 것은?
> - 시장조사의 주체가 표본추출방법을 결정할 때 반드시 같이 결정해야 할 사항으로 조사 비용 및 조사의 정확도와 가장 밀접한 관련성을 가지는 것은?

22 표본 크기 결정 시 고려사항

① 표본을 통해 얻은 통계량의 표본 오차가 적길 원한다면 표본의 크기를 크게 한다.
② 조사자가 통계량을 바탕으로 추정한 신뢰구간에 보다 신뢰를 갖길 원할 때 표본의 크기를 크게 한다.
③ 표본의 크기가 커질수록 시간과 비용이 상승하게 되므로 조사에서 사용 가능한 예산 범위를 고려하여 표본의 크기를 정해야 한다.

> **실제 기출 | 발문 보기**
> - 사용하고자 하는 표본추출방법을 결정한 후 표본 크기를 결정할 때의 고려사항 중 틀린 것은?

23 오류의 유형

① **표본 오류**: 통계량 값과 전수조사에 의해서 결정될 수밖에 없는 모수 값 사이의 차이에서 발생하는 오류이다.
② **비표본 오류**
  ㉠ 자료 수집이나 처리 과정에서 발생하는 문제나 조사원의 실수 등으로 발생하는 오류이다.
  ㉡ 표본추출 외의 과정에서 나타나는 표집오차를 제외한 모든 오류이다.
    - 분석 시 잘못 입력했을 때
    - 조사원이 문제를 잘못 설명했을 때
    - 응답자가 질문을 잘못 이해했을 때
③ **자료 오류**: 데이터를 잘못 기록하거나 분석하여 발생하는 오류이다.
④ **무응답 오류**: 표본으로 선정하였지만, 응답자의 거절이나 비접촉으로 데이터를 조사할 수 없어서 발생하는 관찰 불능에 의한 오류이다.

⑤ 생태주의 오류: 실제 분석 단위는 개인이 아닌 집단임에도 불구하고, 개인에게 적용해 똑같을 것이라고 가정할 때 발생하는 오류이다.
⑥ 환원주의(축소주의) 오류: 개별적 원인으로 큰 결과를 설명하려는 경향으로, 개인의 특성을 집단에게까지 적용하는 오류이다.
⑦ 불포함 오류: 원칙적으로 표본조사를 할 때 표본 체계가 완전하지 않아 생기는 오류이다.

> **실제 기출** **발문 보기**
> - 표본조사 시 발생할 수 있는 불포함 오류의 설명으로 가장 적합한 것은?
> - 전화조사에서 발생될 수 있는 무응답 오류를 의미하는 것은?
> - 연구의 단위(Unit)를 혼동하여 집합 단위의 자료를 기반으로 개인의 특성을 추리할 때 발생할 수 있는 오류는?
> - 전화조사 시 전화번호부에 등재되지 않은 대상이 조사에서 제외되는 경우의 오류는?

24 자료 분석과 해설

① 코딩: 항목별로 각 응답에 해당하는 숫자나 기호를 부여하는 과정이다. 가능하면 모든 항목이 분석 가능한 숫자로 표현되어야 전산 처리가 편하고, 자유 응답형의 경우 편집 과정에서 분류된다.
② 자료의 처리 순서: 편집(Editing) → 코딩(Coding) → 입력(Key-in)

> **실제 기출** **발문 보기**
> - 시장조사를 통해 수집된 자료의 처리 순서를 바르게 나열한 것은?

25 1차 자료

① 개념
  ㉠ 문제해결을 위해 조사자가 직접 수집하는 자료이다.
  ㉡ 조사자가 1차 자료를 수집하고자 할 때는 조사 설계와 자료 수집 계획을 수립하여 직접 자료를 수집해야 한다.
  ㉢ 1차 자료 수집 방법의 선택 기준: 다양성, 신속도와 비용, 객관성과 정확성
② 장점
  ㉠ 신뢰도와 타당도 면에서 연구 목적의 수행에 적합하다.
  ㉡ 수집된 자료를 의사결정이 필요한 시기에 적절하게 이용할 수 있다.
③ 단점
  ㉠ 1차 자료의 수집에는 많은 시간과 비용이 소요된다.
  ㉡ 조사 방법에 관한 지식과 기술도 필요하다.
④ 1차 자료 수집 방법
  ㉠ 의사소통 방법에 의한 수집: 설문지를 통하거나 응답자에게 직접 질문하여 자료를 얻는 방법으로 서베이(설문조사법), 심층면접법, 표적집단면접법, 투사법 등이 있다.

ⓒ 관찰 방법에 의한 수집: 관심 있는 어떤 상황을 측정하거나 응답자의 행동 또는 사건 등을 기록하는 방법으로, 여러 분류의 관찰법이 있다.

> **실제 기출 | 발문 보기**
>
> - 시장조사를 위한 자료 수집 중 1차 자료에 해당하지 않는 것은?
> - 조사자와 응답자 간의 의사소통 방법에 의한 1차 자료 수집 방법에 해당하지 않는 것은?
> - 1차 자료에 대한 설명 중 틀린 것은?
> - 1차 자료를 수집하는 방법과 특징에 대한 설명으로 옳지 않은 것은?

26 관찰법(관찰조사)

① 개념
  ㉠ 가장 기본적인 시장조사 방법으로, 공개된 자료에서 필요한 정보만을 얻는다.
  ㉡ 조사하고자 하는 대상물이나 행동을 계속 추적·관찰하는 방법으로, 사람이 관찰을 수행하거나 기계 장치를 이용하여 필요한 정보를 기록할 수 있다.
  ㉢ 기록 양식이 응답자에게 심리적인 영향을 미치지 않으므로 실험 작업자가 정보 기록과 집계 작업을 편리하게 하고 정보를 적절히 식별할 수 있다.

② 종류
  ㉠ 참여관찰법: 관찰 대상의 내부에 들어가 구성원의 일원으로 참여하면서 관찰하는 방법으로 대상의 자연성과 유기적 전체성을 보장한다.
  ㉡ 준참여관찰법: 관찰 대상의 생활에 일부만 참여해 관찰하는 방법이다.
  ㉢ 비참여관찰법: 조사자가 신분을 밝히고 관찰하는 방법으로 주로 조직적인 관찰에 사용된다.
  ㉣ 통제관찰법: 사전의 기획 절차에 따라 타당성과 신뢰성을 확보하기 위해 관찰 조건을 표준화하고 보조기구를 사용하는 관찰로, 비참여 관찰에 사용된다.
  ㉤ 비통제관찰법: 관찰 조건을 표준화하지 않고 조사 목적에 맞는 자료이면 다양하게 관찰하는 방법으로, 탐색적 조사에 많이 사용된다.

> **대표 기출문제**
>
> 4세 미만 여아들을 대상으로 선호하는 장난감 유형에 관한 조사를 시행하려 할 때 가장 적합한 조사방법은?
>
> ① 관찰조사   ② 면접조사
> ③ 전화조사   ④ 설문조사
>
> **해설** 4세 미만의 아동은 행위나 감정을 언어로 잘 표현하지 못하므로 관찰조사가 적합하다.
>
> **정답** ①

> **실제 기출** 발문 보기
>
> - 비만아동들의 식습관을 파악하기 위해 실시하는 관찰 방법의 유형으로 가장 적합한 것은?
> - 장난감 회사에서는 얼마나 많은 장난감을 바꾸거나 개선할 필요가 있는지를 알아보기 위해 실제 어린이들이 장난감을 가지고 노는 것을 살펴본다고 한다. 이러한 방법으로 수집된 자료는?
> - 사람들이 정보를 제공할 수 없거나 제공할 능력이 없는 경우 마케터들이 관심을 기울여야 하는 조사 방법은?

27 의사소통법(Communication Method)의 종류

① 서베이(Survey)법
  ㉠ 연구자가 관심 대상의 사람들에게 설문 문항 내지는 면접 절차를 사용하여 정보를 수집하는 가장 보편적·체계적인 과학적 조사 방법이다.
  ㉡ 양적 분석을 전제로 한다.
  ㉢ 조사하는 방법에 따라 우편조사법, 전화면접법, 대인면접법, 온라인조사 등으로 나눌 수 있다. 이 중 대인면접법은 조사자가 대상자를 직접 만나서 토론할 주제나 문제에 대해 설명하고, 대상자의 응답을 기록하는 방법으로, 양질의 정보를 얻어낼 수 있지만 많은 비용과 시간이 소모된다는 단점이 있다.
② 심층면접법: 진행에 앞서 미리 수집할 정보를 확정한 후 면접의 순서와 내용을 담은 면접 지침을 작성하고 이를 바탕으로 정보를 얻어내는 면접법으로 정성적 조사이다.
③ 표적집단(집단심층)면접법: 조사자가 흥미를 가지고 있는 주제에 관하여 목표 집단 대상자들과의 자유로운 토론을 통하여 조사 문제에 대한 시사점을 얻어내는 조사 방법으로 정성적 조사이다.
④ 투사법: 정확한 응답에 대해 장애 요인을 피하여 피조사자에게 자극을 줌으로써 우회적으로 응답을 얻어내는 방법으로 정성적 조사이다.

대표 기출문제

다음에서 설명하는 의사소통 방법은?

> 조사자는 토론할 주제나 문제에 대해 설명하고, 토론 및 면접의 형식을 통하여 주제에 대한 질문이나 토론을 이끌어 가며 응답자의 반응을 기록한다.

① 대인면접법
② 전화면접법
③ 우편면접법
④ 인터넷면접법

해설 대인면접법
조사자가 응답자와 직접 질의·응답을 하여 필요한 정보를 얻는 방법으로, 많은 질문을 통하여 심층적이거나 민감한 정보를 얻을 수 있고, 태도·행동 따위를 관찰할 수 있는 정성적인 조사 기법이다.

정답 ①

> **실제 기출** **발문 보기**
> - 다음 중 의사소통의 수단에 의하여 분류되지 않는 면접법은?
> - 조사 대상이 되는 사람들의 태도, 감정, 동기, 욕망 등을 알고자 모호한 자극을 제시 후 이에 대한 응답을 얻어서 연구에 필요한 자료를 수집하는 방법은?
> - 의사소통 방법에 의해 자료를 수집할 경우, 다음과 같은 사례의 문제점은?
> - 자료를 수집할 때 의사소통 방법을 이용한 것이 아닌 것은?

28 실험법

① 개념
　㉠ 보편적으로 1개 이상의 독립 변수와 1개 이상의 종속 변수 간의 인과 관계를 밝히는 고도의 연구 방법으로, 독립 변수를 조작하여 종속 변수에 대한 조작의 효과를 관찰하고 측정하는 방법이다.
　㉡ 주제에 대해 서로 비교되는 두 집단을 선별하여 각각 다른 변수를 주고, 관련 변수들을 통제한 후 집단 간 반응의 차이를 조사하여 자료를 수집하는 조사이다.

② 장단점
　㉠ 장점
　　• 원인과 결과 변수를 구분하여 인과 관계를 설정할 수 있다.
　　• 통제가 가능하며 가외 변수의 통제로 오차를 줄일 수 있다.
　　• 주요 변수를 분류할 수 있다.
　　• 인과 관계의 파악이 용이하고 변수의 조작적 정의를 정확하게 내리기 쉬워서 내적 타당도에서 유리하다.
　㉡ 단점
　　• 인위적인 연구로 일반화의 문제가 있다.
　　• 연구자의 기대가 연구 결과에 영향을 미친다.
　　• 자연적 상황에서의 실험은 가외 변수들의 통제가 어렵다.

> **실제 기출** **발문 보기**
> - 다음 중 실험연구의 장점과 거리가 가장 먼 것은?

29 실험법의 종류

① 사전실험 설계(Pre-experimental design): 순수실험 설계를 하기 전에 문제의 도출을 위하여 시험적으로 실시하는 탐색조사의 성격을 지닌 실험 설계이다. 독립 변수의 조작이 어렵고, 실험 대상을 무작위화할 수 없는 등 실험적 통제가 거의 불가능하므로 인과 관계를 규명하는 데는 취약한 방법이다.
② 순수실험 설계(True experimental design): 외생 변수의 통제로 내적 타당성이 높고 한 개 이상의 독립 변수의 조작이 가능하며, 대상의 무작위화가 가능하다. 반면, 인위성으로 외적 타당성이 낮고 윤리적인 문제로 실험이 불가능하거나 비용이 많이 든다는 단점이 있다.

③ 유사실험 설계(Quasi-experimental design): 실제 상황에서 이루어져 외적 타당성이 높으나 독립 변수의 조작이 어렵고 실험 대상을 무작위화하기 어렵다.
④ 사후실험 설계(Ex-post facto research design): 독립 변수를 조작할 수 없는 상태 또는 이미 노출된 상태에서 변수들 간의 관계를 검증하는 방법이다. 독립 변수에 대한 조작이 불가능하고 외생 변수의 개입 가능성도 매우 크기 때문에 직접 인과 관계를 밝힐 수는 없으며, 단순히 변수들 간의 상관관계 검증만이 가능하다.

> **실제 기출 발문 보기**
> • 다음과 관련 있는 실험 설계는?

30 가설의 특징

① 문제해결의 기능이 있어야 한다.
② 확률적 속성을 갖는다.
③ 경험적 검증이 가능해야 한다.
④ 실증 조사를 통하여 옳고 그름을 판단할 수 있어야 한다.
⑤ 표현뿐만 아니라 형태적으로도 논리적이고 간결해야 한다.
⑥ 가설 검증의 결과는 광범위하게 적용될 수 있어야 한다.
⑦ 가치중립적이고 구체적이어야 한다.

> **실제 기출 발문 보기**
> • 가설에 대한 설명으로 틀린 것은?

31 조사 연구의 유형

① **기술(Description)적 연구**: 연구 과제의 상황이나 어떤 사상의 속성·특성 등을 범주화해 구체적으로 묘사하거나 계량적인 정보를 있는 그대로 서술하고, 통계 분석 결과를 기술한다.
② **탐색(Exploration)적 연구**: 연구 대상에 대한 정보나 현황 등을 대략적으로 파악하는 것을 목적으로 하는 연구로, 조사의 초기 단계에서 조사에 대한 아이디어와 통찰력을 얻기 위하여 사용된다.
③ **설명(Explanation)적 연구**: 어떤 현상적 결과와 그의 원인이 되는 요인에 대한 과학적 관계의 설명을 시도하는 연구로, 가정(또는 가설)을 두고 그 가정의 원인에 대한 사회과학적 해답을 찾는 것을 연구 목적으로 하는 연역적 형태의 연구 대부분을 말한다.
  ㉠ 예측(Prediction)적 조사: 미래의 변화나 새로 발생하게 될 현상에 관심을 두고 이론적 기반과 통계적 기법을 활용하여 예측(추리)하는 것을 목적으로 하는 조사이다.
  ㉡ 인과조사: 원인과 결과의 관계를 규명하는 조사로, 주로 실험조사가 이용된다.

32 기술적 연구

① 종단조사
　㉠ 특정 조사 대상들을 선정하여, 시간 간격을 두고 반복적 조사를 통해 마케팅 변수에 대한 반응을 측정한다.
　㉡ 시점을 달리하며 동일한 현상에 대한 측정을 되풀이하는 조사 방법이다.
　㉢ 각 기간 동안 일어난 변화에 대한 측정이 주된 과제가 된다.
　㉣ 시간 흐름에 따른 변화·추세를 분석하는 것이 목적이다.
　㉤ 동태적인 성격을 갖는다고 할 수 있다.
　㉥ 측정 결과에서 직접적으로 결론을 도출한다.

② 횡단조사
　㉠ 모집단에서 추출한 표본으로부터 단 한 번 조사한다.
　㉡ 상이한 특성을 가진 집단들 사이의 측정치를 비교하여 차이를 규명하는 것이 목적이다.
　㉢ 정태적인 성격을 갖는다고 할 수 있다.
　㉣ 종단조사보다 표본의 크기가 상대적으로 크다.
　㉤ 모집단에서 임시로 추출한 표본으로부터 자료를 얻는다.
　㉥ 구매 관련 자료에 대한 조사 항목은 선호 상표, 구매 의사, 상표 및 광고 인지도이다.
　㉦ 탐색, 기술, 설명의 목적을 갖는다.

③ 서베이(Survey): 연구자가 관심 대상의 사람들에게 설문 문항 내지는, 면접 절차를 사용하여 정보를 수집하는 가장 보편적·체계적인 과학적 조사 방법이다.

④ 패널조사: '패널(Panel)'이라 불리는 특정 응답자 집단을 정해 놓고 그들로부터 상당히 긴 시간 동안 지속적으로 연구자가 필요로 하는 정보를 획득하는 방법이다.

실제 기출　발문 보기

- IMF 이전 특정 의류브랜드 구매액수에 대한 조사, IMF 이후 특정 의류브랜드 구매액수에 대한 조사를 통해 변화를 분석하고자 할 때 가장 적합한 조사 방법은?
- 종단조사와 횡단조사의 설명으로 옳지 않은 것은?

33 탐색적 연구

① **문헌조사**: 조사와 관련된 주제나 변수와 관련된, 기존에 발간되어 있는 각종 2차 자료를 이용한 간접경험 조사 방법을 말한다.
② **사례조사**: 조사 의뢰자가 당면하고 있는 상황과 유사한 사례들을 찾아내어 깊이 있는 분석을 하는 조사 방법으로서, 분석하는 사례와 주어진 문제 사이의 유사점과 차이점을 찾아내어 현 상황에 대한 논리적인 유추를 하는 데 도움을 얻는 시장조사 방법을 말한다.
③ **표적집단면접조사**: 훈련된 면접 진행자가 소수의 응답자들을 일정한 장소에 모이게 한 후, 비체계적이고 자연스러운 분위기 속에서 조사 목적과 관련된 대화를 유도하여 응답자들이 자유롭게 의사를 표시하도록 하는 면접 방식을 말한다.
④ **전문가 의견조사**: 조사 대상에 대해 통찰력이 있는 경험자 또는 전문가를 대상으로 조사하는 것이다.

대표 기출문제

다음 중 탐색적 조사 방법에 해당하지 않는 것은?

① 전문가 의견조사 ② 문헌조사
③ 실험연구 ④ 사례연구

해설 실험연구는 주제에 대해 서로 비교되는 두 집단을 선별하여 각각 다른 변수를 주고, 관련 변수들을 통제한 후 집단 간 반응의 차이를 조사하여 자료를 수집하는 조사로, 인과조사에 해당한다.

정답 ③

---

34 정성적 조사와 정량적 조사(자료의 유형별 분류)

① **정성적 조사**: 주로 응답자들의 주관적 경험, 의견, 태도 등을 이해하고 분석하는 조사이다.
  ㉠ 형식에 얽매이지 않는 유연한 질문을 할 수 있다.
  ㉡ 조사 대상 및 내용에 대해 깊은 이해가 가능하다.
  ㉢ 합리적인 설명이 불가능한 내용에 대한 답변을 얻을 수 있다.
  ㉣ 소비자의 독창적 아이디어를 이끌어 낼 수 있다.
  ㉤ 심층면접조사, 집단심층면접(FGI), 투사법 등이 있다.
② **정량적 조사**: 수치화된 정보, 통계적 데이터를 수집하고 분석하는 조사이다.
  ㉠ 정밀하고 통계적이며 수치적인 측정을 한다.
  ㉡ 통계학적으로 견본이 될 수 있는 표본을 대량으로 사용한다.
  ㉢ 분석할 수 있는 정보를 제공하여야 한다.
  ㉣ 일정한 간격을 두고 조사를 반복할 수 있어야 한다.

35 설문지의 작성 과정

필요한 정보의 결정 → 자료 수집 방법의 결정 → 개별 항목의 내용 결정 → 질문 형태의 결정 → 개별 문항의 완성 → 질문의 수와 순서 결정 → 설문지의 외형 결정 → 설문지의 사전조사 → 설문지 완성

> **대표 기출문제**
>
> 획득하고자 하는 정보의 내용을 대략 결정한 이후 이루어져야 할 질문지 작성 과정을 바르게 나열한 것은?
>
> ㄱ. 자료 수집 방법의 결정 ㄴ. 질문 내용의 결정
> ㄷ. 질문 형태의 결정 ㄹ. 질문 순서의 결정
>
> ① ㄱ → ㄴ → ㄷ → ㄹ ② ㄴ → ㄷ → ㄹ → ㄱ
> ③ ㄴ → ㄹ → ㄷ → ㄱ ④ ㄷ → ㄱ → ㄴ → ㄹ
>
> **해설** 필요한 정보의 내용을 결정한 뒤에는 자료를 어떻게 수집할지 정해야 한다. 그 뒤에 어떤 내용을 어떤 형태로 질문을 할지 결정한다. 질문의 형태를 정한 뒤에는 어떤 순서로 질문을 할지 정한다.
>
> **정답** ①

36 설문지 작성 시 고려사항

① 다지선다형 응답에서는 가능한 응답을 모두 제시해 주어야 한다.
② 응답 항목들 간에 내용이 중복되지 않도록 한다.
③ 이중 질문을 지양한다.
④ 조사자의 가치 판단을 배제하고 중립적인 질문이 되도록 한다.
⑤ 유도 질문과 위협적 질문의 사용에 유의한다.
⑥ 오해를 불러일으키지 않도록 명확한 개념을 사용해야 한다.
⑦ 질문이 너무 길거나 복잡해서는 안 된다.
⑧ 전문용어를 사용하지 말고 응답자의 수준에 맞는 언어를 사용한다.
⑨ 임의의 가정을 두는 질문은 사실 확인이 어려우므로 주의한다.
⑩ 응답자가 대답하기 곤란한 질문들에 대해서는 직접적인 질문을 피하도록 한다.
⑪ 사전에 각 응답지에 번호를 부여해 놓는 것이 조사 결과 처리 시 편리하다.

| 대표 기출문제 |

설문지 조사 시 주의사항으로 옳지 않은 것은?

① 너무 자세한 질문은 피해야 한다.
② 대답하기 곤란한 질문은 간접적으로 물어야 한다.
③ 너무 논리적이거나 질문의 순서를 고려하는 것은 정확한 답변을 방해한다.
④ 유도 질문은 삼가야 한다.

해설 설문지는 논리적으로 작성하고, 질문의 순서를 고려하여야 한다.

정답 ③

| 대표 기출문제 |

다음의 설문지 문항이 범하고 있는 오류는?

> Q. 서울에 있는 수영장 중 귀하께서 K 수영장만을 고집하여 간다고 하면 그 주된 이유는 무엇입니까?

① 대답을 유도하는 질문을 하였다.
② 단어의 뜻을 명확히 설명하지 않았다.
③ 하나의 항목으로 두 가지 내용의 질문을 하였다.
④ 질문자 임의로 응답자들에 대한 무의식적인 가정을 두었다.

해설 설문지에서 임의의 가정을 두는 질문은 사실 확인이 어려우므로 주의한다.

정답 ④

기출 PLUS OX QUIZ

설문지 작성 시 주의사항

1. 응답자들에 대한 가정이 내포되어야 한다. O | X
2. 가능한 한 쉽고 의미가 명확하게 구분되는 단어를 이용한다. O | X
3. 하나의 항목으로 2가지 내용의 질문을 하여서는 안 된다. O | X
4. 응답자들이 전문용어를 이해할 것으로 가정하고 가능한 한 전문용어를 사용한다. O | X

정답 1. × 2. ○ 3. ○ 4. ×

37 설문지에서의 개방형 질문

① **개념**
  ㉠ 응답자가 응답할 수 있는 답변의 범위에 제한을 가하지 않고 자유롭게 응답하도록 하는 질문이다.
  ㉡ 응답자가 생각나는 대로 어떤 형식 없이 응답할 수 있어 응답자의 다양한 의견을 수렴할 수 있다.
  ㉢ 질문지에 열거하기에 응답 범주가 너무 많을 경우 사용하면 좋다.
  ㉣ 응답자에게 육하원칙의 형식으로 질문한다.

② **장점**
  ㉠ 폐쇄형 질문보다 자료를 모으는 데 효과적이다.
  ㉡ 고객 상황을 명확하게 이해할 수 있어 탐색적 조사 연구나 의사결정의 초기 단계에서 유용하다.
  ㉢ 강제성이 없어 다양한 응답이 가능하다.
  ㉣ 응답자가 상세한 부분까지 언급할 수 있어 새로운 정보 획득이 가능하다.
  ㉤ 대답이 불명확하면 설명을 요구할 수 있어 오해 제거 및 친밀감 향상이 가능하다.

③ **단점**
  ㉠ 응답의 부호화가 어렵고, 세세한 정보는 일부 유실될 가능성이 있다.
  ㉡ 응답의 표현상 차이로 다른 해석이 가능하고 편견이 개입될 수 있다.
  ㉢ 표현 능력이 부족한 응답자의 경우 문제가 될 수 있고 무응답률이 높다.
  ㉣ 응답자가 생각하기 귀찮을 경우 불성실하게 답을 할 수 있다.
  ㉤ 질문자(조사자)가 의도한 답을 얻기가 어렵다.

④ **질문 유형**: 자유 응답 질문, 투사 기법 질문, 문장 완성형 질문 등

대표 기출문제

개방형 질문에 관한 설명으로 옳지 않은 것은?

① 모든 가능한 응답의 범주를 모를 때 적합하다.
② 쟁점이 복합적일 때 적합하다.
③ 응답 자료가 표준화되어 있어 통계 분석이 용이하다.
④ 예비조사에서 유리하다.

해설 통계 분석이 용이한 것은 폐쇄형 질문에 대한 설명이다.

정답 ③

실제 기출 | 발문 보기

- 다음은 설문지에 작성된 질문 내용이다. 이러한 질문이 해당하는 질문 유형은?
- 개방형 질문에 관한 설명으로 옳지 않은 것은?
- 개방형 질문의 장점에 해당하지 않는 것은?

38 설문지에서의 폐쇄형 질문

① 개념
　㉠ 조사자가 사전에 질문 문항과 응답 카테고리를 작성하고 응답자들로 하여금 선택할 수 있도록 제공하는 질문이다.
　㉡ 응답이 표준화되어 있어 비교가 가능하지만 개방형 정보를 얻기는 어렵다.

② 장점
　㉠ 단답(예/아니요)을 이끌어내는 질문이기 때문에 민감한 주제에 적합하다.
　㉡ 채점, 코딩, 부호화와 분석이 용이하여 시간과 경비를 절약할 수 있다.
　㉢ 응답 항목이 명확하고 신속한 응답이 가능하며 전체 상담 시간 조절이 용이하다.
　㉣ 조사자가 유도하는 방향으로 고객을 리드하는 것이 용이하다.
　㉤ 조사자의 편견이 개입되는 것을 방지할 수 있다.

③ 단점
　㉠ 응답자의 충분한 의견 반영이 곤란하다.
　㉡ 응답 항목의 배열에 따라 응답이 달라지며 주요 항목이 빠지면 치명적이다.
　㉢ 응답의 보기 항목이 모든 경우를 고려하지 않을 경우 편차가 생길 수 있다.

④ 질문 유형: 척도형 질문, 순위형 질문, 단수 선택형 질문, 복수 선택형 질문 등

대표 기출문제

설문지 작성에서 폐쇄형 질문의 장점으로 가장 거리가 먼 것은?

① 자료의 코딩이 용이하다.
② 응답 관련 오류가 개방형 질문에 비해 적다.
③ 양적 연구에 적합하다.
④ 개방형 질문에 비해 새로운 사실을 발견할 가능성이 크다.

해설 폐쇄형 질문은 응답이 표준화되어 있어 새로운 사실을 발견하기는 어렵다.

정답 ④

실제 기출 | 발문 보기

• 자료 수집을 위한 조사에서 폐쇄형 질문을 사용할 때의 장점이 아닌 것은?

---

39 설문 문항 배열의 원칙

① 질문을 배열할 때는 응답자의 흥미를 유발하거나 쉽게 대답할 수 있는 질문을 질문지의 앞부분에 놓는 것이 좋다.
② 질문은 전반적인 질문에서 구체적이거나 특수한 질문으로 옮기는 것이 좋다.
③ 나이, 성별, 출신지, 교육 수준, 직업, 소득 등 인구사회학적 특성에 대한 질문이나 개인의 사생활에 대한 질문, 또는 민감한 질문은 가급적 질문지의 끝으로 보내는 것이 좋다.

④ 대화와 마찬가지로 질문들을 내용별로 묶어 주어야 하며, 자연스러우면서 논리적인 순서에 따라 이어지게 하는 것이 좋다.
⑤ 내용이 같거나 척도가 동일한 질문은 모아서 함께 질문하는 것이 좋다.
⑥ 동일한 질문 및 응답 범주는 가능한 한 동일한 면에 있도록 배열한다.
⑦ 동일한 주제의 경우 단순한 질문에서 복잡한 질문으로 진행한다.
⑧ 비슷한 형태의 질문을 계속하면 응답에 정형이 생길 수 있기 때문에 이를 피하도록 한다.
⑨ 질문 항목 간의 연계 및 관계를 고려하여 질문하는 것이 좋다.
⑩ 응답자가 심사숙고해야 하는 질문은 가능한 한 뒤에 배치하는 것이 좋다.

대표 기출문제

설문지 작성 시 질문의 순서를 결정하기 위한 일반적인 사항으로 옳지 않은 것은?

① 첫 번째 질문은 응답자의 부담감을 덜어줄 수 있도록 쉽고 재미있으며 응답자가 관심을 가질 수 있는 내용이면 좋다.
② 문항이 담고 있는 내용의 범위가 좁은 것에서부터 점차 넓어지도록 문항들을 배열하는 것이 좋다.
③ 응답자들은 일반적으로 인구통계학적인 질문(직업, 성별, 연령 등)에 대해 응답을 회피하므로, 가능한 한 설문지의 마지막 부분에 배치하는 것이 좋다.
④ 갑작스러운 논리의 전환이 이루어지지 않도록 질문의 순서를 정하여야 한다.

해설 질문을 배열할 때에는 주어진 조사 주제에 대한 전반적인 질문에서 구체적이거나 특수한 질문으로 옮기는 것이 좋다.

정답 ②

기출 PLUS OX QUIZ

설문지 질문 문항의 배치
1. 응답자의 인적사항에 대한 질문은 가능한 한 앞부분에 구성한다. ○ | ✕
2. 인구통계학적 변수는 설문지의 맨 뒷부분에 위치하는 것이 좋다. ○ | ✕

정답 1. ✕ 2. ○

실제 기출 발문 보기

• 질문의 순서와 배치에 관한 설명으로 옳지 않은 것은?

40 설문지의 사전조사

① 개념: 질문지가 완성되면 본조사를 실시하기 전에 질문지 내용의 실용성, 조사의 문제점 등을 검토하기 위하여 소수의 표본을 대상으로 실시하는 시험적인 조사이다.

② 사전조사의 중요성
  ㉠ 질문지가 완성되면 최종 인쇄에 넘기기 전에 실제로 그 질문지를 사용하여 질문지의 타당성 여부를 시험해 보는 것이 좋다.
  ㉡ 사전조사를 통하여 단어의 사용, 질문의 내용, 형식, 순서 등을 확인하고 수정한다.
  ㉢ 필요한 경우에는 불필요한 질문을 삭제하거나 필요한 질문을 추가할 수 있다.
  ㉣ 사전조사 결과에 따라 전체 연구의 질이 달라질 수 있으므로 번거롭더라도 한 번 이상 꼭 실시해야 한다.
③ 사전조사 시 유의사항
  ㉠ 사전조사는 본조사의 표본과 비슷하지만 본조사의 조사 대상에 포함되지 않는 사람들에게 실시해야 한다.
  ㉡ 사전조사에 임하는 조사자는 각 면접당 소요된 시간, 각 문항에서 문제가 되는 부분, 응답자가 당황하거나 불쾌감을 나타낸 질문 등을 자세하게 기록해야 한다.
  ㉢ 조사 결과에 대한 백분비를 계산할 수 있도록 조사 대상자는 대개 20~50명 정도로 한다.
  ㉣ 사전조사는 가능하면 직접 면접을 통하여 실시한다. 그래야만 예상하지 못했던 여러 가지 문제점을 파악할 수 있다.
  ㉤ 전화를 이용한 사전조사 시 부적절한 단어와 문장은 사용하지 않아야 한다.
  ㉥ 사전조사라 하더라도 조사 목적, 조사 기관에 대한 협조와 감사의 인사말 등을 생략해서는 안 된다. 그래야 예의에 어긋나지 않으며, 조사의 신뢰도 향상에도 도움이 된다.
  ㉦ 본조사를 위하여 응답자의 장소, 조사 장소의 분위기, 응답에 필요한 시간, 응답자 표본의 크기 등이 적절한가를 검토한다.

대표 기출문제

사전조사에 관한 설명으로 옳지 않은 것은?
① 설문지의 내용이 적절하게 배치되어 있는가를 체크할 수 있다.
② 본조사를 위하여 응답자의 장소, 조사 장소의 분위기, 응답에 필요한 시간, 응답자 표본의 크기 등이 적절한가를 검토한다.
③ 사전조사는 가급적 간접조사 방식을 취한다.
④ 사전조사로 파악된 응답자의 의견을 반영하여 조사의 문제점을 보완, 수정한다.

해설 사전조사는 가능하면 직접 면접을 통하여 실시한다.

정답 ③

기출 PLUS OX QUIZ

1. 사전조사로 파악된 응답자의 의견을 반영하여 조사의 문제점을 보완, 수정한다. O | X
2. 설문지의 내용이 적절하게 배치되어 있는가를 체크할 수 있다. O | X

정답 1. O 2. O

41 2차 자료

① 개인, 집단, 조직, 기관 등이 필요에 따라 이미 만들어 놓은 여러 가지 종류의 방대한 자료를 말한다. 이러한 다종의 방대한 자료는 여러 가지 연구 목적을 위해 사용될 수 있다.
② 조사자가 현재의 조사 프로젝트를 위해 직접 수집한 자료가 아니라 어떤 조사 프로젝트의 다른 조사 목적과 관련하여 조직 내부 혹은 외부의 특정한 조사 주체가 이미 작성한 자료를 말한다.
③ 광의로 문헌조사라고도 하며 각종 학술 연구지, 상업 잡지, 통계 자료집 등과 경영학·사회학과 같은 다양한 분야의 자료를 조사하는 방법이다.
④ 2차 자료 조사 방법의 하나로, 공개된 자료 중 필요한 정보를 모으는 가장 기초적인 시장조사 방법은 오픈 데이터의 수집이다.
⑤ 각각의 자료는 생산자의 본래 자료 생산 목적과 관계없이 새로운 연구 목적에 부합하면 기존 자료로 사용될 수 있다.
⑥ 2차 자료(기존 자료)는 문자 그대로 그것을 사용하려는 일정한 연구가 시작되기 이전부터 존재해 오는 자료를 말하는 것으로 그 종류와 범위가 대단히 넓다.
⑦ 어떤 형태로든지 기록·보존되는 자료 전부를 2차 자료의 범위로 삼는다.

대표 기출문제

다음 중 2차 자료에 관한 설명으로 틀린 것은?

① 2차 자료의 정보는 시간이 경과하더라도 그 효용성이 매우 높다.
② 2차 자료는 다른 조사 목적을 위해 수집된 간접적인 자료이므로 당면 의사결정문제에 적절한 정보를 제공하지 못할 수도 있다.
③ 의사결정에 도움이 되는 2차 자료를 입수할 수 있다면 조사자는 시간과 비용을 절감할 수 있다.
④ 유능한 조사자라면 중요한 2차 자료원과 이를 활용하는 방법을 잘 알아야 한다.

해설 기존 자료를 활용하므로 시간이 경과하면 효용성에 제한을 받을 수 있다.

정답 ①

실제 기출 발문 보기

• 조사자가 현재의 조사 프로젝트를 위하여 직접 수집한 자료가 아니라 어떤 조사 프로젝트의 다른 조사 목적과 관련하여 조사 내부 혹은 외부의 특정한 조사 주체에 의해 기존에 이미 작성된 자료는?

---

42 2차 자료의 종류

① 내부 자료
  ㉠ 조사자가 종사하는 조직 내부에서 수집할 수 있는 자료이다.
  ㉡ 조직 내부에 보유한 각종 자료(영업 자료, 인사 자료, 조직 현황, 회계 자료 등)이다.

② 외부 자료
　㉠ 일반 상업용 자료원: 타 기관에서 생성된 모든 자료이다.
　㉡ 정부 자료원: 정부 기관 및 공공 기관 또는 사설 단체 등의 보고서, 통계 자료 등이다.
　　• 정부 기관 간행물: 정부의 관청이 선전이나 계몽을 위해 발행
　　• 편람(Handbook): 편리하게 볼 수 있도록 간추린 책
　　• 통계청에서 발간하는 각종 통계 자료집 예 센서스 자료
　　• 각종 연구소에서 발표한 연구 보고서

대표 기출문제

다음 2차 자료의 종류 중에서 외부 자료에 해당하는 것만을 모두 고른 것은?

> ㄱ. 정기 간행물
> ㄴ. 정부 기관 간행물
> ㄷ. 산업협회 간행물

① ㄱ
② ㄴ
③ ㄱ, ㄴ
④ ㄱ, ㄴ, ㄷ

해설 2차 자료의 외부 자료
• 타 기관에서 생성된 모든 자료이다.
• 정부 기관 및 공공 기관 또는 사설 단체 등의 보고서, 통계 자료 등이다.

정답 ④

실제 기출 발문 보기

• 마케팅 조사자가 회사 내의 다른 부서에서 작성한 리포트, 재무보고서, 서베이 자료 등을 활용한다면, 이 조사자는 다음 중 어떤 것을 이용한 것인가?
• 기업 내부 자료에 포함되지 않는 2차 자료는?

---

43 2차 자료의 유용성과 한계

① 유용성
　㉠ 시간과 비용을 절약할 수 있고, 수집 과정이 용이하다.
　㉡ 과학적 일반화를 위한 토대를 넓히기 위해 다른 사람의 업적을 사용할 수 있다.
　㉢ 연구자에 의해 1차적 연구에서 이미 얻어진 연구 결과를 입증하는 데 사용될 수 있다.

② 한계
   ㉠ 자료 수집의 방향성이 다르기 때문에 자료의 유용성 및 시효성이 제한을 받는 경우가 많다.
   ㉡ 자료 형태가 의사결정에서 요구하는 대로 정리되지 않은 경우가 많으므로 자료의 적합성, 타당성, 신뢰성 등을 신중하게 검토해야 한다.
   ㉢ 다른 목적을 위해 수집된 자료를 현재 연구의 목적에 맞도록 일관성 있는 방법으로 분류해야 하는데 몇 가지 기술적 문제가 제시되기도 한다. 기존 자료를 사용하려는 많은 연구자가 이 시점에서 프로젝트를 포기하기도 한다.
   ㉣ 소스의 소재에 대한 지식이 공적인 것이라 하더라도 모든 사회과학자가 동일한 토대로 이용할 수 있는 것은 아니다.

> **실제 기출 발문 보기**
> • 시장조사를 통해 수집한 자료는 크게 1차 자료와 2차 자료로 구분할 수 있는데, 2차 자료를 통해 시장조사를 진행했을 경우에 나타나는 일반적인 문제점은?

44 1차 자료와 2차 자료의 비교

구분	1차 자료	2차 자료
의의	연구자가 문제해결을 위해 조사를 설계하고 그 설계에 근거하여 직접 수집한 자료	어떤 조사 프로젝트의 다른 조사 목적과 관련하여 조사 내부 혹은 외부의 특정한 조사 주체에 의해 기존에 이미 작성된 자료
장점	신뢰도, 타당도 면에서 연구 목적의 수행에 적합하고, 수집된 자료를 의사결정에서 필요한 시기에 적절하게 이용할 수 있음	신속하게 수집이 가능해 시간과 비용을 절약할 수 있음
단점	자료 수집에 비용과 시간이 많이 소요되고, 조사 방법에 관한 지식과 기술도 필요	자료를 수집한 목적이 다르기 때문에 자료의 유용성 및 시효성이 제한을 받는 경우가 많음
수집 목적	당면한 조사 문제해결	다른 조사 문제해결
수집 과정	고관여	저관여
수집 비용	고비용	저비용
수집 기간	장기	단기

> **실제 기출 발문 보기**
> • 다음 1차 자료와 2차 자료를 비교한 표에서 (   )에 모두 적합한 것끼리 짝지어진 것은?

45 자료 수집 방법

① 면접조사
② 전화조사
③ 우편조사
④ 웹조사
⑤ 기타 조사

46 면접조사

① 개념: 면접원이 조사 대상자를 직접 대면하여 질문을 하고 그 응답 내용을 면접원이 직접 기록함으로써 자료를 수집하는 방법이다.
  예 개인면접, 집단면접, 심층면접, 집단심층면접 등
② 장점
  ㉠ 신축성: 면접원은 응답자와 자리를 함께하면서 개인적 접촉을 한다. 판에 박힌 듯 질문지 내용을 하나하나 체크하지 않고 응답자의 상황에 따라 자연스럽게 대화를 이끌어 가면서 응답자의 거부 반응을 최소한으로 줄일 수 있다.
  ㉡ 동기부여: 면접원이 존재하기 때문에 응답자는 협조하고 싶은 동기가 발생한다.
  ㉢ 응답자의 교육과 지도: 응답자가 질문을 잘 이해하지 못할 때 보조 설명을 할 수 있다.
  ㉣ 교육 수준에 관계없이 가능하고 문맹자인 경우에도 가능하다.
  ㉤ 필요한 정보를 더 빨리 수집할 수 있으며 질문지에 비해 자료 회수율이 좋다.
③ 단점
  ㉠ 익명성의 부재: 응답의 내용에 따라 응답자는 정보를 제공하더라도 익명으로 하고자 할 때가 있다.
  ㉡ 방문 시각: 개인면접의 경우 특정한 시각에 면접원이 방문했을 때 응답자의 사정에 따라 면접이 가능하지 못한 경우도 있다. 또 면접원이 다시 찾아와서 시간을 빼앗는 것을 좋아하지 않을 수도 있다. 이러한 시간적 제약이 개인면접법의 큰 단점이므로 면접원은 방문 계획 시간을 잘 지키도록 주의해야 한다.
  ㉢ 면접 소요 시간: 개인면접법은 다른 방법보다 시간이 많이 걸린다.
  ㉣ 응답에 소요되는 시간: 질문에 따라 즉석에서 대답할 수 없는 경우가 있다. 면접의 경우 즉각적인 대답을 필요로 하고 부정확할 수도 있으며 잘못 기록될 수도 있다.
  ㉤ 조사 비용: 면접원 훈련, 교통비, 응답 대상의 탐색, 응답자 확인·질문·기록 등에 많은 시간과 비용이 소모되는데, 보통 면접 시간은 총소요 시간의 30~40% 정도에 불과하다.
  ㉥ 면접원 통제의 어려움: 면접원들은 응답자를 찾아가서 성실하게 자료를 수집해야 한다. 그러나 응답자를 만나기 곤란하거나 응답자가 협조하지 않으려 할 때 면접원이 응답을 조작할 우려도 있다.
④ 의사소통수단에 의한 면접법의 종류
  ㉠ 대인면접법: 개별면접과 집단면접의 2가지 형태가 있다.
  ㉡ 전화면접법: 정보를 가장 빨리 입수할 수 있는 가장 좋은 방법이다.
  ㉢ 우편면접법: 적은 비용으로 많은 양의 정보를 수집할 수 있다.
⑤ 조사원이 지켜야 할 사항
  ㉠ 응답자가 불필요한 말을 할 때는 질문과 관련 있는 화제로 자연스럽게 유도한다.

ⓒ 응답자가 왜 하필이면 자기가 선정되었냐고 질문하면 "귀하는 무작위로 선정되었고 표집원칙상 귀하에게 반드시 질문을 해야 한다."고 응답한다.
ⓒ 한 가족은 대체로 비슷한 의견이나 태도를 지니고 있기 때문에 한 가구당 한 사람으로부터 응답을 받는다.

> **대표 기출문제**
>
> 시장조사를 위한 면접조사의 장점이 아닌 것은?
> ① 조사자가 필요에 따라 질문을 수정할 수 있다.
> ② 모호한 응답에는 재질문을 하여 명료화할 수 있다.
> ③ 질문을 반복하거나 변경함으로써 응답자의 반응을 적절히 이해할 수 있다.
> ④ 짧은 시간 내에 여러 사람에게 접근할 수 있는 편리함이 있다.
>
> 해설 면접조사는 시간적 제약이 크다.
>
> 정답 ④

> **기출 PLUS　OX QUIZ**
>
> 1. 면접조사는 면접을 적용할 수 있는 지리적인 한계가 있다.　Ｏ｜Ｘ
> 2. 면접조사는 비언어적인 커뮤니케이션보다 언어적인 커뮤니케이션만을 통해 자료를 수집한다.　Ｏ｜Ｘ
> 3. 면접조사는 응답자들이 자신의 익명성 보장에 대해 염려할 소지가 있다.　Ｏ｜Ｘ
>
> 정답 1. ◯　2. ×　3. ◯

> **실제 기출　발문 보기**
>
> • 면접조사 시 면접조사원이 지켜야 할 사항과 가장 거리가 먼 것은?

47 면접조사의 방법

① 표준화 면접
　㉠ 개념: 엄격히 정해진 면접조사표에 따라 면접을 하는 것이다.
　㉡ 특징
　　• 신뢰도가 높다.
　　• 반복적인 면접이 가능하다.
　　• 조사자의 행동이 통일성을 가진다.
② 비표준화 면접
　㉠ 개념: 조사가 연구 목적에 부합한다면 면접의 상황에 따라 다양한 방법으로 무엇이든지 질문해 볼 수 있는 방법이다. 따라서 질문의 내용 및 그 순서가 미리 정해져 있지 않으며 면접 상황에 따라 임의로 질문을 변경할 수 있다.

ⓛ 특징
- 면접 상황에 대한 적응도가 높다.
- 면접 결과의 타당도가 높다.
- 새로운 사실 및 아이디어의 발견 가능성이 높다.

48 개인면접

① 개념: 설문지를 통해 자료를 수집하는 방법 중 조사 상황에 따라 신속하게 질문 방법, 절차, 순서, 내용을 바꿀 수 있는 방법이다.

② 장점
- 응답자들이 비교적 면접에 협조적이고 회수율이 높다.
- 응답자에게 질문을 정확히 설명할 수 있다.
- 면접원이 응답자의 기억을 자극할 수 있다.
- 질문지의 범위를 넘어 질문할 수 있다.
- 중요한 정보의 경우 면접원이 질문 사실을 관찰할 수 있다.

③ 단점
- 면접원의 실책이 조사 결과에 영향을 미친다.
- 부재자에게는 면접을 할 수 없다.
- 분산적이거나 원거리 조사의 경우 비용이 많이 든다.
- 개인적 성격의 질문이면 거절하기 쉽다.

> **실제 기출 발문 보기**
>
> - 설문지를 통해 자료를 수집하는 방법으로 조사 상황에 따라 신속하게 질문 방법, 절차, 순서, 내용 등을 바꿀 수 있는 자료 수집 방법은?

49 심층면접

① 진행에 앞서 미리 수집할 정보를 확정한 후 면접의 순서와 내용을 담은 면접 지침을 작성하고, 이에 따라 면접을 진행하면서 정보를 얻어낸다.

② 어떤 주제에 대한 응답자의 동기, 신념, 태도 등을 알아내기 위해 응답자가 자신의 느낌이나 믿음을 자세히 표현하거나 자유롭게 이야기하도록 유도하는 방법으로 심도 깊은 질문을 할 수 있다는 장점이 있다.

50 집단심층면접(표적집단면접조사, FGI; Focus Group Interview)

① 비공개적이며, 설문지를 이용하지 않으면서 소수의 응답자들을 일정한 장소에 모이게 한 후에 자유로운 분위기와 상황 속에서 의사를 표시하는 면접 기법이다.
② 어떤 장소에 6~12명의 소비자들을 모아 놓고 조사하고자 하는 주제에 대해 서로 토론하도록 하는 방법이다. 응답자들 간 상호작용을 통해 보다 유익한 정보가 도출된다.

> **실제 기출 | 발문 보기**
> • 다음에서 설명하는 면접 기법은?
> • 다음 중 표적집단면접조사(FGI)를 이용하여 조사하기에 적합하지 않은 경우는?

51 집단조사

① **개념**: 응답자들을 일정한 곳에 모집하여 설문지를 교부한 후 응답자가 답을 직접 기재하도록 하는 방법이다.
② **장점**: 시간과 비용을 절감할 수 있고 질문에 대한 궁금증을 바로 해결할 수 있기 때문에 응답 오류를 최소화할 수 있으며, 응답자 간 상호작용을 통해 유익한 정보를 도출할 수 있다.
③ **단점**: 출석자에게 일당이나 교통비를 지급할 경우 오히려 비용이 많이 들 수 있고, 응답자의 개인별 차이를 무시함으로써 조사 자체의 타당성이 낮아지기 쉽다. 또한 응답자가 다른 사람의 영향을 받을 가능성이 있다.

52 전화조사

① **개념**: 추출된 피조사자에게 전화를 걸어 질문 사항들을 읽어 준 후 응답자가 전화상으로 답변한 것을 조사자가 기록해 자료를 수집하는 방법이다.
② **특성**
  ㉠ 질문의 문항 수가 적고 간단한 것이 적당하다.
  ㉡ 전화번호부를 이용하여 비교적 쉽고 정확하게 모집단의 표본을 추출할 수 있다.
  ㉢ 비교적 쉽게 응답자와 접촉할 수 있다.
  ㉣ 비용과 시간이 비교적 적게 든다.
  ㉤ 시각 자료나 보조 도구를 활용할 수 없다.
  ㉥ 조사자와 응답자 사이에 개인적 교류가 없으므로 면접 도중에 발생할 수 있는 오류를 줄일 수 있다.
  ㉦ 대부분의 질문지법에서는 응답자가 직접 응답을 작성하지만 전화조사에서만은 조사자가 응답자를 대신하여 응답을 기록한다는 점이 특징이다.
③ **장점**
  ㉠ 경제성·편리성: 개별 면접에 비해 시간과 비용을 절약할 수 있다. 즉, 응답자의 위치를 알아내는 시간과 면접원의 이동 시간이 절약되므로 경제적이라 할 수 있다. 또한 면접 시간이 짧을수록 전화를 이용할 때의 경제성은 더욱 커진다.
  ㉡ 신속성·효율성: 짧은 시간에 먼 거리의 사람과 소통할 수 있고, 시간을 효율적으로 사용할 수 있다.

ⓒ 획일성·솔직성: 질문이 표준화되며, 편견이 더 적을 수 있고 응답자는 질문지를 볼 수 없으므로 양이나 길이에 겁을 먹지 않는다.
ⓔ 조사원의 통제 가능: 자재의 표본을 만들고 추출한 표본을 사용하므로 통제가 가능하다.
ⓕ 비교적 응답률이 높다.
ⓖ 완전 자동화가 가능하여 응답률이 떨어지는 단점이 있으나 효율성이나 통일성, 비밀 유지 및 통제 면에 장점이 있다.
ⓗ 오류를 줄일 수 있다.

④ 단점
ⓐ 모집단의 불완전성: 조사 대상이 한정적이다. 예를 들어, 소득이 낮아 전화가 없으면 조사 대상에서 제외될 수 있으며, 전화를 소유하더라도 중복 또는 누락될 수 있다.
ⓑ 전화번호부의 부정확성: 시간의 흐름에 따라 전화번호가 변동될 수 있다.
ⓒ 조사 시간의 제한: 간단한 질문 및 답변만 할 수 있어서 상세한 정보 획득이 곤란하다.
ⓓ 보조 도구 사용의 곤란: 시각 자료나 보조 도구를 사용하기 어렵다.
ⓔ 기술의 간단성(응답 표현의 제한): 가급적 간략하게 응답 내용을 표현해야 한다. 따라서 탐색 질문이 어렵고, 주관식 문답보다는 양자택일식의 질문이 많이 사용된다.
ⓕ 전화 중단의 문제: 전화상으로 질문을 주고받는 도중에 응답자가 끝까지 참지 못하고 전화를 끊어 버릴 수 있다.
ⓖ 특정 주제에 대한 응답 회피: 응답자들은 대부분 재정적 상황이나 정치적 태도 등과 같은 주제에 관해서는 전화상으로 대화하는 것을 매우 꺼린다.

⑤ 전화조사를 실시할 때 고려해야 할 사항
ⓐ 질문을 명확하고 단순하게 구성하고, 질문의 수를 줄이는 것이 좋다.
ⓑ 조사의 목적을 간단히 설명하고 짧은 시간이 걸린다는 것을 주지시킨다.
ⓒ 응답에 응하지 못하는 경우 응답 가능한 시간을 약속한다.
ⓓ 응답자의 대답을 반복하거나 복창하여 답변을 확인한다.
ⓔ 중간에 전화가 끊기거나 소음 등에 방해를 받지 않도록 한다.
ⓕ 응답자가 친밀도와 편안함을 느끼도록 라포를 형성하여 원활한 조사가 이루어지도록 한다.

대표 기출문제

자료 수집 방법 중 전화조사의 특성으로 거리가 먼 것은?

① 비용과 시간이 비교적 적게 든다.
② 전화번호부를 이용하여 비교적 정확하게 모집단을 추출할 수 있다.
③ 대인면접과 같이 많은 정보를 얻을 수 있다.
④ 시각 자료나 보조 도구를 활용할 수 없다.

해설 전화가 중간에 끊기는 상황이나 소음 등으로 인해 방해를 받을 수 있기 때문에 대인면접과 같이 많은 정보를 얻을 수는 없다.

정답 ③

기출 PLUS OX QUIZ

1. 신상품에 대한 브랜드 인지도를 조사할 경우 전화조사를 하는 것이 적합하다. O | X
2. 복잡한 내용을 듣는다거나 조사 항목이 많은 경우 전화조사를 하는 것이 적합하다. O | X
3. 전화조사 시 응답자가 불편을 느끼지 않는 시간대를 선택한다. O | X
4. 전화조사 시에는 경제성을 고려하여 다양한 주제의 질문을 통하여 많은 내용을 조사한다. O | X
5. 전화조사 시 적당한 통화시간은 5분 정도이며, 10개 전후의 문항이 적당하다. O | X

정답 1. O 2. X 3. O 4. X 5. O

실제 기출 발문 보기

- 전화조사에 대한 설명 중 틀린 것은?
- 응답자들이 전화조사에 응대하는 심리적인 동기 요인이 아닌 것은?
- 다음 중 조사원에 대한 통제가 가능하고, 응답률이 높은 편이며, 시간과 비용이 비교적 적게 드는 조사는?
- 전화조사법의 단점이 아닌 것은?

53 우편조사

① **개념**: 조사자가 추출된 응답자에게 질문지를 우송하면, 응답자는 스스로 응답하여 조사자에게 질문지를 다시 우송해 줌으로써 자료를 수집하는 방법이다.

② **장점** 중요
  ㉠ 조사 대상의 다양성: 어떤 지역이라도 조사 대상이 될 수 있고, 직업·인종·국적·계층에 관계없이 응답자를 선정할 수 있다.
  ㉡ 비용의 절약: 개별면접법에 비해서 비용이 적게 든다.
  ㉢ 편견적 오류의 감소: 면접원이 없으므로 면접원들 사이의 차이에서 발생할 수 있는 편견적 오류가 나타나지 않는다.
  ㉣ 시간의 절약: 전국적 조사나 국제적 조사의 경우 시간 절약 효과를 볼 수 있다.
  ㉤ 익명성: 조사자가 피조사자를 직접 상대하지 않고 우편이라는 비대면 수단을 통해 자료를 수집하기 때문에 익명성이 높고, 피조사자들로부터 솔직한 답변을 얻어 낼 수 있다.
  ㉥ 사려 깊은 응답성: 응답자가 자신에게 적당한 시간을 택해 응답할 수 있으므로 질문을 여유 있게 검토해서 대답할 수 있다.

③ **단점** 중요
  ㉠ 해명 기회의 부재: 모든 응답이 최종적이며 그 이상의 설명을 들을 기회가 없다.
  ㉡ 응답률이 낮다.
  ㉢ 질문 문항이 단순해야 한다.
  ㉣ 무자격자의 응답을 통제할 수 없다. 즉, 응답이 맨 처음 추출된 조사 대상에 의해서 응답되었는지를 확인할 수 없다.
  ㉤ 질문의 독립성이 보장되기 어렵다. 응답자가 응답하기 전에 질문지의 모든 질문을 살펴볼 위험이 있기 때문이다.

ⓗ 독려가 불가능하다. 응답하지 않고 넘기는 질문들이 있더라도 대답하도록 독려할 수가 없다.

대표 기출문제

우편조사의 특징에 대한 설명으로 틀린 것은?

> 우편조사의 장점으로는 ㉮ 응답자가 편리한 시간에 응답자의 속도로 관련 응답을 할 수 있다는 점과 ㉯ 면접원의 편견의 염려가 없으며, 주소 목록이 있는 경우에는 ㉰ 표본 추출이 용이하다는 점이 있다. 하지만 단점으로는 ㉱ 익명성이 보장되지 않으며, 탐사질문이 불가능하고 응답을 얻으려고 했던 목표응답자 대신 다른 사람이 응답하더라도 확인이 불가능하다는 점이 있다.

① ㉮
② ㉯
③ ㉰
④ ㉱

해설 우편이라는 비대면 수단으로 자료를 수집하기 때문에 익명성이 매우 높다.

정답 ④

실제 기출 발문 보기

- 우편조사의 설명으로 옳지 않은 것은?
- 우편조사의 단점이 아닌 것은?

54 우편조사의 응답률 및 회수율을 높이는 방법

① 예비조사를 하여 회수율을 사전예측하고 응답자에게 조사를 사전에 예고한다.
② 설문지와 반송주소가 기재되고 반송우표가 부착된 반송봉투를 추가적으로 발송한다.
③ 이벤트나 상품권 등의 인센티브를 제공한다.
④ 연구 목적 및 연구 주관기관과 지원 단체의 성격을 밝히며 응답의 중요성을 인식시킨다.
⑤ 응답 내용에 대해 응답자의 이름을 밝히지 않거나 비밀로 한다고 언급한다.
⑥ 질문지를 가급적 간단명료화하고 질문지 종이의 질과 문항의 간격 등의 인쇄술, 종이의 색깔, 표지 설명의 길이와 유형 등을 매력적인 형식으로 사용하며 가독성이 높은 서체로 완성한다.
⑦ 응답 집단의 동질성을 높인다.

> **대표 기출문제**

비용 효율화 측면을 고려한 우편조사의 회수율을 높이기 위한 방안으로 거리가 먼 것은?

① 예비조사를 통해 회수율을 사전예측하고 추가 계획을 수립한다.
② 설문지 발송 후 일정 시간이 지나면 설문지와 반송봉투를 다시 발송한다.
③ 응답된 설문지에 대해 각종 이벤트에 참석할 수 있도록 기회를 제공한다.
④ 고객에게 우편을 보냄과 동시에 동일한 내용을 전화상으로 설명하여 고객의 이해를 돕는다.

해설 동일한 내용을 전화상으로 또 설명하는 것은 비용 효율화가 떨어진다.

정답 ④

> **실제 기출 | 발문 보기**
>
> • 우편조사의 응답률에 미치는 영향이 가장 미미한 것은?
> • 우편조사 시 설문지의 회수율을 높일 수 있는 방법과 거리가 먼 것은?

55 인터넷조사

① 개념
  ㉠ 전산망 가입자들을 대상으로 전산망을 통해 직접 질문지 파일을 보내고 응답 파일을 받는 방법이다.
  ㉡ 조사 대상이 국내 또는 특정 지역에 제한되지 않으며, 국경이나 공간의 한계를 넘을 수 있다.

② 장점 **중요**
  ㉠ 자료 처리 과정에서 코딩이나 입력을 하지 않아도 되므로 시간이 절약된다.
  ㉡ 대규모 조사가 가능하며 다른 방법에 비해 공간상의 제약이 적다.
  ㉢ 조사가 신속히 이루어지며, 쌍방향 소통이 가능하다.
  ㉣ 조사 비용이 적게 들며, 조사 대상자가 많은 경우에도 추가 비용이 들지 않는다.
  ㉤ 멀티미디어 자료의 활용 등 다양한 형태의 조사가 가능하다.
  ㉥ 구조화된 설문지 작성이 용이하다.
  ㉦ 특수 계층의 응답자에게도 적용 가능하다. 즉, 응답자의 범위가 넓다.
  ㉧ 이메일 등을 통해 추가 질문을 할 수 있다.
  ㉨ 컴퓨터 처리에 따른 오류 회피의 가능성이 있다.

③ 단점 **중요**
  ㉠ 인터넷 사용자로 표본이 편중되는 측면이 있어서 표본의 대표성 문제가 제기될 수 있다.
  ㉡ 조사에 능동적으로 응대하는 사람만 참여하므로 대표성이 상실될 가능성이 있다.
  ㉢ 컴퓨터 시스템을 사용하므로 고정 비용이 발생한다.
  ㉣ 응답자의 프라이버시 보호와 통신상의 예절 등에 각별한 주의를 필요로 한다.
  ㉤ 응답자에 대한 통제가 쉽지 않으며, 응답률과 회수율이 낮게 나타날 수 있다.

대표 기출문제

다음에서 설명하는 조사법은?

> ( )은 기타 조사법과 달리 인터넷이라는 수단으로 사용하며 수거나 코딩 등의 과정이 생략되기 때문에 상대적으로 시간, 비용을 절약할 수 있을 뿐만 아니라 응답자에 대한 접근이 용이하다는 장점이 있다.

① 우편조사법
② 전화조사법
③ 대인면접법
④ 웹(Web)조사법

해설 웹조사(인터넷조사)법은 전산망 가입자들을 대상으로 전산망을 통해 직접 질문지 파일을 보내고 응답 파일을 받는 방법으로, 시간과 비용을 절약할 수 있으며 응답자에 대한 접근이 용이하다.

정답 ④

실제 기출 발문 보기

- 인터넷의 장점을 활용한 온라인 여론조사 방법의 특징이 아닌 것은?
- 설문조사 시 별도로 코딩을 하지 않아도 되기 때문에 시간을 절약할 수 있는 조사는?

56 신디케이트조사

시장조사 전문 기관이나 전문 회사에서 다양한 제품에 대한 동향, 고객 반응, 경쟁사에 관한 정보, 온라인 설문조사, 고객만족도조사 등 마케팅 의사결정에 필요한 자료를 수집·정리·분석하여 정보가 필요한 기업에 판매하기 위한 조사이다. 예 TV 시청률 조사, 소비자 패널조사, 미디어조사 등

기출 PLUS OX QUIZ

1. 신디케이트조사 방법은 2차 자료의 성격을 가진다. O | X
2. 신디케이트조사 방법은 조사 비용을 공동부담하는 성격을 가진다. O | X
3. 신디케이트조사 방법은 폐쇄형 질문 중심의 조사가 이루어진다. O | X

정답 1. O 2. O 3. X

57 측정

① 개념
  ㉠ 일정한 규칙에 따라 대상에 값을 부여하는 과정으로, 이론을 구성하고 있는 추상적인 개념들을 현실 세계에서 경험할 수 있는 자료와 연결하는 수단이 된다.
  ㉡ 특정 분석 단위에 대해 질적·양적 값이나 수준을 결정하고 이를 규칙화하여 숫자를 부여하는 과정이다.

② 측정 오차
  ㉠ 측정하고자 하는 속성이 아닌 다른 속성(개념)을 측정하였을 경우 발생한다.
  ㉡ 응답자가 가지고 있는 독특한 성향, 즉 응답자 특성에 의해 응답의 차이가 발생한다.
  ㉢ 측정 시점에 따른 측정 대상자의 변화: 응답자의 일시적인 변화로 인하여 오차가 발생한다.
  ㉣ 측정 상황에 따라 응답이 달라져서 오차가 발생한다.
  ㉤ 측정 도구에 문제가 있을 경우 발생한다.
      예 질문 문항이 모호하거나 응답하기 어려운 경우, 또는 응답자가 잘 모르는 내용이 있을 경우 측정 결과에 차이가 발생할 수 있다.

> **실제 기출 | 발문 보기**
> • 측정 오차의 발생 원인과 가장 거리가 먼 것은?

58 조작적 정의

① 어떤 개념에 대해 응답자가 구체적인 수치를 부여할 수 있는 형태로 상세하게 정의를 내린 것으로, 추상적인 개념을 측정 가능한 구체적인 현상과 연결시키는 과정이다.
② 개념적 정의를 특정한 연구 목적에 적합하게 관찰 가능한 일정한 기준으로 변환한 것이다. 다시 말해, 구성 개념을 측정 가능한 상태가 되도록 정의하는 것이다.
③ 추상적인 개념만으로는 실제 현상 속에서 관찰하거나 측정할 수 없으므로, 실제 관찰 가능한(측정 가능한, 숫자를 부여할 수 있는) 상태로 정의하는 것이다.

> **실제 기출 | 발문 보기**
> • 조사하고자 하는 속성이 추상적인 개념으로 된 경우 실제 관찰(측정) 가능한 상태로 정의하는 것은?
> • 마케팅 성과지표의 설계 및 운영을 위한 조작적(Operational) 정의에 대한 설명으로 가장 적절한 것은?

59 신뢰도

① 개념
  ㉠ 시간적 간격을 두고 동일한 조건 아래에 있는 측정 대상을 반복하여 측정하였을 때 각 반복 측정치들 사이에 나타나는 일관성의 정도를 말한다.
  ㉡ 측정 도구가 측정하고자 하는 현상을 일관성 있게 측정하는 능력을 말한다.
  ㉢ 측정은 신빙성, 안정성 및 예측성을 가져야 하며 정확해야 한다.
② 측정의 신뢰성을 높이는 방법 중요
  ㉠ 측정 항목의 수를 늘린다.
  ㉡ 측정 항목의 모호성을 제거한다.
  ㉢ 중요한 질문의 경우 동일하거나 유사한 질문을 2회 이상 한다.

㉣ 조사 대상자가 잘 모르거나 전혀 관심이 없는 내용은 측정하지 않는다.
㉤ 설문지의 문항별 설명을 명확히 하여 응답자별로 해석상의 차이가 발생하지 않도록 한다.
㉥ 조사원들에 대한 교육을 강화하여 설문을 명확히 이해하도록 하고, 질문 방식 등을 표준화한다.
㉦ 성의가 없거나 일관성 없게 응답한 경우 설문지 자체를 폐기하여 위험 요소를 없앤다.
㉧ 측정 방식의 일관성으로 신뢰성을 높일 수 있다.
㉨ 측정 시의 날씨, 분위기, 기분에 따라 신뢰성이 달라지지 않도록 유의한다.

대표 기출문제

측정의 신뢰성을 높이는 방법에 대한 설명 중 틀린 것은?

① 측정 항목의 모호성을 제거한다.
② 동일한 개념이나 속성의 측정 항목 수를 줄인다.
③ 중요한 질문은 동일하거나 유사한 질문을 통해 2회 이상 한다.
④ 조사 대상자가 잘 모르거나 전혀 관심이 없는 내용은 측정하지 않는다.

해설 신뢰성을 높이기 위해서는 동일한 개념이나 속성의 측정 항목 수를 늘려야 한다.

정답 ②

기출 PLUS 초성 QUIZ

1. 반복해서 여러 번 측정을 해도 그 측정값이 비슷하게 나온다면 ㅅ ㄹ ㅅ 이/가 있다고 할 수 있다.

정답 1. 신뢰성

60 신뢰도 측정 방법

① **재검사 신뢰도(재시험법)**: 유사한 상황에서 동일한 측정 대상에 대해 동일한 측정 도구를 이용하여 반복적으로 측정한 후 2개의 측정값들 간의 차이를 분석하는 방법이다.
② **동형 검사 신뢰도**: 재검사 신뢰도에서 검사 사이의 시간이 짧을 때 어떤 특정 문항을 기억함으로써 검사의 신뢰도가 높아지는 것을 피할 수 있는 방법의 하나이다. 같은 검사를 2번 실시하는 것이 아니라 문항은 다르지만 같은 특성을 같은 형식으로 측정하도록 제작된 동형 검사를 실시하는 것이다.
③ **반분법**: 다수의 측정 항목을 서로 대등한 2개의 그룹으로 나누고, 두 그룹의 항목별 측정치 사이의 상관관계를 조사하여 신뢰도를 측정하는 방법이다.
④ **내적 일관성에 의한 신뢰도**: 동일한 개념을 여러 문항으로 질문하여 이러한 항목들이 유사한 값들을 갖는지 측정하는 방법으로 내적 일관성에 의한 신뢰도는 크론바흐 알파 계수를 이용하여 측정한다. 크론바흐 알파계수의 값은 이론적으로 0에서 1의 범위 내의 값을 가진다.
⑤ **복수 양식법**: 대등한 2가지 형태의 측정 도구를 이용하여 동일한 측정 대상을 동시에 측정하고 두 측정값의 상관관계를 분석한다.

대표 기출문제

신뢰도를 측정하는 방법에 대한 설명 중 틀린 것은?

① 재검사법: 동일한 상황에 상이한 측정 도구를 사용하여 일정 간격을 두고 2번 측정 후 결과를 비교한다.
② 복수 양식법: 대등한 2개 형태의 측정 도구를 이용해 동시에 측정하고 측정값 간 상관관계를 분석한다.
③ 반분법: 측정 도구를 임의로 반으로 나누어 독립된 2개의 척도로 사용한다.
④ 내적 일관성: 동일한 개념의 측정을 위해 여러 항목을 이용할 경우 크론바흐 알파계수를 통해 신뢰도를 저해하는 항목을 측정 도구에서 제외한다.

해설 동일한 상황에 동일한 측정 도구를 사용해야 한다.

정답 ①

기출 PLUS 초성 QUIZ

1. 조사의 신뢰성을 높이기 위해 대상을 일정한 시간을 두고 동일한 측정 도구로 반복 측정해 그 결과를 비교하는 방법은 ㅈ ㅅ ㅎ ㅂ 이다.

정답 1. 재시험법

---

61 타당도

① 개념
  ㉠ 연구자가 측정하고자 하는 개념이나 속성을 정확히 측정했는가의 정도이다.
  ㉡ 검사 점수가 검사의 사용 목적에 얼마나 부합하느냐의 개념으로 적합성과 관련된다.

② 타당성을 향상시키기 위한 방법 **중요**
  ㉠ 담당자가 측정 대상의 전반적인 영역에 대해 충분한 지식을 습득한다.
  ㉡ 기존 관련 연구에서 사용되어 타당성을 인정받은 측정 방법을 이용한다.
  ㉢ 사전조사를 통하여 측정 대상과 이를 측정하는 문항들 간의 상관관계가 낮은 문항을 제거한다.
  ㉣ 엄격한 개념 정의를 하고 대상을 정확히 측정하게 하여 타당성을 향상시킨다.
  ㉤ 항목들의 의미가 조사자와 응답자 간에 정확한 의사소통이 되도록 신중을 기한다.
  ㉥ 척도 개발 시 측정 대상에 대해 명확히 이해하는 사람에게 맡겨 내용 타당성을 높인다.

> **대표 기출문제**
>
> 다음 중 자료 측정 시 타당성을 향상시키는 방법이 아닌 것은?
>
> ① 엄격한 개념 정의를 하고 대상을 정확히 측정한다.
> ② 항목들의 의미가 조사자와 응답자 간에 정확한 의사소통이 되도록 신중을 기한다.
> ③ 전문적인 1개의 척도만을 사용하여 측정 대상의 집중 타당성을 평가한다.
> ④ 척도 개발 시 측정 대상을 명확히 이해하는 사람에게 맡겨서 내용 타당성을 높인다.
>
> **해설** 집중 타당성은 동일한 개념을 측정할 때 서로 다른 방법으로 측정하더라도 결과값들 사이에 높은 상관관계가 있는 것을 의미하므로 1개의 척도만을 사용하는 것은 적절하지 않다.
>
> **정답** ③

62 타당도의 종류

① **내용 타당도**: 점수 또는 척도가 일반화하려고 하는 개념을 얼마나 잘 반영하는가, 그리고 측정 항목이 연구자가 의도한 내용대로 실제로 측정하고 있는가를 의미한다. 측정 도구가 측정 대상이 가지고 있는 많은 속성 중의 일부를 대표성 있게 포함하면 타당도가 있다고 본다.

② **기준 관련 타당도**: 타당도를 통계적으로 평가하는 것으로, 사용하고 있는 측정 도구의 측정값과 기준이 되는 측정 도구의 측정값과의 상관관계에 관심을 두는 타당도이다. 연구하려는 속성을 측정해 줄 것으로 알려진 외적 변수와 측정 도구의 측정 결과 간의 관계를 비교함으로써 타당도를 파악하는 방법이다.

  ㉠ **예측적 타당도**: 어떤 조사에서 무슨 행위가 일어날 것이라고 예측한 것과 대상자 또는 집단이 실제로 나타내는 행위 간의 관계를 측정하는 것이다.

  ㉡ **동시적 타당도**: 기존에 타당도를 입증받은 검사로부터 얻은 점수와의 관계에 의하여 검정하는 타당도이다. 새로운 검사를 제작하였을 때 새로 제작한 검사의 타당도를 검정하기 위하여 기존의 타당도가 보장된 검사와의 유사성 혹은 연관성을 통해 타당도를 검정한다.

③ **개념 타당도(구성 타당도, 구조적 타당도)**: 측정하려고 하는 추상적인 개념이 측정 도구에 의해 제대로 측정되었는가의 정도를 파악하는 방법이다. 구성 또는 변수 간의 관계를 논리적인 근거에 맞추어 예측하는 것으로, 측정값 자체보다는 측정하고자 하는 속성에 초점을 맞추며 논리적·통계적 검증을 함께 사용한다.

  ㉠ **판별 타당도**: 서로 다른 개념들을 측정하였을 때 얻어진 측정 문항들 간의 상관관계가 낮아야 한다는 개념이다.

  ㉡ **수렴 타당도(집중 타당도)**: 동일한 개념을 측정하기 위하여 서로 다른 측정 방법을 사용하여 얻어진 측정치들 간에 높은 상관관계가 존재한다는 개념이다.

> **대표 기출문제**

측정 도구의 타당도에 관한 설명으로 옳지 않은 것은?

① 내용 타당도(Content validity)는 전문가의 판단에 기초한다.
② 구성 타당도(Construct validity)는 예측 타당도(Predictive validity)라 한다.
③ 동시 타당도(Concurrent validity)는 신뢰할 수 있는 다른 측정 도구와 비교하는 것이다.
④ 기준 관련 타당도(Criterion-related validity)는 내용 타당도보다 경험적 검증이 용이하다.

해설 구성 타당도란 측정하고자 하는 구성 개념을 제대로 측정했는지 판단하는 것이다. 예측 타당도란 어떤 조사에서 어떤 행위가 일어날 것이라고 예측한 것과 실제 대상자 또는 집단이 나타내는 행위 간의 관계를 측정하는 것으로 기준 관련 타당도에 속한다.

정답 ②

기출 PLUS OX QUIZ

1. 개념 타당도는 측정하고자 하는 개념이 실제로 적절하게 측정되었는가를 의미한다. O | X
2. 내용 타당도는 점수 또는 척도가 일반화하려고 하는 개념을 어느 정도 잘 반영해 주는가를 의미한다. O | X

정답 1. O 2. O

---

63 타당도 저해 요소

① 내적 타당도 저해 요소
  ㉠ 통계적 회귀: 같은 현상을 반복해서 측정하다 보면 그 값들이 평균값으로 수렴하는 특징이 나타난다. 사전 검사에서 종속 변수의 값이 극단적인 경우에 사후 측정에서 독립 변수의 영향과 관련 없이 평균값으로 근접하려는 경향을 보이는 것이다.
  ㉡ 외적 사건(역사적 요소 또는 우연한 사건): 조사자의 의도와 관계없이 발생해 종속 변수에 영향을 미칠 수 있는 외부 사건이다.
  ㉢ 검사 효과: 사전 검사가 사후 검사에 영향을 미쳐 종속 변수의 변화를 나타나게 하는 것이다.
  ㉣ 성장 효과(성숙 또는 시간적 경과): 조사 기간 또는 사전 검사와 사후 검사 간에 개인의 신체적·심리적·경제적 성장에 의해 조사 대상의 특성이 변화하여 종속 변수에 영향을 미치는 것이다.
  ㉤ 도구 효과: 사전 검사와 사후 검사에서 종속 변수를 측정하기 위해 사용하는 측정 도구의 문제로 인해 측정 결과가 왜곡되어, 독립 변수가 종속 변수에 영향을 미치고 있는 것처럼 조사 결과에 영향을 미치는 현상이다.
  ㉥ 실험 대상의 변동: 실험 대상으로 선정된 조사 대상이 조사 기간 중에 이사, 사망 등의 이유로 이탈하는 경우에 나타나는 왜곡 현상이다.
  ㉦ 개입의 효과를 상쇄하는 보상: 실험을 진행할 때 통제 집단에 포함된 조사 대상에게 불이익이 발생할 수 있는데, 이때 그 보상을 다른 방식으로 주게 되어 통제 집단으로서의 기능을 다하지 못하는 현상이다.
  ㉧ 표본의 편중: 조사 대상 집단(실험 집단 대 통제 집단)의 대상자를 선정하는 데 있어 실험 결과에 영향을 미칠 수 있는 요인이 이미 작용된 사람들을 선택할 때 나타나는 현상이다.

ⓩ 선택과의 상호작용: 표본 선택의 편의와 다른 내적 타당도 저해 요소와의 상호작용으로 종속 변수의 변화 원인을 분명하지 않게 만드는 현상이다.
② 외적 타당도 저해 요소
  ㉠ 연구 표본의 대표성: 연구 대상, 연구 환경, 연구 절차 등의 대표성 정도와 연관된 것으로, 연구의 제반 조건들이 모집단의 일반적인 상황과 유사해야 실험 결과를 일반화할 수 있다.
  ㉡ 실험 조사에 대한 반응성(호손 효과): 실험 대상자 스스로 실험의 대상이 되고 있음을 인식할 때 나타나는 의식적 반응이 연구의 결과에 영향을 미친다.
  ㉢ 플라시보 효과(위약 효과): 실제로는 피실험자들에게 실험 처치나 개입이 주어지지 않았는데도 불구하고 마치 그것을 받은 것과 유사한 효과가 나타나는 경우를 말한다. 이렇게 가실험 효과가 발생하는 경우 실험조사에서는 나타났던 결과가 자연적인 상황에서는 나타나지 않을 가능성이 있다.
  ㉣ 검사의 상호작용 효과
    • 선정 요인과 실험적 처리와의 상호작용: 실험적 처리가 실험을 위해 선정된 집단에만 영향을 미친다면, 모집단 전체에 일반화가 어렵다.
    • 독립 변수 간의 상호작용: 독립 변수 간 상호작용에 의해 인과 관계가 특정 조사에서만 나타나거나 왜곡되어 나타난다.
  ㉤ 검사에 대한 반작용 효과(Reactive effects): 생각을 하지 않겠다고 결심했으나 자주 생각나는 경우이다. 리바운드 효과(반동 효과)라고도 한다.
  ㉥ 표본의 편중: 조사 대상 집단(실험 집단 대 통제 집단)의 대상자를 선정하는 데 있어 실험 결과에 영향을 미칠 수 있는 요인이 이미 작용된 사람들을 선택할 때 나타나는 현상이다.
③ 실험 설계의 내적 타당도와 외적 타당도를 저해하는 외생 변수의 종류
  ㉠ 우발적 사건
  ㉡ 실험 대상의 소멸
  ㉢ 측정 수단의 변화

실제 기출 **발문 보기**

• 마케팅조사에서 외적 타당도를 저해하는 요인이 아닌 것은?
• 다음 중 내적 타당도를 저해하는 요인이 아닌 것은?
• 실험 설계의 내적 타당성과 외적 타당성을 저해하는 외생 변수의 종류에 해당되지 않는 것은?

---

64 척도

① 변수들의 값을 부여하는 방법이 척도이며, 척도는 크게 정성적(질적)인 것과 정량적(양적)인 것이 있다.
② 척도의 수준이 올라갈수록 변수가 내포하고 있는 정보의 양이 증가한다.
③ 척도의 수준이 올라갈수록 자료 수집에 필요한 비용과 노력이 많이 소요된다.
④ 변수 측정에 필요한 비용 및 노력과 변수가 갖는 정보량은 서로 비례한다.

> **실제 기출** 발문 보기
>
> - 척도에 관한 설명 중 틀린 것은?

65 명목 척도

가장 간단한 척도로서 각 반응에 대해 무작위로 수를 할당하기 때문에 부여된 숫자는 연구자가 자료를 수집하고 분석하는 데 편리하도록 하기 위한 명칭이나 부호로서의 의미를 가질 뿐 그 자체로서는 의미가 없다. 즉, 개체나 사람이 다르다는 것을 보이기 위해 이름이나 범주를 대표하는 숫자로 부여하는 방식이다.

예 인종, 성별, 상품 유형별 분류, 시장 세분 구역 분류, 운동선수의 등 번호 등

> **대표 기출문제**
>
> 명목 척도의 특성으로 옳지 않은 것은?
>
> ① 상호 배타적인 범주로 구분하기 위하여 사용한다.
> ② 정보의 수준이 가장 높은 척도이다.
> ③ 우열을 표시하는 것이 아니다.
> ④ 질적 변수로 구성되어 있다.
>
> **해설** 척도의 정보 수준 서열
> 비율 척도>등간 척도>서열 척도>명목 척도
>
> **정답** ②

> **실제 기출** 발문 보기
>
> - 다음과 같은 것이 해당하는 척도는?
>
>   운동선수의 등 번호

66 서열 척도

① 개념: 순위 척도로서 그 측정 대상을 속성에 따라 서열이나 순위를 매길 수 있도록 수치를 부여한 척도이다. 즉, 측정 대상 간에 높고 낮음과 같이 개체나 사람들의 순서에 대한 값을 부여하는 척도이다.

   예 순서, 순위, 등급, 상표 선호 순위, 상품 품질 순위도, 사회 계층, 시장 지위 등

② 서열 척도를 이용한 측정 방법
   ㉠ 강제순위법: 응답자들에게 특정 속성에 대한 순위를 정하게 하는 방법이다.
      - 장점: 비교적 응답이 쉽고 시간이 적게 든다.

- 단점: 비교할 대상이 많은 경우는 순위를 정하는 데 어려움이 있고, 시간이 많이 든다.
ⓒ 쌍대비교법: 2개의 속성을 1쌍으로 만들어 2개 중 어느 한쪽을 선택하여 비교하게 하는 것이다.

대표 기출문제

다음 문항에 대한 측정 방법은?

[질의]
뱅킹 서비스 방식에 대한 당신의 선호도를 알기 위한 질문입니다. 가장 선호하는 방식은 1을, 다음으로 선호하는 방식은 2로 표시함으로써 각각의 서비스 방식에 대한 순위를 정해 주시기 바랍니다.
[답변]
은행 창구 (　)　　　　　　　　　ATM (　)
온라인뱅킹 (　)　　　　　　　　우편뱅킹 (　)
텔레폰뱅킹 (　)

① 비율 수준의 측정　　　　　② 등간 수준의 측정
③ 명목 수준의 측정　　　　　④ 서열 수준의 측정

해설 ① 비율 척도: 대상들의 속성들을 상대적으로 평가한다.
② 등간 척도: 구간 척도로 분류된 범주 간의 간격까지도 측정한다.
③ 명목 척도: 이름이나 범주를 대표하는 숫자로 부여하는 방식이다.

정답 ④

---

67 등간 척도

① **개념**: 구간 척도로서 측정의 대상인 사물이나 현상을 분류하고 서열을 정할 수 있을 뿐만 아니라 이들이 분류된 범주 간의 간격까지도 측정할 수 있다.
　예 온도, 지능 지수, 태도, 의견, 광고 인지도, 상표 선호도, 주가 지수 등
② **등간 척도를 이용한 측정 방법**
　㉠ 등급법: 속성의 정도를 글, 그림, 또는 숫자를 이용하여 평가하는 방법이다.
　㉡ 어의차이 척도법(의미분화 척도법)
　　• 척도 양 극점에 상반되는 표현을 제시하고 소비자의 생각을 측정하는 방법이다.
　　• 요인 분석 등과 같은 다변량 분석에 적용이 용이하도록 자료를 이용하는 척도법이다.
　　• 개념이 갖는 본질적인 뜻을 몇 개의 차원에 따라 측정함으로써 태도의 변화를 좀 더 정확하게 파악하는 척도이자 방법이다.
　㉢ 스타펠 척도: 어의차이 척도법의 한 변형으로서 양극단의 수식어 대신에 하나의 수식어만을 평가 기준으로 측정하는 방법이다.
　㉣ 리커트형 척도: 어의차이 척도법의 확장으로서 각 질문에 대한 동의 또는 반대의 정도를 표시하도록 하는 방법이다.

> **실제 기출** 발문 보기
>
> - 다음과 같이 척도의 양 극점에 서로 상반되는 형용사나 표현을 붙이고, 요인 분석 등과 같은 다변량 분석에 적용이 용이하도록 자료를 이용하는 척도법은?

68 비율 척도

① 개념: 척도를 나타내는 수가 등간일 뿐만 아니라 의미 있는 절대 영점을 가지고 있는 경우에 이용되며 사칙연산이 가능하다. 예 투표율, 월 소득액, 매출액, 구매 확률, 무게, 소득, 나이, 시장 점유율 등

② 비율 척도를 이용한 측정 방법
  ㉠ 총합 고정 척도법: 응답자들에게 일정한 수를 주고 어떤 기준에 따라 대안들 중에 점수를 나누어 주게 하는 방법이다. 그러나 속성의 수가 많아지면 응답을 하는 데 어려움이 따르게 된다는 단점이 있다.
  ㉡ 비율분할법: 대상들에 대한 속성을 평가할 때 한 속성의 보유 정도에 따라 다른 속성들을 상대적으로 평가하도록 하는 방법이다.

대표 기출문제

일반적으로 알려진 4가지의 척도 중 절대적인 기준인 영점이 존재하고, 모든 사칙연산이 가능한 척도는?

① 명목 척도 ② 서열 척도
③ 등간 척도 ④ 비율 척도

해설 비율 척도는 척도를 나타내는 수가 등간일 뿐만 아니라 의미 있는 절대 영점을 가지고 있는 경우에 이용되며 모든 사칙연산이 가능하다.

정답 ④

> **실제 기출** 발문 보기
>
> - 척도의 종류 중 모든 사칙연산이 가능한 척도는?
> - 응답 기업의 연간 매출액을 '원' 단위로 조사하고자 하는 경우에 적합한 척도는?

69 척도의 구성

① 평정 척도
  ㉠ 개념
    • 관찰자 또는 평가자가 평가 대상 또는 조사 대상을 한 연속체에 입각해서 평가함으로써 그 대상에 등급별로 일정한 수를 부가하거나 그들을 몇 개의 카테고리로 구별하는 측정 도구이다.

- 적용이 용이하고 널리 사용되는 척도로 교사가 학생들의 시험 결과를 A, B, C, D, E, F 등으로 평가해서 채점하는 것을 그 예로 들 수 있다.
ⓒ 장점: 만들기 쉽고 사용하기 쉬우며, 다른 척도에 비해 시간과 비용이 절약된다. 적용의 범위 또한 넓다.
ⓒ 단점: 후광 효과의 편견을 가져올 가능성이 있으며, 대상의 평가에 있어서 평가자 성격에 따라 관대의 오차 또는 가혹의 오차가 개입할 수 있다.

② 등현등간 척도(서스톤 척도)
ⓐ 개념
- 한 무리의 평가자를 사용하여 척도에 포함될 문항들이 척도상 어느 위치에 속할 것인가를 판단하게 한 다음 조사자가 이를 바탕으로 척도에 포함될 적절한 문항들을 선정하여 척도를 구성하는 방법이다.
- 대부분의 척도 분석 수준이 서열적 수준인 것과는 달리 등간적 수준의 측정을 목표로 한다는 특징을 지닌다.
ⓑ 장점: 일반적인 서열적 척도보다 한 수준 높은 등간적 척도 수준을 유지한다.
ⓒ 단점
- 많은 시간과 인원이 소요된다.
- 평가자들에게 항목에 대한 태도를 묻는 것이 아니고 질문 문항들에 대한 우호성의 정도를 결정하게 된다.
- 개인의 척도 점수를 해석하기가 매우 어렵다.

③ 총화평정 척도(리커트 척도)
ⓐ 개념: 서열적 수준의 변수를 측정하는 것으로, 여러 개의 태도 문항으로 되어 있는데 각 문항은 거의 동일한 태도 가치를 갖는다고 인정된다.
ⓑ 장점
- 매우 경제적이다.
- 지표를 구성함에 있어 매우 단순하다.
- 응답 카테고리가 명백하게 서열화되어 있으므로 응답자들에게 혼란을 주지 않는다.
ⓒ 단점
- 척도 작성에 1/4등분과 4/4등분의 응답을 기초로 하므로 중간 정도의 온건한 응답에는 민감하지 않을 수 있다.
- 응답자는 모집단 가운데서 모집단을 잘 대표할 수 있는 자들을 무작위로 추출하여야 하는데 경우에 따라서는 이것이 용이하지 않을 수 있다.
- 응답자의 척도 문항에 대한 응답 유형을 대체로 정상 분포로 가정하지만 이것 또한 항상 지켜질 수는 없는 사항이다.

④ 누적 척도(거트만 척도)
ⓐ 개념: 태도의 강도에 대한 연속적 증가 유형을 측정하고자 하는 척도이다.
ⓑ 장점
- 주로 질문이나 투표에 의한 태도적 개념의 측정에 매우 유용하다.
- 여러 개의 요소를 결합하여 만들 뿐만 아니라 이들 지표들의 각 배합에 대한 독특한 점수를 얻을 수 있고 더 나아가서는 이들 지표들 간의 상호 관련성까지도 측정하는 수단을 제공한다.
ⓒ 단점
- 여러 지표의 결합이 하나의 개념을 구성할 수는 있으나 이 척도가 어떤 개념의 존재 여부에 대한 증거를 결정적으로 제공하지는 않는다.
- 몇 개의 지표들만을 모아서 단순히 하나의 척도상 개념을 구성한다는 점을 지나치게 강조한다.

⑤ 보가더스 척도
  ㉠ 개념
    • 다른 민족이나 인종집단 간의 태도나 친밀도인 사회적 거리를 수량적으로 측정하는 데 쓰인다.
    • 소시오메트리가 개인을 중심으로 집단 내 개인 간의 친근감을 측정하는 데 반하여, 보가더스 척도는 주로 집단 간의 친근감을 측정한다.
    • 개인과 어떠한 집단의 관계도 규명할 수 있으며, 개인 또는 집단의 어떠한 지역에 대한 애착, 나아가서는 직장에 대한 애착 같은 것에도 적용할 수 있다.
  ㉡ 장점: 집단 상호 간의 거리를 측정하는 데 매우 유용하며 적용범위가 비교적 넓고 예비 조사에 적합한 면이 있다.
  ㉢ 단점
    • 하나의 척도를 사용한 것이 아니고 7개의 서열화된 척도를 연속체상에 배치하여 이론적으로는 응답자가 서열적인 선택을 하도록 만든 것이다.
    • 척도점들 사이에 등간을 가정하지만 등간에 대해 경험적으로 입증할 수 없고, 척도점들 간에는 명백하게 구분할 수 있는 것을 가정하지만 척도점은 명백하게 구분이 안 되는 경우가 흔하다.

⑥ 소시오메트리
  ㉠ 개념
    • 주어진 집단의 구성원들 사이에 특정한 때 존재하는 관계의 총체적 구조를 단순화하거나 도표로 나타낸 것이다.
    • 사회적 거리 척도는 단순히 집단 상호 간의 거리를 측정하는 데 비해서 소시오메트리는 소집단 내의 구성원들 사이에 가지는 호감과 반감을 측정하거나 또는 이러한 감정에 의해서 나타나는 집단 구조에 관심을 갖는다.
  ㉡ 장점
    • 자료 수집이 경제적, 자연적, 신축적이다.
    • 계량화의 가능성이 높다.
    • 적용 범위가 넓다.
  ㉢ 단점
    • 조사 대상에 대한 체계적 이론 검토가 결여된다.
    • 신뢰성과 타당성에 대한 고찰 없이 측정결과를 받아들이는 경향이 있다.

⑦ 어의차이 척도(= 의미분화 척도) **중요** : 하나의 개념을 여러 의미의 차원에서 평가하는 것으로, 응답자에게 반대되는 2개의 입장을 주고 그 사이에서 선택하도록 한다.
  예 제품 디자인에 대한 평가

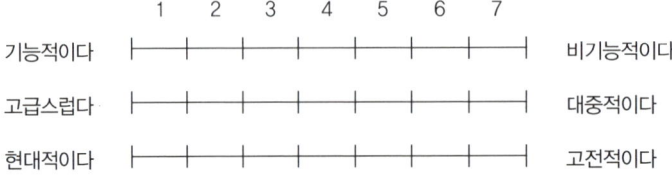

⑧ Q-분류(소오트) 척도: 일종의 투사 실험으로 단 한 사람의 특징이나 단일 현상을 설명하기 위해서 여러 가지 특징이나 요인을 도출해 내는 데 주력한다.

> **대표 기출문제**
>
> 다음과 같이 척도의 양 극점에 서로 상반되는 형용사나 표현을 붙이고, 요인 분석 등과 같은 다변량 분석에 적용이 용이하도록 자료를 이용하는 척도법은?
>
>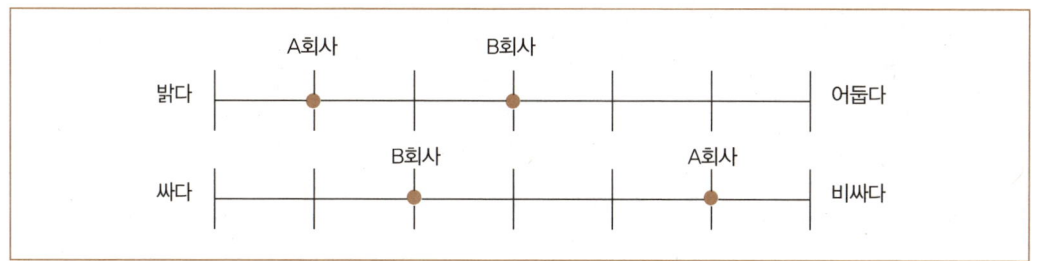
>
> ① 거트만 척도법
> ② 어의차이 척도법
> ③ 리커트 척도법
> ④ 서스톤 척도법
>
> **해설** 척도의 양 극점에 상반되는 표현을 제시하고 소비자의 생각을 측정하는 방법은 어의차이 척도법이다.
>
> **정답** ②

> **실제 기출** **발문 보기**
>
> • 자료 수집을 위하여 사용하는 척도 중에서 다음의 특징을 가진 척도는?
> • 척도 모형은 크게 자극을 변환하는 기법과 응답자를 변환하는 기법으로 나눌 수 있다. 자극을 변환하는 기법으로 나열된 것은?
> • 사안에 대한 소비자의 인식이나 태도를 측정하는 척도 중 상반되는 의미의 형용사를 양 끝으로 하여 선택하도록 하는 질문의 형태를 이용하는 것은?

제 3 과목 마케팅관리

☑ 눈여겨볼 키워드

빈출 키워드	문항 내용
아웃바운드 텔레마케팅	개념 및 특성, 성공 요소, 적용분야, 텔레마케터의 자질
포지셔닝	개념, 전략의 유형, 재포지셔닝, 전략의 수립 절차, 전략을 개발하기 위한 분석 정보
시장세분화	변수, 요건, 장점, 마케팅 전략
인바운드 텔레마케팅	개념 및 특성, 활용분야, 도입 시 점검사항, 상담 절차, 목표, 중요성
유통경로	설계 전략, 원칙, 효용, 조직

1 아웃바운드 텔레마케팅의 개념 및 특성

① 개념: 고객 또는 잠재 고객에게 전화로 발신하는 기업 주도의 능동적인 형태의 텔레마케팅으로, 잠재 고객 발견이나 판매 약속 등의 영업, DM 발송, 각종 캠페인·신제품 안내, AS, 시장조사 등 광범위하게 활용되고 있다.

② 특성
  ㉠ 명확한 고객 데이터베이스를 갖춰 제품이나 서비스를 적극적으로 판매하는 마케팅 기법이다.
  ㉡ 고객 리스트(데이터베이스)가 반응률을 결정한다.
  ㉢ 아웃바운드는 스크립트를 작성하여 활용하는 경향이 높고, 인바운드는 Q&A(문답집)에 의존하는 경향이 있다.
  ㉣ 아웃바운드가 인바운드보다 더 고도의 기술을 요하며 마케팅 전략, 통화 기법 등의 노하우, 텔레마케터의 자질 등에 큰 영향을 받으므로 전문적인 텔레마케터와 관리자가 필요하다.
  ㉤ 세일즈나 세일즈 리드(Sales leads)를 창출하게 된다.
  ㉥ 무차별적 전화 세일즈와는 달리 전화를 걸기 위한 사전 준비가 필요하다.
  ㉦ 고객의 접촉률(접속률)과 고객의 반응률이 매우 중요하다.
  ㉧ 신규 고객의 확보도 중요하지만 기존 고객의 이탈을 방지하여 고객의 안정적 유지에도 노력해야 한다.
  ㉨ 독립적으로 운영될 수 있으나 DM 등이 지원되면 반응률이 향상된다.

| 대표 기출문제 |

아웃바운드 텔레마케팅의 특징으로 옳지 않은 것은?

① 공격적이며 성과 지향성이 강하다.
② 데이터베이스 마케팅 기법을 활용할수록 위력적이다.
③ 스크립트를 활용하는 경향이 높다.
④ 통화 콜 수를 통제하기 어렵다.

해설 아웃바운드 텔레마케팅은 기업이 고객에게 전화를 거는 기업 주도적이고 능동적인 마케팅이므로 콜 수를 통제하기 어렵지 않다.

정답 ④

2 아웃바운드 텔레마케팅의 성공 요소(핵심 요소)

① 명확한 대상 고객 데이터베이스와 고객 맞춤의 구매 제안
② 전문적이고 유능한 텔레마케터를 선발·교육
③ 아웃바운드 텔레마케팅을 하기 위한 전화 장치 및 콜센터 장비 등 인프라 구축
④ 아웃바운드 텔레마케팅에 적합한 전용상품 및 특화된 서비스 준비
⑤ 상품의 신뢰도·인지도나 가격 및 브랜드 등 고려
⑥ 효과적이고 신뢰감을 줄 수 있는 화법과 고객의 니즈별 접근 및 응대가 가능한 잘 짜인 스크립트
⑦ 결과 데이터 측정 및 관리가 가능한 효율적인 정보 시스템 구축과 적절한 시간 선택
⑧ 세밀한 마케팅 전략 수립: 프로모션을 동반하거나 타 매체와 믹스하는 등 효과적인 전략 모색
⑨ 단기 및 장기 목표를 조화롭게 설정하고 다수의 정확한 고객 정보 확보

| 대표 기출문제 |

아웃바운드 텔레마케팅의 성공 요소가 아닌 것은?

① 명확한 고객 데이터의 확보
② 쌍방향 의사소통을 위한 정교한 스크립트
③ 주력 상품, 서비스의 개발 및 제공
④ 무차별적 통화를 통한 공격적 영업 자세

해설 아웃바운드 텔레마케팅은 긍정적이고 능동적인 자세로 고객에게 호감과 신뢰를 심어 주어 상품의 홍보나 판매를 성공시키는 마케팅이다. 고객에게 불쾌감을 줄 수 있는 무차별적이고 공격적인 영업 자세는 지양해야 한다.

정답 ④

| 실제 기출 | 발문 보기 |

• 아웃바운드 텔레마케팅 전개의 핵심 요소와 가장 거리가 먼 것은?

3 아웃바운드 텔레마케팅의 판매관리 범위(적용 분야)

① **판매촉진**: 카탈로그, DM 발송, 이메일 마케팅 등의 활동이다.
② **고객관리**: 고객 분류, 고객 니즈별 구매행위 분석, 고객상담관리 등의 활동이다.
③ **판매준비**: 판매 전략 수립, 고객데이터 준비, 상담원 교육, 광고, 안내 준비 등의 활동이다.
④ **B2B 텔레마케팅(Business to Business telemarketing)**: 기업체를 대상으로 제품서비스를 효율적으로 판매하거나 판매경로와 상권 확대를 도모하고, 기업 간의 수·발주 업무의 원활한 처리를 위해 전화를 조직적으로 이용하는 것이다.

대표 기출문제

아웃바운드 텔레마케터의 판매관리 범위에 대한 설명으로 틀린 것은?

① 판매촉진: 카탈로그, DM 발송, 이메일 마케팅 등의 활동
② 시스템관리: 컴퓨터, 전화, 전산시스템관리 등의 활동
③ 고객관리: 고객 분류, 고객 니즈별 구매행위 분석, 고객상담관리 등의 활동
④ 판매준비: 판매전략 수립, 고객데이터 준비, 상담원 교육, 광고, 안내 준비 등의 활동

해설 아웃바운드 텔레마케터의 판매관리 범위

판매촉진	고객의 니즈 자극 영역으로 카탈로그, DM 발송, 이메일 마케팅 등의 활동
고객관리	고객 분류, 고객 니즈별 구매행위 분석, 고객상담관리 등의 활동
판매준비	판매 전략 수립, 고객데이터 준비, 상담원 교육, 광고, 안내 준비 등의 활동
B2B	기업체를 대상으로 제품·서비스를 효율적으로 판매하거나 판매경로와 상권 확대를 도모하고, 기업 간의 수·발주 업무의 원활한 처리를 위해 전화를 조직적으로 이용하는 것

정답 ②

실제 기출 발문 보기

- 다음 중 아웃바운드 텔레마케팅에 해당되지 않는 것은?
- 일반적인 아웃바운드 텔레마케팅의 활용 분야로 볼 수 없는 것은?

4 아웃바운드 텔레마케터의 자질과 판매기술

① **자질**
  ㉠ 상당한 인내심을 지니고 있어야 한다.
  ㉡ 건전하고 긍정적이며 적극적인 성격을 가져야 한다.
  ㉢ 목소리는 상냥하고 부드러우면서도 힘차고 자신감이 넘쳐 보여야 한다.
  ㉣ 목표의식과 달성능력을 가지고 있어야 한다.
  ㉤ 인내심과 냉철한 판단력을 가지고 있어야 한다.

② 판매기술
　㉠ 상품 및 서비스에 대한 지식을 사전에 숙지해야 한다.
　㉡ 고객에게 호감을 줄 수 있는 경청 자세 기법을 숙달해야 한다.
　㉢ 고객과의 친밀한 관계 형성의 자세를 가져야 한다.
　㉣ 고객의 목소리를 통해 고객의 심리를 파악할 수 있는 능력을 가져야 한다.
　㉤ 방문판매보다 시간 제약이 심하기 때문에 제한된 시간 내에 마케팅을 진행할 수 있는 능력을 가져야 한다.
　㉥ 고객과 전화를 하면서 제품 및 고객의 정보를 활용할 수 있어야 한다.

| 대표 기출문제 |

아웃바운드 텔레마케터가 가져야 할 자질로서 적합하지 않은 것은?

① 수동적인 상담 자세
② 목표의식과 달성능력
③ 인내심과 냉철한 판단력
④ 부드러우면서도 힘찬 목소리

해설　아웃바운드는 목적을 가지고 하는 능동적인 마케팅이므로 적극적인 자세가 필요하다. 또한 고객으로부터 거절당하더라도 받아들일 수 있는 긍정적인 자세가 필요하다.

정답 ①

5 인바운드 텔레마케팅의 개념 및 특성

① **개념**: 각종 광고 활동을 통해 외부(고객)로부터 걸려 오는 전화를 받는 것으로 마케팅 활동이 일어나는 것이다.
② **특성**
　㉠ 고객이 전화를 거는 고객 주도형이기 때문에 판매나 주문으로 연결하기가 비교적 용이하다.
　㉡ ARS 시스템도 인바운드 텔레마케팅의 한 분야이다.

| 대표 기출문제 |

인바운드 텔레마케팅에 대한 설명으로 옳지 않은 것은?

① 인바운드 텔레마케팅은 기업 주도형 업무처리 방식이다.
② 성공적인 인바운드 텔레마케팅을 위해 고객이 기억하기 좋은 전화번호를 선정하는 것이 좋다.
③ 효과적인 인바운드 텔레마케팅은 상품판매로까지 연결되기도 한다.
④ 인바운드 텔레마케팅은 고객의 문의상담 대응에 활용된다.

해설　인바운드 텔레마케팅은 고객이 걸어 온 전화에 응대하는 고객 주도형 마케팅이다.

정답 ①

기출 PLUS OX QUIZ

1. 인바운드 텔레마케팅은 공격적이며 수익 지향적인 마케팅이다. O | X

정답 1. ×

6 인바운드 텔레마케팅의 목표와 중요성

① 목표
- ㉠ 기존 고객과의 지속적 관계를 유지한다.
- ㉡ 빈번한 질문에 대한 예상답변을 준비한다.
- ㉢ 우수 고객에 대한 서비스를 차별화한다.
- ㉣ 고객 만족을 극대화한다.
- ㉤ 서비스 품질을 향상시킨다.

② 중요성
- ㉠ 거래 마케팅에서 관계 마케팅으로의 변화에 대응한다.
- ㉡ 기업 서비스 향상으로 고객 요구에 신속히 대응한다.
- ㉢ 광고, 경험, 구전 등에 의한 고객의 기대 가치에 대응한다.

실제 기출 발문 보기

- 인바운드 텔레마케팅의 중요성에 대한 설명으로 거리가 가장 먼 것은?

7 인바운드 상담의 활용 분야(활용 사례)

① 긴급 구조 요청
② 예약 및 예매 접수
③ 각종 불평, 불만 접수 처리
④ 주문 처리
⑤ 신규 가입 문의 및 상담
⑥ 고객 상담 업무

| 대표 기출문제 |

다음 중 인바운드 텔레마케팅 활용 사례에 해당하지 않는 것은?

① TV 홈쇼핑
② 고객지원센터
③ 정부의 민원상담
④ 시장조사

해설 시장조사는 아웃바운드 텔레마케팅의 비판매 분야 중에서 조사업무(고객만족도조사, 시장조사, 소비자조사, 여론조사 등)에 해당된다.

정답 ④

기출 PLUS OX QUIZ

1. 구매감사, 해피콜은 인바운드 텔레마케팅의 활용 분야에 해당된다. (O | X)
2. 유권자 여론조사는 아웃바운드 텔레마케팅의 활용 사례에 해당된다. (O | X)

정답 1. ✕ 2. ○

실제 기출 발문 보기

- 다음 중 인바운드 텔레마케팅 업무가 아닌 것은?
- 다음 중 인바운드 텔레마케팅의 역할이 아닌 것은?

8 인바운드 텔레마케팅 도입 시 점검사항

① 고객 정보의 활용 수준
② 성과 분석과 피드백
③ 소비자 상담창구 운영 능력

실제 기출 발문 보기

- 고객서비스 지향적 인바운드 텔레마케팅 도입 시의 점검사항이 아닌 것은?

9 인바운드 텔레마케팅의 상담절차

상담 준비 → 전화 응답과 자기소개 → 고객 니즈 파악 → 문제해결 → 동의와 확인 → 종결

대표 기출문제

인바운드 상담절차로 옳은 것은?

① 상담 준비 → 전화 응답과 자신의 소개 → 문제해결 → 동의와 확인 → 고객 니즈 간파 → 종결
② 전화 응답과 자신의 소개 → 상담 준비 → 고객 니즈 간파 → 동의와 확인 → 문제해결 → 종결
③ 상담 준비 → 전화 응답과 자신의 소개 → 고객 니즈 간파 → 문제해결 → 동의와 확인 → 종결
④ 상담 준비 → 고객 니즈 간파 → 문제해결 → 동의와 확인 → 전화 응답과 자신의 소개 → 종결

해설 인바운드 상담절차
상담 준비(착신통화의 준비) → 전화 응답과 자신의 소개 → 고객 니즈 간파(용건 파악) → 문제해결(상담) → 동의와 확인 → 종결(사후처리와 피드백)

정답 ③

10 스크립트

① 개념
　㉠ 텔레마케터가 고객과의 대화를 자연스럽게 진행할 수 있도록 미리 준비된 대화지침서 또는 응대문안이다.
　㉡ 텔레마케팅 활동 시 고객과의 대화를 원활히 진행하기 위해 사전에 작성한 대본이다.
　㉢ 인바운드, 아웃바운드와 관계없이 고객의 상황에 따라 탄력적으로 대응할 수 있도록 융통성 있게 구성해야 한다.
　㉣ 텔레마케터와 고객이 유연하게 대화할 수 있도록 흐름이 자연스러워야 한다.

② 목적
　㉠ 표준화된 언어 표현과 상담 방법으로 모든 고객을 대할 수 있도록 도와줄 수 있다.
　㉡ 콜센터 내의 생산성관리를 도와줄 수 있다.
　㉢ 고객에게 전화 목적에 대한 효율적인 전달과 일관된 흐름에 입각한 논리적인 상담이 진행될 수 있다.
　㉣ 상담원 스킬 향상에도 많은 영향을 줄 수 있다.
　㉤ 텔레마케팅 전문가의 경험과 지식을 활용할 수 있다.
　㉥ 텔레마케터 간의 상담 능력 차이를 좁혀 일관성 있는 업무를 수행할 수 있다.
　㉦ 텔레마케터의 능력을 일정 수준 이상으로 유지·관리할 수 있다.
　㉧ 균등한 대화를 사용하여 정확한 효과를 측정하고 효율적인 운영 체제를 구축할 수 있다.

실제 기출 발문 보기

• 스크립트를 작성하는 목적으로 틀린 것은?
• 텔레마케팅을 실시할 때 고객과의 커뮤니케이션을 원활히 진행시키기 위한 도구는?
• 스크립트에 대한 설명으로 틀린 것은?

11 텔레마케팅 통화 용어

용어	설명
ACD (Automatic Call Distributor)	자동호 분배 시스템으로, 인입된 전화를 대기 중인 상담원에게 순차적으로 균등하게 분배하는 시스템
ANI (Automatic Number Identification)	고객의 모든 정보를 전화 인입과 동시에 상담원의 모니터에 스크린 팝업해 주는 시스템
ARS (Automatic Response System)	자동응답시스템. 외부에서 전화가 걸려 오면 자동으로 응답하는 기능
ASA(Average Speed Answer)	평균 응답속도. 상담원이 고객의 전화에 응답하는 데 걸리는 평균시간
ATT(Average Talk Time)	평균 통화시간. 고객센터 내 인입된 호에 대해서 상담원들이 평균적으로 통화한 시간
AHT(Average Handle Time)	평균 처리시간. 상담원의 평균 통화시간과 마무리 시간을 합한 시간
AWT(Average Work Time)	평균 업무시간. 전화응대가 끝난 후에 하는 잔업처리 시간
Blocked call(장애호)	고객에게 통화 중 신호만을 계속 보내고, 연결이 되지 못한 콜
Cold call	이전에 일체의 접촉이 없었던 고객과의 첫 통화
Cross selling(교차판매)	하나의 제품이나 서비스를 제공하는 과정에서 고객에게 비슷한 상품군이나 서비스에 대해 추가 판매를 유도하는 마케팅 기법
CTI(Computer Telephony Integration)	콜센터의 핵심 요소인 컴퓨터와 전화 시스템을 통합하는 기술
IVR(Interactive Voice Response)	양방향음성응답기. 고객이 전화를 통해 컴퓨터에 저장된 정보에 접근하여 정보를 전환하거나 요구사항을 전달할 수 있도록 한 시스템
QA(Quality Assurance)	통화품질관리
UMS (Unified Messaging System)	통합 메시징 시스템(음성, 팩스 메시지는 물론 전자우편까지 하나의 메일박스에서 통합운영)
Up selling(격상판매)	하나의 제품이나 서비스를 제공하는 과정에서 고객에게 더 높은 상품이나 서비스의 판매를 유도하는 마케팅 기법
VMS(Voice Mail System)	자신만의 일정한 음성사서함을 미리 설정해 놓고 그 함에 음성을 녹음, 축적, 전송, 재생하는 기능

대표 기출문제

텔레마케팅 용어에 대한 설명이 옳은 것은?

① ANI - 외부에서 걸려 온 전화를 일시 거부하는 기능
② ARS - 외부에서 전화가 걸려 오면 자동으로 응답하는 기능
③ VMS - 상담사에게 업무별 특성에 맞도록 콜을 라우팅하는 기능
④ ACD - 텔레마케터와 고객의 통화내용을 모니터할 수 있는 기능

해설 ARS는 자동응답시스템으로서 24시간 연중 고객서비스가 가능하다는 이점이 있다.
① ANI(Automatic Number Identification): 외부에서 걸려 온 전화번호를 추적하는 기능
③ VMS(Voice Mail System): 상담원에게 음성 메시지를 남기는 기능
④ ACD(Automatic Call Distribution): 상담원에게 콜을 균등하게 배분하는 기능

정답 ②

12 데이터 마이닝(Data mining)

일종의 데이터 분석 기법. 축적된 고객 관련 데이터에 숨겨진 규칙이나 패턴을 찾아내어 가능성 있는 정보를 추출해 낸다.

13 데이터베이스 마케팅

① 개념
　㉠ 고객에 관한 데이터베이스를 구축·활용하여 필요한 고객에게 필요한 제품을 판매하는 전략이다.
　㉡ 고객 개개인과의 장기적인 관계 구축을 위한 마케팅 전략을 수립하고 집행하는 활동이다.
　㉢ 우수 고객 확인, 신규 고객 유치, 고객의 구매결정 강화, 상품의 교차판매, 판매촉진 전달의 향상, 균형의 유지, 고객에 대한 개인적 서비스 등을 제공한다.

② 장점
　㉠ 컴퓨터의 활용가치가 높다.
　㉡ 기존 고객을 적극 활용할 수 있다.
　㉢ 신규 사업 진출에 유리하다.
　㉣ 기존 고객 중 우수 고객을 발굴할 수 있다.
　㉤ 고객 데이터를 이용하여 고객과의 1:1 관계를 구축할 수 있다.
　㉥ 고객 데이터를 기반으로 장기적인 이익을 창출할 수 있다.
　㉦ 기존 고객을 지속적으로 관리하는 비용이 신규 고객 확보를 위한 비용보다 적다.
　㉧ 각종 데이터를 수집, 분류, 응용, 분석하여 마케팅 전략을 수립하는 데 효과적이다.

③ 전략
　㉠ 고객 애호도 제고 전략: 고객 특징과 구매 이력 및 고객의 브랜드 충성도를 분석하여 맞춤 정보, 질 높은 서비스를 제공한다.
　㉡ 고객 유지 전략: 다양한 고객 정보를 효과적으로 획득하고 분석하며, 고객 유지에 비중을 둔다.
　㉢ 교차판매 전략(Cross selling): 하나의 제품이나 서비스를 제공하는 과정에서 기존 고객을 대상으로 비슷한 상품군이나 서비스에 대해 추가 판매를 유도한다.

대표 기출문제

고객 성향별 특성에 맞추어 각각 마케팅을 개별화하여 프로모션과 채널, 광고 등을 제공하는 마케팅은?

① 데이터마트
② 데이터마이닝
③ 데이터 웨어하우스
④ 데이터베이스 마케팅

해설
- 데이터마트: 데이터 검증, 분석 등 특정 목적을 위해 설계된 데이터베이스이다.
- 데이터마이닝: 축적된 고객 관련 데이터에 숨겨진 규칙이나 패턴을 찾아내는 것이다.
- 데이터 웨어하우스: 데이터베이스에 저장되어 있는 데이터 가운데 의사결정에 필요한 데이터를 추출한 후, 이를 통일된 형식으로 변환하여 저장해 놓은 것이다.

정답 ④

실제 기출 발문 보기
- 기존 고객을 대상으로 하는 데이터베이스 마케팅 전략으로 거리가 가장 먼 것은?
- 데이터베이스 마케팅의 주요 장점이 아닌 것은?
- 대중 마케팅과 데이터베이스 마케팅의 차이점으로 적절한 것은?

14 데이터베이스 속성

① **고객속성**: 고객이 가지고 있는 고유한 성질의 데이터로 직업, 성명, 연령, 주민등록번호, 주소, 성별, 전화번호, 신용카드 보유 현황, 가구 소득, 가족 수, 거주 형태 등이 있다.
② **거래속성**: 고객이 자사의 상품이나 서비스를 이용하면서 생긴 데이터로 상품 내용, 상품명, 상품 금액, 상품 코드, 상품 색상, 구입 장소, 구입 의도, 클레임 분류, 과거 거래 실적 등이 있다.

실제 기출 발문 보기
- 데이터베이스 마케팅에서 사용되는 고객속성 데이터가 아닌 것은?
- 고객의 개인속성 DB에 해당하지 않는 것은?
- 고객속성 데이터에 대한 설명으로 옳은 것은?

15 고객 데이터베이스를 분석하는 기법

① 회귀 분석: 영향을 주는 변수와 영향을 받는 변수가 서로 선형 관계에 있다는 가정하에 이루어지는 분석 방법이다.
② 판별 분석: 집단 간의 차이가 어떠한 변수에 의해 영향을 받는가를 분석하는 방법이다.
③ 군집 분석: 몇 개의 변수를 기초로 여러 대상을 서로 비슷한 것끼리 묶어 주는 분석 방법이다.
④ RFM: 고객의 성향을 분석하여 고객의 등급을 계산하는 방법으로, 고객에게 점수를 부여하여 고객 우선순위를 산정하는 공식이며 고객로열티관리의 전략으로 활용된다.
⑤ LTV 방법: 고객의 평생가치를 기준으로 사용하는 방법이다.
⑥ 고객반응률(Response rate): 어떤 상품을 접했을 때 반응을 나타내는 고객의 정도로, 고객반응 분석의 기초자료로 주로 활용된다. 신규 고객 유지율, 기존 고객 보유율, 고객 반복 이용률 등으로 상품의 효과를 측정하는 것이다.
⑦ 고객점유율(Customer share): 고객관리를 통해 이루어진 기업 제품의 구입 빈도를 의미한다. 한 고객의 구입 금액이 기업의 매출에서 차지하는 비율을 말하는 범위 중심의 척도로, 고객 속의 집중도로서 의미가 있다.
⑧ 컨조인트 분석: 어떠한 제품이나 서비스, 매장 등에 대해서 여러 가지 대안을 만들었을 때 그 대안들에 부여한 소비자들의 선호도를 측정하여 소비자가 각 속성(Attribute)에 부여하는 상대적 중요도와 각 속성 수준의 효용을 추정하는 분석 방법이다.

> **실제 기출 발문 보기**
> • 고객반응 분석의 기초 자료로 주로 활용되며, 여러 가지 프로모션을 실시했을 경우 그에 따른 고객들의 반응률을 나타내는 것은?

16 고객 가치 측정 기법

① RFM
② LTV
③ 고객점유율

17 RFM 분석

① 고객의 성향을 분석하여 고객의 등급을 계산하고 기존 고객의 가치를 평가하는 방법이다. 고객에게 점수를 부여하여 고객 우선순위를 산정하는 공식이며, 주로 고객로열티관리의 전략으로 활용한다.
② R(Recency): 최근 구매일이라 하며, 가장 최근에 구매한 시점을 말한다(얼마나 최근에 자사 제품을 구매했는가?).
③ F(Frequency): 구매 빈도라 하며, 일정 기간 동안 구매한 빈도수를 말한다(일정 기간 동안 얼마나 자주 자사 제품을 구매했는가?).
④ M(Monetary): 구매 금액이라 하며, 일정 기간 동안 구매한 금액을 말한다(일정 기간 동안 얼마나 많은 액수의 자사 제품을 구매했는가?).

기출 PLUS 초성 QUIZ

1. RFM 분석 중 R은 최근 ㄱ ㅁ ㅇ 이라 하며, 가장 최근에 구매한 시점을 말한다.
2. RFM 분석 중 F는 구매 ㅂ ㄷ 라 하며, 일정 기간 동안 구매한 빈도수를 말한다.
3. RFM 분석 중 M은 구매 ㄱ ㅇ 이라 하며, 일정 기간 동안 구매한 금액을 말한다.

정답 1. 구매일 2. 빈도 3. 금액

실제 기출 발문 보기

- RFM 모델에 대한 내용이 아닌 것은?
- RFM 분석에 관한 설명으로 틀린 것은?

18 리스트 스크리닝(List screening)

기존의 고객 리스트 중에서 판매 목적에 맞는 우량 고객만을 추출하는 것이다.

실제 기출 발문 보기

- 아웃바운드 텔레마케팅 판매 전략 중 마케팅 목적에 적합한 우량 고객만 추출해 내는 것은?

19 마케팅믹스의 구성 요소(4P)

① **제품(Product)**: 기업이 목표시장(표적시장)에 제공하는 제품과 서비스를 결합함으로써 공급 측면에서 제품을 구성하는 속성의 집합 또는 수요 측면에서 제품이 제공하는 혜택(편익)의 집합이다.

② **가격(Price)**
  ㉠ 자사의 제품을 적당한 장소에서 소비자가 편리하게 구매할 수 있도록 서비스 체계를 갖춘다는 의미의 요소이다.
  ㉡ 고객이 지각하는 가치가 기업이 제시하는 가격보다 높아야 고객이 잉여가치를 느끼게 되어 구매할 가능성이 커진다.

③ **유통(Place)**: 운송과 보관으로 이루어진다. 운송은 생산 장소에서 구매 장소 또는 보관 장소까지 제품을 물리적으로 수송하는 것이고, 보관은 판매가 이루어지기까지 제품을 저장하는 것이다.

④ **촉진(Promotion)**
  ㉠ 마케팅의 촉진활동은 제품에 대한 정보와 구매를 유도하기 위한 인센티브를 제공한다.
  ㉡ 촉진의 목적은 고객에게 유용한 정보와 시용(Trial) 기회를 제공하여 고객이 자사 제품에 대한 호의적 구매 의사결정을 하도록 유도하는 것이다.
  ㉢ 촉진활동의 4가지 도구: 광고, 판매촉진, PR, 인적 판매

※ 마케팅 당사자 3C: Customer(고객), Company(회사), Competitor(경쟁사)

> **대표 기출문제**
>
> 기업의 마케팅 활동은 크게 4가지 분야로 나눌 수 있는데 이러한 마케팅믹스의 구성 요소(4P)로 틀린 것은?
>
> ① 정보　　　　　　　　　　② 제품
> ③ 유통　　　　　　　　　　④ 가격
>
> **해설** 마케팅믹스란 마케팅의 모든 요소를 통합하여 그 효과를 최대한 발휘하게 하는 것으로, 마케팅의 구성 요소(4P)는 제품(Product), 가격(Price), 판매촉진(Promotion), 유통(Place)이다.
>
> **정답** ①

> **기출 PLUS　초성 QUIZ**
>
> 1. 마케팅 ㅊㅈ 전략은 기업이 고객과 의사소통을 할 때 사용하는 수단인 광고, 홍보, 판매촉진 그리고 인적 판매를 말한다.
>
> **정답** 1. 촉진

20 브랜드명 전략

구분		제품 범주	
		기존 제품	새로운 제품
상품명	기존 브랜드	라인(계열)확장	브랜드(상표)확장
	새로운 브랜드	복수브랜드(상표)	개별브랜드(상표)

① 라인확장 전략: 기존 제품의 범주에 새로운 특성을 추가로 도입하면서 기존 브랜드명을 사용하는 전략이다.
② 브랜드확장 전략: 한 제품 시장에서 성공을 거둔 기존 브랜드명을 다른 제품 범주의 신제품에도 사용하는 브랜드 전략이다.
③ 복수브랜드 전략: 기업이 동일한 제품 범주에서 2개 이상의 다른 브랜드명을 사용하는 전략이다.
④ 개별브랜드 전략: 새로운 제품의 범주에 새로운 브랜드명을 도입하는 전략이다.

> **실제 기출　발문 보기**
>
> • 제약회사 등에서 많이 사용하는 상표 전략으로 각 제품마다 다른 상표를 적용하는 전략은?
> • 라인확장(Line extension)과 복수상표화(Multibranding)에 관한 설명으로 틀린 것은?

21 고객 의사결정단계

① 소비자의 의사결정단계: 문제 인식 → 정보 탐색 → 대안의 평가 및 선택 → 구매 → 구매 후 평가
② 구매 전 상담
  ㉠ 제품이나 서비스의 매출 증대를 위해 텔레마케팅 시스템을 도입하여 소비자에게 구매에 관한 정보와 조언을 제공하는 상담이 이루어진다.
  ㉡ 구매 선택에 관련된 상담뿐만 아니라 소비 생활 전반에 관련된 다양한 정보와 조언을 제공함으로써 소비자 생활의 질적인 향상을 도모하는 데 그 목적이 있다.
③ 구매 시 상담
  ㉠ 소비자가 상점을 찾을 때 소비자와 직접 접촉하여 정보를 제공하고 설득하여 구체적으로 고객의 욕구와 기대에 맞는 상품과 상표를 선택할 수 있도록 도와주는 일이다.
  ㉡ 구매 시 상담원의 역할: 고객의 구매의사결정을 도와주는 역할, 고객에게 정보를 제공하는 역할, 고객의 문제를 해결하는 역할 등이 있다.
④ 구매 후 상담: 소비자가 재화와 서비스를 사용하고 이용하는 과정에서 고객의 욕구와 기대에 어긋났을 때 발생하는 모든 일들을 도와주는 상담을 말한다.

22 구매 목적에 따른 제품의 구분

① 소비재
  ㉠ 소비재는 구매자의 욕구 충족을 위한 최종소비를 위해 구매하는 제품을 말한다.
  ㉡ 소비자의 욕구 충족과 심리적, 사회적 요소에 대한 관리가 중요하다.
  ㉢ 기업은 해당 소비재 제품에 대한 인지도 제고를 위해 노력하고 취급점의 수를 늘려 소비자 접촉을 늘리는 것이 유리하다.
② 산업재: 산업재는 생산 과정에 투입하기 위한 구매의사결정이 이루어지는 제품으로, 장기적 거래관계를 형성한다.

> **실제 기출 | 발문 보기**
> • 제품을 소비용품(Consumer products)과 산업용품(Industrial products)으로 분류할 때 소비용품에 해당되는 것은?

23 소비자의 구매 행동에 의한 소비재의 분류

① 편의품
  ㉠ 제품에 대하여 완전한 지식이 있으므로 최소한의 노력으로 적합한 제품을 빠르고 쉽게 구매하는, 즉 구매의 편의성이 높은 제품이다.
  ㉡ 소비자가 대체로 한번 사용하여 만족한 상표를 습관적인 행동으로 구매한다.
  ㉢ 단위당 가격이 저렴한 편이고 구매 빈도가 높다.
  ㉣ 선호하는 상표가 없더라도 기꺼이 다른 상표의 제품으로 대체 구매하는 경향이 있다.

ⓜ 대량 광고를 통한 판매촉진이다.
　　　ⓑ 편의품을 살 때는 편리한 위치에 있는 점포를 선택하는 경우가 많다.
　　　ⓢ 편리한 위치에서 제품을 구매하도록 하려면 판로의 수가 많아야 하므로 개방적 유통 정책을 주로 이용한다.
　　　ⓞ 편의품은 대체품이 많이 있기 때문에 광고와 포장이 대단히 중요하다.
　　　ⓩ 식료품, 약품, 기호품, 생활필수품 등이 있다.
② 선매품
　　　㉠ 제품을 구매하기 전에 가격, 품질, 형태, 욕구 등에 대한 적합성을 충분히 비교하여 선별적으로 구매하는 제품이다.
　　　㉡ 제품에 대한 지식이 부족하여 여러 상품을 비교하기 위하여 구매 전에 많이 탐색한다.
　　　㉢ 소비자가 품질, 가격, 디자인 등을 중심으로 여러 유통 채널을 통해 대체 상품을 비교한 후에 그중 어느 하나를 선택하는 성향의 제품이다.
　　　㉣ 일반적으로 선매품은 편의품에 비해 소비자가 자신의 사회적·재정적 측면을 나타낼 수 있는 상품을 구매하는 경향이 있다.
　　　㉤ 편의품에 비해 구매 단가가 높고 구매 횟수가 적다.
　　　㉥ 생산자의 이름보다는 소매점의 명성이 중요하여 생산자와 소매상의 직결된 유통경로를 가지는 것과 점포 내 판매원의 역할이 중요하다.
　　　㉦ 선매품을 취급하는 상점들이 서로 인접해 하나의 상가를 형성하는 경우가 많고 선택적 유통정책을 주로 이용한다.
　　　㉧ 주요 가전제품, 가구, 명품 의류 등의 소비용품(Consumer products)이다.
③ 전문품
　　　㉠ 상표나 제품의 특징이 뚜렷하여 구매자가 상표 또는 점포의 신용과 명성에 따라 구매하는 제품이다.
　　　㉡ 가격이 비싸고 특정한 상표만을 수용하려는 상표 집착의 구매행동 특성을 나타내는 제품이다.
　　　㉢ 제품이 지니고 있는 전문성이나 독특한 성격 때문에 대체품이 존재하지 않으며 브랜드 인지도가 높다.
　　　㉣ 소비자가 기술적으로 상품의 질을 판단하기 어려우며, 적은 수의 판매점을 통해 유통되어 제품의 경로는 다소 제한적이다.
　　　㉤ 빈번하게 구매되는 제품이 아니므로 마진이 높다.
　　　㉥ 전문품의 마케팅에서는 상표가 중요하고 제품을 취급하는 점포의 수도 적으므로 생산자와 소매점 모두 광고를 광범위하게 사용한다.
　　　㉦ 생산자는 소매점의 광고비를 분담해 주거나 광고 속에 자사의 제품을 취급하는 소매점을 소개하는 협동 광고를 실시한다.
　　　㉧ 유통 방식은 각 시장 지역에 한두 개의 판매점이 독점하는 형태이다.
　　　㉨ 소비자는 자기가 원하는 상표를 찾아내기 위해 쇼핑에 많은 노력을 기울인다.
　　　㉩ 자동차, 피아노, 카메라, 전자 제품, 독점성이 강한 디자이너가 만든 고가의 의류 등이 있다.
④ 비탐색품
　　　㉠ 소비자에게 완전히 새롭거나 또는 소비자가 잘 알고 있지만 평상시에는 구매 욕구를 느끼지 않기 때문에 특별한 탐색 노력을 하지 않는 제품이다.
　　　㉡ 수요 수준이 낮으므로 대체로 높은 이윤폭, 낮은 회전율, 높은 가격의 특성을 보인다.
　　　㉢ 공격적인 인적 판매 노력이 효과적이다.

| **대표 기출문제** |

다음 중 소비자들이 필요로 하지만 해당 제품의 구입을 위해 많은 시간을 보내거나 노력을 경주할 의사가 없는 제품은?

① 편의품 ② 선매품
③ 전문품 ④ 비탐색품

해설 편의품은 최소한의 노력으로 구매할 수 있어 구매의 편의성이 높은 제품을 말한다. 편의품은 대체품이 많으므로 상품의 광고와 포장이 중요하다.

정답 ①

| **실제 기출** | **발문 보기** |

- 소비자의 구매과정을 중심으로 소비재를 분류하였을 때, 선매품에 해당하는 것은?
- 소비재 유형 중 선매품의 일반적인 소비자 구매행동으로 가장 거리가 먼 것은?
- 대형 가전제품, 의류, 가구류 등에 해당하는 소비재 유형은?

24 사용기간에 따른 제품의 구분

① 내구재
  ㉠ 오랜 기간 반복해서 사용 가능한 장비, 설비, 가전제품을 말한다.
  ㉡ 오랜 기간 사용하므로, 구매 시 신중한 의사결정을 하는 제품이다.
  ㉢ 구매 시 성능에 민감하고 금전적 부담을 크게 느끼는 제품이므로, 기업은 보증, AS, 의사결정에 필요한 정보 등을 제공해 주는 것이 필요하다.
② 비내구재
  ㉠ 1회 사용이나 소비로 없어지는 제품으로 생필품이나 소모품을 예로 들 수 있다.
  ㉡ 기업은 소비자가 쉽게 구매할 수 있도록 판매점 수를 많이 유지하는 것이 중요하다.

| **실제 기출** | **발문 보기** |

- 제품의 분류에 대한 설명으로 옳지 않은 것은?

25 서비스

① 특성
  ㉠ 소멸성: 서비스는 저장하거나 재판매하거나 돌려받을 수 없다.
  ㉡ 비분리성(불가분성): 서비스와 생산자, 서비스의 생산과 소비를 분리할 수 없다.
  ㉢ 무형성: 서비스는 객체라기보다 행위이고 성과이기 때문에 유형적 제품처럼 보거나 느낄 수 없다.
  ㉣ 이질성(가변성): 서비스를 제공하는 행위자에 따라 오늘과 내일이 다르고 시간마다 달라질 수 있다.
② 서비스 평가의 측정 요소(SERVQUAL 모형의 특성)
  ㉠ 신뢰성(Reliability): 약속한 서비스를 믿게 하며 정확하게 제공하는 능력이다.
  ㉡ 확신성(Assurance): 서비스 제공자들의 지식, 정중, 믿음, 신뢰를 전달하는 능력이다.
  ㉢ 유형성(Tangibles): 외형·물리적인 시설, 장비, 사람, 커뮤니케이션 도구이다.
  ㉣ 공감성(Empathy): 고객에게 개인적인 배려를 제공하는 능력, 관심 및 친절이다.
  ㉤ 대응성(Responsiveness): 기꺼이 고객을 돕고 신속한 서비스를 제공하는 능력, 즉 자발성이다.

> **실제 기출 발문 보기**
> - 다음 설명이 나타내는 서비스의 특성은?
> - 서비스의 특성에 관한 설명으로 옳지 않은 것은?
> - 고객 응대 시 제공하는 서비스의 특징에 해당되지 않는 것은?
> - 다음 중 서비스 품질평가 요인(SERVQUAL)의 특성이 아닌 것은?

26 코틀러의 제품 3가지 수준

① 핵심제품: 소비자들이 제품을 구입할 경우 그들이 실제로 구입하고자 하는 핵심적인 이익(Benefit)이나 문제를 해결해 주는 서비스이다.
② 실체(유형)제품: 소비자들에게 핵심제품의 이익을 전달할 수 있도록 결합되는 제품의 부품, 스타일, 특성, 상표명 및 포장 등의 기타 속성이다.
③ 확장(포괄)제품: 핵심제품과 실체제품에 추가적으로 있는 서비스와 이익들로서 품질 보증, 애프터서비스, 설치 등이 있다.

> **대표 기출문제**
>
> **코틀러(Kotler)가 제시한 제품의 3가지 수준에 해당하지 않는 것은?**
>
> ① 핵심제품(Core product)   ② 유형제품(Tangible product)
> ③ 확장제품(Augmented product)   ④ 소비제품(Consumer product)
>
> **해설** 코틀러의 수준별 제품의 분류
> 핵심제품, 실체(유형)제품, 확장(포괄)제품
>
> 정답 ④

> **실제 기출** 발문 보기
>
> • 제품 구성 요소 중 유형제품(Tangible product)에 해당하는 것은?

27 제품/시장 매트릭스

① **시장침투 전략**
  ㉠ 기존 제품(서비스)을 기존 시장 내에서 보다 많이 판매하여 성장을 추구하는 전략이다.
  ㉡ 제품의 수명주기를 연장하기 위한 전략 중 제품을 수정·변형하지 않고 기존 목표시장에서 소비자들의 참가를 증진하는 것이다.
② **제품개발 전략**: 기존 고객들에게 새로운 제품을 개발·판매함으로써 성장을 추구하는 전략이다.
③ **시장개발 전략**: 기존 제품을 새로운 시장에 판매함으로써 성장을 추구하는 전략이다.
④ **다각화 전략**
  ㉠ 새로운 제품을 개발하여 새로운 고객에게 판매함으로써 성장을 추구하는 전략이다.
  ㉡ 제품이나 프로그램의 수명주기를 연장하기 위한 전략 중 새롭게 수정 혹은 개발된 프로그램으로 새로운 시장에 진출하는 것이다.

서비스 \ 시장	기존 고객	신규 고객
기존 제품	시장침투 전략(점유구축 전략)	시장개발 전략(시장확장 전략)
신제품	제품개발 전략(품목확장 전략)	다각화 전략(신규사업 전략)

> **실제 기출** 발문 보기
>
> • 시장/제품 전략 중 상품의 변화를 필요로 하지는 않지만, 기업으로 하여금 새로운 시장에서 새로운 고객을 찾는 활동을 필요로 하는 전략은?
> • 다음 중 상품의 변화를 필요로 하지 않는 제품/시장 전략은?

28 제품의 수명주기

① **도입기(Introduction)**
  ㉠ 제품이 처음으로 시장에 도입되는 기간으로 원가가 높다.
  ㉡ 혁신적인 고객이 제품을 산다.
  ㉢ 경쟁자가 거의 없다.
  ㉣ 판매의 성장이 완만하고 이익이 거의 발생하지 않거나 부(負)를 나타낸다.
  ㉤ 기업 전략: 상표구축 전략, 소비자의 시용구매를 유도하기 위한 강력한 판매촉진, 기본적인 형태의 제품 제공, 얼리어답터 규명과 상표 인지도구축 광고 전략, 고가격 또는 저가격 전략

② 성장기(Growth) 중요
  ㉠ 시장 수용이 급속하게 이루어져 판매와 이익이 현저히 증가한다.
  ㉡ 모방 제품을 가지고 새로운 경쟁자들이 시장에 진입한다.
  ㉢ 제품 원가는 생산량의 증가에 따라 도입기보다 급격하게 하락한다.
  ㉣ 수요의 급성장에 따라 판매촉진의 비중이 감소한다.
  ㉤ 기업 전략: 상표 강화를 통해 시장 점유율을 급속히 확대하는 전략, 저가격 전략(시장침투 가격), 자사 제품을 취급하는 점포의 수를 대폭 확대, 제품 선호형 광고

③ 성숙기(Maturity) 중요
  ㉠ 판매가 절정에 이르렀다가 감소하기 시작한다.
  ㉡ 많은 잠재 고객 혹은 참가자들이 이미 그 제품이나 프로그램을 구매했을 뿐 아니라 경쟁이 높아져서 증가율이 떨어지는 시기이다.
  ㉢ 도입기나 성장기보다 오랜 기간 지속된다.
  ㉣ 제품 원가가 가장 낮다.
  ㉤ 제품 가격의 인하와 판매촉진비 증대로 이익은 성장기보다 하락한다.
  ㉥ 판매량이 평준화되고 매우 강력한 경쟁이 나타난다.
  ㉦ 경쟁력이 약한 기업은 도태된다.
  ㉧ 기업 전략: 시장 점유율 방어와 이윤 유지, 상표 재활성화(시장확대 전략, 제품수정 전략, 상표 재포지셔닝 전략), 경쟁사 대응의 방어적 가격, 광범위한 유통망 구축

④ 쇠퇴기(Decline)
  ㉠ 대체품의 출현으로 점차 쇠퇴한다.
  ㉡ 판매량과 이익이 매우 낮다.
  ㉢ 판매가 급격히 감소하고 이익이 제로(0)에 가까워지면서 시장으로부터 철수하는 단계이다.
  ㉣ 기업 전략: 투자 감소 및 현금 흐름 증가 전략, 단계적 철수와 저가격 정책, 선택적 유통 전략

대표 기출문제

제품수명주기(PLC)에 관한 설명 중 옳은 것은?

① 도입기에는 유통비용, 홍보비용 등 마케팅 비용이 많이 소요되며, 새로운 경쟁자가 시장에 진입하게 된다.
② 성숙기에는 제품 자체의 인지도 제고가 중요한 이슈가 된다.
③ 성장기에는 자사 브랜드의 차별성을 강조하는 등의 브랜드 광고가 중요해진다.
④ 성장기에는 매출성장률이 둔화되면서 경쟁사 간 치열한 촉진경쟁이 이루어지는 경우가 많다.

해설
• 도입기: 제품이 처음으로 시장에 도입되는 기간으로 원가가 높고, 경쟁자가 거의 없다.
• 성장기: 새로운 경쟁자들이 시장에 진입하므로 브랜드 광고가 중요해지며, 수요가 급성장함에 따라 판매촉진의 비중이 감소한다.
• 성숙기: 판매가 절정에 이르렀다가 감소하며, 재포지셔닝 전략이 필요하다.
• 쇠퇴기: 대체품의 출현으로 점차 쇠퇴하며, 판매가 급감하고 시장으로부터 철수하는 단계이다.

정답 ③

> **실제 기출** 발문 보기
>
> - 제품수명주기 중 도입기에 대한 설명으로 알맞지 않은 것은?
> - 제품수명주기(PLC)에 관한 설명으로 옳지 않은 것은?
> - 제품의 수명주기를 순서대로 바르게 나열한 것은?

29 가격결정법

① 원가가산 가격결정법: 제품의 단위 원가에 일정한 고정비율에 따른 금액을 가산하여 가격을 결정하는 방법이다.
② 소비자 중심 가격결정법
   ㉠ 가치 중심 가격결정법: 소비자가 지각하는 제품의 가치에 맞춰 제품 가격을 결정하는 방법이다.
   ㉡ 수요 기준 가격결정법: 수요의 강도를 기준으로 하여 가격을 결정하는 방법이다.
③ 가격 선도제: 과점 산업인 경우 가격 및 산업을 이끄는 기업이 있어 경쟁자의 가격을 평가하기가 비교적 쉽기 때문에 시장에서 가장 유리한 위치에 있는 선도 기업이 가격을 결정하면 나머지 기업들도 따라서 결정하는 형태이다.

※ 가격결정의 주요 원인

고정비	매출액이나 생산량의 증감에 관계없이 일정하게 고정적으로 발생하는 비용으로, 감가상각비, 사무직원의 급여, 고정자산의 보험료, 부동산 임차료, 차입금의 지급이자, 재산세와 종합토지세 등이 이에 속함. 고정비는 기간 총액으로는 고정적인 비용이나 제품 단위당으로는 매출액 규모에 따라 변동함
변동비	제품의 생산량 증감에 따라 원가가 증감하는 비용으로, 재료비, 외주가공비, 판매수수료, 포장비 등이 이에 속함. 변동비는 기간 총액으로는 매출액의 증감에 비례하여 증감하는 비용이지만 제품 단위당으로는 변동하지 않음

대표 기출문제

일반적으로 가장 많이 사용되며, 제품 원재료 가격에 일정 이익을 가산하여 제품의 가격을 결정하는 것은?

① 관습적 가격결정법
② 원가가산 가격결정법
③ 경쟁입찰 가격결정법
④ 투자수익률기준 가격결정법

> **해설** 제품의 단위 원가에 일정한 고정비율에 따른 금액을 가산하여 가격을 결정하는 방법은 원가가산 가격결정법이다.
> ① 관습적 가격결정법: 가격을 정할 때 특정 품목에 대해 소비자들의 인식 속에서 관습적으로 굳어진 가격으로 결정하는 방법이다.
> ③ 경쟁입찰 가격결정법: 원가, 수요에 기초를 두는 것이 아닌 입찰에 참여하는 경쟁기업의 가격에 대한 예측을 중시하는 방법이다.
> ④ 투자수익률기준 가격결정법: 투자비용을 고려한 수익률 기준으로 가격을 결정하는 방법이다.
>
> **정답** ②

> **실제 기출** 발문 보기
> - 가격결정의 다양한 주요 원인 중 고정비에 해당하는 것은?
> - 시장 점유율이 높은 상위의 기업체들이 제품의 가격을 올리거나 내리게 되면 다른 기업체들도 이에 따라 가격을 결정하는 전략은?

30 가격결정에 영향을 미치는 요인

① 내부 요인: 마케팅 목표, 마케팅믹스 전략, 원가, 조직의 특성, 기업의 가격정책 등
② 외부 요인: 수요 상황, 경쟁자의 상황, 법적·제도적 요인 등

> **실제 기출** 발문 보기
> - 가격결정에 영향을 미치는 요인 중 내부적 요인에 해당하지 않는 것은?

31 가격조정 전략

① 개념: 기업이 고객에 따라 또는 상황에 따라 책정된 기본 가격을 조정하는 것이다.
② 종류
  ㉠ 소비자 심리적 가격조정: 단순히 경제성이 아니라 가격의 심리적 측면을 고려하여 가격을 책정하는 방법이다.
    - 관습가격: 소비자들이 오랜 기간 일정 금액으로 구매하여 사회적 관습으로 가격이 어느 정도 확정되어 있는 경우, 원가가 상승하였음에도 동일한 가격대를 계속 유지하는 방법이다.
    - 명성가격(위신가격): 구매자가 가격에 의하여 품질을 평가하는 경향이 강한, 비교적 고급품목에 대하여 고가격을 결정하는 방법이다.
    - 단수가격: 가격이 정확한 계산에 의해 가장 낮게 책정되었다는 인상을 구매자에게 주기 위하여 고의로 단수를 붙여 가격을 결정하는 방법이다.
    - 준거 가격: 소비자들이 제품 구입 시 적정하다고 생각하는 가격을 의미한다. 소비자들은 제품의 가격이 준거 가격보다 높으면 비싸다고 인지하고, 낮으면 싸다고 인지하므로 소비자들이 준거 가격을 가능한 한 높게 설정하도록 유도하는 것이 좋다.
  ㉡ 판매촉진 수단으로서의 가격조정
    - 소비자들을 대상으로 한 가격 할인: 유인가격, 세일행사, 계절 할인, 수량 할인 등
    - 중간상에 대한 가격 할인: 현금 할인, 거래 할인 등

> **대표 기출문제**

다음 설명에 해당하는 가격의 유형은?

> 홈쇼핑이나 인터넷 쇼핑 등에서 주로 볼 수 있는 가격결정 전략으로 9,900원 혹은 99,000원 등 가격상의 실제적인 차이는 크게 없지만 심리적으로 가격이 훨씬 싼 것처럼 느껴지게 하는 전략

① 기점가격　　　　　　　　　② 위신가격
③ 단수가격　　　　　　　　　④ 지대가격

해설 단수가격
가격이 정확한 계산에 의해 가장 낮게 책정되었다는 인상을 구매자에게 주기 위하여 고의로 단수를 붙여 가격을 결정하는 방법으로, A 대형마트에서 B사의 오디오 제품 가격을 300,000원에서 299,000원으로 조정하는 경우를 예로 들 수 있다.

정답 ③

실제 기출　발문 보기
- 다음은 어떤 가격조정 전략에 해당하는가?

32 가격의 특성

① 마케팅믹스 중에서 가장 강력한 경쟁 도구이다.
② 예기치 않은 상황에 의해 가격이 결정될 수도 있다.
③ 수요가 탄력적인 시장 상황에서 매우 쉽게 변경될 수 있는 요인이다.
④ 자사의 제품이나 서비스가 가지는 효용에 대해 소비자가 부여하는 가치이다.
⑤ 기업의 이익이나 소비자의 구매 행위, 정부의 경제정책 결정에 중요한 역할을 한다.
⑥ 정형화된 일정한 체계를 구축하기가 어렵다.

실제 기출　발문 보기
- 다음 중 가격의 특징이 아닌 것은?

33 가격 정책의 유형

① **단일가격 정책과 탄력가격 정책**: 단일가격 정책은 동일량의 제품을 동일한 조건으로 구매하는 모든 고객에게 동일한 가격으로 판매하는 가격 정책이다. 탄력가격 정책은 고객에 따라 동종·동량의 제품을 상이한 가격으로 판매하는 가격 정책이다.

② **단일제품가격 정책과 계열가격 정책**: 단일제품가격 정책은 가격을 각 품목별로 검토하여 결정하는 정책이다. 계열가격 정책은 한 기업의 제품이 단일품목이 아니고 많은 '제품계열'을 포함하는 경우 규격·품질·기능·스타일 등이 다른 각 '제품계열'마다 가격을 책정하는 정책이다.

③ **상층흡수가격 정책(스키밍가격 정책, 초기고가격 정책)과 침투가격 정책**: 상층흡수가격 정책은 신제품을 시장에 도입하는 초기에 고가격을 설정함으로써 가격에 민감한 반응을 보이지 않는 고소득 계층을 흡수한 후 연속적으로 가격을 인하시킴으로써 저소득 계층에도 침투하고자 하는 가격 정책이다. 침투가격 정책은 신제품을 도입하는 초기에 저가격을 설정함으로써 신속하게 시장에 침투하여 시장을 확보하려는 가격 정책이다.

대표 기출문제

다음과 관련 있는 가격 정책은?

> A 제품은 모든 연령대가 즐겨 찾는 제품이며, 그 수요가 점차 증가하고 있다. A 제품의 초기가격은 50만 원대로 형성되었으나 기본 모델의 경우, 현재는 약 30만 원대에 구입이 가능하다. 즉 가격대가 하락하면서 판매는 증가하고 있다.

① 가격탄력성(Price elasticity)
② 시장침투가격(Penetration pricing)
③ 명예가격(Prestige pricing)
④ 초기고가격(Skimming pricing)

해설 초기고가격 정책(Skimming pricing)
신제품을 시장에 도입하는 초기에 고가격을 설정함으로써 가격에 민감한 반응을 보이지 않는 고소득 계층을 흡수한 후 연속적으로 가격을 인하시킴으로써 저소득 계층에도 침투하고자 하는 가격 정책이다.
① 가격탄력성: 제품의 가격 변화에 따른 소비자의 수요량이나 공급량 변화 추이에 관한 정도이다.

정답 ④

실제 기출 | 발문 보기

- 스키밍(Skimming)가격의 고려사항 중 관련성이 적은 것은?

34 가격 정책의 형태

① **저가격 정책**: 수요의 가격탄력성이 높고, 경쟁사가 많고, 대량생산으로 생산비용이 절감될 수 있는 경우에 유리하다. 또한 소비자의 수요를 자극하고자 할 때 유용하다.
② **고가격 정책**: 수요의 가격탄력성이 낮고, 진입장벽이 높아 경쟁 기업의 진입이 어렵고, 소량다품종생산인 규모의 경제효과를 통한 이득이 미미한 경우 사용된다. 또한 높은 품질로 새로운 소비자층을 유인하고자 할 때 유용하다.

※ 고가 전략과 저가 전략의 조건

고가 전략의 조건	저가 전략의 조건
• 시장 수요의 가격탄력성이 낮을 때 • 시장에 경쟁자의 수가 적을 것으로 예상될 때 • 규모의 경제효과를 통한 이득이 미미할 때 • 진입 장벽이 높아 경쟁 기업의 진입이 어려울 때 • 높은 품질로 새로운 소비자층을 유인하고자 할 때 • 품질 경쟁력이 있을 때	• 시장 수요의 가격탄력성이 높을 때 • 시장에 경쟁자의 수가 많을 것으로 예상될 때 • 소비자의 본원적인 수요를 자극하고자 할 때 • 원가 우위를 확보하고 있어 경쟁 기업이 자사 제품의 가격만큼 낮추기 힘들 때 • 가격 경쟁력이 있을 때

대표 기출문제

생산과 수요의 조건에 따른 가격 전략의 형태 중 고가격 정책에 해당하는 것은?

① 수요의 가격탄력성이 작고, 소량다품종생산인 경우
② 수요의 가격탄력성이 크고, 소량다품종생산인 경우
③ 수요의 가격탄력성이 작고, 대량생산으로 생산비용이 절감될 수 있는 경우
④ 수요의 가격탄력성이 크고, 대량생산으로 생산비용이 절감될 수 있는 경우

해설 고가격 정책은 수요의 가격탄력성이 작고, 진입장벽이 높아 경쟁기업의 진입이 어렵고, 소량다품종생산인 경우에 채택된다.

정답 ①

실제 기출 발문 보기

• 다음 중 가격을 결정할 때 비교적 고가의 가격이 적합한 경우가 아닌 것은?
• 제품 또는 서비스의 가격결정 시 상대적인 고가 전략이 적합한 경우는?

35 유통경로(Distribution channel)

① **개념**: 제품이나 서비스가 생산자로부터 소비자에 이르기까지 거치게 되는 통로 또는 단계를 말한다.
② **중간상의 역할**: 생산자와 소비자 사이에는 상품 유통을 담당하는 여러 종류의 중간상들이 개입하게 된다. 이러한 중간상에는 도매상, 소매상과 같이 소유권을 넘겨받아 판매 차익을 얻는 형태도 있지만, 생산자의 직영점이나 거간과 같이 소유권의 이전 없이 단지 판매 활동만을 하거나, 그것을 조성하는 활동만을 수행하는 형태도 있다.

36 유통경로의 설계 과정

고객 욕구의 분석 → 유통경로의 목표 설정 → 주요 경로대안의 식별 → 경로대안의 평가

대표 기출문제

유통경로의 설계 과정을 바르게 나열한 것은?

ㄱ. 고객 욕구의 분석　　　　　　ㄴ. 주요 경로대안의 식별
ㄷ. 유통경로의 목표 설정　　　　ㄹ. 경로대안의 평가

① ㄱ → ㄷ → ㄴ → ㄹ　　　　② ㄴ → ㄱ → ㄹ → ㄷ
③ ㄷ → ㄴ → ㄱ → ㄹ　　　　④ ㄹ → ㄷ → ㄱ → ㄴ

해설 유통경로의 설계 과정
고객 욕구의 분석 → 유통경로의 목표 설정 → 주요 경로대안의 식별 → 경로대안의 평가

정답 ①

---

37 유통경로의 원칙

① **총거래 수 최소화의 원칙**: 중간상의 개입으로 거래의 총량이 감소하여 제조업자와 소비자 양자에게 실질적인 비용 감소를 제공하게 된다. 즉, 중간상의 개입으로 제조업자와 소비자 사이의 거래가 보다 효율적으로 이루어진다.
② **집중 준비의 원칙**: 유통경로 과정에 도매상이 개입하여 소매상의 대량 보관 기능을 분담함으로써 사회 전체적으로 상품의 보관 총량이 감소하며, 소매상은 최소량만을 보관할 수 있게 된다.
③ **분업의 원칙**: 다수의 중간상이 유통경로에 참여하게 되면 유통경로 과정에서 다양하게 수행되는 기능들, 즉 수급 조절 기능, 보관 기능, 위험 부담 기능, 정보 수집 기능 등이 경제적·능률적으로 수행될 수 있다.
④ **변동비 우위의 원리**: 생산자가 제조와 유통을 통합하여 생산한 제품을 직접 판매할 경우 규모의 경제 효과가 오히려 적게 나타난다. 무조건적으로 제조와 유통 기관을 통합하여 대규모화하기보다는 각각의 유통 기관이 적절한 규모로 역할 분담을 하는 것이 비용면에서 훨씬 유리하다.

실제 기출 | **발문 보기**

• 유통경로의 원칙에 대한 설명으로 옳지 않은 것은?

38 유통경로의 효용

① **시간 효용(Time utility)**: 재화나 서비스의 생산과 소비 간의 시차를 극복하여 소비자가 재화나 서비스를 필요로 할 때 이용할 수 있도록 해 주는 효용이다.
② **장소 효용(Place utility)**: 지역적으로 분산되어 생산되는 재화나 서비스가 소비자가 구매하기 용이한 장소로 전달될 때 창출되는 효용이다.
③ **소유 효용(Possession utility)**: 재화나 서비스가 거래되어 생산자로부터 소비자에게 소유권이 이전되는 과정에서 발생되는 효용이다.
④ **형태 효용(Form utility)**: 제품과 서비스를 고객에게 좀 더 매력적으로 보이기 위하여 그 형태 및 모양을 변경시킴으로써 발생되는 효용이다.

> **실제 기출 | 발문 보기**
> • 중간상은 생산자와 사용자 사이에서 다양한 효용을 창출한다. 다음 중 중간상이 창출해 내는 효용에 관한 설명으로 옳지 않은 것은?

39 유통경로의 조직

① **전통적 유통경로(Conventional distribution channel)**: 제조업자가 독립적 유통업자인 도매기관과 소매기관을 통해 상품을 유통하는 일반적인 유통 방법을 의미한다.
② **수직적 마케팅 시스템(VMS; Vertical Marketing System)**: 생산에서 소비에 이르기까지의 유통 과정을 체계적으로 통합하고 조정하여 하나의 통합된 체제를 유지하는 것을 의미한다. 이는 중앙 통제적 조직 구조를 가지며 유통경로가 전문적으로 관리되고 규모의 경제를 실행할 수 있으며 경로 구성원 간의 조정을 기할 수 있는 시스템이다.
③ **수평적 마케팅 시스템(HMS; Horizontal Marketing System)**: 동일한 경로 단계에 있는 두 개 이상의 기업이 대등한 입장에서 자원과 프로그램을 결합하여 일종의 연맹체를 구성하고 공생·공영하는 시스템을 의미하며 공생적 마케팅이라고도 한다.

40 수직적 마케팅 시스템의 형태

① **회사형 시스템(Corporate system)**: 유통경로상의 한 구성원이 다음 단계의 경로 구성원을 소유하여 지배하는 형태이다. 제조 회사가 자사 소유의 판매 지점이나 소매상을 통하여 판매하는 전방통합과 소매상이나 도매상이 제조 회사를 소유하는 후방통합 형태가 있다.
② **계약형 시스템(Contractual system)**: 수직적 유통시스템 중 가장 일반적인 형태이다. 유통경로상의 상이한 단계에 있는 독립적인 유통기관들이 상호 경제적인 이익을 달성하기 위하여 계약을 기초로 통합하는 형태이다.
　㉠ 도매상 후원 자유연쇄점: 도매상이 후원하고 다수의 소매상들이 계약으로 연합하여 수직 통합하는 형태이다.
　㉡ 소매상 협동조합: 독립된 소매상들이 연합하여 소매 협동조합 같은 임의 조직을 결성하여 공동으로 구매, 광고, 판촉활동 등을 하다가 최종적으로 도매 활동이나 소매 활동을 하는 기구로 수직 통합을 하는 형태이다.

ⓒ 프랜차이즈 시스템(Franchise system): 모 회사나 본부가 가맹점에게 특정 지역에서 일정 기간 동안 자신들의 제품·서비스·상표·상호·노하우 및 기타 기업운영 방식을 사용하여 영업할 수 있는 권리나 특권을 부여하고 그 대가로 로열티를 받는 시스템을 말한다.

③ 관리형 시스템(Administrative system): 경로 리더에 의해 생산 및 유통 단계가 통합되는 형태로, 일반적으로 경로 구성원들이 상이한 목표를 가지고 있으므로 이를 조정·통제하는 일이 어렵다.

④ 동맹형 시스템: 동맹형 시스템은 둘 이상의 경로 구성원들이 대등한 관계에서 상호 의존성을 인식하고 긴밀한 관계를 자발적으로 형성한 통합 시스템을 말한다. 제휴 시스템이라고도 하며, 동맹형 시스템은 계약이나 소유에 의해 통합하는 것이 아니라 서로 대등한 입장에서 상호의존의 필요에 의해 통합하는 것이다.

※ 수직적 마케팅 시스템의 형태

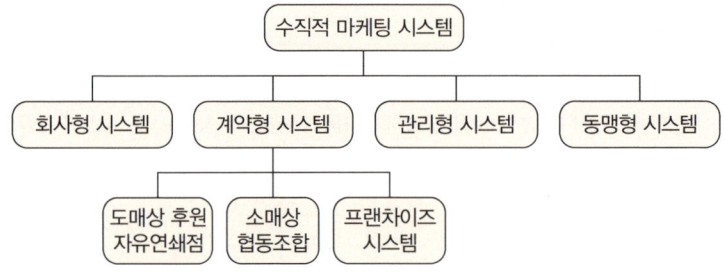

실제 기출 발문 보기

• 수직적 마케팅 시스템(VMS)에 관한 설명으로 틀린 것은?

41 유통범위의 결정(시장 커버리지 전략, 유통경로의 설계 전략)

① 개방적(집중적) 유통경로(Intensive distribution): 가능한 한 많은 점포가 자사의 상품을 취급할 수 있도록 하는 전략이다.

② 전속적 유통경로(Exclusive distribution): 일정한 상권 내에 하나의 소매점만이 자사 상품만을 취급할 수 있도록 하는 전략이다.

③ 선택적 유통경로(Selective distribution): 개방적 유통경로와 전속적 유통경로의 중간 형태로 일정 지역 내에 일정 수준 이상의 이미지, 입지, 경영 능력을 갖춘 소수의 소매점을 선별하여 이들에게 자사 제품을 취급하도록 하는 전략이다.

※ 유통경로의 전략과 특징

전략 구분	특징	통제 정도	제품 유형(소비재)
개방적 (집중적, 집약적) 유통경로	• 소매상이 많음 • 소비자에게 제품의 노출 최대화 • 유통비용의 증가 • 체인화의 어려움	제조업자의 통제력이 낮음	식품, 일용품 등 편의품에 적용
전속적 유통경로	• 긴밀한 협조체제 형성 • 유통비용의 감소 • 제품 이미지 제고 및 유지 가능	소매상 또는 도매상에 대한 제조업자의 통제력이 매우 높음	귀금속, 자동차, 고급 의류 등 고가품에 적용
선택적 유통경로	• 개방적 유통경로에 비해 소매상의 수가 적어 유통비용의 절감 효과 • 전속적 유통경로에 비해 제품 노출 확대	제한된 범위에서 제조업자의 통제가 가능함	의류, 가구, 가전제품 등에 적용

대표 기출문제

다음 (　)에 알맞은 유통경로는?

> (　)란 취급점포의 수를 최대한으로 높이는 유통경로를 뜻하며, 이것의 이점으로는 충동구매의 증가, 상품에 대한 소비자 인식의 고취, 소비자의 편의성 제고 등을 들 수 있다.

① 통제적 유통경로
② 개방적 유통경로
③ 선택적 유통경로
④ 전속적 유통경로

해설 개방적(집중적) 유통경로는 가능한 한 많은 소매점이 자사의 제품을 취급하도록 하는 전략을 취한다. 그래서 소비자들에게 제품의 노출을 최대화시킴으로써 매출은 증가하지만, 유통비용 또한 증가하고 통제가 어렵다는 단점이 있다. 식품, 일용품 등의 편의품에 적합한 유통경로이다.

정답 ②

실제 기출 발문 보기

• 유통경로의 설계 전략에 관한 (　) 안의 내용이 옳게 연결된 것은?
• 다음에서 설명하고 있는 제품의 유통경로 유형은?
• 일정 수준 이상의 입지조건, 이미지, 경영능력을 가진 몇 개의 중간상을 선별하여 서비스를 취급할 수 있는 권한을 부여하는 경로 전략은?

42 소매상의 유형

① 점포형 소매상

편의점	24시간 연중무휴로 영업하며 재고회전이 빠른 한정된 제품계열을 취급한다. 소용량, 소포장상품을 판매하며, 접근이 용이한 지역에 있으므로 1인 가구 소비자의 소비패턴에 잘 들어맞는다. 편의점은 다양한 서비스 기능 확대를 통해 꾸준한 성장을 유지하고 있다.
슈퍼마켓	식료품, 생활용품 등을 주로 취급하며, 저마진의 염가판매, 셀프서비스를 특징으로 한다.
전문점	한정된 제품계열을 취급하지만 해당 제품계열 내에서는 매우 전문적이고 다양한 품목을 취급한다. 주로 가전, 오디오, 의류, 운동용품, 가구, 서적 등의 제품계열에서 볼 수 있다.
백화점	여러 상품을 부문별로 구성하고 소비자들의 일괄구매가 가능하도록 하는 대규모 소매점포이다. 백화점의 경쟁 우위요소는 다양한 제품 구색, 편리한 입지, 쾌적한 쇼핑 공간, 높은 신뢰성, 사회적 지위 욕구 충족 등이다.
할인점	유명 제조업체 브랜드를 일반 상점보다 항상 저렴한 가격으로 판매하는 소매업태로, 할인점은 일반적으로 다점포화를 통해 대량구매를 함으로써 비용을 절감한다. 종합할인점과 전문할인점으로 나눌 수 있다.
회원제 도매클럽	일정한 회비를 낸 회원들에게 할인 가격으로 제품을 판매하는 유통업태로, 창고형 할인점이라고도 한다. 진열대에 상자를 통째로 쌓아두고 고객이 직접 고르게 하여 운영비를 최소화한다.
상설할인매장	제조업자가 소유, 운영하는 염가매장(Off-price store)이다. 제조업자의 잉여상품, 단절상품, 기획재고상품, 즉 이월상품 등을 할인된 가격으로 판매하는 매장을 뜻하며 아웃렛이라고도 한다.
드러그스토어	화장품, 생활용품, 약품, 식품 등을 판매하는 잡화점이다.
전문할인점	한정된 상품군을 깊게 취급하여 할인점보다 훨씬 저렴한 가격으로 판매한다.

② 무점포형 소매상

다이렉트 마케팅	중간상을 거치지 않고 최종 소비자에게 직접 판매하는 것으로 통신판매, 텔레마케팅, 텔레비전 마케팅, 온라인 소매가 있다.
방문판매	영업사원들이 직접 구매자를 방문하여 제품을 판매한다.
자동판매기	편의성을 추구하려는 소비자 욕구 증대와 점포 임대료 상승 등의 이유로 자동판매기의 수요가 꾸준히 늘고 있다.

③ 옴니채널

ⓐ 소비자가 온라인, 오프라인, 모바일 등 다양한 경로를 이용해 상품을 검색하고 구매할 수 있도록 각 유통채널의 특성을 통합한 채널 전략이다.

ⓑ 쇼루밍(Showrooming): 오프라인 매장에서 제품을 살펴보고 온라인으로 구매하는 것이다.

ⓒ 역쇼루밍: 쇼루밍과 반대되는 말로 온라인에서 제품을 살펴보고 오프라인 매장에서 구매하는 것이다.

ⓓ 모루밍(Morooming): 오프라인 매장에서 제품을 살펴보다가 곧바로 모바일로 구매하는 것이다.

대표 기출문제

소매상의 유형 중 점포 소매상에 해당하지 않는 것은?

① 재래시장 ② 다이렉트 마케팅
③ 전문점 ④ 양판점

해설 다이렉트 마케팅
- 고객에게 직접 접근해 반응을 얻어 판매활동을 일으키는 쌍방향의 마케팅 방법이다.
- 다이렉트 메일을 포함하여 카탈로그, 텔레마케팅, TV 등 다양한 매체를 이용한 무점포 판매 방식 등을 포함하는 개념이다.
- 전화, 우편, 방문판매, 인터넷쇼핑몰의 방법이 있으며 어느 곳에서나 거래할 수 있다.
- 광범위하고 풍부한 잠재 고객 확보에 용이하며, 고객속성정보와 거래정보, 고객서열과 고객등급 등 다양한 데이터베이스의 축적이 가능하다.

정답 ②

실제 기출 발문 보기

- 다음 중 무점포 소매점의 형태로 볼 수 없는 것은?
- 소비자가 온라인, 오프라인, 모바일 등 다양한 경로를 통해 제품을 검색하고 구매할 수 있도록 각 유통채널의 특성을 통합한 채널 전략은?

43 촉진믹스 전략

구분	정의	마케팅 범위	장점	단점
광고	기업이나 개인, 단체가 상품·서비스·정책 등을 목표시장이나 일반 청중들에게 알리기 위해서 대중매체의 시간이나 공간상에서 정보를 제공하거나 메시지를 전달하는 모든 행위	대중 고객	• 자극적 표현 전달 가능 • 장·단기적 효과 • 신속한 메시지 전달 가능	• 정보 전달의 양이 제한적 • 고객별 전달 정보의 차별화 곤란 • 광고 효과의 측정 곤란
홍보	방송이나 인쇄 매체를 통하여 사람이나 상품 또는 서비스에 관한 사실을 객관적인 입장에서 기사화하여 기업에 대하여 알리는 방법	대중 고객, 개별 고객	• 신뢰도가 높음 • 촉진 효과가 높음	• 통제가 곤란
인적 판매	고객과 직접적인 접촉을 통하여 기업의 서비스에 대한 정보를 제공하고 설득하는 커뮤니케이션 활동	개별 고객	• 고객별 정보 전달의 정확성 • 즉각적인 피드백	• 대중 상표에 부적절 • 촉진의 속도가 느림 • 비용 과다 소요
판매 촉진	인적 판매, 홍보, 광고 등을 제외한 활동으로, 고객의 구매나 유통업자의 효율성을 자극하는 모든 마케팅 활동	대중 고객	• 단기적으로 직접적 효과 • 충동구매 유발	• 장기간의 효과 미흡 • 경쟁사의 모방 용이

대표 기출문제

촉진믹스에 해당하는 것을 모두 고른 것은?

| ㄱ. 제품 | ㄴ. 가격 |
| ㄷ. 광고 | ㄹ. 인적 판매 |

① ㄱ, ㄴ
② ㄴ, ㄷ
③ ㄷ, ㄹ
④ ㄱ, ㄴ, ㄷ, ㄹ

해설 판매 활동을 원활하게 하며, 매출액을 증대하기 위해 실시하는 모든 마케팅 활동을 통틀어 촉진이라 할 수 있으며, 촉진믹스에는 광고, 판매촉진, 인적 판매, 홍보가 해당된다.

정답 ③

실제 기출 발문 보기

- 다음 중 촉진수단에 관한 설명으로 틀린 것은?
- 다음 중 마케팅 촉진(Promotion)전략에 대한 설명으로 옳은 것은?
- 광고보다 인적 판매가 더 유리한 경우는?
- 마케팅믹스(Marketing mix)에 관한 의사결정 중 촉진계획이 아닌 것은?
- 마케팅의 범위를 대중 고객과 개별 고객으로 구분할 때, 마케팅 촉진수단별 마케팅 범위의 연결이 옳지 않은 것은?
- 마케팅믹스 중 기업이 소비자, 중간 구매자 또는 기타 이해관계가 있는 대중에게 제품 또는 기업에 관해서 정보를 전달하는 기능은?

44 광고 매체의 종류

① TV 광고
  - ㉠ 장점
    - 4대 광고 매체 중 가장 영향력이 높고 효용성이 있다.
    - 기업의 시설이나 상품의 차별화된 장점에 대해 시각적으로 생생하게 전달하여 간접적이지만 현실감 있는 체험을 하도록 한다.
    - 다양한 감성적인 표현으로 감성을 자극하여 기업과 상품의 이미지를 효과적으로 전달한다.
  - ㉡ 단점
    - 광고 비용이 높다.
    - 메시지 전달 시간이 짧다.
    - 법률적·규범적 규제 등의 제약 조건이 까다롭다.
  - ㉢ 종류: 프로그램 광고, Spot 광고, 스포츠 광고, 협찬 광고, PPL 등
② 인쇄 매체 광고
  - ㉠ 신문 광고의 장점
    - 짧은 시간 내에 광범위한 범위에 도달할 수 있다.

- 기업에 대한 소비자의 기억과 긍정적인 태도를 효율적으로 강화하는 효과가 있다.
- 신문의 공신력으로 기업에 대한 신뢰를 높이는 중요한 정보를 제공하는 수단이다.

ⓒ 잡지 광고의 장점
- 독자를 선별하여 정보를 전달할 수 있으므로 표적 마케팅이 가능하다.
- 수명이 상대적으로 길다.
- 독자들은 잡지 기사에 관여도가 비교적 높은 편이라 광고와 기사가 잘 조화되면 독자들로부터 높은 관심과 신뢰를 얻을 수 있다.

ⓒ 잡지 광고의 단점
- 상대적으로 구독자의 수가 제한된다.
- 잡지 발행 6~8주 전에 준비해야 하므로 소비자에게 노출될 때까지의 기간이 길다.
- 광고 간 간섭 현상이 심하여 광고 효과가 감소할 수 있다.

③ 옥외 광고
  ㉠ 장점
  - 고정된 위치에 설치되어 24시간 내내 노출되므로 지속적이고 반복적인 노출 효과가 있다.
  - 장기적으로 보존되므로 노출 비용이 상대적으로 낮다.
  - 대형 광고문의 경우 시야를 지배하는 극적인 시각 효과를 유도할 수 있다.
  - 지리적 위치와 인구통계적 요인을 기준으로 선별하여 광고할 수 있다.
  ㉡ 단점: 대형 옥외 광고물을 설치할 만한 공간 확보가 어렵다.
  ㉢ 종류: 버스, 지하철, 옥외 전광판, 옥외 간판 등

④ 인터넷 광고
  ㉠ 장점
  - 양방향성을 가지고 있어 고객과의 상호 커뮤니케이션이 원활하다.
  - 고객과 브랜드 간의 관계 형성 및 관리에 유용하다.
  - 시간과 공간의 제약이 없어 24시간 내내 광고가 가능하다.
  - 제작 비용이 상대적으로 낮고, 제작 및 수정 작업이 용이하다.
  ㉡ 종류: 홈페이지, 스폰서십, 팝업, 배너 광고 등

⑤ 광고의 직접적인 반응 척도 기준
  ㉠ 도달률
  ㉡ 도달 빈도
  ㉢ 강도

실제 기출 | 발문 보기

- 드라마 상에 특정한 상품을 노출시켜 광고 효과를 도모하는 기법은?

45 광고 소구

① 광고 소구의 개요
  ㉠ 소구(Appeal)의 정의: 광고 메시지가 소비자에게 호소하여 상품을 구매하게 하는 힘이다.
  ㉡ 이성적 소구와 감성적 소구로 구분할 수 있다.
② **이성적 소구**: 제품의 장점을 강조하여 제품을 구매해야 하는 합리적인 이유를 설명하거나 객관적인 근거를 제시하는 유형이다.
  ㉠ 특징 소구: 제품이나 서비스의 우위 속성들이나 특성들에 집중한다. 이들 광고는 의사결정의 다속성 모델을 은연중에 사용하려는 경향이 있다.
  ㉡ 경쟁 우위 소구: 목표 경쟁사들이나 일반 수준의 경쟁사들에 비해 우월함을 직접 또는 간접적으로 제기한다.
  ㉢ 유리한 가격 소구: 소비자가 가격에서 얻을 수 있는 구체적인 경제적 이점을 명시함으로써 소비자의 주목을 이끌어낸다.
  ㉣ 뉴스 소구: 제품에 관한 기삿거리를 다루는 광고이다.
③ **감성적 소구**: 제품의 이미지를 강조하여 사람들의 감정이나 사회적, 심리적 측면에 작용하려 하는 유형이다.
  ㉠ 온정 소구: 현대의 고도화된 산업사회에서 가족 간의 사랑, 형제 간의 우애와 친구와의 우정 등을 매개체로 하여 사람들에게 따뜻함을 경험하게 하는 광고 전략이다.
  ㉡ 유머 소구: 유머를 이용하여 소비자의 주목을 끄는 기법으로, 패러디를 이용하기도 한다. 유머는 거부감을 줄이며 설득력 있게 보이지만, 그 효과는 신중한 호소보다 못할 수도 있다.
  ㉢ 공포 소구: 자사 제품을 구입함으로 받게 되는 편익이 아니라 소비자가 자사 제품을 구입하지 않아 발생할 수 있는 위험을 알려서 제품의 구입을 촉진시키는 광고 전략이다.
  ㉣ 성적 소구: 성적 자극을 사용함으로써 광고주가 의도하는 소비자 반응을 얻고자 하는 기법으로, 직접적인 신체 노출 외에 간접적으로 사람 마음속에 성적 생각을 떠오르게 하는 것도 포함한다.

> **실제 기출 발문 보기**
> - 자사 제품을 구입함으로 받게 되는 편익이 아니라 소비자가 자사 제품을 구입하지 않아 발생할 수 있는 위험을 알려서 제품의 구입을 촉진시키는 광고 촉진 전략은?
> - 소비자가 사랑, 가족애, 우정 등을 경험하게 함으로써 긍정적이고 온화한 감정을 불러일으키는 광고실행 전략은?

46 판매촉진

① 판매촉진 비중의 증가 요인
  ㉠ 광고 혼잡현상으로 광고 효과가 감소하면서 소비자에게 직접적인 자극을 제공하는 판매촉진으로 전환되었다.
  ㉡ 소비자의 상표충성도가 감소하면서 가격민감도가 증가하였다.
  ㉢ 마케팅 성과를 측정하기 용이하고, 단기 지향적이므로 단기간에 가시적 결과물이 있는 판매촉진을 선호한다.
  ㉣ 유통업자들의 교섭력 강화로 제조업체들이 다양한 인센티브를 제시하였다.
  ㉤ 판매촉진 활동과 관련된 경쟁이 심화되었다.

② 전략
- ⊙ Pull 전략과 Push 전략
  - Push(푸시) 전략: 중간상들이 자사 제품을 취급하도록 하고 나아가서는 최종 소비자에게 자사 제품의 구매를 권장하도록 하는 전략이다.
  - Pull(풀) 전략: 최종 소비자가 자사 제품을 자발적으로 구매하도록 하는 전략이다.

구분	Pull 전략	Push 전략
형태	고객 주도(인바운드)	기업 주도(아웃바운드)
마케팅 대상	소비자	중간상인, 최종판매자, 소비자
마케팅 방법	간접적, 수동적	직접적, 적극적
소비자의 니즈 정도	많음	무관
판매 성공률	높음	낮음
활용 방법	홈쇼핑, 광고매체 등	TM, 가판대, 방문판매

③ 유형
- ⊙ 소비자 판매촉진: 제조업자가 소비자에게
  - 예 샘플링, 쿠폰, 사은품, 경연과 추첨, 보너스팩, 가격 할인, 환불 등
- ⊙ 중간상 판매촉진: 제조업자가 중간 상인에게
  - 예 중간상 할인(구매 할인, 판매촉진 지원금, 제품 진열 보조금), 협동 광고, 교육훈련 프로그램 등
- ⊙ 소매상 판매촉진: 소매업자가 소비자에게
  - 예 가격 할인, 소매점 쿠폰, 특수 진열, 소매점 광고 등

대표 기출문제

마케팅에서 판매촉진 비중이 증가하게 된 주요 원인이 아닌 것은?

① 광고노출 효과 감소
② 소비자 가격민감도 증가
③ 기업 간 경쟁의 완화
④ 기업 내 판매성과 측정 용이

해설 기업 간 경쟁이 심화되면서 마케팅의 판매촉진 비중이 증가하게 되었다.

정답 ③

실제 기출 발문 보기

- 판매촉진 전략에 대한 설명 중 틀린 것은?
- 기업이 택할 수 있는 마케팅 전략은 풀(Pull) 전략과 푸시(Push) 전략으로 나눌 수 있다. 다음 중 풀(Pull) 전략의 설명으로 옳지 않은 것은?
- 촉진 전략 중 판매촉진 활동에 해당하지 않는 것은?
- 제조업자가 중간상들로 하여금 제품을 최종사용자에게 전달, 촉진, 판매하도록 권유하기 위해 자사의 판매원을 이용하는 유통경로 전략은?

47 STP 전략

① Segmentation(시장세분화): 시장은 여러 형태의 고객, 제품 및 요구로 형성되므로 마케팅 관리자는 기업의 목표를 달성하는 데 있어 어느 세분시장이 최적의 기회가 될 수 있는가를 결정해야 한다.
② Targeting(목표시장 선정): 기업은 여러 세분시장을 충분히 검토한 후에 세분시장에 진입한다. 목표시장 선정은 각 세분시장의 매력도를 평가하여 진입할 하나 혹은 그 이상의 세분시장을 선정하는 과정이다.
③ Positioning(시장위치 선정): 표적 소비자의 마음속에 자사의 제품이 표적시장 경쟁 제품과 비교하여 명백하고 독특하게 바람직한 위치를 잡을 수 있도록 하는 활동을 말한다.

※ STP 전략의 절차 중요

Segmentation(시장세분화) → Targeting(목표시장 선정) → Positioning(시장위치 선정)

> **실제 기출** 발문 보기
> • STP 전략의 절차를 바르게 나열한 것은?

48 시장세분화 기준

① 지리적 세분화
  ㉠ 시장을 국가, 지역, 군, 도시, 인근 등의 단위로 분할하는 것이다.
  ㉡ 지역을 기준으로 세분화할 경우에는 우선 집중할 지역을 선정하고, 선정한 지역 중에서 중점을 둘 사업 구역을 선정하여 집중하면 효과적이다.
② 인구통계적 세분화
  ㉠ 연령, 성별, 가족 규모, 가족생활주기, 소득, 직업, 학력, 종교, 인종, 국적 등의 객관적인 인구통계적 변수에 기초하여 시장을 여러 집단으로 분할하는 것이다.
  ㉡ 심리적 변수나 행위 변수 등의 세분화가 이루어졌다 하더라도 목표시장의 크기와 접근 방법을 알기 위해서는 인구통계적 특성을 사전에 파악해야 한다.
③ 심리분석적 세분화
  ㉠ 구매자들의 라이프스타일, 개성, 특성 등에 기초하여 상이한 집단으로 분할하는 것이다.
  ㉡ 인구통계상으로는 동일한 집단에 속해 있는 사람도 심리묘사적 특성상 아주 상이할 수 있다.
④ 행동분석적 세분화
  ㉠ 구매자들을 각자의 제품에 대한 지식, 태도, 용도, 반응 등에 기초해서 집단화한다.
  ㉡ 제품과 관련된 행동 기준인 제품사용 정도, 제품충성도(브랜드 선호도), 구매 성향 등을 이용하여 시장을 세분화할 수도 있다.

※ 시장세분화 변수 　중요

구분	내용
지리적 변수	지역, 인구 밀도, 도시 규모, 기후 등
인구통계적 변수	나이, 성별, 가족 규모, 가족생활주기, 소득, 직업, 학력, 종교 등
심리분석적 변수	라이프스타일, 사회 계층, 개성, 관심, 활동 등
행동분석적 변수	추구하는 편익, 구매준비 단계, 사용경험, 가격민감도, 사용량 등

대표 기출문제

시장세분화의 기준 중 심리분석적 변수에 해당하는 것은?
① 소득
② 직업
③ 도시의 규모
④ 라이프스타일

해설 심리분석적 변수에는 라이프스타일, 사회 계층, 개성, 관심, 활동 등이 해당한다.

정답 ④

실제 기출　발문 보기

- 다음 중 시장세분화의 지리적 변수가 아닌 것은?
- 시장세분화의 변수 중 고객의 나이, 직업, 성별로 구분하는 것은?
- 시장세분화의 인구통계적 변수에 해당하지 않는 것은?
- 소비자를 사회 계층, 라이프스타일 또는 개성과 관련된 특징을 근거로 서로 다른 세분화시장으로 구분하는 것은?

49 시장세분화 요건

① **내부적 동질성과 외부적 이질성**　중요 : 세분시장 내부적으로는 일관성 있는 특징을 갖고 있어야 하며, 외부적으로는 어떤 마케팅 프로그램을 시행했을 때 서로 다르게 반응하여야 한다.
② **측정가능성**: 세분시장의 규모와 구매력을 측정할 수 있어야 한다.
③ **접근가능성**: 세분시장에 접근할 수 있고 그 시장에서 활동할 수 있어야 한다.
④ **규모의 경제성**: 실질성, 유지 가능성
　㉠ 시장 부문의 규모가 크고 수익성이 커서 별도의 시장으로 개척할 가치가 있어야 한다.
　㉡ 세분된 각 시장 부문에 대하여 상이한 마케팅 계획이 필요하고 이에 따라서 많은 비용이 소요되므로 하나의 시장 부문은 가능한 한 동질적 욕구를 지닌 다수의 소비자로 구성되어 이익을 거둘 수 있는 규모가 되어야 한다.
⑤ **행동가능성**: 특정한 세분시장을 유인하고 그 세분시장에서 효과적인 프로그램을 설계하여 영업 활동을 할 수 있어야 한다.
⑥ **유효정당성**: 세분화된 시장 사이에 특징, 탄력성이 있어야 한다.

| 대표 기출문제 |

다음과 관련 있는 시장세분화의 요건은?

- 시장 부문의 규모가 크고 수익성이 커서 별도의 시장으로 개척할 가치가 있는 정도를 말한다.
- 세분된 각 시장 부문에 대하여 상이한 마케팅 계획이 필요하고 이에 따라서 많은 비용이 소요되므로 하나의 시장 부문은 가능한 한 동질적 욕구를 지닌 다수의 소비자로 구성되어 이익을 거둘 수 있는 규모가 되어야 한다.

① 측정가능성 ② 접근가능성
③ 유지가능성 ④ 실행가능성

해설 시장 부문의 규모가 크고 수익성이 커서 별도의 시장으로 개척할 가치가 있는지를 파악하여 시장을 세분하는 요건은 유지가능성이다. 규모의 경제성으로 부르기도 한다.

정답 ③

| 실제 기출 | 발문 보기 |

- 효과적인 시장세분화의 조건으로 틀린 것은?
- 표적시장을 선택하기에 앞서 효과적인 시장세분화를 위해 충족되어야 하는 요건으로 볼 수 없는 것은?

50 시장세분화의 장점

① 시장을 세분화하여 마케팅 기회를 탐지할 수 있다.
② 제품 및 마케팅 활동을 목표시장의 요구에 적합하도록 조정할 수 있다.
③ 시장세분화의 반응도에 근거하여 마케팅 자원을 보다 효율적으로 배분할 수 있다.
④ 소비자의 다양한 욕구를 충족하여 매출액의 증대를 꾀할 수 있다.

| 대표 기출문제 |

다음 중 시장세분화의 장점이 아닌 것은?

① 마케팅믹스를 효과적으로 조합하여 활용할 수 있다.
② 시장 수요의 변화에 신속하게 대처할 수 있다.
③ 다양한 특성을 지닌 전체 시장의 욕구를 모두 충족시킬 수 있다.
④ 세분시장의 욕구에 맞는 시장 기회를 비교적 쉽게 찾아낼 수 있다.

해설 시장세분화는 전체 시장의 욕구를 모두 충족시키기 위한 것이 아니라 고객 집단별로 고객의 욕구에 알맞게 차별화된 마케팅을 하기 위한 것이다.

정답 ③

51 필립 코틀러의 시장세분화 전략 5가지 모형

① **단일부문집중 전략**: 기업의 자원이나 역량이 충분하지 않거나 소수의 시장에서 우위를 점하려 할 때 핵심역량을 한곳에 집중하는 전략으로, 소비자의 특성을 얼마나 잘 파악하는지에 성공여부가 달려있다. 리스크 부담이 큰 것이 단점이다.
② **선택적 전문화 전략**: 시장을 여러 부문으로 세분화한 뒤 선택하여 마케팅하는 전략이다. 기업의 자원과 시장의 수익성이 조화를 이뤄야 성공할 수 있으며, 리스크가 분산된다는 장점이 있다.
③ **제품전문화 전략**: 시장에서 성공을 이룬 단일 제품으로 여러 세분시장에 진출하는 전략이다. 제품의 명성을 이용해 유사한 시장까지 마케팅을 시도할 수 있다.
④ **시장전문화 전략**: 특정 시장의 특정 소비자 집단을 대상으로 하는 마케팅 전략이다. 특정 소비자 집단이 갖고 있는 다양한 욕구를 파악하여 여러 상품을 개발한다.
⑤ **전체시장 공략**: 제품의 도입기나 성장기에 동일한 제품을 전체시장에 공급하는 전략이다. 규모의 경제를 기반으로 하기 때문에 대량유통과 대량광고를 할 수 있도록 기업의 역량이 따라 주어야 한다. 제품이 성숙기에 들어섰을 때에는 각각의 목표시장을 대상으로 차별화된 마케팅믹스 전략을 접목시켜 높은 시장 점유율과 매출을 구축할 수 있다.

> **실제 기출 발문 보기**
>
> • 특정 제품으로 다양한 세분시장에 진출하려는 전략으로 제품의 차별성에 자신이 있고 소비자의 선호가 분산되어 있지 않을 경우에 사용하는 것은?

52 시장 공략 전략의 선택(목표시장 선정 전략)

① **비차별화 마케팅(무차별적 마케팅)**: 기업이 하나의 제품이나 서비스를 가지고 시장 전체에 진출하여 가능한 한 다수의 고객을 유치하려는 전략으로 시장세분화가 필요하지 않다.
② **차별화 마케팅**
　㉠ 2개 혹은 그 이상의 시장 부문에 진출할 것을 결정하고 각 시장 부문별로 별개의 제품 또는 마케팅 프로그램을 세우는 것이다.
　㉡ 각 시장 부문에서 더 많은 판매고와 확고한 위치를 차지하여 시장 부문별로 소비자들에게 해당 제품과 회사의 이미지를 강화하는 전략이다.
　㉢ 제품수명주기상 성숙기에는 차별화 마케팅을 한다.
③ **집중화 마케팅**: 1개 또는 몇 개의 시장 부문에서 집중적으로 시장을 점유하려는 전략으로, 기업의 자원이 한정되어 있을 때 이용하는 전략이다.

| 대표 기출문제 |

시장세분화 마케팅 전략 중 단 하나의 세분시장만을 표적으로 삼아서 마케팅믹스를 개발하는 전략은?

① 집중화 마케팅
② 차별화 마케팅
③ 비차별화 마케팅
④ 마이크로 마케팅

해설 ② 차별화 마케팅: 2개 혹은 그 이상의 시장 부문에 진출할 것을 결정하고 각 시장 부문별로 별개의 제품 또는 마케팅 프로그램을 세우는 것. 각 시장 부문에서 더 많은 판매고와 확고한 위치를 차지하려고 하며 시장 부문별로 소비자들에게 해당 제품과 회사의 이미지를 강화하려고 하는 전략이다.
③ 비차별화 마케팅: 기업이 하나의 제품이나 서비스를 가지고 시장 전체에 진출하여 가능한 한 다수의 고객을 유치하려는 전략으로 시장세분화의 필요성이 없게 된다.
④ 마이크로 마케팅: 상역권(商域圈) 내 소비자들의 통계적 속성과 주민들의 라이프스타일에 관한 종합적 자료를 활용하여 지역 소비자의 욕구를 충족시켜 나가는 마케팅 기법이다.

정답 ①

| 실제 기출 | 발문 보기

• 2개 혹은 그 이상의 세분시장을 표적시장으로 선정하고 각각의 세분시장에 적합한 제품과 마케팅 프로그램을 개발하여 공급하는 전략은?

53 시장 공략 전략의 유형

① **내부 마케팅**: 고객을 넓은 의미에서 해석하여 회사의 종업원도 내부 고객으로 분류하고, 종업원에게 마케팅을 전개한다. 종업원들의 요구와 욕구를 충족시킴으로써 종업원의 의욕과 애사심을 고취시켜 기업의 목표가 효과적으로 달성되고 나아가 외부 고객인 일반 소비자의 만족으로도 이어지도록 하는 마케팅이다.
② **니치 마케팅**: 니치란 틈새를 의미하는 말로, 남이 모르는 좋은 낚시터라는 뜻을 가지고 있다. 기존 시장의 진입이 어렵거나 수익성 개선을 위하여 기존의 시장과는 다른 시장에 진입하는 것을 말한다. 세분시장을 더욱 작게 세분화함으로써 다른 제품들로는 그 욕구가 충족되지 않은 소수의 소비자들을 표적으로 한다.
③ **대량(매스) 마케팅**: 판매업자가 모든 구매자를 대상으로 하나의 제품을 대량 생산하여 대량 유통하고, 대량 촉진하는 형태이다. 하나의 회사가 한 제품에 대하여 전체 시장을 대상으로 대량 마케팅을 하는 이유는 최소의 원가와 가격으로 최대의 잠재 시장을 창출해 낼 수 있기 때문이다. 고객 욕구의 차이점보다는 공통점에 초점을 맞춘다.
④ **데이터베이스 마케팅** 중요 : 발달된 정보기술을 이용하여 다양한 고객 정보를 효과적으로 획득하고 분석하며 신규 고객의 확보보다는 이탈 방지, 즉 고객 유지에 비중을 두는 마케팅이다. 데이터베이스는 고객의 개인별 특성을 담고 있어야 한다.
⑤ **디(역) 마케팅** 중요 : 하나의 제품이나 서비스에 대한 수요를 일시적이나 영구적으로 감소시키는 마케팅이다.

⑥ 바이러스 마케팅 중요 : 구전효과를 이용한 판촉 기법으로 인터넷 이용자들 사이에 확산효과를 노린 마케팅이다. 어떤 회사나 그 회사의 제품에 관한 홍보를 소비자들의 입을 빌어 구전하는 원리를 이용한 방식이다.
⑦ 심비오틱 마케팅 중요 : 2개 이상의 독립된 기업이 제품 개발, 시장 개척, 경로 개발, 판매원 등의 마케팅 계획과 자원을 공동으로 추진하고 활용하는 마케팅이다. 기업이 개별적으로 하기 어려운 것을 공동으로 하는 데서 이익을 얻고 마케팅 문제를 보다 쉽게 해결하며, 마케팅관리를 효율적으로 수행할 수 있다.
⑧ 유지 마케팅: 기존 고객의 이탈을 방지하고 제품이용도를 제고하고자 이탈 고객을 대상으로 거래단절의 원인을 조사하여 이에 대한 대책을 수립하는 마케팅이다.
⑨ 퍼미션 마케팅: 고객 자신이 스스로 구매정보를 수집하고자 커뮤니티에 가입하거나 회원으로 가입하여 개인정보를 허락함으로써 관심을 갖게 되는 마케팅이다.
⑩ 표적 마케팅
　㉠ 불특정 다수가 아닌 특정 고객을 대상으로 마케팅 활동을 벌이는 마케팅이다.
　㉡ 전략의 순서: 시장세분화 단계 → 시장보완 전략 개발단계 → 표적시장 계획단계 → 시장차별화 수행단계 → 시장목표 실현단계

대표 기출문제

다음 중 전체시장을 대상으로 하지 않고 소비자 특성에 맞게 세분화한 소비자 집단만의 욕구에 대응하는 마케팅 방법은?

① 대중 마케팅(Mass marketing)
② 표적 마케팅(Target marketing)
③ 일반 마케팅(General marketing)
④ 스폰서십 마케팅(Sponsorship marketing)

해설 ① 대중 마케팅: 판매업자가 모든 구매자를 대상으로 하나의 제품을 대량 생산하여 대량 유통하고, 대량 촉진하는 형태의 마케팅이다.
③ 일반 마케팅: 고객 범위가 불특정 다수이며, 대중 매체를 중심으로 이루어진다. 일방적인 마케팅 활동을 하는 데 반해, 마케팅 활동 노출 정도가 높다.
④ 스폰서십 마케팅: 스포츠를 이용한 마케팅이다. 기업이 현금, 물품, 노하우나 조직적 서비스를 제공해 운동선수나 팀·연맹·협회·스포츠 행사를 지원하는 활동 속에서 마케팅 커뮤니케이션의 다양한 목표를 달성하는 활동이다.

정답 ②

실제 기출 발문 보기

- 다음 중 전체시장을 대상으로 하지 않고 소비자 특성에 맞게 세분화한 소비자 집단만의 욕구에 대응하는 마케팅 방법은?
- 세분시장을 더욱 작게 세분화함으로써 다른 제품들로는 그 욕구가 충족되지 않은 소수의 소비자들을 표적으로 하는 마케팅은?
- 구전효과를 이용한 판촉 기법으로 인터넷 이용자들 사이에 확산효과를 노린 마케팅 기법은?

54 포지셔닝

① 기업이 시장세분화를 기초로 하여 시장, 고객, 경쟁사를 분석한 결과를 바탕으로 전략적 위치를 계획하는 것이다.
② 경영자에게 신제품 개발이나 광고 활동에서의 방향성을 제시해 줄 수 있다.
③ 목표시장(표적시장)에서 차별적 위치를 차지하기 위해 자사 제품이나 기업의 이미지를 설계하는 행위이다.
④ 포지셔닝에서 활용되는 '차별점(POD)'은 소비자들이 특정 브랜드와 관련하여 연상하는 차별적인 긍정적 속성이나 편익을 말한다.
⑤ 성공적 차별화를 위해서는 전달성, 선점성, 가격적절성, 수익성 등을 고려해야 한다.

대표 기출문제

제품 포지셔닝(Positioning)에 대한 설명으로 틀린 것은?

① 한번 정한 포지셔닝은 바꿀 수 없다.
② 포지셔닝 맵을 사용하여 분석할 수 있다.
③ 경영자에게 신제품 개발이나 광고 활동에서의 방향성을 제시해 줄 수 있다.
④ 기업이 시장세분화를 기초로 정해진 표적시장 내 고객들의 마음속에 전략적 위치를 계획하는 것을 말한다.

해설 기업은 소비자 욕구의 변화, 상권 내 역학 구조의 변화 등에 맞춰서 상권의 범위와 내용, 목표 소비자를 새롭게 조정할 수 있다.

정답 ①

실제 기출 | 발문 보기

- 특정 기업이 자사 제품을 경쟁 제품과 비교하여 유리하고 독특한 위치를 차지하도록 하는 마케팅 전략은?
- 소비자에 의하여 자사의 제품 특성이 정의되는 것을 의미하며, 경쟁 브랜드에 비하여 차별적으로 받아들일 수 있도록 고객들의 마음속에 위치시키는 노력을 의미하는 것은?
- 기업이 시장세분화를 기초로 정해진 표적시장 내 고객들의 마음속에 시장 분석, 고객 분석, 경쟁 분석 등을 기초로 하여 전략적 위치를 계획하는 것은?

---

55 포지셔닝 전략의 유형

① **가격과 제품 속성에 의한 포지셔닝**: 어떤 제품을 속성, 특징이나 고객의 편익, 경제성과 관련짓는 것으로 가장 자주 사용되는 포지셔닝 방법이다.
② **이미지 포지셔닝**: 제품의 추상적인 편익으로써 소구하는 포지셔닝 방법이다.
   예 보석, 고급 브랜드의 의류, 구두, 화장품 등
③ **사용 상황에 따른 포지셔닝**: 제품이 적절히 사용될 수 있는 상황을 묘사함으로써 포지셔닝하는 방법이다.
   예 이온음료, 특정 기능을 강조하고자 하는 제품군
④ **제품 사용자에 의한 포지셔닝**: 목표시장 내의 전형적 소비자를 겨냥하여 자사 제품이 그들에게 적절한 제품이라고 소구하는 방법이다.

⑤ 경쟁 제품에 의한 포지셔닝: 소비자의 지각 속에 자리 잡고 있는 경쟁 제품과 묵시적으로 비교함으로써 자기 제품의 편익을 부각하려는 방법이다.

> **실제 기출 발문 보기**
>
> • 자사 브랜드를 명시적 혹은 묵시적으로 타사 브랜드와 비교하는 비교 광고를 함으로써 자사의 브랜드를 부각시키는 포지셔닝 방법은?

56 포지셔닝 전략의 수립 절차

① 시장 분석(소비자 분석 및 경쟁자 확인): 목표시장 내 소비자를 분석하고 확인한다.
② 경쟁 제품의 포지션 분석: 경쟁 상표들의 이미지와 장단점을 파악한다.
③ 자사 제품의 포지셔닝 개발: 자사 제품의 시장 내 위치를 분석한다.
  ㉠ 경쟁자 대비 경쟁적 강점 파악

제품 차별화	• 제품의 물리적 속성들 중에서 차별점 모색 • 제품의 유형적 속성, 가격, 디자인 등에서의 우수한 요인 파악
서비스 차별화	• 제품 차별화가 어려운 경우 부가적 서비스에서의 차별점 모색
인적 차별화	• 기업구성원들의 능력이나 친절도 등에서의 차별점 모색
이미지 차별화	• 동일한 제품이더라도 이미지가 다른 경우 다른 제품으로 인식

  ㉡ 최적의 경쟁 우위 선택: 어떤 경쟁적 우위점을 선택할 것인지, 몇 개의 우위점을 가지고 차별적 포지셔닝을 할 것인지를 결정한다.
  ㉢ 선택한 포지션 전달: 표적 소비자들에게 포지션이 될 수 있도록 차별점을 전달한다.
④ 포지셔닝의 확인 및 재포지셔닝

> **실제 기출 발문 보기**
>
> • 포지셔닝(Positioning) 전략의 수립 절차로 옳은 것은?

57 포지셔닝 전략을 개발하기 위한 분석 정보

① 시장 분석
  ㉠ 소비자 욕구 및 요구
  ㉡ 현재 충족되지 않은 욕구(편익)
  ㉢ 시장 내 수요의 전반적인 수준 및 추세
  ㉣ 세분시장의 크기와 잠재력
  ㉤ 시장 내 소비자의 분포(지리적 특성 등)
  ㉥ 경쟁자 규명

ⓐ 직접적인 경쟁 제품과 향후 진입 예정인 경쟁사
② 경쟁 제품의 포지션 분석
　㉠ 경쟁사의 브랜드 이미지
　㉡ 경쟁사의 상대적인 위치
　㉢ 시장 점유율
③ 자사 제품에 대한 분석(기업 내부 분석)
　㉠ 현재 포지션의 장단점과 문제점
　㉡ 경쟁 우위선점 요소
　㉢ 경쟁력 강화 방안
　㉣ 인적 자원, 기술상의 노하우, 기업의 성장률 등

> **대표 기출문제**
>
> 포지셔닝 전략을 개발하기 위한 경쟁사 및 경쟁 제품의 분석 정보에 해당되는 것은?
>
> ① 성장률
> ② 인적 자원
> ③ 시장 점유율
> ④ 기술상의 노하우
>
> **해설** 포지셔닝 전략을 개발하기 위해서는 기본적으로 시장 분석, 기업 내부 분석, 경쟁 제품 분석이 필요하다. 시장 점유율은 경쟁 제품 분석에 해당하고, 성장률·인적 자원·기술상의 노하우는 기업 내부 분석에 해당한다.
>
> **정답** ③

58 포지셔닝 맵

① 소비자의 마음속에 있는 자사 제품과 경쟁회사 제품들의 위치를 2차원 또는 3차원의 도면으로 작성한 것이다.
② 크게 제품 위주의 포지셔닝 맵과 소비자의 지각을 통해 작성하는 인지도가 있다.

| 대표 기출문제 |

다음과 같이 시장 내 여러 경쟁 상표를 분석하여 하나의 도표로 나타낸 것은?

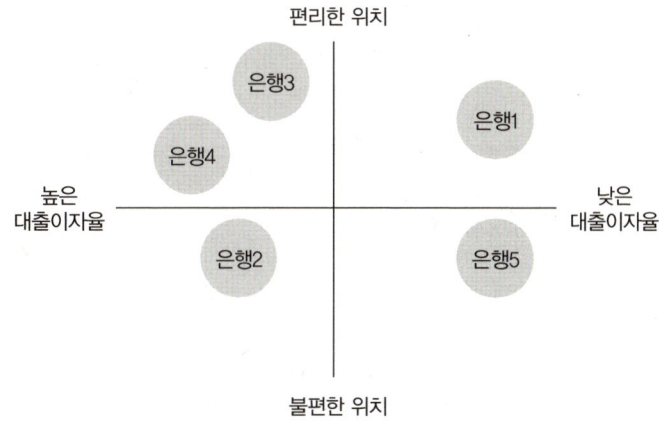

① 로드맵
② 횡단조사표
③ 종단조사표
④ 포지셔닝 맵

해설 포지셔닝 맵
- 기업이 시장세분화를 기초로 한 시장 분석, 고객 분석, 경쟁 제품 분석 등을 바탕으로 전략적 위치를 계획하는 것이다.
- 타깃으로 정한 고객이 제품을 구입할 때 무엇을 중요시하는지 2가지를 선정하여, 그것을 축으로 각 제품의 시장 위치나 기업의 영역을 도면으로 작성한 것이다.

정답 ④

59 재포지셔닝

① **개념**: 소비자 욕구의 변화, 상권 내 역학 구조의 변화, 소매 기업 내 각종 상황의 변화 등의 요인에 의하여 그동안 유지해 왔던 마케팅믹스 및 영업 방법상의 특징을 본질적으로 변화시킴으로써 상권의 범위와 내용, 목표 소비자를 새롭게 조정하는 활동이다.

② **재포지셔닝을 검토하는 경우** 중요
　㉠ 경쟁자의 진입으로 시장 내의 차별적 우위 유지가 힘들어진 경우
　㉡ 기존의 포지션이 진부해져 매력을 상실했을 경우
　㉢ 판매 침체로 기존 제품의 매출이 감소되었을 경우
　㉣ 소비자의 취향이나 욕구가 변화한 경우
　㉤ 시장에서의 위치 등 경쟁 상황의 변화로 전략의 수정이 필요한 경우
　㉥ 유망한 새로운 시장 적소나 기회를 발견한 경우

기출 PLUS | OX QUIZ

1. 재포지셔닝은 지금까지 유지되어 온 현재의 위치를 고수하면서 새로운 포지션을 찾아가는 방법이다. O | X
2. 경쟁자의 진입으로 시장 내의 차별적 우위 유지가 힘들어진 경우 재포지셔닝으로 고려한다. O | X
3. 기존의 포지션이 진부해져 매력이 상실되었을 때 재포지셔닝으로 고려한다. O | X

정답 1. ✕ 2. ○ 3. ○

실제 기출 | 발문 보기

- 재포지셔닝(Repositioning)에 관한 설명으로 틀린 것은?
- 재포지셔닝이 필요한 상황과 가장 거리가 먼 것은?

60 단호한 유형의 고객과의 상담

① 고객의 특징
  ㉠ 승부욕이 강하다.
  ㉡ 성격이 급하고 행동이나 생각이 빠르다.
  ㉢ 자기주장이 강한 편이다.
  ㉣ 결과 중심적이며, 빠른 결과와 즉각적인 욕구 충족을 원한다.
  ㉤ 자신감이 강하고, 경우에 따라서는 거만하게 보인다.
  ㉥ 대답이 짧고 직선적인 표현을 사용한다.
  ㉦ 듣기보다 말하기를 좋아하고, 토론을 좋아한다.
  ㉧ 권위적으로 보이길 원하고, 권력을 내세우고자 상징을 활용하는 것을 좋아한다.

② 상담 기술
  ㉠ 고객의 빠른 니즈 파악이 중요하다. 무엇을 원하는지, 무엇이 그들을 자극하고 동기화시키는지 발견하고 통제하여야 하며, 고객의 니즈에 초점을 맞춘다.
  ㉡ 변명은 절대 하지 말아야 하며, 결과 중심적으로 설명을 간결하게 해결안을 제시한다.
  ㉢ 고객 질문에 간결하고, 직접적으로 대답한다.
  ㉣ 상담 목표를 염두해 두고 똑바로 상담을 진행해야 하며 시간을 절약할 수 있도록 의식한다.
  ㉤ 대안제시 시 너무 많은 대안을 제공하지 않도록 주의한다.
  ㉥ 말하기를 좋아하는 고객이므로 충분히 말할 수 있도록 기회를 제공한다.
  ㉦ 고객과 상담 전에 정보와 필요한 양식, 세부적인 사항 등을 준비한다.
  ㉧ 근거가 있는 대안을 제공하고 특히 해결안이 고객의 돈과 시간, 노력에 어떤 영향을 끼치는지 설명한다.

> **실제 기출** **발문 보기**
> - 다음 중 단호한 성향을 가진 고객의 특징이 아닌 것은?
> - 단호한 행동 스타일을 가진 고객과 상담할 때 적합한 상담 기술이 아닌 것은?

61 호기심이 많은 유형의 고객과의 상담

① 고객의 특징
  ㉠ 자신의 감정 표현이 거의 없다.
  ㉡ 대면이나 전화 같은 직접적인 접촉보다는 메신저, 우편, 이메일 같은 매체를 통한 간접적 교류를 선호한다.
  ㉢ 이름보다는 직업과 관련된 상징적인 칭호를 선호한다.
  ㉣ 업무 처리와 관련 있는 질문을 구체적으로 하는 편이다.
  ㉤ 질문에 대한 명확한 답을 얻고자 하는 경우 긴 대화를 필요로 한다.
  ㉥ 자신의 주장을 관철시키기 위해 날짜, 시간, 객관적 사실 정보를 많이 언급한다.
  ㉦ 시간 약속을 매우 중요하게 생각한다.

② 상담 기술
  ㉠ 정확성과 효율성을 중요하게 생각하는 고객이므로 제품이나 서비스가 제공되는 단계, 과정, 상세 내용 등의 개요를 구체적으로 제시해야 하며, 고객의 욕구에 초점을 맞춘다.
  ㉡ 감정에 대한 호소보다 사실과 증거를 기반으로 하는 상담을 한다.
  ㉢ 정중하고 사무적인 매너로 접촉하며, 특히 호칭 사용 시 고객의 직위와 관련이 있는 정확한 호칭을 사용한다.
  ㉣ 미리 고객 정보를 파악하고 세부 사항을 미리 준비하여 대응한다.

> **실제 기출** **발문 보기**
> - 호기심 많은 행동 스타일의 소비자 상담 전략 중 틀린 것은?

62 합리적인 유형의 고객과의 상담

① 고객의 특징
  ㉠ 화가 나는 상황에도 불평 없이 한참 동안 기다린다.
  ㉡ 관계 중심적인 1:1 또는 소규모 집단을 선호한다.
  ㉢ 자신의 의견을 말하기보다는 주로 듣고 관찰하며, 질문을 한다.
  ㉣ 자신의 질문에 대한 구체적이고 완전한 설명을 원한다.
  ㉤ 자신의 상황에 타인이 관심 갖는 것을 싫어한다.
  ㉥ 경직되어 있는 분위기보다는 편안한 분위기에서 상담하길 원한다.
  ㉦ 갈등 상황을 회피하고 화를 내지 않는다.

② 상담 기술
  ㉠ 안정감을 중요시하는 고객이므로, 안전하고 호감을 줄 수 있는 상담으로 고객 니즈에 초점을 맞춘다.
  ㉡ 제품이나 서비스를 권유할 때 신중하게 설명한다.
  ㉢ 정보를 논리적인 연속성이 있도록 준비하여 자료를 제공한다.
  ㉣ 고객의 의견과 관심 내용에 진심으로 주의를 기울인다.
  ㉤ 제품과 서비스가 고객의 관계와 시스템의 단순화에 도움을 주는 내용을 중심으로 설명한다.
  ㉥ 안정감을 중요시하는 고객으로 보증, 보장, 이용 가능한 지원시스템을 설명한다.
  ㉦ 의견을 존중하는 사람과 같이 확인해 보도록 권유한다.
  ㉧ 의사표현을 간략하게 하므로 정보를 이끌어내기 위해 개방형 질문을 사용한다.

> **실제 기출** 발문 보기
> • 합리적인 행동 스타일을 가진 고객을 상담할 때 가장 적합한 상담 기술은?

63 표현적인 유형의 고객과의 상담

① 고객의 특징
  ㉠ 사람들과 관계 맺을 수 있는 교류 방법 또는 기회를 찾는다.
  ㉡ 활발하게 사람을 대하며, 말할 때 제스처가 큰 편이다.
  ㉢ 말하기를 좋아한다.
  ㉣ 미소를 띠며 타인에게 개방적인 몸짓을 사용한다.
  ㉤ 말할 때 가깝게 접근하려 하며, 스킨십을 좋아한다.
  ㉥ 친근감 있고 긍정적인 태도를 보여준다.

② 상담 기술
  ㉠ 고객의 감정에 호소한다.
  ㉡ 고객의 욕구가 선호되고 받아들여지는 것에 초점을 맞춘다.
  ㉢ 고객의 이야기를 듣고 자신의 이야기를 재미있게 한다.
  ㉣ 고객에게 질문한다. 예 "이 제품이나 서비스를 어떤 면에서 좋아하시는지요?"
  ㉤ 고객의 생각을 인정하고 긍정적인 피드백을 한다.
  ㉥ 제품의 세부 사항은 최소한으로 제공한다.
  ㉦ 개방형 질문으로 친숙하게 접근한다.
  ㉧ 제품이나 서비스가 어떻게 고객의 목표나 욕구를 충족시켜 줄 수 있는지 이해시킨다.
  ㉨ 의사결정을 촉진할 혜택을 제공한다.

대표 기출문제

다음 중 표현이 적극적인 행동 스타일을 가진 고객 응대 스킬로 가장 거리가 먼 것은?

① 고객의 욕구가 받아들여지고 있다는 것에 초점을 맞추어 상담을 한다.
② 논리적으로 대화를 전개하고 원칙과 사실 중심으로 대화를 전개한다.
③ 이야기에 보조를 맞추며, 필요시 맞장구를 친다.
④ 고객이 먼저 요청하지 않는 한, 제품의 세부사항은 최소한으로 제공한다.

해설 '논리적으로 대화를 전개하고 원칙과 사실을 중심으로 대화를 전개한다.'에 적합한 고객은 합리적인 행동 스타일을 가진 고객이다. 합리적인 행동 스타일을 가진 고객은 질문에 대한 구체적이고 완전한 설명을 추구하므로, 정보를 논리적 연속성을 갖도록 조직화하고 배경 자료를 제공하는 것이 좋다.

정답 ②

제4과목 조직운영 및 성과관리

☑ 눈여겨볼 키워드

빈출 키워드	문항 내용
콜센터	개념, 조직의 특성, 발전 방향과 역할 변화, 콜센터 문화에 영향을 미치는 요인, 상담원 교육
인적 자원	OJT의 장단점, 인적 자원 개발의 역할 연기, OJT의 실시 시기, OJT에서 지켜야 할 원칙, 개인성과 평가, Off JT 장점, 인적 자원 관리의 개념과 목적
텔레마케팅	개념과 특성, 구성 요소, 사용분야
리더십	행동주의 이론, 특성론적 이론, 피들러의 상황이론, 허시와 블랜차드의 부하 성숙도 이론, 하우스의 경로–목표 이론
조직문화	조직의 구성과 특성, 조직관리의 목적, 조직화, 조직갈등

1 텔레마케팅

① 개념
- ㉠ 시간, 공간, 거리의 장벽을 해소할 수 있다.
- ㉡ 훈련받은 인적 자원에 의해 이루어지는 쌍방향 커뮤니케이션 마케팅으로, 고객의 반응을 즉각적으로 알 수 있고 인간적 관계가 형성될 수 있다.
- ㉢ 계획되고 조직·관리된 마케팅 프로그램의 일종으로, 구성 요소가 유기적으로 결합된 시스템에 의해 움직인다.
- ㉣ 정보통신기술 및 각종 통신수단을 활용하여 고객과 직접 관계를 형성하는 적극적이고 역동적인 종합적 마케팅이다.
- ㉤ 고객과 1:1 커뮤니케이션을 통해 이루어지며, 대중보다 개인에 중심을 둔 마케팅이다.
- ㉥ 즉시성과 인격성이 있으며, 효과적인 정보 제공 및 고객 관계 구축이 가능하다.
- ㉦ 기업의 마케팅 활동에 다양하게 사용될 수 있으며, 기업을 정보창조 조직으로 변모시킨다.
- ㉧ 데이터베이스와 결합된 정보통신기술을 이용하여 비즈니스 제품과 서비스를 촉진시킨다.
- ㉨ 데이터베이스 마케팅 기법을 응용하여 마케팅을 전략적으로 활용할 수 있다.
- ㉩ 고객의 생애 가치를 존중하며, 고객의 미래 가치까지 고려한다.
- ㉪ 전화와 자동응답장치, FAX, PC 통신, 인터넷 등의 다른 미디어와 결합하여 24시간, 365일 연중무휴로 영업시간을 확장할 수 있다.
- ㉫ 텔레마케팅은 고객관계관리(CRM), 컴퓨터통신통합시스템(CTI) 등의 출현으로 그 개념이 더욱 확대되고 있다.

② 구성 요소
- ㉠ 센터
- ㉡ 스크립트
- ㉢ 데이터베이스
- ㉣ 텔레마케팅 운용 요원

대표 기출문제

텔레마케팅의 특성을 가장 잘 설명한 것은?

① 다양한 정보를 효과적으로 제공할 수는 있으나 고객 정보 수집은 불가능하다.
② 텔레마케팅은 전화매체를 통한 커뮤니케이션 활동이므로 상담원보다 시스템이 더욱 중요하다.
③ 즉시성과 인격성이 있으며, 효과적인 정보제공, 고객관계 구축이 가능하다.
④ 텔레마케팅은 데이터베이스 마케팅을 지향하므로 시·공간적 제약이 많다.

해설 텔레마케팅은 즉시성과 인격성이 있으며, 효과적인 정보 제공, 고객관계 구축이 가능하다. 텔레마케팅을 통해 고객 정보를 수집할 수 있으며, 텔레마케팅에 있어서 가장 중요한 요소는 상담원이다. 또한 텔레마케팅은 정보통신 기술 및 각종 통신수단을 활용하여 시간, 공간의 장벽을 해소할 수 있다.

정답 ③

대표 기출문제

텔레마케팅의 구성 요소에 해당하지 않는 것은?

① 고객(Customer)
② 스크립트(Script)
③ 콜센터(Call center)
④ 데이터베이스(Database)

해설 텔레마케팅의 구성 요소
콜센터(Call center), 텔레마케팅 운용요원(텔레마케터, 관리자, 총책임자), 스크립트(Script), 데이터베이스(Database)

정답 ①

실제 기출 발문 보기

- 텔레마케팅에 관한 설명 중 틀린 것은?
- 텔레마케팅의 특성으로 옳지 않은 것은?
- 텔레마케팅에 대한 개념을 설명한 것으로 옳지 않은 것은?
- 다음 중 텔레마케팅을 구성하는 요소와 가장 거리가 먼 것은?

2 텔레마케팅의 분류

① 착·발신 주체에 따른 분류
  ㉠ 인바운드 텔레마케팅
   • 고객이 능동적으로 기업의 광고나 우편에 직접 반응하며 기업에 전화를 걸어 마케팅 활동이 일어나는 것을 말한다.
   • 고객이나 잠재 고객으로부터 걸려 오는 전화를 응대하는 것으로, 카탈로그를 통한 통신 판매의 전화 접수, 광고의 반응, 각종 문의, 불만 사항 대응 등이 주된 업무이다.
  ㉡ 아웃바운드 텔레마케팅
   • 텔레마케팅 운용 주체가 외부의 잠재 고객 및 기존의 고객에게 전화를 거는 것이다.
   • 수신 전화에 비해 복잡하고 관리하기가 어려우며, 효율적인 수행을 위하여 전문적인 텔레마케터와 관리자가 필요하다.
   • 성공 요인
     - 텔레마케팅의 성공 여부는 정확한 데이터와 리스트에 있다.
     - 대중매체와 결합했을 때 시너지 효과를 얻는다.
     - 콜 자동 처리 시스템을 구축하는 사무 환경이 필요하다.

② 대상(고객 유형)에 따른 분류
  ㉠ B to C 텔레마케팅(소비자 텔레마케팅, Business to Consumer telemarketing)
   • 일반 소비자를 대상으로 한다.
   • 제품·서비스의 판매촉진, 고객 서비스의 향상, 소비자 동향 조사, 자료 수집 등을 목적으로 한다.
  ㉡ B to B 텔레마케팅(기업 텔레마케팅, Business to Business telemarketing)
   • 기업체를 대상으로 한다.
   • 제품·서비스를 효율적으로 판매하거나 판매 경로와 상권 확대를 도모하고 기업 간의 여러 가지 수·발주 업무의 원활한 처리를 위해 전화를 조직적으로 이용하는 것이다.

③ 수행 주체(운영 방법)에 따른 분류
  ㉠ In-house telemarketing(자체 운영)
   • 기업 내에 텔레마케팅 센터를 설치하여 이곳에서 기업의 모든 텔레마케팅 활동을 계획하고 실행하며 통제한다.
   • 기업의 입장에서 고객의 반응을 여과 기능 없이 바로 파악하여 융통성을 갖고 대응할 수 있다는 점이 최대의 장점이다.
   • 비용 측면에서 막대한 고정 투자비가 소요되므로 이를 감당할 수 있어야 하고 센터에 할당되는 작업량이 충분하여야 하며 안정적으로 공급되어야 한다.
   • 자체 운영이 적합한 경우
     - 자체적으로 콜센터 장비와 전문 상담사를 보유한 경우
     - 전문 노하우를 구축하고자 하는 경우
     - 고객 정보의 외부 유출을 방지하고자 하는 경우
     - 고객에게 즉각적인 반응과 해결책을 주어야 하는 경우
     - 텔레마케팅을 장기적·정기적으로 운영하고자 할 경우

ⓒ Agency telemarketing(대행 운영)
- 전문적인 텔레마케팅 용역업체에 위탁하는 것으로 텔레마케팅 활동의 전문성을 최대한 이용할 수 있는 점이 가장 큰 장점이다.
- 비용 측면에서 초기 투자비가 상대적으로 적게 든다.
- 짧은 기간 동안 많은 고객을 접촉해야 하는 기업과 판매 후 지원 시스템을 운용해야 하는 기업이 채택하는 것이 바람직하다.
- 대행사를 선택할 경우 대행사 선택 기준을 확립하고 대행 요구 결정 기준을 수립하여 협상하여야 한다.
- 대행 운영이 적합한 경우
  - 대행업체가 전문적인 노하우를 구축하고 있는 경우
  - 자체적으로 전문 인력이 부족한 경우
  - 대행업체에 위탁할 때 성과가 더 높다고 판단되는 경우
  - 업무량이 과포화 상태인 경우
  - 비정기적이고, 단기적인 캠페인성 업무를 진행하고자 하는 경우

| 대표 기출문제 |

텔레마케팅의 분류에 관한 설명으로 적합하지 않은 것은?

① 발신 주체에 따라 인바운드와 아웃바운드 텔레마케팅으로 구분할 수 있다.
② 운영 주체에 따라 인하우스와 에이전시 텔레마케팅으로 구분할 수 있다.
③ 활동장소에 따라 기업 간과 소비자 텔레마케팅으로 구분할 수 있다.
④ 고객 유형에 따라 B2B와 B2C 텔레마케팅으로 구분할 수 있다.

해설 기업 간(B2B) 텔레마케팅과 소비자(B2C) 텔레마케팅은 고객 유형에 따른 분류이다.

정답 ③

| 대표 기출문제 |

다음 중 인하우스 텔레마케팅(In-house telemarketing)에 대한 설명으로 가장 옳은 것은?

① 소비자를 대상으로 텔레마케팅 활동을 하는 것이다.
② 기업을 소구대상으로 하여 텔레마케팅 활동을 하는 것이다.
③ 자체적으로 텔레마케팅센터를 설치하여 텔레마케팅 활동을 하는 것이다.
④ 텔레마케팅 경험이 없는 경우에 외부에 위탁하여 텔레마케팅 활동을 하는 것이다.

해설 인하우스 텔레마케팅(In-house telemarketing)은 기업 내에 텔레마케팅센터를 설치하여 이곳에서 기업의 모든 텔레마케팅 활동을 계획하고 실행하며 통제하는 것으로, 고객의 반응을 바로 파악하여 융통성을 가지고 대응할 수 있다.
①은 B to C 텔레마케팅(소비자 텔레마케팅), ②는 B to B 텔레마케팅(기업 텔레마케팅), ④는 에이전시 텔레마케팅(Agency telemarketing)에 대한 설명이다.

정답 ③

기출 PLUS OX QUIZ

1. 인하우스 텔레마케팅(In-house telemarketing)은 고정비 부담을 줄일 수 있다. O | X
2. 인하우스 텔레마케팅(In-house telemarketing)은 고객을 리드하며 마케팅 활동을 수행할 수 있다. O | X
3. 인하우스 텔레마케팅(In-house telemarketing)은 고객이나 잠재 고객이 요구하는 정보나 질문에 즉시 응답할 수 없다. O | X

정답 1. ×   2. ○   3. ×

실제 기출 발문 보기

- 일반적인 텔레마케팅의 분류에 해당하지 않는 것은?
- 다음에서 설명하고 있는 텔레마케팅의 유형과 대상의 관계가 올바르게 나열된 것은?
- 아웃바운드 텔레마케팅의 성공 요인에 관한 설명으로 옳지 않은 것은?

3 콜센터의 개념

① 전략 기지로서의 역할을 한다. 이는 고객과 가장 가깝게 위치하고 있으며 상담원의 역할에 따라 기업 전체의 매출 증대에 큰 영향을 주기 때문이다.
② 고객에 대한 최고의 서비스는 매출 증대라는 결과를 만들어 낸다.
③ 기업의 마케팅 정보 창고이다. 기업의 활동 전반을 점검하며, 이것이 콜센터에서 얻어지는 최대의 정보이다.
④ 많은 기업체에서 콜센터 구축에 투자하는 이유도 콜센터의 역할이 외부 환경의 변화와 함께 그 중요성이 강조되기 때문이다.
⑤ 현대 기업에서의 마케팅 전략이 고객 지향적이라면 그 마케팅의 중심에 있는 것이 콜센터이다.
⑥ 기업과 고객 간에 정보통신 수단을 통한 커뮤니케이션 접촉이 이루어지는 곳이다.
⑦ 텔레마케팅과 커뮤니케이션이 결합되어 전문 상담이 이루어지는 고객 지향적 조직이라고 볼 수 있다.
⑧ 콜센터는 크게 인바운드형 콜 처리 업무와 아웃바운드형 콜 처리 업무로 이루어진다.

기출 PLUS OX QUIZ

1. 콜센터는 고객의 니즈를 파악하고 대응하는 고객상황 대응센터이다. O | X
2. 콜센터는 신규 고객만을 중심으로 관계개선 센터 역할을 한다. O | X

정답 1. ○   2. ×

4 콜센터 조직의 특성

① 고객과 1:1 비대면 접촉이 일반화된 조직이다.
② 타 부서와의 연계성이 높다.
③ 성과 분석이 실시간으로 가능하다.

④ 정보와 커뮤니케이션을 매개로 한다.
⑤ 인력의 전문성 및 상황의 다양성, 집중성, 즉시성을 요구한다.
⑥ 다양한 기술의 통합을 위한 관리가 필요하다.
⑦ 가치를 극대화하기 위한 고객의 행동 분석이 이루어진다.
⑧ 국내의 콜센터 조직은 점차 대형화, 전문화, 시스템화되는 추세이다.
⑨ 반복되는 업무로 매너리즘에 빠지기 쉽다.
⑩ 파견 근무 형태에 따라 상담원들의 소속감 결여가 많다.
⑪ 상담원 개인에 따라 직업에 대한 직무 만족도 편차가 심하다.
⑫ 직업에 대한 만족감, 적극성, 고객 응대 수준 등 상담원의 개인 차이가 있는 조직이다.
⑬ 정규직과 비정규직 간 혹은 상담원 간에 보이지 않는 커뮤니케이션 장벽 등이 발생할 확률이 높다.

대표 기출문제

다음 중 콜센터 조직의 특성이 아닌 것은?

① 고객 지향적 조직이다.
② 고객과 간접적으로 접촉하는 조직이다.
③ 정보와 커뮤니케이션을 매개로 하는 조직이다.
④ 상황의 다양성, 집중성, 즉시성을 요구하는 대응조직이다.

해설 콜센터는 고객과 1:1로 직접 접촉하는 조직이다.

정답 ②

5 콜센터 조직의 안정화를 도모하기 위한 방안

① 각 계층(상담원, 수퍼바이저, 매니저 등) 간의 소통장벽을 제거한다.
② 텔레마케터의 현실적인 능력을 감안한 단계적인 생산지표를 설정하고 관리한다.
③ 보다 안정적인 근로 조건을 갖추어 텔레마케터의 의욕을 고취시킨다.

기출 PLUS OX QUIZ

1. 콜센터 조직을 안정시키기 위해서는 인력의 교체를 자주하여 전문화를 도모한다. O | X
2. 콜센터 조직을 안정시키기 위해서는 콜센터 심리공황의 임시적 방지책을 강구한다. O | X

정답 1. ✕ 2. ✕

실제 기출 발문 보기

• 콜센터 조직의 안정화와 거리가 먼 것은?

6 콜센터의 조직 구성원

① **텔레마케터**: 텔레마케팅의 실무자로서 고객관리 및 고객 유치에 관련되는 일련의 고객 상담 업무를 수행한다.
  ㉠ 형태: 아웃바운드와 인바운드
  ㉡ 텔레마케터의 교육 내용: 힘차고 자신감 있는 목소리, 긍정적이고 적극적인 사고 함양, 인내심, 철저한 시간관리 능력, 문제해결 능력(상황 대응 능력), 확고한 목표 의식, 정확한 발음과 구술 능력, 경제·시사 상식, 제품·서비스 지식 등

② **유니트 리더(Unit leader)**
  ㉠ 텔레마케터 10여 명 정도 소단위의 리더로서 업무를 수행한다.
  ㉡ 일반 텔레마케터와 함께 고객 상담 업무를 수행한다.
  ㉢ 텔레마케터를 교육하고 모니터링한다.
  ㉣ 문의 사항을 직접 처리하거나 슈퍼바이저에게 보고하여 업무를 원활하게 진행할 수 있도록 보조한다.

③ **슈퍼바이저(Supervisor)** 중요
  ㉠ 의의
    - 텔레마케팅 업무가 효율적으로 운영되도록 지휘·지도하며, 교육을 직접 담당하는 경우가 많으므로 강의 기법, 교육 매뉴얼 연구가 뛰어나야 한다.
    - 텔레마케팅 전략 수립, 텔레마케팅 판촉 전개, 스크립트 작성, 고객 리스트 정비, 운영코스트관리 등 텔레마케팅 수행의 실질적인 관리자이다.
  ㉡ 역할
    - 일반적으로 1명의 슈퍼바이저가 10~20명의 텔레마케터를 관리한다.
    - 모니터링을 통해 텔레마케터의 성과를 분석한다.
    - 텔레마케터의 능력 계발 요소를 분석한다.
    - 텔레마케터의 스케줄을 관리한다.
    - 텔레마케터들의 이직률관리 업무를 중점적으로 수행한다.
    - 텔레마케팅 스크립트의 작성 및 개선을 수행한다.
    - 현장에서 텔레마케터들에 대한 교육·코칭을 실행한다.

④ **매니저**
  ㉠ 텔레마케터를 관리(인터뷰, 상담, 인원 조정, 실적 관리)한다.
  ㉡ 고객 리스트를 수집 및 평가한다.
  ㉢ 마케팅 목표 일정을 관리한다.
  ㉣ 마케팅 예산을 수립 및 관리한다.
  ㉤ 업무 절차를 개발하고 마케팅 캠페인을 담당한다.
  ㉥ 시스템 매니저
    - 콜센터 전반의 시스템을 관리하고, 시스템 업그레이드를 실시한다.
    - 시스템의 장애를 예방하고 장애 시 신속히 복구하여야 한다.
    - 보안에 대처하여 서비스 연속성을 관리하여야 한다.

⑤ **코디네이터**
  ㉠ 여러 프로젝트에 대하여 상담, 견적서 또는 제안서 제출부터 결과 보고까지 총괄적인 역할을 수행한다.
  ㉡ 대내적 업무: 각 프로젝트의 업무 일정, 인원, 실적 등의 사항을 조정한다.
  ㉢ 대외적 업무: 각 프로젝트와 관련되는 고객과의 커뮤니케이션 및 업무를 조율한다.

⑥ QAA(Quality Assurance Analyst)
  ㉠ 텔레마케터의 상담 내용을 모니터링하고 평가하여 상담 품질을 향상시키는 업무 및 교육 지원을 담당한다.
  ㉡ 텔레마케터들의 통화 내용을 평가하고 개선점을 찾아내 개선할 수 있도록 도와준다.
  ㉢ 기본적인 자격 요건에는 업무 지식, 뛰어난 경청 능력, 태도, 기술 등이 있다.

> **대표 기출문제**
>
> 텔레마케팅 조직 구성원의 역할이 잘못 연결된 것은?
>
> ① 교육담당자 – 텔레마케터의 경력개발을 위한 교육 프로그램을 개발한다.
> ② 모니터링담당자 – 텔레마케터가 고객과 통화한 내용을 분석한다.
> ③ 시스템담당자 – 텔레마케터가 효율적으로 업무를 할 수 있도록 스크립트를 개발한다.
> ④ 슈퍼바이저 – 텔레마케터의 스케줄을 관리한다.
>
> **해설** 스크립트 개발은 슈퍼바이저의 역할이다.
>
> **정답** ③

7 콜센터 상담원 교육

① 콜센터 상담원 교육관리
  ㉠ 교육생이 이수하지 못한 교과목은 이수 예정일을 기재한다.
  ㉡ 교육생이 이수한 교과목은 이수한 날짜를 양식에 표시한다.
  ㉢ 교육과정에 참여하기로 한 직원에게는 정기적으로 (혹은 월별로) 통지서를 보낸다.
② 콜센터 신입 상담원 교육과정의 내용
  ㉠ 기초업무지식
  ㉡ 커뮤니케이션 스킬
  ㉢ 회사 전반적인 기초 사항
③ 상담사에게 필요한 동기부여의 조건
  ㉠ 칭찬과 인정
  ㉡ 자부심과 소속감
  ㉢ 업무에 몰입할 수 있는 분위기 조성

> **실제 기출** 발문 보기
>
> • 콜센터 상담원 교육관리에 대한 설명으로 틀린 것은?
> • 다음 중 콜센터 신입 상담원 교육과정의 내용으로 적절하지 않은 것은?
> • 콜센터 조직에서 상담사에게 필요한 동기부여 조건이 아닌 것은?

8 조직화

① **개념**: 조직의 목표를 달성하기 위하여 개개인이나 부문의 역할 체계를 설계하고 유지하는 것이다. 따라서 조직화에는 목표 달성을 위한 활동의 확인, 과업의 할당 및 분류, 집단행동을 통제하는 권한, 조직 단위 간의 수직적·수평적인 조정이 요구된다.

② **조직관리의 목적**
　㉠ 운영 전략과 수행 효율성의 최적화를 이룬다.
　㉡ 인적 자원의 능력에 적합한 업무수행이 가능하도록 한다.
　㉢ 충성심과 애호도를 높일 수 있도록 교육 및 훈련을 시킨다.
　㉣ 조직의 역할이 최적화될 수 있도록 구성원 간의 역할과 기능을 명확히 한다.

③ **조직관리의 기본 요소**
　㉠ 공동 목표: 조직화에는 반드시 그 조직이 달성해야 할 공동 목표가 있어야 한다.
　㉡ 분업: 조직의 목표를 달성하기 위해서는 직무의 특성에 따라 적절하게 분업을 해야 한다.
　㉢ 권한: 조직의 목표 달성을 위해 개인이나 부분이 역할을 수행하는 데 필요한 의사결정 과정에서 재량권을 행사할 수 있어야 한다.

> **실제 기출 | 발문 보기**
> • 조직관리의 목적으로 옳지 않은 것은?

9 조직화의 원칙

① **조직화의 기본 원칙 1**: 조직화의 목적과 근거에 대한 원칙
　㉠ 목표 단일성의 원칙: 목표는 조직의 활동을 집중시킬 수 있는 단일성이 있어야 한다.
　㉡ 능률성의 원칙: 비용을 최소한으로 하여 조직의 목표 달성에 공헌할 때에만 조직의 유효성이 높고 능률적이라고 할 수 있다.
　㉢ 관리 범위의 원칙(감독 한계의 원칙): 관리 범위란 한 사람의 관리자가 효과적이고 능률적으로 통제할 수 있는 부하의 수를 의미하는데, 이러한 관리 범위는 일반적으로 조직의 상위 계층에서는 4~8명, 하위 계층에서는 8~15명으로 알려져 있다.

② **조직화의 기본 원칙 2**: 조직 구조와 권한에 대한 원칙
　㉠ 계층의 원칙: 기업은 최고 경영자로부터 최하위 감독자와 작업원에 이르기까지 상호 관계의 직위로 계층을 이루고 있는데, 이렇게 구성된 계층은 가급적 단축시켜야 한다는 측면에서 계층 단축화의 원칙이라고도 한다.
　㉡ 권한 이양의 원칙(권한 위양의 원칙): 권한 이양이란 조직 계층의 상위자가 하위자에게 직무를 위임할 경우 그 직무 수행에 있어 필요한 일정한 권한도 함께 이양하는 것을 말한다. 그러나 책임은 이양할 수 없다.
　㉢ 책임과 권한의 원칙: 콜센터 내 조직원들에게 보다 명확한 업무 분장과 업무 수행에 따른 적정한 권한의 부여가 이루어져야 한다.
　㉣ 명령 일원화의 원칙: 상담원은 라인에 따라 한 사람의 상사로부터 명령이나 지시를 받아야 업무 지침의 혼란과 조직관리의 혼선을 방지할 수 있다.

③ 조직화의 기본 원칙 3: 업무 활동의 부문화에 대한 원칙
  ㉠ 분업의 원칙: 분업이란 거대한 과업을 보다 작은 단일의 직무로 분할하는 것을 의미한다.
  ㉡ 전문화의 원칙: 개개의 구성원이 단일의 전문화된 업무 활동만을 담당한다.
  ㉢ 통합과 조정의 원칙: 목적을 달성하기 위해서 직무를 분할하고, 전문화된 하위 부문의 활동과 노력을 조정·통합하는 것을 말한다.
  ※ 부문화: 직무 전문화에 따라 나누어진 직무들을 다시 일정한 논리적 배열에 따라 집단화하는 과정을 의미한다. 즉, 많은 업무를 보다 효과적으로 관리하기 위하여 서로 유사하거나 논리적으로 관련이 있는 업무 또는 작업 활동들을 집단화하는 과정이 요구된다.

대표 기출문제

조직화의 원칙에 속하지 않는 것은?

① 비계층의 원칙
② 명령 일원화의 원칙
③ 목표 단일성의 원칙
④ 분업 및 전문화 원칙

해설 계층의 원칙
기업은 최고경영자로부터 최하위 감독자와 작업원에 이르기까지 상호 관계의 직위로 계층을 이루고 있는데, 이렇게 구성된 계층은 가급적 단축시켜야 한다는 측면에서 계층 단축화의 원칙이라고도 한다.

정답 ①

기출 PLUS 초성 QUIZ

1. 콜센터 업무의 세분화, 전문화로 인해 전체 과업이 분화되면 능률 도모를 위해 관련된 과업을 모아 수평적으로 그룹을 형성하는 콜센터 조직설계의 기본과정은 ㅂ ㅁ ㅎ 이다.

정답 1. 부문화

실제 기출 발문 보기

• 다음 중 수평적 분화를 결정하는 조직화의 원칙은?
• 조직화의 원칙에 대한 설명 중 거리가 먼 것은?

10 조직 구조의 형태

① 직계(라인) 조직
  ㉠ 경영자의 의사 명령이 상부에서 하부로 직선적으로 전달되는 조직 형태로, 라인(Line) 조직이라고도 하며 상부의 의사 명령이 수직적·종단적으로 전달되도록 편성되어 있어 군대식 조직, 또는 전선식 조직이라고도 한다.

ⓒ 조직 구성원은 직속상관의 지휘명령에 따라 행동하며, 그 하위자에 대해서만 책임을 지는 계층화에 의한 수직적 조직이다.
　　ⓔ 장점: 조직 구조의 단순성에 의한 책임과 권한의 명백성, 지휘·통솔의 용이성, 의사결정의 신속성, 훈련의 용이성이 있다.
　　ⓕ 단점: 각 부문 간의 유기적 관계가 어렵고 지휘자가 독단에 빠질 위험성이 있으며 각 부문의 업무에 혼란을 일으킬 우려가 있다.
② 기능 조직
　　㉠ 관리자가 담당하는 일을 전문화하고, 분야마다 다른 관리자를 두어 작업자를 전문적으로 지휘·감독하는 것이다.
　　㉡ 가장 기본적인 것으로 내용이 유사하고 관련성이 있는 업무를 결합시켜서 만든 조직 형태이다.
　　㉢ 장점
　　　• 능률적이며 작업을 전문화함으로써 감독 소질이 있는 인원을 발견하기 쉬우므로 적당한 관리자를 비교적 단시일에 양성할 수 있다.
　　　• 감독 및 작업자에 대하여 과업이 설정되므로 성취 여부에 따라 보수를 가감할 수 있다.
　　㉣ 단점
　　　• 각 관리자가 담당하는 전문적 기능에 대한 합리적 분할이 쉽지 않고 관리자 상호 간의 권한 싸움이 일어나기 쉽기 때문에 파벌주의가 생길 우려가 있다.
　　　• 경영 기능의 수평적 분화로 인해 기업 전체의 감독·조정이 곤란하며, 지휘 명령의 통일성이 결여되기 쉽고, 수행에 대한 책임을 전가하기 때문에 사기를 저하시킨다.
　　　• 각 관리자의 전문적 분화에 따라 간접적인 관리비를 증대시키는 경향이 있다.
③ 라인과 스태프 조직
　　㉠ 조직 전체의 입장에서 권한이 어떻게 배분되었는가에 따라 조직의 형태가 달라지는데 그러한 기본적인 권한의 배분 구조로서 라인(Line)과 스태프(Staff)가 있다.
　　㉡ 라인(Line)과 스태프(Staff)형 조직은 라인과 스태프의 기능을 분화하여 전문성을 강화하고, 작업 부문과 지원 부문을 분리하여 직능형 조직의 단점을 보완하였다.
　　㉢ 라인 활동은 재화나 서비스의 생산, 판매에 직접 연관된다.
　　㉣ 스태프 활동은 생산, 판매의 라인 업무를 도와주는 서비스를 제공하며, 기본적으로 분석, 조언, 보조의 성격을 갖는다.
④ 매트릭스 조직
　　㉠ 프로젝트 조직과 기능 조직을 절충한 조직 형태로 구성원 개인이 원래의 종적 계열과 함께 횡적 또는 프로젝트 팀의 일원으로서 임무를 수행하게 하는 조직 형태이다.
　　㉡ 한 사람의 구성원이 동시에 2개 부문에 속하게 된다.
　　㉢ 한 사람의 부하가 2명 이상의 상사로부터 명령을 받으므로 명령 일원화 원칙이 적용되지 않으며, 라인과 스태프 구조가 일치하지 않는다.
　　㉣ 장점: 내부 자원을 효율적으로 사용할 수 있고, 변화에 신속한 대응이 가능하다.
　　㉤ 단점: 이중적 구조로 갈등이 일어날 수 있고, 소통이 어려울 경우 문제를 초래할 수 있다.
※ 직능형 조직: 라인 부문과 스태프 부문이 분화되지 않은 조직 형태로, 기업 전체적인 관점에서 물류 정책이나 전략 및 수립이 어렵다.

| 대표 기출문제 |

다음과 같이 담당하는 업무의 성격에 따라 팀이 구분되는 조직의 명칭은?

> 직접 고객을 상담하는 상담팀, 교육을 담당하는 교육팀, 모니터링을 담당하는 QA팀, 각종 통계 관리를 담당하는 운영지원팀, 그리고 시스템관리를 담당하는 시스템관리팀으로 구분되어 있다.

① 기능별 조직 ② 피라미드 조직
③ 라인별 조직 ④ 매트릭스 조직

해설 관련성이 있는 업무를 결합시켜서 만든 조직 형태는 기능별 조직이다.

정답 ①

11 조직 변화

① 개념
- ㉠ 조직유효성과 능률 극대화, 구성원의 만족도 향상을 위해 조직의 구성 요소를 변화시키는 것을 말한다.
- ㉡ 자연적 변화와 계획적 변화로 구분할 수 있다.
- ㉢ 조직 변화 시 저항하는 구성원들의 협조가 필요할 때에는 교육과 원활한 의사소통을 통해 저항을 조정할 수 있다.
- ㉣ 조직 변화의 요인
    - 외부 요인: 조직 활동에 대한 법적 규제의 강화, 경제활동의 급변, 자원경쟁, 급속한 기술 발전 등
    - 내부 요인: 조직 내에서 발생하는 새로운 목표의 변화, 전략계획의 변화, 기술변화, 구성원의 태도 및 행동 변화 등

② 조직 변화에 따른 저항 발생 시 관리 방법
- ㉠ 정보가 부족하거나 분석이 부정확한 상황에서는 참여와 몰입을 통해 관리한다.
- ㉡ 두려움이나 의구심으로 인해 저항할 때에는 촉진과 지원을 통해 관리한다.
- ㉢ 변화에 실패하거나 저항세력이 클 때는 조직과 호선을 통해 관리한다.

③ 변화에 대한 저항(Resistance to change)의 변수
- ㉠ 갈등
- ㉡ 근무의욕 감퇴
- ㉢ 조직 내 불신

| 실제 기출 | 발문 보기 |

- 조직 변화에 따른 저항이 발생하였을 때의 관리 방법으로 옳은 것은?
- 조직 변화에 관한 설명으로 옳지 않은 것은?
- 개인 혹은 집단의 조직 변화에 대한 거부적 행위를 변화에 대한 저항(Resistance to change)이라고 하는데 이 변수에 속하지 않는 것은?

12 조직 갈등

① 개념: 조직 갈등은 개인, 집단, 조직 등 둘 이상의 행동 주체 간에 나타나는 대립적인 상호작용이다.
② 조직 내 집단 간의 갈등 유발 원인: 업무의 상호 의존성, 지각의 불일치, 한정된 자원의 분배 등
③ 갈등관리: 갈등을 효과적으로 관리하기 위해서 조직 내 또는 직위 간 관계 재설정이나 조직 구성원의 이동, 효과적인 정보 전달, 체계관리 및 통제, 조직 구성원의 태도 변화, 의사 전달 경로의 변경 등의 방법을 모색해야 한다.

> **대표 기출문제**
>
> 갈등 해결에 대한 설명 중 옳지 않은 것은?
> ① 갈등 해결의 방법 중 무관심, 물리적 분리는 단기적으로 효과가 있는 방법이다.
> ② 조하리의 창(Johari window)은 대인 간의 스타일이나 개인 간의 갈등의 원인을 설명하는 이론이다.
> ③ 조하리의 창(Johari window)에 의하면 갈등을 해결하기 위해서는 자기노출과 피드백을 통해 미지영역을 넓혀야 한다.
> ④ 갈등 해결을 위해 권력을 이용하는 방법으로 계층을 통한 개입이나 정치적 타결을 들 수 있다.
>
> **해설** 조하리의 창에 의하면 갈등 해결을 위해서는 공공영역을 넓혀야 한다.
> **조하리 창**
> • 각 개인 간 커뮤니케이션 과정에서 유발되는 갈등의 원인이 어디에 있는지 규명하는 데 유용한 모델이다.
> • 조(Joe)와 하리(Hari)가 개발한 4개의 창(너도 알고 나도 아는 창, 너는 모르지만 내가 아는 창, 너도 모르고 나도 모르는 창, 나는 모르지만 너는 아는 창)이다.
> • 사람과의 관계에서 타인에게 투영되는 자신의 모습을 나타낸다.
>
> | | 자신이 아는 부분 | 자신이 모르는 부분 |
> |---|---|---|
> | 다른 사람이 아는 부분 | 열린 창 (Open area) | 보이지 않는 창 (Blind area) |
> | 다른 사람이 모르는 부분 | 숨겨진 창 (Hidden area) | 미지의 창 (Unknown area) |
>
> **정답** ③

> **실제 기출** 발문 보기
> • 조직 내 집단 간의 갈등을 유발하는 원인이 아닌 것은?

13 콜센터 리더(관리자)

① 콜센터 리더의 능력
  ㉠ 직원 교육훈련 능력 및 마케팅 전략 수립 능력
  ㉡ 끊임없는 자기 계발 및 원만한 인간관계
  ㉢ 해당 업무에 대한 지식과 변화에 따른 유연한 사고방식

		④ 상담원의 승진 인사에 대한 객관적인 판단 및 통솔력
		⑤ 리더십을 바탕으로 한 직무 수행 능력 및 상황 대응 능력
	② 콜센터 리더의 역할
		㉠ 단순히 상담원의 부족한 면을 지적하는 것이 아니라 상담원이 그것을 넘어설 수 있도록 기술을 가르쳐 주고 훈련시켜 주어야 한다.
		㉡ 상담원이 교육받은 내용대로 업무를 하지 않고 적절하지 않은 행동을 했다면 즉시 원인을 파악해야 한다.
		㉢ 좋은 코칭의 방법은 강압적인 자세로 대하는 것이 아니라 상담원 스스로 이해할 수 있도록 결론을 이끌어 주는 것이다.
		㉣ 콜센터 내 긍정적인 분위기 활성화를 위해 항상 노력한다.
		㉤ 생산성과 통화품질에서의 목표 달성을 위해 조직적 계획을 세우고 실행한다.
		㉥ 상담원의 업무 능력 향상을 위해 정기적으로 교육훈련을 실시한다.
	③ 콜센터 리더가 갖추어야 할 리더십: 경험적 리더십, 코칭적 리더십, 학습적 리더십

대표 기출문제

콜센터 리더의 역할에 관한 설명으로 틀린 것은?

① 상담원의 업무성과를 높이기 위해서는 잘하는 점에 대한 칭찬보다는 잘못에 대한 호된 질책이 더 중요하다.
② 단순히 상담원의 부족한 면을 지적하는 것이 아니라 상담원이 그것을 넘어설 수 있도록 스킬을 가르쳐 주고 훈련시켜 주어야 한다.
③ 상담원이 교육받은 내용대로 업무를 하지 않고 적절하지 않은 행동을 했다면 즉시 원인 파악을 해야 한다.
④ 가장 좋은 코칭의 방법은 강압적인 자세로 대하지 말고 상담원 스스로 이해할 수 있도록 결론을 이끌어 주는 것이다.

해설 상담원의 업무성과를 높이기 위해서는 잘못에 대한 호된 질책보다는 잘하는 점에 대한 칭찬이 더 중요하다.

정답 ①

실제 기출 발문 보기

- 바람직한 콜센터 리더의 자세가 아닌 것은?
- 콜센터 리더가 갖추어야 할 리더십으로 거리가 가장 먼 것은?
- 콜센터 리더의 3S 조건과 가장 거리가 먼 것은?

---

14 리더십

① 개념: 집단의 목표나 내부 구조의 유지를 위하여 구성원이 자발적으로 집단 활동에 참여하여 목표를 달성하도록 유도하는 능력을 말한다.
② 우수한 리더의 특성
	㉠ 솔직하고 즉각적인 감정 표현을 지양한다.

ⓒ 상호 역할 및 팀원 행동에 대해 이해할 수 있다.
ⓒ 성과에 대해 공정하게 평가할 수 있다.
③ 리더십의 전제적 가정
　㉠ 지도자는 추종자가 있어야 한다.
　㉡ 지도자는 추종자보다 많은 권력을 가지고 있어야 한다.
　㉢ 리더십은 추종자의 행동에 영향을 미치기 위하여 상이한 권력 형태를 이용한다.
　㉣ 지휘는 조직의 관리 기능 중 하나이며, 조직 구성원의 행동적 측면을 다룬다.

│ 대표 기출문제 │

리더십에 대한 설명으로 옳지 않은 것은?

① 그린리프는 새로운 리더십으로 서번트 리더십을 제시하였다.
② 리더십의 특징은 조직 구성원들의 행동을 통해 확인할 수 있다.
③ 리더는 약점을 보완하는 데에만 최대한의 시간과 노력을 투자해야 한다.
④ 리더십은 리더의 특성, 상황적 특성, 직원의 특성에 의한 함수관계에 따라 발휘되어야 한다.

해설 리더는 자신의 강점을 부각하면서 약점을 보완하기 위한 노력을 투자해야 한다.

정답 ③

---

15 리더십 이론의 종류

① **특성론적 이론**: 리더는 신체적 특성, 성격, 능력 등을 타고나며, 유능한 리더와 그렇지 않은 리더 간에 개인적 특성이 존재한다는 이론이다.
② **행동주의 이론**: 효과적인 리더는 타고나는 것이 아니라 만들어지는 것이라는 이론이다.
　㉠ 아이오와 대학의 리더십 연구
　㉡ 블레이크와 머튼의 관리격자 이론
③ **상황론적 이론**: 모든 상황이나 조건에 적합한 리더십 특성이나 행동 유형은 존재하지 않으며, 단지 처한 상황에 따라 가장 적합한 리더십 유형이 존재한다는 이론이다.
　㉠ 피들러(Fiedler)의 유관 이론(상황 이론)
　㉡ 허시와 블랜차드의 부하 성숙도 이론
　㉢ 하우스(House)의 경로-목표 이론
④ **교환적 리더십과 변혁적 리더십**: 리더십을 부하에게 영향을 미치는 과정이라고 보는 이론이다.
⑤ 슈퍼 리더십
⑥ 그린리프의 서번트 리더십
⑦ PM 이론

| 대표 기출문제 |

리더십 이론에 관한 설명으로 옳은 것은?

① 특성 이론(Trait theory)에 의하면, 리더는 리더십 행사에서 상황의 영향을 받을 수 있음을 제시한다.
② 피들러(Fiedler)의 상황 이론에서는 리더십의 상황 요인으로 리더-구성원 관계, 과업 구조, 리더의 직위권한을 제시하고 있다.
③ 경로-목표 이론(Path-goal theory)에서는 의사결정 상황에 따라 리더의 의사결정 유형을 달리하는 의사결정나무(Decision tree)를 제시하고 있다.
④ 관리격자(Manual grid) 이론에 의하면, 중간 관리자에게 가장 적절한 리더십 유형은 중간형(5, 5)이다.

해설 ① 리더가 고유한 개인적인 특성만 가지고 있으면 그가 처한 상황이나 환경이 바뀌더라도 항상 리더가 될 수 있다는 이론이다.
③ 리더의 행동이 부하의 기대감에 영향을 미치는 정도에 따라 그들의 동기가 유발된다는 이론이다.
④ 중관 관리자에게 가장 적절한 리더십 유형은 생산과 인간 모두에 관심이 높은 팀형(9, 9)이다.

정답 ②

16 특성론적 이론

① 가정: 리더는 신체적 특성, 성격, 능력 등을 타고나며, 유능한 리더와 그렇지 않은 리더 간에 개인적 특성이 존재한다.
　㉠ 신체적 특성: 연령, 신장, 체중, 외모 등
　㉡ 사회적 배경: 교육 수준, 이동성, 사회적 지위, 직업 계급 관계 등
　㉢ 지적 능력: 지능, 지식, 웅변력, 결단력, 판단력 등
　㉣ 성격 특성: 성취동기, 야망, 적응력, 공격성, 민첩성, 반권위주의적 성격, 지배 성향, 자기 제어, 열정, 외향성, 독립성, 주도성, 직관력, 성실성, 객관성, 창의성, 일관성, 인내력, 책임감, 자신감, 유머 감각, 스트레스 저항력 등
　㉤ 사회적 성격: 감독 능력, 협동성, 사교성, 권력 욕구, 대인 관계 능력 등
② 한계: 리더의 특성과 리더십의 유효성 간의 관계에 대해 각 연구자마다 다른 결과가 나타난다.

| 대표 기출문제 |

리더십 특성 이론에 관한 설명으로 틀린 것은?

① 리더의 개인적 특성이 존재한다고 보는 입장이다.
② 리더의 선천적 자질을 유능한 리더의 조건으로 파악하기 때문에 자연적 리더십 이론이라고도 한다.
③ 유능한 리더의 개인적 특성으로 지적 능력, 성격, 신체적 조건, 직업의 감독 능력 등이 있다.
④ 리더의 특성과 리더십의 유효성 간의 관계에 대해 각 연구자마다 일관성 있는 결과가 나타난다.

해설 리더의 특성 및 리더십의 유효성 간의 관계에 대하여 각 연구자마다 다른 결과가 나타난다.

정답 ④

17 행동주의 이론

① 가정: 효과적인 리더는 타고나는 것이 아니라 만들어지는 것이다.
② 아이오와 대학의 리더십 연구: 리더십을 의사결정 방법과 권력의 분산 정도에 따라서 구분하였다.

권위형(독재형) 리더십	조직의 목표와 계획 수립 및 모든 경영 활동에서 조직 구성원의 의견을 수렴하지 않고, 리더가 독단적으로 의사결정을 하며, 조직의 모든 기능을 독점하려는 형태이다.
민주형 리더십	중요한 의사결정 시 조직 구성원의 조언과 협의 과정을 거치며, 객관적이고 타당한 기준을 설정하여 업적이나 상벌 등의 규정을 수립하는 형태이다.
자유방임형 리더십	조직의 계획이나 의사결정에 거의 관여하지 않고 수동적인 입장에서 행동하며 모든 일을 조직 구성원에게 방임하고 책임을 전가하는 형태이다.

③ 블레이크와 머튼의 관리격자 이론: 생산에 대한 관심과 인간에 대한 관심 두 차원을 기준으로 리더의 행동 유형을 방임형, 과업형, 친목형(인간중심 지향형), 절충형, 팀형(단합형)의 5가지로 분류하였다. 가장 적절한 리더십 유형은 생산과 인간 모두에 관심이 높은 팀형이다.

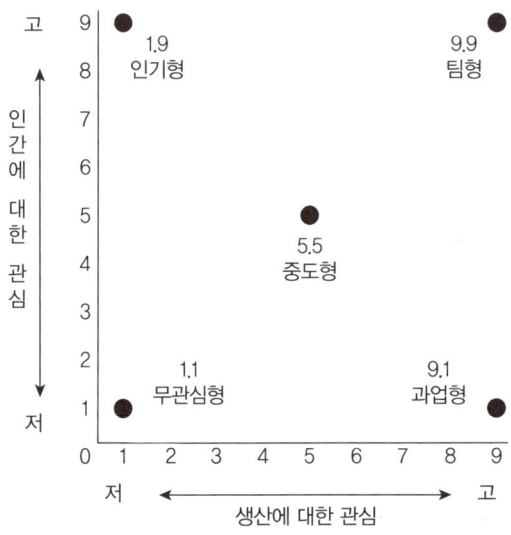

④ 기타 이론: 오하이오 주립대학 연구, 미시간 대학 연구

대표 기출문제

리더십의 유형을 의사결정 방식과 태도에 따라 구분할 때 의사결정 방식에 따른 유형이 아닌 것은?

① 독재형 리더십
② 민주형 리더십
③ 자유방임형 리더십
④ 직무중심형 리더십

해설 의사결정 방식에 따른 구분으로는 독재형, 민주형, 자유방임형 리더가 있으며, 의사결정 태도에 따른 구분으로는 직무중심형, 인간관계중심형 리더가 있다.

정답 ④

| 대표 기출문제 |

수평축을 생산에 대한 관심, 수직축을 인간에 대한 관심으로 나누고, 이를 척도화하여 리더의 행동유형을 평가한 리더십 이론은?

① 상황적합성 이론 ② 수명주기 이론
③ 관리격자 이론 ④ 경로-목표 이론

해설 블레이크와 머튼은 생산에 대한 관심과 인간에 대한 관심 두 차원을 기준으로 리더의 행동 유형을 평가하였다.

정답 ③

| 실제 기출 | 발문 보기 |

- 리더십 이론 중 행위 이론으로 볼 수 없는 것은?
- 관리격자 모형 중 리더십 유형에 해당하는 것을 모두 고른 것은?
- 아이오와 대학 모형에 대한 설명으로 옳은 것은?

18 피들러(Fiedler)의 유관 이론(상황 이론)

① 3가지 요인에 따라 여덟 가지 상황을 설정하여 그에 적합한 리더십 유형을 제시한다.
② 3가지 상황 우호성 변수
  ㉠ 리더와 구성원의 관계: 구성원이 리더를 지원하는 정도로 얼마나 관계가 좋은가를 의미한다.
  ㉡ 구성원들의 업무 구조화: 업무의 목표나 처리 절차 등이 얼마나 체계화되어 있는지의 정도를 나타낸다.
  ㉢ 리더의 지위 권력: 보상이나 통제 등 지위를 행사할 수 있는 재량권의 정도이다.

| 대표 기출문제 |

피들러의 상황적합성 이론에서 제시한 상황 변수에 해당하지 않는 것은?

① 리더와 구성원의 관계 ② 과업 구조
③ 상황의 긴급성 ④ 리더의 직위 권한

해설 피들러가 상황리더십 이론에서 제시한 상황 호의성 변수(상황 우호성 변수)에는 리더와 구성원의 관계, 종업원의 업무 구조화(과업 구조), 리더의 지위 권력(직위 권한) 3가지가 있다.

정답 ③

| 실제 기출 | 발문 보기 |

- 다음 요인들의 상호작용을 통해서 나타날 수 있는 리더십 이론은?
- 피들러(Fiedler)의 리더십 이론에 관한 설명으로 옳은 것은?

19 허시와 블랜차드의 부하 성숙도 이론

① 지시형(Telling)
  ㉠ 과업 지향적인 스타일로 지도자가 일방적으로 부하들의 역할을 결정하고 과업의 종류와 방법, 시기 등을 지시하는 유형이다.
  ㉡ 성숙도가 최저인 부하들에게 효과적이다.
② 위양형(위임형, Delegating)
  ㉠ 통제·계획 등의 활동이 적고, 수행 업무에 대한 합의가 이루어지면 수행 방법의 결정과 직무 책임을 부하에게 위양하며 영향력을 거의 행사하지 않는다.
  ㉡ 과업 지향성과 관계 지향성이 모두 낮다.
  ㉢ 하급자와 충분한 신뢰 관계가 형성되어 있고, 자발적인 활동을 허용하며 중요한 역할을 책임지도록 하여 더 많은 경험을 축적하도록 이끌어 간다.
③ 지원형(후원형, Selling)
  ㉠ 구성원 간 협력이 필요하면 협조를 통해 이해관계자들을 모이게 하고, 협력하기 쉬운 문화를 만들어 낸다.
  ㉡ 하급자의 자주성과 주체성을 인정하고 배려하며, 하급자가 겪는 어려움이나 불편함을 찾아서 해결한다.
④ 참가형(코치형, Participating)
  ㉠ 목표 달성에만 초점을 맞추지 않고 구성원들의 지원적 행동을 통해 과업 달성을 하도록 능력 발휘의 동기유발을 시도한다.
  ㉡ 상담원과 수시로 상의하고 그들의 제안과 의견을 신중히 고려함은 물론 정보와 권한을 공유하고 합리적인 의사결정을 한다.
  ㉢ 관계 지향성은 높지만 과업 지향성은 낮은 특성을 가지며, 부하들에게 높은 확신감을 부여하여 더욱 열정적으로 일을 하게 한다.

대표 기출문제

허시와 블랜차드(Hersey & Blanchard)에 의해 분석된 리더십 스타일 중 다음에서 설명하는 리더의 유형은?

- 텔레마케터와 충분한 신뢰 관계가 형성되어 있다.
- 텔레마케터의 자발적인 활동을 허용하고, 중요 역할을 책임지도록 해서 더 많은 경험의 축적을 이끌어 간다.

① 지시형 ② 위양형
③ 자유형 ④ 참여형

해설 위양형은 하급자와 충분한 신뢰 관계가 형성되어 있고, 자발적인 활동을 허용하며 중요한 역할을 책임지도록 하여 더 많은 경험을 축적하도록 이끌어 간다.

정답 ②

> **실제 기출** 발문 보기
>
> - 허시–블랜차드(P. Hersey–K. Blanchard)의 리더십 상황 이론 중 리더의 행동 유형에 해당하지 않는 것은?
> - 허시와 블랜차드(Hersey & Blanchard)의 리더십 유형 중 과업 지향성과 관계 지향성이 모두 낮은 상태로 지도자가 거의 영향력을 행사하지 않는 유형은?
> - 다음에서 설명하는 콜센터 리더의 유형은?

20 하우스(House)의 경로-목표 이론

① **지시적 리더십**: 추진하는 일의 목표가 무엇인지, 목표 달성의 스케줄은 어떻게 되는지, 특정 업무를 어떤 방식으로 시행해야 하는지를 명확히 한다. 조직화, 통제, 감독과 관련된 행위, 규정, 작업일정을 수립하고 직무 명확화를 기한다.

② **후원적(지원적) 리더십**: 조직 구성원 개개인에게 관심을 쏟으며 이들의 욕구를 충족시키는 데 집중한다. 부하의 복지와 욕구에 관심을 가지며 배려적이다.

③ **참여적 리더십**: 의사결정 과정에 조직 구성원들의 의견을 적극적으로 반영하고, 하급자들을 의사결정에 참여시키고 팀워크를 강조한다.

④ **성취지향적 리더십**: 도전적인 목표를 설정하고 직원들이 능력의 최대치를 발휘할 수 있도록 독려한다. 도전적 목표를 가지고 잠재력을 개발하며 높은 성과를 지향하도록 유도한다.

대표 기출문제

하우스가 제시한 목표–경로 모형의 리더십 유형에 관한 설명으로 틀린 것은?

① 후원적 리더십 – 부하의 복지와 욕구에 관심을 가지며 배려적이다.
② 참여적 리더십 – 하급자들과 상의하고 의사결정에 참여시키며 팀워크를 강조한다.
③ 성취지향적 리더십 – 일상적 수준의 목표를 가지고 지속적인 성과를 달성할 수 있도록 유도한다.
④ 지시적 리더십 – 조직화, 통제, 감독과 관련되는 행위, 규정, 작업일정을 수립하고 직무의 명확화를 기한다.

해설 성취지향적 리더십은 도전적인 목표를 설정, 직원들이 능력의 최대치를 발휘할 수 있도록 독려한다.

정답 ③

> **실제 기출** 발문 보기
>
> - 리더십의 효과는 콜센터 리더가 상담사의 특성과 환경적 특성에 따른 상황적 변수를 잘 파악하여 이에 맞는 리더십 유형을 사용할 때 클 수 있다. 리더십 유형 중 참여적 리더십에 대한 설명으로 옳은 것은?

21 그 외 리더십 이론

① Bass(1985)는 리더십을 부하에게 영향을 미치는 과정이라고 보고, 교환적 리더십과 변혁적 리더십으로 분류하였다.
  ㉠ 교환적 리더십: 리더와 부하와의 관계를 교류적 혹은 비용과 이익의 교환 개념으로 본다.
  ㉡ 변혁적 리더십(변화적 리더십) **중요**
    - 부하들에게 장기적 비전을 제시하고, 비전 성취에 대한 자신감을 고취시킴으로서 조직에 대한 몰입을 강조하며 부하를 성장시키는 리더십이다.
    - 리더가 부하들로 하여금 신뢰와 존경, 충성심을 느끼도록 하여 부하들이 기대한 것 이상의 능력을 발휘할 수 있도록 동기화시키는 지도력을 가진다.
    - 카리스마, 영감 고취, 개별적 배려 등의 특징을 가진다.
    - 어떤 장애물도 스스로의 능력으로 극복할 수 있다고 신뢰하며, 고민을 새로운 관점에서 생각해 볼 수 있게 해 주고 필요한 경우에 코치해 준다.
② 슈퍼 리더십: 하급자들을 스스로 판단하고 행동하며 그 결과를 책임질 수 있는 셀프리더로 키우는 리더십이다.
③ 그린리프(Greenleaf)의 서번트(Servant) 리더십: 타인을 위한 봉사에 초점을 두고 자신보다 구성원들의 이익을 우선시하는 리더십으로, 봉사자(Servant)로서 직원과 고객 및 공동체를 우선으로 여기며 그들의 필요를 만족시키고자 헌신하는 리더십이다.
④ PM 이론: 집단의 기능을 P 기능(목표 달성이나 과제 해결을 지향하는 기능)과 M 기능(집단의 자기 보존 또는 집단의 과정 자체를 유지·강화하는 기능)으로 구분하고, 이 두 기능이 합쳐진 관점에서 보아야 한다는 이론이다.

대표 기출문제

다음에서 설명하는 리더십은?

> 추종자들에게 장기적 비전을 제시하고, 비전 달성을 위해서 함께 매진할 것을 호소하며 비전 성취에 대한 자신감을 고취시킴으로서 조직에 대한 몰입을 강조하며 부하를 성장시키는 리더십

① 거래적 리더십 ② 변혁적 리더십
③ 전략적 리더십 ④ 자율적 리더십

해설 ① 거래적 리더십: 명시적 역할과 요구사항에 따르도록 부하들을 이끌고 동기화시키는 리더십이다. 대부분 지도자와 부하 간의 타협이나 거래적인 활동으로 본다. 일을 잘하면 긍정적 강화, 승진, 금전적 보상 등을 더해 주고 양자 간의 협의나 타협 과정을 통해 이를 조정하는 관계에 있다고 본다.
③ 전략적 리더십: 뚜렷한 목표를 제시하고 부하들이 달성할 수 있도록 전략과 비전을 제시하는 리더십이다.
④ 자율적 리더십: 스스로 자신을 리드하는 리더십이다. 부하들의 입장에서는 자기 규제와 자기 통제에 의해 스스로 자신을 이끌어 나가는 것을 말하며, 리더의 입장에서는 부하들이 그러한 능력을 갖도록 촉진하고 지원한다.

정답 ②

> **실제 기출** 　발문 보기
>
> - 변혁적 리더십에서 변혁적 리더의 특징이 아닌 것은?
> - 하급자들을 스스로 판단하고 행동하며 그 결과를 책임질 수 있는 셀프리더로 키우는 리더십은?
> - 변화적 리더십의 예로 볼 수 없는 것은?

22 리더십 이론의 발전 과정

특성 이론(1940년대) → 행동 이론(1950~1960년대) → 상황 이론(1960~1970년대) → 변혁적 리더십 이론(1980년대)

23 인사관리

① 개념
　㉠ 조직에서 일하는 사람을 다루는 제도적 체계이며 사람이 사람을 효과적으로 관리하는 제도이다.
　㉡ 관리의 대상과 주체는 모두 인간이며, 기업의 경우 종업원이 그 대상이 된다.
　㉢ 조직체가 보유한 인적 자원을 효율적으로 이용하기 위하여 인력의 확보로부터 이직까지의 과정을 계획하고 통제하는 계획적·체계적 시책이다.
　㉣ 사용자와 근로자의 협력 체계가 이루어지도록 하는 관리 활동이다.
② 정보화 등 조직의 환경 변화에 따른 인사관리의 변화: 일상적, 운영적 → 장기적, 전략적, 기능 중심적 → 성과 중심적, 통제적 → 동반자적, 활동 중심적 → 문제해결 지향적

> **실제 기출** 　발문 보기
>
> - 인사관리에 대한 설명으로 틀린 것은?
> - 정보화 등 조직의 환경 변화는 인사관리에도 변화를 초래하고 있는데 그 변화 방향에 대한 설명으로 틀린 것은?

24 인적 자원 관리의 목적과 내용

① 인적 자원 관리의 목적: 인재 확보, 인재 육성, 근로 조건 정비 등
② 인적 자원 관리의 구체적 내용: 유능한 인력자원 확보, 구성원의 잠재능력 개발, 구성원들의 활용과 보존
③ 인적 자원 관리의 주체: 최고 경영자, 인사 담당자, 각 부서의 장(관리자) 등
④ 인적 자원 관리의 기능
　㉠ 확보 관리 기능: 수요예측, 모집, 선발, 배치 등 유능한 인적 자원을 확보한다.
　㉡ 개발 관리 기능: 교육, 훈련, 경력개발 등을 통해 인적 자원의 능력을 개발한다.
　㉢ 보상 관리 기능: 임금 및 복리후생, 승진 및 이동관리 등을 통해 유능한 인적 자원에게 적절한 보상을 제공한다.
　㉣ 유지 관리 기능: 직원의 문제 관리, 이직 관리, 노사 관리, 협상 등 유능한 인적 자원을 조직에 유지시킨다.

⑤ 인적 자원 관리의 특징
　㉠ 인간 중심적 관리: 종업원을 하나의 인격적 주체로 인식하고, 질적 경영·인간 중심적 경영을 꾀한다.
　㉡ 행동 지향적 관리: 인적 자원의 능력 계발과 만족감 증진에 관심을 두는 실천적 경영을 중시한다.
　㉢ 전략 지향적 관리: 경영자는 종업원들의 잠재능력 계발에 주력하여야 한다.
　㉣ 통합적 관리: 개인 목표와 조직 목표가 통합될 수 있는 관리 방식을 실시한다.

> **실제 기출 발문 보기**
> - 인적 자원 관리의 구체적 기능에 대한 설명으로 옳은 것은?
> - 인적 자원 관리의 목적이 아닌 것은?
> - 다음 중 인적 자원 관리의 주체가 아닌 것은?
> - 구성원들을 기업의 자원으로 인식하고 비교경쟁 우위요소로 강조하는 인적 자원 관리의 내용에 포함되지 않는 것은?

25 인적 자원 계획

① **직무 분석**: 특정 직무의 성질을 결정하는 과정으로 합리적 채용 기준 마련 및 직무 평가를 위한 자료를 얻는 것을 목표로 실시한다.
② **직무 평가**: 기업 내의 각 직무가 차지하는 상대적 가치를 결정하는 일로서 합리적 임금 구조를 지지하기 위하여 실시하며, 종업원의 선택·배치·훈련 등에도 이용된다.
③ **직무 설계**: 조직의 목표를 달성하고 직무를 맡고 있는 개인의 욕구를 만족시키기 위한 직무의 내용·기능·관계를 결정하는 것으로, 직무의 내용·요건, 요구되는 대인 관계, 성과 등이 직무 설계의 핵심적인 요인이다.
④ **직무 만족**: 개인이 직무나 직무 경험에 대한 평가의 결과로 얻게 되는 즐겁고 긍정적인 느낌이다.

26 직무 분석

① 개념
　㉠ 조직에서 특정 직무에 관한 정보를 체계적으로 수집하는 것으로, 특정 직무의 책임과 의무를 기술·분석해 그 직무를 수행하는 데에 필요한 지식·기술·능력을 결정하는 것이다.
　㉡ 직무 분석을 실시하기 위해서는 직무 분석 방법, 직무 분석 담당자 및 직무에 관한 사실 또는 자료 정리 등에 관하여 충분한 사전 연구와 조사가 선행되어야 한다.
② 직무 정보의 수집 방법
　㉠ 경험법: 직무 분석자가 직접 경험하여 직무에 대한 생생한 정보를 수집하는 방법이다.
　㉡ 관찰법: 직무 분석자가 직무 수행자를 직접 집중적으로 관찰하는 방법이다.
　㉢ 면접법: 직무 분석자가 직무 수행자에게 면접을 실시하여 직무 정보를 획득하는 방법이다.
　㉣ 종업원 기록법: 직무 수행자가 매일 작성하는 작업일지나 메모사항을 가지고 해당 직무에 대한 정보를 수집하는 방법이다.
　㉤ 중요사건 기록법: 직무 수행자의 직무 행동 가운데 성과에 효과적인 행동과 비효과적인 행동을 구분하여 사례들을 수집하고 이러한 사례들로부터 직무 성과에 효과적인 행동패턴을 추출하여 분류하는 방법이다.

ⓗ 질문지법: 사전에 설계한 표준화된 질문지를 활용하여 직무 정보를 수집하는 방법이다.
③ 분석 결과는 직무 기술서 또는 직무 명세서에 정리한다.

구분	직무 기술서	직무 명세서
개념	직무의 내용, 직무 수행과 관련된 과업, 직무 행동, 개선점 요약	직무 분석의 결과를 특정 목적의 관리 절차에 맞게 세분화
강조 사항	직무 특성	직무에 요구되는 인적 특성: 행동, 기능, 능력, 지식 등
내용	• 직무 표식(명칭) • 직무 개요 • 직무 내용 • 직무 요건(고용 조건, 임금 구조 등)	• 직무 표식(명칭) • 직무 개요 • 인적 요건(교육, 지적 능력, 기능, 경험 등)

대표 기출문제

역량관리를 위한 직무 분석에 대한 내용 중 틀린 것은?

① 특정 직무에 관한 정보를 분석할 뿐, 인적 자원 관리와는 관련이 없다.
② 개인의 역량과 조직의 목표 간 직접적인 연결 관계가 있다.
③ 성공적 직무 수행에 반드시 필요한 것이라고 규명된 일련의 역량 세트로 구성된다.
④ 직무 담당자가 성공적으로 일을 수행할 수 있는 역량을 갖는 것에 초점을 맞춘다.

해설 직무 분석은 직무에 기반한 인사관리의 기본이 되는 작업이다.

정답 ①

실제 기출 발문 보기

• 직무 정보의 수집 방법에 대한 설명으로 옳은 것은?
• 직무 분석(Job analysis) 결과 작성되는 직무 기술서에 포함되는 내용으로 가장 거리가 먼 것은?
• 직무 분석의 방법 중 관찰법에 대한 설명으로 옳은 것은?

27 직무 평가

① 서열법(Ranking method): 가장 간단하고 사용하기 쉬운 방법으로, 평가 요소를 기준으로 직무의 가치를 비교하여 평가된 가치의 순서대로 서열을 정하여 평가하는 방법이다.
② 분류법(Grading method): 직무 등급법이라고도 하며, 직무의 가치를 단계적으로 구분하는 등급표를 만들고 직무 평가를 그에 맞는 등급으로 분류하는 방법이다.
③ 점수법(Point method): 직무를 분류하고 다수의 평가 요소들에 대하여 평가된 점수의 고저에 의해 그 직무가 가지는 상대적 가치를 결정하는 방법이다.
④ 요소비교법(Factor-comparison method): 객관적으로 조직 내의 가장 중심이 되는 기준 직무를 선정하고, 이를 기준으로 평가 직무를 그것에 비교함으로써 평가하는 방법이다.

> **실제 기출 발문 보기**
> - 직무를 분류하고 다수의 평가 요소들에 대하여 평가된 점수의 고저에 의해 그 직무가 갖는 상대적 가치를 결정하는 직무 평가 방법은?
> - 일반적인 직무 평가의 방법에 해당하지 않는 것은?

28 직무 설계

① 전통적 접근 방법
  ㉠ 조직에서 작업의 설계를 위한 전통적인 접근 방법으로 활용되었다.
  ㉡ 전통적 접근 방법으로 대표적인 것이 과학적 관리법에 의한 직무 설계이다.

② 과도기적 접근 방법
  ㉠ 직무 순환: 기능, 작업 조건, 책임 및 권한 등에 있어서 지금까지 담당했던 직무와 다른 성격의 직무로 이동하는 것이다.
  ㉡ 직무 확대: 상담원이 자신이 맡은 직무를 수행하는 데 수반되는 과업의 수나 종류를 늘리는 것이다.

③ 현대적 접근 방법
  ㉠ 직무 충실 이론: 단순히 직무를 구조적으로 크게 하는 것이 아니라, 직무의 내용을 풍부하게 만들어 작업상 종업원의 책임을 늘리며, 능력을 발휘할 수 있는 여지를 만들고, 도전적이고 보람 있는 일이 되도록 직무를 구성하는 것이다.
  ㉡ 직무 특성 이론: 특정한 직무 특성이 특정한 심리 상태를 유발하고, 이것이 다시 직무 성과로 연결된다는 것이다.

> **실제 기출 발문 보기**
> - 상담원이 자신이 맡은 직무를 수행하는데 1가지 직무에 수반되는 과업의 수나 종류를 늘리는 것은?

29 직무 만족

① 유형: 심리적 측면(신념, 개인 역량 등), 보상적 측면(임금, 승진 기회, 성과급 등)
② 의의
  ㉠ 개인적 측면: 직무 만족도가 높으면 삶의 만족도도 높다.
  ㉡ 조직적 측면
    - 직무 만족이 높으면 이직률이 감소하여 직원의 생산성 증가 효과가 있다.
    - 직무 만족을 하는 직원은 조직 내부 및 조직 외부에서 원만한 인간관계를 유지한다.
    - 자신의 조직에 긍정적인 감정을 가진 직원은 조직에 호의적이다.

> **실제 기출** **발문 보기**
>
> - 직무 만족(Job satisfaction)에 관한 설명으로 옳은 것은?
> - 조직 내의 직원의 직무 만족은 심리적인 측면과 보상적인 측면으로 나눌 수 있는데, 다음 중 심리적인 측면에 해당하는 것은?
> - 직무 만족의 의의를 직원의 개인적인 측면과 조직의 측면으로 나누어 생각할 수 있는데 조직의 입장에서 살펴본 직무 만족에 관한 설명으로 가장 거리가 먼 것은?

30 인적 자원 모집

① **개념**: 모집이란 선발을 전제로 하여 양질의 인력을 조직으로 유인하는 과정이다.

② **모집원**: 인력을 어떤 경로와 방법으로 모집하느냐에 대한 것이다.

　㉠ 사내 모집원(내부 모집)
- 기능 목록이나 인력 배치표 또는 공개 모집 제도를 통해 모집한다.
- 장점: 현직 종업원에 대한 인사 기록을 보유하고 있어 해당 직위에 적합한 종업원의 선발이 쉽고, 사기가 향상되며, 종업원의 능력을 최대로 활용하고, 비용을 절약할 수 있다.
- 단점: 모집 범위가 제한되므로 유능한 인재를 영입할 수 없고, 파벌이 조성될 수 있으며, 급속한 성장기에는 인력 공급이 불충분할 수 있다.

　㉡ 사외 모집원(외부 모집)
- 광고 활동·직업소개소·현직 종업원에 의한 추천 등을 통해 모집한다.
- 장점: 모집 범위가 넓어 유능한 인재의 획득이 가능하며, 새로운 정보·지식을 제공받고 경쟁할 수 있다. 또한 조직에 활력을 불어넣을 수 있으며, 기업 홍보 효과가 있다.
- 단점: 부적격자를 채용할 위험이 있고, 입사 후 안정되기까지는 적응 기간이 소요된다. 또한 내부 인력의 사기가 저하될 수 있으며, 채용 비용이 많이 든다.

③ **인사 방침**: 어떻게 인적 자원을 관리할 것인가, 그중에서도 어떻게 필요 인력을 충원할 것인가에 대한 것이다.

　㉠ 승진에 대한 기회: 거의 모든 내부 인력이나 외부 지원자들에게 호감을 주는 조건이다.

　㉡ 급여 수준: 급여는 지원자들에게 중요한 직무 특성이다.

　㉢ 고용 계약 정책
- 임의고용 정책: 고용주나 근로자가 원할 때 제한 없이 고용 계약을 해지할 수 있다.
- 적법절차 정책: 해고를 결정하는 고용주에 대해 종업원들이 이의를 제기하도록 공식적인 단계가 있다.

　㉣ 이미지 광고: 조직에 호의적인 이미지를 갖도록 광고하는 것이다.

| **대표 기출문제** |

인력 채용 시 사외 모집을 할 경우 얻을 수 있는 효과로 가장 적절한 것은?

① 승진기회 확대로 종업원 모티베이션 향상
② 조직 분위기 쇄신 가능
③ 모집에 소요되는 시간, 비용 단축
④ 조직 적응 실패 및 기술 및 지식의 차이 등 리스크 제거

해설 사외 모집을 할 경우 조직에 활력을 불어넣을 수 있다.

정답 ②

| **실제 기출** | **발문 보기** |

- 모집은 조직이 필요로 하는 인력이 조직에 관심을 갖고 지원하도록 이끄는 과정을 의미하며 내부 모집과 외부 모집으로 구분된다. 내부 모집과 외부 모집을 통한 인력활용의 특징으로 옳은 것은?
- 인사 방침이란 어떻게 인적 자원을 관리할 것인가에 대한 의사결정이다. 모집을 위한 적절한 인사 방침이 아닌 것은?

31 인적 자원의 가치를 측정하기 위한 지표

① 인적 자본 수익성 지표: 종업원 단위당 생산성
② 인적 자본 경제적 부가가치 지표: 종업원 단위당 실제 기업 이익
③ 인적 자본 투자 수익률 지표: 종업원에 투자된 금액 단위당 부가가치
④ 인적 자본 시장가치 지표: 종업원 단위당 지적 자산 크기

| **실제 기출** | **발문 보기** |

- 인적 자원의 가치를 체계적이고 합리적으로 측정하기 위한 지표에 관한 설명으로 옳지 않은 것은?

32 승진 제도의 유형

① 직계승진 제도: 직무주의적 능력주의에 입각하여 직무의 분석·평가·분류 등이 끝나 직위관리 체제가 확립되면 그 직무의 자격 요건에 비추어 적격자를 선정·승진시키는 방법이다.
② 연공승진 제도: 근무 연수, 학력, 경력, 연령 등 종업원의 개인적인 연공과 신분에 따라 자동적으로 승진시키는 연공주의에 의한 승진 유형이다.
③ 자격승진 제도: 연공과 능력, 즉 직무주의와 연공주의를 절충시킨 제도이다.

④ 대용승진 제도: 자격승진 제도와 같이 경영 내의 공식적인 자격을 인정하고 그에 따라 승진시키는 것이 아니고, 승진 대상자는 많으나 담당 직책이 없을 경우, 인사 체증과 사기 저하를 방지하기 위하여 직무 내용상 실질적인 승진 없이 직위 심벌상의 형식적인 승진을 하는 것이다.
⑤ 조직변화(OC)승진 제도: 승진 대상이 많음에도 승진의 기회가 없어 사기 저하, 이직이 발생하여 유능한 인재를 놓칠 가능성이 있는 경우 경영 조직을 변화시켜 승진의 기회를 마련하는 것이다.
⑥ 역직승진 제도: 조직 구조의 편성과 조직운영의 원리에 따라 상위의 직책으로 이동하는 것으로, 조직에서는 부장, 과장, 계장과 같은 역직이 발생하면 이에 따라 승진하는 것이다.

> **실제 기출 | 발문 보기**
> - 인사이동의 유형 중에서 연공주의 승진의 요소가 아닌 것은?
> - 직무 분석 및 직무 평가를 실시하여 직무의 자격요건에 따라 적격자를 선정하여 승진시키는 제도는?

33 인사고과

① 개념: 종업원의 능력과 업적을 평가하여 그가 보유하고 있는 현재적 또는 잠재적 유용성을 조직적으로 파악하는 방법이다.
② 목적: 인력 배치 및 이동, 인력 개발, 인력 계획 및 기타 인사 기능의 타당성 측정, 성과 측정 및 보상, 조직 개발 및 근로 의욕 증진 등
③ 최근 인사고과의 변화
  ㉠ 임금관리 중심 → 능력 개발 중심
  ㉡ 연공서열 중심 → 성과 중심
  ㉢ 상위자 주체 → 종업원 참가
  ㉣ 만능형 평가 → 목적별 평가
④ 인사고과와 직무 평가의 차이: 직무 평가는 직무 그 자체의 가치를 판단하기 위한 평가인데 비해 인사고과는 조직 구성원들의 능력, 개인적 특성, 행동, 기업에의 공헌도를 평가하는 활동이라는 점에서 다르다.

> **실제 기출 | 발문 보기**
> - 인사고과의 목적에 해당하지 않는 것은?
> - 최근 인사평가의 경향에 해당되지 않는 것은?

34 인사고과 평정상의 오류

① 고과자에 의한 오류
  ㉠ 후광 효과(현혹 효과) **중요**: 어느 한 평가 요소가 피고과자의 다른 평가에 영향을 미치는 오류로, 피고과자의 어떤 특성에 대해 우수하다는 인상을 가지게 되면 다른 특성 역시 우수한 것으로 평가해 버리는 경향이다.

- ⓛ 관대화 경향: 고과자가 개인적 친분이나 이해관계 등에 의해 피고과자를 관대하게 평가하여 수행이나 성과를 실제보다 더 높게 평가하는 경향이다.
- ⓒ 각인 효과 **중요** : 피고과자가 한 가지 측면에서 뒤떨어지면 나머지 모두를 나쁘게 평가하는 경향이다.
- ㉡ 중심화 경향: 평가의 결과가 평가상의 중간 점수로 집중되어 나타나는 경향이다.
- ㉢ 항상 오류(규칙적 오류): 특정 고과자가 다른 고과자들에 비해 피고과자들에게 언제나 높은 점수 혹은 언제나 낮은 점수를 주는 평가 오류로, 가치 판단상의 규칙적인 심리적 오류이다.
- ㉣ 유사 오류: 고과자가 자신과 유사한 성향의 피고과자를 그렇지 않은 피고과자에 비해 호의적으로 평가하는 오류이다.
- ㉤ 시간적 오류: 고과자가 피고과자를 평가함에 있어서 평가 기간 전체의 실적이 아니라 쉽게 기억할 수 있는 최근의 실적이나 능력을 중심으로 평가하려는 데서 오는 오류이다.
- ㉥ 대조 효과(대비 오류): 고과자가 자신이 지닌 특성과 비교하여 피고과자를 평가하는 경향이다.
- ㉦ 논리적 오류: 상관관계가 있는 요소 간에 어느 한쪽이 우수하면 다른 요소도 당연히 그럴 것이라고 판단(속단)하는 경향이다.
- ㉧ 상동 오류(상동 효과) **중요** : 고과자가 가진 고정관념으로 피고과자에 대한 편견에 근거하여 개인을 평가하는 오류로, 평가 시 고과자가 속한 사회적 집단에 대한 지각을 기초로 어느 학교 출신이니 어떠할 것이라고 편견을 가지는 태도이다.

② 피고과자에 의한 오류
- ⓛ 인사고과에 대한 편견: 인사고과를 부정적인 시각으로 보는 것이다.
- ⓒ 성취동기 수준 여부: 피고과자의 성취동기와 자아개념이 인사고과의 결과에 대한 피드백에 영향을 끼친다.
- ㉡ 주관의 객관화: 자기 자신의 특성이나 관점을 타인에게 전가시키는 경향이다.
- ㉢ 지각적 방어: 자기가 지각할 수 있는 사실을 집중적으로 파고들어 가면서도, 보고 싶지 않은 것은 외면하는 경향이다.

대표 기출문제

다음 설명에 해당하는 직무 평가상 오류로 옳은 것은?

> 어느 한 평가요소가 피고과자의 다른 평가에 영향을 미치는 오류이다. 즉, 피고과자의 어떤 특성이 우수하다는 인상을 가지게 되면 다른 특성 역시 우수한 것으로 평가해 버리는 것을 말한다.

① 상동 효과 ② 대조 효과
③ 후광 효과 ④ 각인 효과

해설 ① 상동 효과: 고과자가 가진 고정관념으로 피고과자에 대한 편견에 근거하여 개인을 평가하는 오류이다.
② 대조 효과: 고과자가 자신이 지닌 특성과 비교하여 피고과자를 평가하는 경향이다.
④ 각인 효과: 피고과자의 어떤 특성이 뒤떨어진다는 인상을 가지게 되면 다른 특성 역시 나쁘게 평가해 버리는 오류이다.

정답 ③

> **실제 기출** 발문 보기
>
> • 인사고과 과정에서 발생하는 오류로서 평가자가 가진 고정관념으로 피평가자에 대한 편견에 근거하여 개인을 평가하는 오류는?

35 개인 성과평가의 신뢰성·공정성 확보 방법

① 다면평가를 효율적으로 활용한다.
② 평가자에 대해 평가 체계, 평가 기법 등의 종합적인 평가 관련 교육을 강화한다.
③ 평가 결과는 공개로 하고 평가자와 피평가자 간의 면담을 통한 코칭을 활성화한다.
④ 피평가자가 평가 결과에 불만이 있는 경우 이의 제기를 할 수 있는 소통 채널을 운영한다.

> **실제 기출** 발문 보기
>
> • 개인 성과평가의 신뢰성과 공정성을 확보하기 위한 방법으로 틀린 것은?

36 임금관리

① **임금 체계**: 임금이 어떻게 결정되고 구성되는지를 의미한다.
　㉠ 연공급 체계: 근속을 중시하는 것으로 기본적으로는 생활급적 사고 원리에 따른 임금 체계이다.
　㉡ 직무급 체계: 직무의 중요성과 곤란도 등에 따라서 각 직무의 상대적 가치를 평가하고, 그 결과에 의거하여 임금액을 결정하는 체계이다. 동일직무 동일임금의 원리를 적용한다.
　㉢ 직능급 체계: 연공급과 직무급의 절충 형태로서 직무 수행 능력에 따라 임금을 지급하는 체계이다. 대표적인 능력급 체계이다.
② **임금 형태**: 임금의 산정 및 지급 방법을 의미한다.
　㉠ 시간급 제도: 단순 시간급제, 복률 시간급제, 계측 일급제
　㉡ 성과급 제도: 단순 성과급제, 복률 성과급제
③ 직무중심(Job-based) 보상과 역량중심(Competency-based) 보상

구분	직무중심(Job-based) 보상	역량중심(Competency-based) 보상
보상 결정 요소	수행하는 직무의 가치	직무를 수행하는 사람의 역량
보상 상승 요인	승진	역량 수준
장점	• 보상에 대한 분명한 기대가 가능하다. • 직무 가치에 대한 보상을 의미하며, 객관성 확보가 상대적으로 용이하다.	• 지속적인 학습과 개발을 유도한다. • 인력 운영에서 수평적 인력 이동과 같은 유연성이 있다. • 동일 직무에서도 역량에 따른 차별적 보상이 가능하다.

대표 기출문제

임금을 임금 형태와 임금 체계로 나눌 때 임금 체계에 따른 분류에 해당하지 않는 것은?

① 연공급 ② 시간급
③ 직무급 ④ 직능급

해설 임금 체계에 따른 분류로는 연공급 체계, 직무급 체계, 직능급 체계가 있다. 임금 형태에 따른 분류에는 시간급 제도와 성과급 제도가 있다.

정답 ②

실제 기출 | 발문 보기

- 직무중심(Job-based) 보상과 역량중심(Competency-based) 보상의 장점에 대한 설명으로 옳은 것은?
- 임금의 계산 및 지불 방법을 의미하는 '임금 형태'에 대한 설명 중 틀린 것은?
- 임금 체계에 따른 분류 방법으로 적절하지 않은 것은?

37 상담원의 보상 계획 수립 시 고려사항

① 정확하고 객관적으로 측정된 성과분석 자료를 활용한다.
② 급여 계획과 인센티브 정책 마련 시 직원을 참여시킨다.
③ 금전적 보상과 비금전적 보상을 적절한 비율로 설정한다.
④ 달성 가능한 목표 수준을 고려해야 한다.
⑤ 지속적이고 일관성 있는 보상 계획을 수립해야 한다.

기출 PLUS | OX QUIZ

1. 상담원의 보상 계획 수립 시 동종업계를 벤치마킹하고 산업 평균을 최우선으로 반영한다. O | X

정답 1. ✕

실제 기출 | 발문 보기

- 콜센터 상담원의 보상 계획 수립 시 고려해야 할 사항으로 가장 거리가 먼 것은?

38 보상을 통한 동기부여 방안

① 급여를 차등적으로 지급한다.
② 진급에 우선적으로 혜택을 준다.
③ 유급 휴가 및 조기 퇴근 등 복무규정에 차등을 둔다.

> **실제 기출 발문 보기**
> • 다음 중 보상을 통한 동기부여 방안으로 옳지 않은 것은?

39 교육훈련

① **개념**: 기능, 지식의 습득을 통한 종업원의 전문적 능력 향상 이외에도 태도의 변화를 통한 종업원의 성취동기를 형성시켜 근로 의욕을 증진하며, 조직의 활성화를 촉구하는 요소이다.
② **목적**: 인재 육성을 통한 기술 축적, 커뮤니케이션의 활성화를 통한 조직 협력, 자기 발전의 욕구 충족을 통해 동기를 유발한다.
③ **절차**: 직무 분석 → 목표 설정 → 교육 시행 → 성과 평가 → 보상과 개선

> **실제 기출 발문 보기**
> • 인적 자원 개발을 위한 교육훈련 절차로 옳은 것은?

40 교육훈련 및 개발 방법

① **코칭**: 관리자 개발을 위한 직무상에서의 현직 훈련 접근 방식으로, 콜센터의 리더가 상담원에게 필요한 내용을 직접 가르치며 상담원의 능력 향상이나 업무 처리 과정에서 필요할 때마다 수시로 실시한다.
② **사례 연구법**: 사례를 작성해 배부하고 여기에 관한 토론을 하는 방식이다.
③ **인바스켓 훈련**: 참가자들은 관리자의 책상 위에서 자주 발생하는 일에 관한 메모, 보고서, 전화, 메시지 등과 같은 많은 업무용 자료를 받게 되며, 참가자는 이 자료에 포함된 정보에 따라 행동해야 하는데, 각 개별적인 사안에 대한 우선순위를 정하는 것이 먼저 필요하다.
④ **역할 연기법(Role-playing)** 중요
　㉠ 개념
　　• 사전에 준비를 철저히 하여 고객과의 대화 방식을 1:1 방식으로 실제처럼 연습하는 것으로, 참가자 중에서 실연자를 선출하고 주제에 따른 역할을 실제로 연출하도록 함으로써 공명과 체험을 통하여 훈련 효과를 높이는 방법이다.
　　• 상담원이 무의식적으로 사용하는 나쁜 말이나 주의점을 찾아내 상황 대응 능력을 제고할 수 있고, 상담 실무 적응력을 높이는 데 사용되는 훈련 방법이다.

ⓒ 고려사항
　　　• 역할 연기 당사자 간 배역을 바꿔 연습한다.
　　　• 스크립트의 내용을 적절하게 수정하며 반복 연습한다.
　　　• 녹음 테이프로 시간을 측정하며 연습한다.
　　　• 1:1 방식으로 진행하는 것이 바람직하다.
　　ⓒ 역할 연기의 실시 순서: 상황 설정 → 역할 연기 대상자 선정 → 배역 지정 → 연기 실시 → 역할 내용 검토 및 평가 → 스크립트 및 매뉴얼 수정 → 반복 훈련 및 효과 상승 체크

> **실제 기출　발문 보기**
> • 역할 연기에 관한 설명으로 맞는 것은?
> • 다음 중 일반적인 역할 연기(Role playing)의 진행 순서로 옳은 것은?

41 텔레마케팅 센터의 훈련 프로그램 개발

① 표현 능력 개발, 판매 능력 개발, 정보 활용 능력 개발 등이 필요하다.
② 문제해결 중심의 훈련 프로그램을 개발한다.
③ 학습자의 경험과 사례를 이용한다.
④ 멀티미디어 등 다양한 전달 방법을 이용한다.

> **실제 기출　발문 보기**
> • 텔레마케터의 업무 능력을 향상시키기 위한 훈련 프로그램으로 가장 적절하지 않은 것은?

42 교육훈련의 성과를 측정하기 위한 평가 방법

① 전이 평가: 교육의 결과를 얼마나 현업에서 활용하고 있는지를 측정한다.
② 학습 평가: 학습자의 학습 내용 숙지 여부를 평가하여 실제 교육을 통해 향상된 지식과 기술 및 태도를 측정한다.
③ 반응 평가: 설문을 통해 피교육자가 교육을 어떻게 생각하는지 조사한다.
④ 효과성 평가: 교육훈련의 목적이 어느 정도 달성되었는지 그 효과를 평가한다.
⑤ 적용 평가: 교육을 받고 현장에 복귀 후 교육의 효과를 측정하는 평가 방법으로, 응용을 촉진 또는 방해하는 요인에 대한 규명이 이루어진다.
⑥ ROI 평가: 훈련 투자에 대한 수익률을 평가한다.

> **실제 기출　발문 보기**
> • 다음 중 훈련의 효과성 평가에 관한 설명으로 틀린 것은?
> • 인적 자원의 개발을 위한 교육훈련의 성과를 측정하기 위한 평가 방법에 관한 설명으로 옳지 않은 것은?

43 직장 내 교육훈련(OJT; On the Job Training)

① 의의 **중요**
  ㉠ 업무 중심의 현장 훈련을 의미한다.
  ㉡ 대체로 오리엔테이션은 강의식에 의존한다.
  ㉢ 기업 내에서의 종업원 교육훈련 방법의 하나로, 피교육자인 종업원은 직무에 종사하면서 지도 교육을 받게 된다. 따라서 업무 수행이 중단되는 일이 없는 것이 특징이다.
  ㉣ 리더는 피교육자의 문제점 및 건의 사항을 수렴한다.

② OJT를 위한 단계: 학습 준비 → 업무 설명 → 업무 실행 → 결과 확인

③ 장점 **중요**
  ㉠ 모든 관리자·감독자는 업무 수행상의 지휘 감독자이자 업무 수행 과정에서 부하 직원의 능력 향상을 책임지는 교육자라는 생각을 기반으로 추진되고 있으며, 지도자와 피교육자 사이에 친밀감을 조성할 수 있다.
  ㉡ 시간의 낭비가 적고 기업의 필요에 합치되는 교육훈련을 할 수 있다.
  ㉢ 별도의 시설 없이 적은 비용으로 경제적인 교육훈련을 실시할 수 있다.
  ㉣ 상사와 부하 간의 이해와 협동심을 촉진시킬 수 있다.
  ㉤ 종업원의 동기부여에 기여할 수 있다.
  ㉥ 교육 대상자의 능력과 수준에 맞추어 지도가 가능하다.
  ㉦ 교육 대상자는 교육받은 내용을 바로 실행해 보고 수정할 수 있다.
  ㉧ 개인 지도를 통해 교육 효과가 높다.

④ 단점
  ㉠ 지도자의 높은 자질이 요구되며 교육훈련 내용의 체계화가 어렵다.
  ㉡ 많은 종업원을 동시에 교육하기 어렵다.
  ㉢ 모든 업무와 모든 교육훈련에 완벽을 기할 수 없다.

⑤ OJT를 실시할 때 지켜야 할 원칙
  ㉠ 업무와 직접 관련된 교육을 실시한다.
  ㉡ 체계적이고 지속적이어야 한다.
  ㉢ 상담원의 능력을 극대화할 수 있는 방향으로 실시한다.

⑥ 텔레마케터에 대한 OJT
  ㉠ 준비 사항
    • 업무 매뉴얼을 작성한다.
    • OJT를 전담할 담당자를 선발한다.
    • 텔레마케터의 성과 요인과 현재 능력을 진단한다.
    • 단기적·일시적이 아니라 계획적·중점적·단계적으로 실행한다.
  ㉡ OJT 시기
    • 신입 상담원이 처음 입사했을 때
    • 기존 상담원이 다른 업무팀에서 전보 왔을 때
    • 기존 상담원의 실적이 떨어졌을 때
  ㉢ OJT 교육 내용
    • 견습 및 경험 중심: 역할 연기, 보고하기, 발표 기회 제공 등
    • 동기부여 중심: 칭찬하기, 신뢰감 표시, 직무 확대, 실패의 위로 등

대표 기출문제

OJT에 관한 설명으로 틀린 것은?

① 많은 종업원에게 통일된 훈련을 시킬 수 있다.
② 상사와 동료 간에 이해와 협동정신을 강화시킨다.
③ 종업원의 개인적 능력에 따른 훈련이 가능하다.
④ 실시가 용이하며, 훈련비용이 적게 든다.

[해설] OJT는 많은 종업원을 동시에 교육하기 어렵고, 업무와 교육훈련에 모두 철저하기 어려우며, 교육훈련 내용의 체계화가 어렵다는 단점이 있다.

정답 ①

실제 기출 · 발문 보기

- 텔레마케터에 대한 OJT 실시시기로 적합하지 않은 것은?
- OJT를 실시할 때 지켜야 할 원칙이 아닌 것은?
- 직장 내 교육훈련(OJT)의 장점이 아닌 것은?
- OJT(On the Job Training) 교육단계로 옳은 것은?
- 텔레마케터를 교육훈련(OJT)하기 위한 준비사항으로 틀린 것은?

44 직장 외 교육훈련(Off JT)

① 의의: 직장 외 또는 직무 외의 훈련을 말한다.
② 장점
  ㉠ 많은 종업원에게 동시적·통일적으로 교육을 실시할 수 있다.
  ㉡ 전문가의 지도 아래 교육훈련에 전념할 수 있다.
  ㉢ 참가자 간의 선의의 경쟁을 통해 교육효과를 증대할 수 있다.
  ㉣ 현장 작업과 관계없이 계획적으로 훈련을 할 수 있다.
③ 단점
  ㉠ 현장에서 즉시 활용할 수 없다.
  ㉡ 훈련 시설 설치에 따르는 경제적 부담이 증가한다.

실제 기출 · 발문 보기

- 직장 외 교육훈련(OFF JT)의 장점에 해당하지 않는 것은?

45 콜센터의 역할

① 신규 고객을 확보한다(낮은 비용으로 비용 절감).
② 기존 고객을 활성화한다(고객관리 및 고객 이탈 방지).
③ 고객 정보를 획득하고 시장조사 기능을 수행한다(고객의 요구 파악, 신상품 광고 효과 → 수익 증대).
④ 고객을 중심으로 고객 감동 실천의 장이 된다(기업 이미지 제고).
⑤ 전화, 우편, 이메일 등 다양한 커뮤니케이션 채널을 이용하여 마케팅을 전개한다.
⑥ 고객 정보 축적을 통하여 고객 맞춤형 서비스를 제공한다.

> **실제 기출 | 발문 보기**
> - 서비스의 전략적인 측면에서 본 콜센터의 역할로 옳지 않은 것은?
> - 콜센터의 역할 및 기능과 가장 거리가 먼 것은?

46 콜센터 역할의 변화

① 수익성 중심에서 고객과의 관계 중심으로 변화하였다.
② 거래보조 수단에서 세일즈 수단으로 변화하였다.
③ 고객서비스 수단에서 고객의견조사의 수단으로 변화하였다.
④ 전화 센터에서 멀티미디어 센터로 변화하였다.
⑤ 코스트(Cost) 센터에서 프로핏(Profit) 센터로 변화하였다.
⑥ 생산성 중심에서 고객관계 중심으로 운영 관점이 변화하였다.
⑦ 높은 이직률을 가진 직업에서 커리어패스(직업 경로, Career path)의 직업으로 변화하였다.

> **대표 기출문제**
>
> 다음 중 콜센터 발전 방향과 가장 거리가 먼 것은?
> ① 코스트(Cost) 센터에서 프로핏(Profit) 센터로 변화
> ② 고객관계 중심에서 생산성 중심으로 운영 관점의 변화
> ③ 전화 센터에서 멀티미디어 센터로 변화
> ④ 높은 이직율에서 커리어패스(Career path)의 직업으로 변화
>
> **해설** 생산성 중심에서 고객관계 중심으로 운영 관점이 변화하고 있다.
>
> **정답** ②

> **실제 기출 | 발문 보기**
> - 콜센터에 대한 인식 변화에 관한 설명으로 틀린 것은?
> - 과거의 콜센터 개념과 현재의 콜센터 개념의 변화를 설명한 것으로 옳지 않은 것은?

47 콜센터의 효율적 운영 방안

① 고객 상담을 종합적으로 처리할 수 있는 전문 인력을 배치한다.
② 다양한 고객 활동 정보를 활용하여 보다 나은 고객 서비스 기법을 지속적으로 개발하여 고객에게 서비스 범위와 혜택을 홍보한다.
③ 고객만족도 평가 항목을 정하고 기간별로 데이터를 분석하여 집계·발표한다.
④ 지속적인 정보관리를 할 수 있도록 화면과 각종 리포트를 개발하여 현업에 활용한다.
⑤ 고객이 요구하는 사항을 원스톱으로 처리하는 것을 지향한다.
⑥ 고객 위주의 스크립트를 개발하고 상담 내용을 데이터베이스화하여 경영 활동에 반영한다.
⑦ 고객의 특수한 요구 발생 시 적절한 대응 방법과 절차를 이용하여 처리한다.
⑧ 제품의 가격을 고려할 때 고객이 부담 없이 접근할 수 있는 가격대가 좋다.
⑨ 콜센터 운영에 적합한 신뢰성 있는 제품이나 서비스를 선택하는 것이 유리하다.
⑩ **콜센터 스케줄링**: 표준 작업일, 상담원 실근무시간 등의 상황 변수를 토대로 보다 현실적이고 실제적으로 콜센터 업무를 계획하는 것이다.
⑪ 텔레마케팅 전략의 수립은 고객에 대한 접근의 틀을 제공하고 고객으로부터의 신뢰 창출 및 매출 증대, 고객서비스 향상에 결정적인 영향을 미친다.

기출 PLUS OX QUIZ

1. 효율적인 콜센터 운영을 위해 관련 부서와의 긴밀한 협조가 필요하다. O | X
2. 효율적인 콜센터 운영을 위해 콜센터 조직 구성원 간의 신뢰가 필요하다. O | X
3. 효율적인 콜센터 운영을 위해 고객의 요구 수준에 부합한 서비스 제공이 필요하다. O | X
4. 효율적인 콜센터 운영을 위해 동료 간의 철저한 경쟁을 통한 성과급 지급 체계가 필요하다. O | X

정답 1. O 2. O 3. O 4. ×

실제 기출 | 발문 보기

- 효율적인 콜센터 운영을 위한 고려사항으로 가장 적절하지 않은 것은?
- 콜센터의 효율적 운영방안과 가장 거리가 먼 것은?

48 최근 텔레마케팅 운영의 변화 추세

① 기업은 고정비 부담을 줄이기 위해 텔레마케팅을 자체적으로 운영하기보다 전문 업체에 위탁하는 Agency telemarketing 방식의 채택을 확대하고 있다.
② 데이터베이스 시스템 구축으로 고객 정보를 활용하여 적극적인 판촉활동을 전개하여 생산성과 수익실현에 초점을 둔다.
③ 인바운드와 아웃바운드를 동시에 운영하고 실무자의 효율성과 생산성을 높이고 있는 추세이다.
④ 콜센터를 중심으로 전용상품을 개발하여 판매활동을 강화하고 있다.

49 콜센터 문화에 영향을 미치는 요인

① 개인적 요인: 직업관, 사명감, 근무만족도 등
② 기업적 요인: 근로 급여 조건, 기업의 지명도, 상담원과 슈퍼바이저의 인간적 친밀감 등
③ 사회적 요인: 관련 행정 당국의 제도적·비즈니스적 지원 정도, 취업 정보 개방에 따른 근로 선택 및 이직의 자유로움, 콜센터 근무자에 대한 직업의 매력도 및 인식 정도 등

대표 기출문제

콜센터 문화에 영향을 미치는 개인적 요인과 가장 거리가 먼 것은?

① 직업관
② 사명감
③ 근무만족도
④ 근로 급여조건

해설 근로 급여조건은 기업적 요인에 해당한다.

정답 ④

실제 기출 **발문 보기**

- 콜센터 문화에 영향을 미치는 기업적 요인에 해당되지 않는 것은?
- 콜센터 문화에 영향을 미치는 사회적 요인에 해당되지 않는 것은?

50 콜센터에서의 심리적 장애 요인

① 콜센터 바이탈 사인: 반복적인 상담 업무에서 비롯되는 권태감, 자책감, 음성 피로와 장애 등으로 인해 정신적·육체적인 이상 현상이 나타나는 것이다.
② Burn-out: 텔레마케터의 성과나 동기부여가 현저하게 저하되고 의욕이 상실되어 있는 최저 능률 상태이다. 일반적으로 더 나은 분야에 종사할 기회를 갖지 못한 상태에서 지나치게 오랫동안 전화 업무만 한 경우에 나타난다.
③ 뜨내기 문화: 소속감의 부재로 약간의 급여 조건 변동 또는 이점이 있다면 쉽게 근무지를 이동하여 높은 이직률이 나타나는 현상이다.
④ 한우리 문화(끼리끼리 문화): 평소 친한 사람들과만 어울리고 그 외 사람들을 배타적으로 보는 집단 심리이다.
⑤ 유리벽(Glass wall): 조직 구성원이 비핵심 부서에서 핵심 부서로의 수평적 이동을 방해받는 현상으로 특히 여성 차별과 관련하여 많이 인용된다. 수직적 이동을 방해받는 현상은 유리 천장(Glass ceiling)이라고 한다.
⑥ 콜센터 심리 공황: 조직이 점차 커지고 활성화됨에 따라, 상담원들이 기피하는 업종이나 기업의 콜센터는 집단 이탈, 인력 채용·운영 효율의 저하 등이 나타나고, 급기야는 콜센터의 관리직도 자기 역할의 한계를 느껴 콜센터 조직이 와해되는 현상이다.

⑦ 철새 둥지: 콜센터의 근무 조건의 변화, 약간의 급여 차이, 업무의 난이도, 복리 후생 정책의 차이나 비교 정보를 획득했을 때 심리 변화와 태도 변화를 일으켜 조금이라도 자신에게 유리한 콜센터로 근무지를 옮기는 현상이다.
⑧ 콜센터 바이러스: 상담원들이 고객과 상담을 하는 과정에서 말을 많이 하고 지쳐 있어 부정적 심리 상태가 자극적인 말, 분위기 변화 등에 의해 금세 전염되는 현상이다.
⑨ 역할 스트레스
  ㉠ 역할 갈등: 한 사람이 여러 지위를 동시에 갖거나 한 가지 지위를 가지며 동시에 여러 가지 역할이 기대될 때 나타나는 역할 모순이다.
  ㉡ 역할 모호성: 역할 기대가 모호하고 역할 담당자의 직무 경험에 따라 자신의 의무, 권한 및 책임에 대한 이해가 부족하여 담당하는 역할이 모호해지는 상태이다.

대표 기출문제

콜센터 상담원의 역할 스트레스에서 역할 모호성의 영향 요인 중 개인적 요인에 해당하는 것은?

① 피드백(Feedback) ② 고려(Consideration)
③ 권한위임(Empowerment) ④ 직무 경험(Duty experience)

해설 개인의 직무 경험에 따라 담당하는 역할이 모호해질 수 있다.

정답 ④

기출 PLUS 초성 QUIZ

1. ㅊㅅㄷㅈ 은/는 근무 조건의 변화, 급여의 차이, 업무의 난이도, 복리 후생 정책 등의 비교 정보를 획득했을 때 심리 변화와 태도 변화를 일으켜 조금이라도 자신에게 유리한 콜센터로 근무지를 옮기는 현상을 말한다.

정답 1. 철새 둥지

실제 기출 발문 보기

- 다음 직무 스트레스 중 역할 갈등의 예에 해당되는 것은?
- 다음이 설명하는 문화현상은?
- 다음에서 설명하고 있는 콜센터의 현상은?

---

51 콜센터의 인적 자원 관리

① 콜센터의 인적 자원 관리 방안
  ㉠ 동기부여 프로그램을 운영한다.
  ㉡ 콜센터 리더 육성 프로그램을 운영한다.
  ㉢ 상담원 수준별로 교육훈련 프로그램을 운영한다.

② 콜센터 사기 저하 및 이직률의 원인
　㉠ 적절한 보상이나 교육훈련이 부족하고 근무 환경이 열악하다.
　㉡ 관리자와의 커뮤니케이션이 부족하다.
　㉢ 비전 및 커리어패스가 불확실하다.
　㉣ '끼리끼리' 문화에 익숙한 상담원들이 집단행동을 하는 경우가 있다.
③ 텔레마케터의 잦은 이직이 콜센터 운영에 미치는 요인
　㉠ 채용공고와 채용과정에서 비용이 발생한다.
　㉡ 기존 인력을 대체한 신입 인력으로 인해 생산성이 감소한다.
　㉢ 신입 인력 교육기간 동안 수입이 감소한다.
④ 상담원들의 이직관리
　㉠ 상담원에게 콜센터의 비전을 제시하고 동기를 부여한다.
　㉡ 행복한 일터, 즐겁게 일하는 콜센터 분위기를 조성한다.
　㉢ 이직의 원인을 지속적으로 모니터링하고 개선한다.

> **실제 기출　발문 보기**
> - 다음 중 콜센터의 인적 자원 관리 방안으로 적합하지 않은 것은?
> - 텔레마케터의 잦은 이직이 콜센터 운영에 미치는 요인과 가장 거리가 먼 것은?
> - 콜센터 경영 시 가장 큰 문제점인 이직률의 원인으로 틀린 것은?
> - 상담원들의 이직관리에 대한 사항으로 틀린 것은?

52 모니터링

① **개념**: 텔레마케터 또는 모니터링 요원이 텔레마케팅이나 고객 응대 과정에서 어느 정도의 전화 예절과 친절·신속·신뢰·자신감·상품 및 서비스 전달 능력을 보유하고 있는지 전반적인 상황을 정해진 양식에 의해 체크하여 작성해서 고객관리 능력을 개선·지도·보완·수정하기 위한 의도적인 업무 절차이다.
② 종류
　㉠ QM(Quality Monitoring): 상담원들의 고객 상담 및 서비스 품질의 강점과 약점을 평가하고 측정하기 위해 고객과의 콜 상담 내용을 듣거나 또는 멀티미디어를 통한 접촉 내용을 관찰하는 모든 활동 및 과정이다.
　㉡ 통화품질관리(QA; Quality Assurance): 콜 모니터링과 코칭을 통해 생산성 향상과 고품격 서비스를 제공하기 위한 일련의 과정이다. 평가자의 주관을 반영하여 평가하는 것이 아니라 통화품질에 대한 규정을 마련해 전문 평가 인력을 활용하여 합리적인 평가를 한다.
③ 목적
　㉠ 상담원의 통화품질을 평가한다.
　㉡ 개별 코칭을 통해 상담원의 스킬을 향상시킨다.
　㉢ 고객 만족과 로열티·수익성 향상을 위한 관리의 수단이다.
　㉣ 교육을 통해 텔레마케터의 고객관리 능력을 지도·개선·보완·수정한다.
　㉤ 모니터링 평가 결과를 활용하여 상담원에게 보상과 인정을 제공한다.

> **실제 기출** 발문 보기
>
> - 콜센터 상담원 모니터링의 목적과 가장 거리가 먼 것은?
> - 통화품질관리(QA)의 핵심 성공 요인으로 볼 수 없는 것은?
> - 상담원들의 고객 상담 및 서비스 품질의 강점과 약점을 평가하고 측정하기 위해 고객과의 콜 상담 내용을 듣거나 또는 멀티미디어를 통해 접촉 내용을 관찰하는 모든 과정은?
> - 텔레마케터의 통화품질 평가 시 고려사항이 아닌 것은?
> - 텔레마케터의 상담품질관리를 위해 모니터링 평가와 코칭 업무를 담당하는 사람을 표현하는 용어는?
> - 콜 모니터링과 코칭을 통해 생산성 향상과 고품격서비스를 제공하기 위한 일련의 과정은?

53 모니터링의 유형

Mystery call	고객을 가장하여 상담원에게 전화를 걸어 평가함
Silent call	고객과 상담원의 통화 중에 모니터링하여 실시간으로 피드백 등을 해 줌으로써 상담원이 긴장하면서 통화를 하도록 하는 모니터링 유형
Stand monitoring	• 상담원 옆에서 상담원의 상담 태도 및 상담 내용을 듣고 평가함 • 거의 대부분 상담원의 옆자리가 비어 있지 않기 때문에 주로 평가 대상인 상담원 옆에 서 있는 상황이 발생함
Self monitoring	• 상담원 자신이 본인의 상담 내용을 모니터링하는 유형 • 본인의 장단점을 체크해 보면서 스스로 반성의 기회를 갖게 되므로, 효과가 좋은 방법 중 하나
Peer monitoring	• 동료가 서로의 상담 내용을 모니터링하는 유형 • 모니터링에 대한 반감을 줄일 수 있음 • 동료 간 감시의 의구심을 불러일으켜 팀워크를 깨뜨릴 수도 있음
Side-by-side monitoring	상담원 옆에 앉아서 실시간으로 모니터링하는 유형
Call taping	녹취된 샘플을 듣고 모니터링하는 유형

> **실제 기출** 발문 보기
>
> - 상담원 간 통화 내용을 서로 듣고 상담내용을 평가하는 모니터링 기법은?

54 모니터링 성공 요소

① 대표성
  ㉠ 모니터링 대상 콜을 통하여 전체 콜센터의 특성과 수준을 추정할 수 있어야 한다.
  ㉡ 모니터링 대상 콜은 하루의 모든 시간대별, 요일별 및 그달의 모든 주를 대표할 수 있도록 수행하여야 한다.
② 객관성
  ㉠ 텔레마케터의 장단점을 발견하고 능력을 향상시킬 수 있는 수단으로 활용하여야 한다.
  ㉡ 편견 없이 객관적인 기준으로 평가하여 누구든지 인정할 수 있게 해야만 한다.

③ 차별성
  ㉠ 모니터링 평가는 서로 다른 기술 분야의 차이를 반드시 인정하고 반영하여야 한다.
  ㉡ 기대를 넘는 뛰어난 기술과 고객 서비스 행동은 어떤 것인지, 또 거기에 대한 격려와 보상은 어떻게 해야 하는지 등을 판단하는 데 도움을 줄 수 있다.
④ 신뢰성
  ㉠ 평가는 지속적으로 이루어져야 하며 누구든지 결과를 신뢰할 수 있어야 하므로 평가자는 성실하고 정직해야 한다.
  ㉡ 모든 평가자는 동일한 방법으로 모니터링을 해야 하며 누가 모니터링을 하더라도 그 결과가 큰 차이 없이 나와야만 신뢰성을 획득할 수 있다.
⑤ 타당성
  ㉠ 고객들이 실제로 어떻게 대우를 받았는지에 대한 서비스 평가와 서비스 모니터링 점수가 일치해야 하고 이를 반영해야 한다는 것을 의미한다.
  ㉡ 모니터링 평가표는 고객 응대 시의 모든 중요한 요소가 포함될 수 있도록 포괄적이어야 한다.
  ㉢ 고객을 만족시킬 수 있는 행동을 높게 평가해야 하며 고객 불만족을 유발하는 행동은 낮게 평가해야 한다.
⑥ 유용성
  ㉠ 위에서 제시한 5가지 요소들은 대표적이고 객관적이며 신뢰할 수 있는 유용한 데이터를 만들기 위한 것이다.
  ㉡ 정보는 조직과 고객에게 영향을 줄 수 있어야만 가치를 발휘하게 된다.

> **실제 기출 발문 보기**
> - 모니터링의 성공 요소가 아닌 것은?
> - 모니터링 평가 시 고려 요소의 하나로서 고객들이 실제로 상담원에게 어떻게 대우를 받았는지에 대한 서비스 평가와 서비스 모니터링 점수가 일치해야 하는 것을 의미하는 것은?

55 SMART 성과 목표의 설정 항목

① S(Specific): 구체적이어야 한다.
② M(Measurable): 측정할 수 있어야 한다.
③ A(Achievable, Attainable): 달성 가능한 지표여야 한다.
④ R(Result-oriented): 전략 과제를 통해 구체적으로 달성하는 결과물이어야 한다.
⑤ T(Timely, Time-bound): 일정한 시간 내에 달성 여부를 확인할 수 있어야 한다.

> **실제 기출 발문 보기**
> - SMART 성과 목표 설정 항목 중 S에 해당하는 것은?
> - 달성가능성이 높은 목표를 세우기 위해 SMART 기법을 사용한다. 'SMART' 용어에 대한 표기가 잘못된 것은?

56 텔레마케팅 성과 분석

① 서비스 품질 성과지표
  ㉠ 콜 전환률
  ㉡ 모니터링 점수
  ㉢ 첫 번째 콜 해결률

② 콜량 예측 시 필요한 데이터
  ㉠ 평균 대화시간(Talk time)
  ㉡ 마무리시간(Wrap-up)
  ㉢ 평균 처리시간(AHT; Average Handling Time)

③ 텔레마케팅의 생산성 관리지표 중요
  ㉠ 평균 처리시간(AHT)
  ㉡ 평균 통화시간(ATT)
  ㉢ 평균 대기시간(ADH)

④ 아웃바운드 텔레마케팅 성과 분석을 위한 지표 분석 기준 중요
  ㉠ 콜 응답률(CRR; Call Response Rate): 총발신 건수에 대한 반응 비율
  ㉡ 콜 접촉률: 아웃바운드 텔레마케팅을 실행한 후 고객과 접촉한 총건수
  ㉢ 평균 판매가치
  ㉣ 판매 건당 비용(CPR; Cost Per Response): 1건의 반응을 얻는 데 소요되는 비용
  ㉤ 고객 DB 소진율: 총고객 DB 불출 건수 대비 텔레마케팅으로 소진한 DB 건수가 차지하는 비율
  ㉥ 고객 DB 사용 대비 고객 획득률: 총고객 DB 사용 건수 대비 고객으로 획득한 비율
  ㉦ 1콜당 평균 전화비용: 아웃바운드 텔레마케팅을 하였을 경우 1콜당 평균적으로 소요되는 전화비용의 정도
  ㉧ 총 매출액: 일정 기간 동안 아웃바운드 텔레마케팅을 실행한 결과 발생한 총 매출액
  ㉨ 시간당 판매량

⑤ 인바운드 콜센터의 성과지표 중요 : 콜 처리율, 스케줄 준수율, 품질 평가, 평균 후처리시간, 서비스 레벨, 고객 만족도, 통화품질평가점수, 첫 통화 해결률, 상담원 착석률, 평균 통화시간 등

⑥ 콜센터의 성과지표: 총콜 수, 총통화시간, 평균 응대시간

┤ 대표 기출문제 ├─

콜센터 성과평가에 관한 설명으로 옳지 않은 것은?

① 회사 전체의 목표, 성과체계와 긴밀히 연관되어 있다.
② 회사별 특성을 고려하기보다는 다른 콜센터의 평가항목을 벤치마킹하여 적용하는 것이 좋다.
③ 인바운드 콜센터에서 사용되는 성과평가항목은 CPH(Call Per Hour), 서비스 레벨, 고객만족도 등으로 설정할 수 있다.
④ 균형 있는 성과평가를 위해서는 양적 평가항목과 질적 평가항목 모두 필요하다.

해설 다른 콜센터의 평가항목을 그대로 벤치마킹하여 적용하는 것이 아니라 회사별 특성을 고려하여야 한다.

정답 ②

| 실제 기출 | 발문 보기 |

- 콜센터의 성과지표에 관한 설명 중 틀린 것은?
- 인바운드 콜센터의 운영 성과측정지표에 관한 설명으로 옳지 않은 것은?
- C 통신사에서는 신규제품의 홍보를 위한 DM 2,000건을 발송하여 주문 32건, 문의 58건을 접수하였다. 이 경우 아웃바운드 콜센터의 CRR은?
- 콜센터 내의 팀 업무성과관리에 대한 설명으로 틀린 것은?
- 인바운드 콜센터 서비스 성과지표 요소가 아닌 것은?

57 서비스 레벨

① 목표로 하는 시간 내에 응대가 이루어지는 콜의 비율이다.
② 인입된 콜 중에서 정해진 시간 내에 받아서 처리한 달성 내용을 백분율로 나타낸다.
③ 30분, 15분 등 적절한 시간 간격으로 분석해야 한다.
④ 고객들의 통화 대기시간에 대한 평균적인 수준을 가장 잘 나타내는 지표이다.
⑤ 서비스 레벨은 ACD 시스템상의 보고서를 통해 알 수 있다.
⑥ 'X%의 콜을 Y시간 내에 응대'와 같은 형식으로 표시한다.

| 실제 기출 | 발문 보기 |

- 콜센터의 정량적 평가지표인 서비스 레벨에 대한 설명 중 틀린 것은?

58 콜센터 생산성 향상

① 콜센터 생산성 향상 방안
  ㉠ 콜센터 인력(리더 및 상담사 등)에 대한 교육을 강화한다.
  ㉡ 전반적인 업무 환경(콜센터 환경)을 개선한다.
  ㉢ 텔레마케터 성과에 대한 인센티브를 강화한다.
  ㉣ 공정한 성과 평가와 보상이 이루어져야 한다.
  ㉤ 관련 부서와 긴밀한 협조를 해야 한다.
  ㉥ 콜센터 조직 구성원 간에 신뢰가 쌓일 수 있도록 한다.
② 콜센터 성과 향상을 위한 보상 계획을 수립할 때 주의사항
  ㉠ 지속적이고 일관성 있는 보상 계획을 수립해야 한다.
  ㉡ 달성 가능한 목표 수준을 고려해야 한다.
  ㉢ 직원을 참여시켜야 한다.

대표 기출문제

콜센터의 생산성을 향상시킬 수 있는 방안과 가장 거리가 먼 것은?

① 콜센터 인력을 신규인력으로 대폭 교체한다.
② 전반적인 업무 환경(콜센터 환경)을 개선한다.
③ 텔레마케터 성과에 대한 인센티브를 강화한다.
④ 콜센터의 인력(리더 및 상담원 등)에 대한 교육을 강화한다.

해설 인건비는 콜센터 운영비용에서 가장 많은 부분을 차지하는 항목이다. 인력을 신규인력으로 대폭 교체하는 것은 채용비용과 교육 및 재교육비용 등 인건비를 증가시키므로 생산성 향상에 도움이 되지 않는다.

정답 ①

실제 기출 | 발문 보기

- 콜센터의 생산성 향상을 위한 방법으로 가장 효과적인 것은?
- 콜센터의 성과향상을 위한 보상계획을 수립할 때 고려해야 할 사항으로 가장 거리가 먼 것은?

PART 2

실전 모의고사

- **제1회** 실전 모의고사
- **제2회** 실전 모의고사
- **제3회** 실전 모의고사
- **제4회** 실전 모의고사
- **제5회** 실전 모의고사

지식에 대한 투자가 가장
이윤이 많이 남는 법이다.

– 벤자민 프랭클린 –

제1회 실전 모의고사

01 고객관리

01
콜센터의 고객 응대에 대한 설명으로 옳지 않은 것은?

① 고객과의 의사소통이다.
② 1:多의 상호작용이다.
③ 응대의 전문성이 요구된다.
④ 대화예절이 수반된다.

02
고객관계관리(CRM ; Customer Relationship Management)의 등장 배경과 관련이 없는 것은?

① IT의 발전
② 고객의 개성화
③ 매스 마케팅의 효율성
④ 고객의 기대와 요구의 다양화

03
고객 응대에 있어서 MOT(Moments Of Truth)의 의미로 가장 적합한 것은?

① 고객이 만족할 만한 응대가 끝난 시점
② 고객이 제품을 구매하여 처음 사용해 보는 순간
③ 고객과 기업이 상호 접촉하여 커뮤니케이션을 하는 매 순간
④ 고객이 제품 사용을 통해 제품의 장단점을 실제로 깨닫는 순간

04
텔레마케터의 바람직한 음성 연출로 가장 거리가 먼 것은?

① 알맞은 음량
② 또렷한 목소리
③ 동일한 목소리 톤
④ 적당한 말의 속도

05
빅데이터의 특징으로 옳지 않은 것은?

① 빅데이터는 데이터의 형식이 단일하다.
② 빅데이터는 데이터의 양이 방대하다.
③ 빅데이터는 생성 속도가 매우 빠르다.
④ 빅데이터는 데이터 처리 방식에 있어 새로운 관리 및 분석 방법을 요구한다.

06
커뮤니케이션에 관한 설명으로 적절하지 않은 것은?

① 서로의 행동에 영향을 미친다.
② 커뮤니케이션은 정보를 교환하고 의미를 부여하는 노력이다.
③ 순기능과 역기능이 있다.
④ 형식은 고정화되어 있다.

07
커뮤니케이션의 장애 요인 중 발신자에 의한 장애가 아닌 것은?

① 목표·목적 의식의 부족
② 준거의 틀 차이
③ 선입견
④ 커뮤니케이션의 기술 부족

08
구매 전 상담의 역할이 아닌 것은?

① 구매에 관한 정보 제공
② 합리적인 소비의 촉진
③ 소비자 교육
④ 기업의 광고비 증대

09
고객과의 커뮤니케이션에 초점을 맞춘 분석으로 고객과 기업 간의 접촉 날짜, 횟수, 사용 금액 등을 나타내는 분석은?

① 고객평생가치 분석
② ROI 분석
③ 손익분기 분석
④ RFM 분석

10
빅데이터 분석 도구에 대한 설명으로 옳지 않은 것은?

① 대용량 데이터를 분석할 수 있으나 사용자가 의사 결정을 하는 데에는 시간이 오래 걸린다.
② 최근에는 오픈소스로서 무료로 이용할 수 있는 R과 파이썬이 각광을 받고 있다.
③ 빅데이터는 가치를 창출하기 위해서 대용량 데이터와 다양한 데이터를 핸들링하고 분석할 수 있는 통계적 방법이 필요하다.
④ 빅데이터의 기초적인 분석 도구로 엑셀, SPSS, SAS 등이 일반적으로 사용되고 있다.

11
고객과의 효과적인 대화 방법으로 거리가 먼 것은?

① 비언어적 요소도 고려하여 대화한다.
② 상대와 장소를 고려하여 그에 맞는 존댓말을 쓴다.
③ 고객 중심의 언어보다는 텔레마케터 중심의 언어로 표현해야 한다.
④ 애매한 표현, 위압감을 주는 표현은 사용하지 않는다.

12
CRM의 목적이 아닌 것은?

① 고객 운영 비용의 극대화를 통한 제품 품질 향상
② 고객 가치 증진을 통한 매출 및 고객 충성도 향상
③ 신규 고객 확보 및 기존 고객 유지를 통한 고객 수 증대
④ 고객 유지 비용의 최적화를 통한 마케팅 비용 효율화

13
효율적인 상담을 위한 방법으로 옳은 것은?

① 상담원은 전문가이므로 자신의 의견을 일방적으로 설득시킨다.
② 고객의 의견을 진지하게 경청한다.
③ 상담 시에 청각적 자료는 사용하지 않는다.
④ 전문용어를 많이 사용하는 것이 좋다.

14
표현적인 유형에 속하는 고객과의 상담 전략으로 알맞은 것은?

① 고객의 생각을 인정하고 부정적인 피드백을 한다.
② 제품의 세부사항은 최대한으로 제공한다.
③ 폐쇄형 질문으로 친숙하게 접근한다.
④ 의사결정을 촉진할 혜택을 제공한다.

15
고객 응대 시 제공하는 서비스의 특징에 해당되지 않는 것은?

① 서비스는 생산과 동시에 소멸되는 성격을 가지고 있다.
② 서비스를 제공하는 장소, 인적 자원에 따라 서비스의 품질이 달라진다.
③ 동질의 서비스를 제공하면 고객 개인별로 서비스를 평가하는 기준이 동일하다.
④ 서비스는 형태가 없는 무형의 상품으로 객관적으로 볼 수 없는 형태로 되어 있어 측정하기 매우 어렵다.

16
경청을 방해하는 요인이 아닌 것은?

① 비교하기
② 미리 판단하기
③ 충고하기
④ 명료화하기

17
고객의 반론을 극복할 때 사용할 수 있는 방법으로 틀린 것은?

① Yes, But 기법을 활용한다.
② 인간적인 신뢰성으로 설득한다.
③ 거절이나 반론에 대한 두려움을 가진다.
④ 고객의 니즈를 집중적으로 분석하여 관심을 유도한다.

18
고객과 대화 시 친밀감을 형성하는 방법으로 가장 적합한 것은?

① 고객의 말에 흠이 있는지 관찰한다.
② 질문과 답변을 스크립트대로만 한다.
③ 고객에게 관심을 갖고 고객 욕구를 파악한다.
④ 고객의 거절 방지를 위해 바로 본론을 말한다.

19
고객생애가치(LTV)에 관한 설명으로 옳은 것은?

① 특정 회사의 제품 또는 서비스를 구매한 날로부터 최종 반품처리한 날까지의 기간이다.
② 특정 회사의 제품 또는 서비스를 처음 구매하거나 요청한 기간이다.
③ 한 고객이 최초로 기업과의 거래를 시작한 시점부터 거래에 대한 모든 기록의 누계이다.
④ 처음으로 자사 제품 또는 서비스를 구입한 때부터 고객이 사망하는 시점까지의 기간이다.

20
호기심이 많은 유형의 고객과의 상담 전략으로 옳은 것은?

① 고객을 설득하지 않는다.
② 장점, 가치, 신뢰성 등은 제외하고 해결책을 제시한다.
③ 고객의 결정을 강요하지 않는다.
④ 자신에 대해 적극적으로 말한다.

21
다음 CRM 시스템에 대한 설명 중 (   ) 안에 알맞은 것은?

> (   )은 CRM의 구체적인 실행을 지원하는 시스템이다. 전사적 자원관리 시스템의 기능 중 고객 접촉과 관련된 기능을 강화하여 조직의 전방위 업무를 지원하며 마케팅 자동화 시스템, 영업 자동화 시스템, 고객서비스 자동화 시스템이 포함된다.

① 분석 CRM
② 운영 CRM
③ 협업 CRM
④ E-CRM

22
고객 상담 시 바람직한 자세에 대한 설명 중 틀린 것은?

① 고객의 일을 상담원의 일과 같이 진심으로 대한다.
② 상대방의 이익보다는 상담원의 목표 달성에만 관심을 갖는다.
③ 상담과 관련된 지식을 충분히 습득한다.
④ 고객의 입장에서 최선의 조건이 되도록 하는 것이 최선의 길임을 이해한다.

23
개인정보보호법상 개인정보 처리자가 개인정보를 수집·이용할 수 있는 경우로 볼 수 없는 것은?

① 정보주체의 동의를 받은 경우
② 공공기관이 법령 등에서 정하는 소관 업무의 수행을 위하여 불가피한 경우
③ 법률에 특별한 규정이 있거나 법령상 의무를 준수하기 위하여 불가피한 경우
④ 합리적인 범위를 벗어나더라도 명백히 정보주체의 재산의 이익을 위하여 필요하다고 판단하는 경우

24
전화 상담 시 응대요령으로 잘못된 것은?

① 피해구제 요청을 받은 즉시 제품 교환, 반품, 환불 등을 확실하게 약속해야 한다.
② 사정에 따라서 통화를 잠시 중단할 경우 오래 기다리지 않도록 해야 한다.
③ 전화는 고객이 먼저 수화기를 놓는 것을 확인한 후 끊는다.
④ 상담원이 자의적으로 단정하지 말고 성실히 듣는다.

25
고객관계 유지를 위한 CRM의 역할 중 틀린 것은?

① 고객 이탈 방지
② 고객 평가 및 세분화
③ 집단화 및 획일화
④ 고객 니즈 분석

02 시장환경조사

26
설문지 작성 시 사용하는 개방형 질문에 대한 설명으로 옳지 않은 것은?

① 질문에 대하여 자유롭게 응답할 수 있다.
② 질문을 통해서 응답자의 의견, 태도, 동기 등에 대해 정확한 답을 얻을 수 있다.
③ 질문 자체에 융통성이 있다.
④ 응답 처리가 용이하고 계측에 통일성을 기할 수 있다.

27
다음 설명에 적합한 조사 유형은?

> A 통신회사는 3,000명의 대학생을 대상으로 15일간 휴대폰 브랜드 선호도 조사를 실시하려고 한다. 비용이 적게 들면서도, 질문 내용 이해 부족으로 인한 응답 오류가 적은 조사 방법을 이용하고자 한다.

① 관찰조사
② 집단설문조사
③ 면접조사
④ 방문조사

28
시장조사의 특징으로 옳지 않은 것은?

① 직감을 통한 조사로 이루어진다.
② 마케팅 전략수립을 위한 과정이다.
③ 현장에서 활용될 수 있는 실용성이 있어야 한다.
④ 기초과학을 근거로 한다.

29
다음에서 설명하고 있는 것은?

> 기업의 판매상황, 원가, 재고 수준, 외상매출금 등의 거래현황 등에 관한 내부정보를 통합적으로 관리한다.

① 마케팅 정찰 시스템
② 마케팅 내부정보 시스템
③ 마케팅 조사 시스템
④ 마케팅 정보 시스템

30
마케팅조사의 과학적 특성으로 적절하지 않은 것은?

① 이론적으로 근거가 있는 객관적 사실에 입각하여 자료를 수집한다.
② 현재의 사실에만 국한하여 사실의 원인을 설명해야 한다.
③ 구성 요소들의 상관관계, 원인 등을 분석한다.
④ 이론이나 가설이 보편적으로 적용될 수 있어야 한다.

31
시장조사 시 조사자가 지켜야 할 사항과 가장 거리가 먼 것은?

① 조사대상자의 존엄성과 사적인 권리를 존중해야 한다.
② 조사결과는 성실하고 정확하게 보고하여야 한다.
③ 자료의 신뢰성과 객관성을 확보하기 위해 자료원 보호는 반드시 배제해야 한다.
④ 조사의 목적을 성실히 수행하여야 하며 조사결과의 왜곡, 축소 등은 회피해야 한다.

32
표본추출방법에 관한 설명으로 옳지 않은 것은?

① 층화표본추출방법은 단순무작위표본추출방법에 비해 표본 오차가 줄고 대표성이 높아진다.
② 체계적 표본추출방법은 목록 자체가 일정한 주기성을 가질 경우에 바람직하다.
③ 군집표본추출방법에서는 군집이 표본추출단위가 된다.
④ 체계적 표본추출방법의 경우 첫 번째 표본은 반드시 무작위로 선정하여야 한다.

33
개체나 사람이 다르다는 것을 보여 주기 위해서 각각에 대해 이름이나 범주를 대표하는 숫자로 부여하는 척도는?

① 명목 척도
② 서열 척도
③ 등간 척도
④ 비율 척도

34
우편조사의 응답률에 영향을 미치는 요인과 가장 거리가 먼 것은?

① 응답자의 지역적 범위
② 연구기관의 성격
③ 응답집단의 동질성
④ 질문지의 우송방법

35
설문지 작성 시 질문 배열에 대한 사항으로 옳지 않은 것은?

① 동일한 주제의 경우 단순한 질문에서 복잡한 질문으로 진행한다.
② 동일한 질문 및 응답 범주는 가능한 한 동일한 면에 있도록 배열한다.
③ 질문은 구체적이거나 특수한 질문에서 전반적인 질문으로 옮겨가도록 한다.
④ 응답자가 쉽게 대답할 수 있는 질문은 설문지의 앞부분에 놓는다.

36
2차 자료에 대한 설명으로 잘못된 것은?

① 신속한 수집이 가능해 시간을 절약할 수 있다.
② 다른 조사 문제를 해결하기 위해 수집된 자료를 말한다.
③ 다른 자료에 비해 수집 비용이 많이 든다.
④ 자료의 유용성 및 실효성을 제한받는 경우가 많다.

37
자료 수집 방법 중에서 실험을 강조하는 방법은?

① 관찰
② 면접
③ 질문지법
④ 시뮬레이션

38
전화조사에서 발생될 수 있는 무응답 오류를 의미하는 것은?

① 데이터 분석 시 나타나는 오류
② 응답자의 전화 거부로 나타나는 오류
③ 적합하지 않은 질문으로 인하여 나타나는 오류
④ 조사와 관련없는 응답자를 선정하여 나타나는 오류

39
조사 대상이 표본으로 추출될 확률이 알려져 있지 않아 인위적인 표본추출을 해야 하는 경우, 시간과 비용의 절감 효과는 있으나 표본 오차의 추정이 불가능한 표본추출방법은?

① 비확률표본추출방법
② 확률표본추출방법
③ 집락표본추출방법
④ 계통표본추출방법

40
관찰조사에 대한 설명 중 잘못된 것은?

① 피조사자가 표현능력은 있어도 비협조적이거나 면접을 거부할 때 효과적이다.
② 피조사자에게는 너무 일상적이어서 관심이 가지 않아 면접 등으로 밝힐 수 없는 자료를 얻을 수 있다.
③ 관찰 결과의 해석에 있어서 하나의 객관적인 의견을 구하기 어렵다.
④ 선택적 관찰을 하게 되므로 중요한 사람들을 모두 포함시킬 수 있다.

41
조사자 자신이나 조사자가 의뢰한 조사기관에 의하여 처음으로 수집된 자료는?

① 1차 자료
② 2차 자료
③ 외부 자료
④ 내부 자료

42
인과 관계를 규명하는 모형이 포함된 변수에 해당하지 않는 것은?

① 독립 변수
② 종속 변수
③ 대체 변수
④ 매개 변수

43
일반적인 마케팅조사의 단계적 절차를 바르게 나열한 것은?

> ㉠ 조사 목적 설정
> ㉡ 자료 수집 방법 설계
> ㉢ 표본 설계
> ㉣ 분석과 해석
> ㉤ 조사 설계
> ㉥ 보고서 작성

① ㉠ → ㉣ → ㉢ → ㉡ → ㉤ → ㉥
② ㉠ → ㉣ → ㉢ → ㉤ → ㉡ → ㉥
③ ㉠ → ㉡ → ㉢ → ㉤ → ㉣ → ㉥
④ ㉠ → ㉤ → ㉡ → ㉢ → ㉣ → ㉥

44
설명하는 표본추출방법의 종류가 다른 것은?

① 모집단에 속한 모든 요소가 표출됨에 있어 같은 확률을 가진다는 것이 전제가 된다.
② 표본의 크기가 작을 경우에 유용하다.
③ 비용이 많이 들고 불편하지만 표본 오차의 추정이 가능하다.
④ 선정된 표본이 모집단을 적절히 대표해 체계적인 편중의 위험을 최소화한다.

45
면접조사의 장점으로 옳지 않은 것은?

① 면접의 오류, 오해를 극소화할 수 있다.
② 대화를 통한 응답자의 적극적인 참여 유도가 가능하다.
③ 면접의 특성에 따라 어떤 질문이든 즉석에서 대답할 수 있다.
④ 면접원이 응답자의 상황에 따라 대화 분위기를 자연스럽게 조절할 수 있다.

46
정성적 조사에 대한 설명으로 적절하지 않은 것은?

① 정밀하고 통계적이며 수치적인 측정을 한다.
② 형식에 얽매이지 않는 유연한 질문을 할 수 있다.
③ 소비자의 독창적인 아이디어를 이끌어 낼 수 있다.
④ 합리적인 설명이 불가능한 내용에 대하여 답변을 얻을 수 있다.

47
기술적 조사에 해당하는 것은?

① 문헌조사
② 사례조사
③ 실험조사
④ 횡단조사

48
우편조사법에 대한 설명으로 옳지 않은 것은?

① 훈련된 면접요원이 필요치 않고 광범위한 지역에 걸친 조사가 가능하다.
② 무기명 조사인 경우 무기명인 것을 납득시키기가 가장 용이하다.
③ 응답자의 언어적·비언어적 행위를 파악할 수 있다.
④ 회수율이 일반적으로 가장 낮아 대표성이 없고 결과를 일반화하기도 곤란하다.

49
외적 타당도를 저해하는 요인이 아닌 것은?

① 독립 변수 간의 상호 작용
② 실험 대상자 선정에서 오는 편향
③ 반작용 효과
④ 사전검사의 영향

50
조사원이 조사의 내용을 잘 알지 못해도 조사가 가능한 것은?

① 면접조사법
② 전화조사법
③ 집단조사법
④ 우편조사법

03 마케팅관리

51
아웃바운드 텔레마케팅을 효과적으로 전개하기 위한 요소로 가장 적절하지 않은 것은?

① Q&A 시트
② 유능한 텔레마케터
③ 텔레마케팅 전용상품의 준비
④ 명확한 대상 고객 데이터

52
잠재 고객에 대한 설명으로 옳은 것은?

① 자사에 한 번 이상 방문한 고객
② 상품을 구매하지는 않았으나 상품에 대해 관심을 가지고 있는 고객
③ 자사 제품을 정기적으로 구매하는 고객
④ 자사에서 판매하는 모든 상품을 구매하는 고객

53
일반적인 소비자의 신제품 수용단계로 알맞은 것은?

① 관심 → 평가 → 인지 → 시용 → 수용
② 인지 → 평가 → 수용 → 시용 → 관심
③ 인지 → 관심 → 평가 → 시용 → 수용
④ 관심 → 인지 → 시용 → 평가 → 수용

54
아웃바운드 텔레마케팅의 특징으로 옳지 않은 것은?

① 고객접촉률을 중시하지만 고객반응률은 크게 관여하지 않는다.
② 데이터베이스 마케팅 기법을 활용하면 더욱 위력적이다.
③ 1:1 고객관계 개선과 차별적 대응이 가능하다.
④ 스크립트를 활용하는 경향이 높다.

55
아웃바운드 텔레마케터의 자질로 적절하지 않은 것은?

① 성격이나 행동이 긍정적이어야 한다.
② 고객의 반론이나 거절에 순응하는 자세를 가진다.
③ 고객의 반응이나 니즈를 간파할 수 있는 상황 대응 능력이 있어야 한다.
④ 생동감 있는 목소리를 가지고 임해야 한다.

56
제품의 수명주기를 순서대로 올바르게 나열한 것은?

① 도입기 → 성숙기 → 성장기 → 쇠퇴기
② 성장기 → 도입기 → 성숙기 → 쇠퇴기
③ 도입기 → 성장기 → 성숙기 → 쇠퇴기
④ 도입기 → 성장기 → 쇠퇴기 → 성숙기

57
다음 내용과 관련 있는 아웃바운드 텔레마케팅 수행 시의 문제점은?

- 고객의 니즈 조사
- 시장조사
- 상품 구성
- 4P와의 연계

① 판매 요소에 관한 문제
② 아웃바운드 텔레마케팅 절차에 관한 문제
③ 상품 기획에 관한 문제
④ 프로모션에 관한 문제

58
인바운드 콜센터의 성과지표가 아닌 것은?

① 평균 후처리시간
② 성공콜
③ 서비스 레벨
④ 스케줄 준수율

59
시장세분화 전략의 핵심 포인트는?

① 목표시장의 선정
② 광역 시장화 전략
③ 시장 규모의 확대
④ 시장의 통합화

60
효과적인 시장세분화의 요건으로 잘못된 것은?

① 측정가능성
② 접근가능성
③ 행동가능성
④ 외부적 동질성

61
시장세분화의 심리분석적 변수에 해당하지 않는 것은?

① 학력
② 사회 계층
③ 개성
④ 라이프스타일

62
축적된 고객관련 데이터에서 의미 있는 규칙이나 패턴을 찾아내는 것은?

① Data cleansing
② Data mining
③ Data filtering
④ Data screening

63
인바운드 텔레마케팅의 업무로 적절하지 않은 것은?

① 클레임의 처리
② 고객 정보의 수집·관리
③ 적극적 판매
④ 메시지 전달

64
전화를 건 사람의 전화번호를 수신자 측에 나타내 주는 장치는?

① ANI
② ARS
③ AID
④ ADRMP

65
다음에서 설명하는 유통경로의 원칙은?

> 중간상의 개입으로 거래의 총량이 감소하게 되어 제조업자와 소비자 양자에게 실질적인 비용 감소를 제공하게 된다. 즉, 중간상의 개입으로 제조업자와 소비자 사이의 거래가 보다 효율적으로 이루어지므로 중간상의 개입이 정당화될 수 있다는 논리이다.

① 분업의 원칙
② 집중 준비의 원칙
③ 변동비 우위의 원리
④ 총거래 수 최소화의 원칙

66
STP 전략의 절차로 알맞은 것은?

① 시장세분화 → 목표시장 선정 → 포지셔닝
② 포지셔닝 → 목표시장 선정 → 시장세분화
③ 시장세분화 → 포지셔닝 → 목표시장 선정
④ 목표시장 선정 → 시장세분화 → 포지셔닝

67
판매업자가 모든 구매자를 대상으로 하나의 제품을 대량 생산하여, 대량 유통하고 대량 촉진하는 형태의 마케팅은?

① 내부 마케팅
② 매스 마케팅
③ 디 마케팅
④ 심비오틱 마케팅

68
가격탄력성에 대한 설명으로 옳지 않은 것은?

① 가격탄력성이란 상품의 가격 변화에 따른 소비자의 수요 변화나 공급 추이에 관한 정도이다.
② 시장 수요의 가격탄력성이 높을 때에는 저가 전략이 적합하다.
③ 수요의 가격탄력성이 단위 탄력적일 때에는 최고가 전략이 기업에 유리하다.
④ 다른 상품으로 대체하기 쉬운 상품은 수요의 가격탄력성이 높다.

69
아웃바운드 텔레마케팅의 성공 요소로 볼 수 없는 것은?

① 정확한 대상 고객 선정
② 아웃바운드 텔레마케팅 시스템 구축
③ 텔레마케팅 전용 상품과 서비스 개발
④ 새로운 인력 선발을 통한 지속적인 업무 교체

70
마케팅믹스의 구성 요소(4P)에 해당되지 않는 것은?

① 제품(Product)
② 촉진(Promotion)
③ 유통(Place)
④ 포장(Package)

71
묶음가격의 효과에 관한 설명으로 틀린 것은?

① 기업은 부수적인 제품 또는 서비스의 수요를 창출할 수 있다.
② 기업은 핵심제품 또는 서비스에 대한 수요를 더욱 높일 수 있다.
③ 소비자는 보다 많은 제품 또는 서비스에 대한 정보를 얻을 수 있다.
④ 묶음가격을 통한 시너지 효과로 보다 고가로 제품 또는 서비스를 제공할 수 있다.

72
제품 수준을 핵심제품, 유형제품, 확장제품의 3단계로 구분한 사람은?

① 아담 스미스
② 케인즈
③ 코틀러
④ 마샬

73
중간상이 생산자와 구매자 사이에서 창출하는 각각의 효용에 대한 설명 중 틀린 것은?

① 소유 효용(Possession utility): 생산자가 원하는 상품과 서비스를 생산할 수 있도록 도와주는 활동
② 시간 효용(Time utility): 소비자가 원하는 시기에 언제든지 상품을 구매할 수 있는 편의를 제공하는 것
③ 장소 효용(Place utility): 소비자가 원하는 장소에서 상품이나 서비스를 구입할 수 있게 해 주는 것
④ 형태 효용(Form utility): 상품과 서비스를 고객에게 조금 더 매력 있게 보이게 하기 위해 그 형태 및 모양을 변경시키는 모든 활동

74
마케팅 전략의 수립에 있어 3C에 해당하지 않는 것은?

① Company
② Customer
③ Competitor
④ Contents

75
촉진수단에 관한 설명으로 옳지 않은 것은?

① 광고는 비대면 커뮤니케이션이므로 인적 판매에 비해 세부 정보를 전달하는 기능이 떨어진다.
② 인적 판매는 소비자의 욕구를 보다 직접적으로 알 수 있으며 또한 그에 대한 즉각적인 반응이 가능하다.
③ 판매촉진은 인지도 제고, 기업이나 제품 이미지 제고 등 장기적인 목표를 달성하기 위한 투자가 대부분이다.
④ 홍보는 촉진 수단으로서 뉴스, 행사 등을 활용하므로 일반적으로 광고보다 더 믿을 만하다고 여기는 것으로 알려져 있다.

04 조직운영 및 성과관리

76
텔레마케팅의 발전 배경에 대한 내용으로 적절하지 않은 것은?

① 정보통신의 발달
② 고객접촉채널의 단일 집중화
③ 저비용, 고효율의 비즈니스 수단
④ 고객서비스의 질 개선

77
OJT(On the Job Training)를 실시할 때 지켜야 할 원칙이 아닌 것은?

① 체계적이고 지속적이어야 한다.
② 업무와 직접 관련된 교육을 실시한다.
③ 신입사원 입사 시에만 활용하는 교육이다.
④ 상담원의 능력을 극대화할 수 있는 방향으로 실시한다.

78
텔레마케팅의 최근 경향에 대한 내용으로 옳지 않은 것은?

① 콜센터 중심의 상담 서비스 강화
② 아웃소싱과 대행 비즈니스의 보편화
③ 전문조직화의 추구
④ 점포 유형화의 절대적 필요

79
콜센터의 인적 자원 관리 방안으로 적합하지 않은 것은?

① 다양한 동기부여 프로그램
② 콜센터 리더육성 프로그램
③ 상담원 수준별 교육훈련 프로그램
④ 상담원의 안정을 위한 고정급의 급여 체계

80
텔레마케터의 상담내용을 모니터링하고 상담원의 평가를 통하여 상담품질을 향상시키는 업무를 담당하는 사람을 표현하는 용어는?

① CMS(Call Management System)
② QC(Quality Control)
③ ATT(Average Talk Time)
④ QAA(Quality Assurance Analyst)

81
텔레마케팅의 정의에 관한 내용으로 옳지 않은 것은?

① 데이터베이스 마케팅을 응용하는 새로운 마케팅
② 고객과의 1:1 관계를 중시하는 인간적인 마케팅
③ 고정적이고 수동적인 마케팅
④ 텔레커뮤니케이션을 활용한 정보통신 마케팅

82
CTI(Computer Telephony Integration)의 효과와 거리가 먼 것은?

① 업무 능률 향상
② 텔레마케터의 생산성 증가
③ 상담 내용의 데이터베이스화 가능
④ 기존 시스템과 데이터베이스의 연동 불가능

83
다음 내용이 해당하는 텔레마케팅 형태는?

> A 생명보험은 신문에 저렴한 보험료의 상해보험 상품을 광고하고 고객들이 무료 전화를 이용하여 전화를 걸어오면 보험 가입을 받고 상품을 판매한다.

① 인바운드(Inbound), 기업 대 소비자(B to C)
② 인바운드(Inbound), 기업 대 기업(B to B)
③ 아웃바운드(Outbound), 기업 대 소비자(B to C)
④ 아웃바운드(Outbound), 기업 대 기업(B to B)

84
정보화 등 조직의 환경 변화에 따른 인사관리의 변화로 적절하지 않은 것은?

① 통제적 → 동반자적
② 성과 중심적 → 기능 중심적
③ 활동 중심적 → 문제해결 지향적
④ 일상적, 운영적 → 장기적, 전략적

85
최근 텔레마케팅 유형의 변화 추세에 대한 설명으로 적절하지 않은 것은?

① 텔레마케팅의 필수 요건인 고객 정보와 다양한 아이디어를 수집하고 있다.
② 콜센터를 중심으로 하는 텔레마케팅 전용상품을 개발하여 판매활동을 강화하고 있다.
③ 전화와 정보시스템을 결합한 CTI를 활용하여 과학적이고 체계적으로 콜을 관리한다.
④ 정보통신기술의 발달과 실무자들의 자질 향상이 더디어 텔레마케팅의 새로운 업태와 서비스가 제한되고 있다.

86
사내에서 콜센터 시스템을 갖추고 텔레마케팅을 도입·운영하는 방식은?

① In-house
② Inbound
③ Outbound
④ MCM(Marketing Communication Mix)

87
아웃바운드 텔레마케팅의 성공 요인에 관한 설명으로 옳지 않은 것은?

① 텔레마케팅의 성공 여부는 정확한 데이터와 리스트에 있다.
② 신입사원이나 무경험자가 텔레마케팅 실무경력자보다 유리하다.
③ 대중매체와 결합했을 때 시너지 효과를 얻는다.
④ 콜 자동처리 시스템을 구축하는 사무환경이 아웃바운드 텔레마케팅 생산성을 향상시킨다.

88
CTI(Computer Telephony Integration) 추가 기능 중 다음이 설명하고 있는 다이얼링 시스템은?

> 고객리스트가 데이터베이스로 형성되어 있어 상담원이 고객을 선택하면 자동적으로 전화를 걸어 주는 기능이다. 이 기능은 전화 통화를 하기 전에 고객의 전화번호뿐만 아니라 고객에 관련되는 고객속성, 이력정보 등을 컴퓨터 화면에 나타내어 준다.

① 프리뷰 다이얼링(Preview dialing)
② 프로그레시브 다이얼링(Progressive dialing)
③ 트랜스퍼 다이얼링(Transfer dialing)
④ 프리딕티브 다이얼링(Predictive dialing)

89
콜센터 조직이 갖추어야 할 조직의 특성과 가장 거리가 먼 것은?

① 엄격성
② 고객 정보 활용
③ 성과측정
④ 고객 정보관리 능력

90
현대 인적 자원 관리에서 기본목표로 삼고 있는 것은?

① 이윤 및 가치의 극대화
② 조직목표의 강화
③ 능력계발과 근로생활의 질 향상
④ 수익의 극대화

91
다음에서 설명하는 직무 평가 방법은?

> 객관적으로 조직 내의 가장 중심이 되는 기준 직무를 선정하고, 이를 기준으로 평가 직무를 그것에 비교함으로써 평가하는 방법

① 서열법
② 분류법
③ 점수법
④ 요소비교법

92
고객콜 대기시간이란?

① 고객 대기시간 + 고객 연결시간
② 고객 대기시간 − 고객 연결시간
③ 고객 대기시간 + 고객 통화시간
④ 고객 대기시간 − 고객 통화시간

93
텔레마케팅 조직의 특성과 가장 거리가 먼 것은?

① 반복되는 업무로 매너리즘에 빠지기 쉽다.
② 시스템의 운영능력이 필요하다.
③ 타 부서와의 연관성이 낮다.
④ 성과분석이 실시간에 가능하다.

94
다음에서 설명하는 승진 유형은?

> 직무주의적 능력주의에 입각하여 직무의 분석·평가·등급 등이 끝나 직위관리 체제가 확립되면 그 직무의 자격 요건에 비추어 적격자를 선정·승진시키는 방법

① 자격승진 제도
② 연공승진 제도
③ 직계승진 제도
④ 대용승진 제도

95
마케팅 개념의 발전환경 중 경제적 환경에 속하지 않는 것은?

① 정보의 경제적 가치 증대
② 서비스 산업의 발달
③ 시장 개방에 따른 경쟁의 심화
④ 전화 보급의 확대

96
조직에 대한 설명 중 잘못된 것은?

① 매트릭스 조직은 기능별 및 부서별 명령체계를 이중적으로 사용하여 조직을 몇 개의 부서로 구분하는 것을 말한다.
② 사업별 조직은 제품, 고객, 지역, 프로젝트 등을 기준으로 종업원들의 직위를 집단화하여 조직을 몇 개의 부서로 구분하는 것을 말한다.
③ 기능별 조직은 유사한 기술, 전문성, 자원 사용 등을 기준으로 종업원들의 직위를 집단화하여 조직을 몇 개의 부서로 구분하는 것을 말한다.
④ 네트워크 조직은 조직의 위계적 서열을 존중하여 조직구성원 개개인에게 서열에 맞는 권한과 책임을 부여하여 기업의 목표를 달성하기 위해 구성하는 조직을 말한다.

97
리더십의 유형 중 종류가 다른 하나는?

① 독재형 리더십
② 민주형 리더십
③ 자유방임형 리더십
④ 직무중심형 리더십

98
콜센터의 역할변화로 틀린 것은?

① 거래보조 수단에서 세일즈 수단으로 변화
② 고객서비스 수단에서 고객의견조사 수단으로 변화
③ 고객불만창구에서 텔레마케팅의 수단으로 변화
④ 이익센터의 개념에서 비용센터의 개념으로 변화

99
텔레마케팅을 수행하기 위한 3가지 필수자료에 해당하지 않는 것은?

① Q&A
② Promotion
③ Script
④ Data sheet

100
텔레마케팅의 자체 운영이 적합한 경우로 옳지 않은 것은?

① 신규 고객의 확보에 중점을 두어야 하는 경우이다.
② 텔레마케팅의 노하우를 축적하고 싶은 경우이다.
③ 자사의 제품 또는 서비스가 고도의 전문적·기술적 지식을 필요로 하는 경우이다.
④ 회사 내 타 지원부서나 관련 회사와의 긴밀한 의사결정과 통합관계가 요구된다.

제2회 실전 모의고사

01 고객관리

01
CRM의 특징에 관한 설명으로 거리가 먼 것은?

① 고객과의 관계에 있어서 기업에 초점을 맞추는 기업 중심적 경영 기법이다.
② 고객의 생애에 걸친 관계를 구축하고 장기적인 이윤을 추구한다.
③ 고객과의 직접적인 접촉을 통한 쌍방향 커뮤니케이션을 지속한다.
④ 정보기술에 기반을 둔 과학적 제반 환경의 효율적 활용을 요구한다.

02
CRM의 성과를 정량적 측면과 정성적 측면으로 구분할 때, 성격이 다른 하나는?

① 원가 절감
② 고객 유지
③ 시장 점유율
④ 구전 효과

03
빅데이터에 관한 설명으로 옳지 않은 것은?

① 빅데이터를 활용한 고객관계관리(CRM)는 새로운 경제적 효과를 창출할 것으로 기대된다.
② 세계 각국의 정부와 기업들은 빅데이터가 향후 국가와 기업의 성패를 가름할 새로운 경제적 가치의 원천이 될 것으로 기대하고 있다.
③ 빅데이터는 거대한 데이터의 집합으로, 양적인 의미뿐만 아니라 데이터 분석과 활용을 포괄하지만 새로운 가치를 창출하는 데에는 한계가 있다.
④ 빅데이터는 미래 국가경쟁력에 큰 영향을 미칠 것으로 예측되며 국가적으로는 안전을 위협하는 글로벌 요인 등에 대응하기 위해 우선적으로 도입되고 있다.

04
폐쇄형 질문에 대한 설명으로 가장 적합한 것은?

① 응답자의 충분한 의견을 반영할 수 있는 질문 기법이다.
② '예/아니오' 등의 단답을 이끌어 내는 질문 기법이다.
③ 응답자가 주관식으로 답변을 할 수 있는 질문 기법이다.
④ 문제해결에 도움을 줄 수 있는 방법을 구상하면서 고객의 요구사항을 파악하는 질문 기법이다.

05
설득 커뮤니케이션에 대한 설명으로 옳지 않은 것은?

① 어떤 목표를 달성하기 위하여 수용자들에게 의도된 행동을 유발시키는 역동적 과정이다.
② 설득이란 다른 사람의 의지를 유발시키기 위해 감성에 이성을 결부시키는 수단이다.
③ 설득 커뮤니케이션은 PR 커뮤니케이션의 하위 개념이며 광고를 통해 의사 전달을 한다.
④ 누가, 무엇을, 어떤 매체를 통하여, 누구에게 말하여, 어떤 효과를 얻는가를 고려하면 효과적이다.

06
소비자 상담을 줄이는 방법이 아닌 것은?

① 소비자의 합리적 구매행동 개발
② 기업의 양질의 서비스와 제품 공급
③ 공정한 광고 활동
④ 정부와 지방자치단체의 감독 중지

07
구매 시 상담 단계에 대한 내용으로 옳지 않은 것은?

① 구매 만족 여부를 확인하는 것이다.
② 제품의 장단점을 설명하는 것이다.
③ 제품구매를 설득하는 것이다.
④ 소비자와 대면하여 제품정보를 제공하는 것이다.

08
인바운드 텔레커뮤니케이션의 중요 요소가 아닌 것은?

① 듣기(Listening)
② 말하기(Speaking)
③ 판매하기(Selling)
④ 생각하기(Thinking)

09
텔레마케터가 고객과 상담할 때 좋지 않은 방법은?

① 경어를 사용한다.
② 표준말을 사용한다.
③ 명확하게 발음한다.
④ 단정적인 말을 한다.

10
고객이 기업과 만나는 모든 장면에서의 결정적인 순간을 뜻하는 용어는?

① CSP
② MOT
③ POCS
④ ATT

11
일반적인 고객 욕구에 대한 설명으로 옳지 않은 것은?

① 소비자가 원할 때 적시에 서비스를 제공받기를 원한다.
② 자신의 문제에 대해 공감을 얻고 공정하게 처리되기를 원한다.
③ 제3자에게 업무를 넘겨서 처리해 주기를 원한다.
④ 개인적으로 알아주고 관심과 정성이 담긴 서비스를 제공받기를 원한다.

12
상담원의 대응자세와 상담 기법으로 적절하지 않은 것은?

① 고객이 만족할 수 있는 방법을 제시한다.
② 전문기관을 알선한다.
③ 개방형 질문을 한다.
④ 공격하면서 경청한다.

13
감정노동 종사자의 건강보호 조치 방법이 아닌 것은?

① 휴식시간 제공 및 휴게시설 설치
② 고충처리 위원 배치 및 건의제도 운영
③ 사업장 특성에 맞는 고객 응대 업무 매뉴얼 마련
④ 고객과의 갈등 최소화를 위한 업무처리 재량권 축소

14
서비스 평가의 측정요소가 아닌 것은?

① 확신성
② 대응성
③ 허구성
④ 신뢰성

15
서비스의 특성으로 적절하지 않은 것은?

① 서비스는 무형성이다.
② 서비스는 소멸성을 가진다.
③ 서비스는 표준성을 가진다.
④ 서비스는 비분리성을 가진다.

16
고객 상담에 대한 설명 중 잘못된 것은?

① 고객 상담은 상담원과 고객 간의 언어적 의사소통으로만 진행된다.
② 대면 상담이나 전화통화, 문서 상담 모두 의사소통이 원활해야 좋은 상담이 될 수 있다.
③ 효율적인 상담을 위해서 상담원은 의사소통 능력이 탁월해야 한다.
④ 상대방에게 호감을 줄 수 있는 음성이 상담에 더욱 효과적이다.

17
커뮤니케이션의 원칙에 대한 설명으로 틀린 것은?

① 수신자는 발신자를 신뢰하여야 한다.
② 전달되는 메시지는 발신자가 판단하기에 의미 있는 것이어야 한다.
③ 발신자가 전달하는 내용이 일관성이 있어야 한다.
④ 커뮤니케이션은 전달에 의의가 있는 것이 아니라 수신자의 수용 여부에 더 큰 의미가 있다.

18
우유부단한 고객에 대한 상담 전략으로 옳지 않은 것은?

① 인내심을 갖고 상담한다.
② 개방형 질문을 한다.
③ 의사결정의 과정을 안내한다.
④ 문제를 분석한 후 선택에 필요한 정보를 제시한다.

19
효과적인 경청 기법이라고 할 수 없는 것은?

① 재진술
② 선판단
③ 끝까지 경청
④ 응대어 구사

20
비음성적 단서들 중 신체 언어에 대한 설명으로 거리가 가장 먼 것은?

① 모든 사람이 동일한 방식으로 비언어적 단서들을 사용하지는 않는다.
② 언어적 메시지를 강조하기 위한 손동작의 적절한 사용은 의사소통을 촉진시킨다.
③ 팔짱을 끼거나 주먹을 움켜쥐는 등의 행동은 고객에게 관심을 보이는 것으로 보일 수 있다.
④ 신체 언어는 전체 내용의 50% 이상을 의사소통할 수 있으므로 신체적 언어를 이해하는 것이 필수적이라고 할 수 있다.

21
텔레마케팅 고객 응대의 특징으로 틀린 것은?

① 고객과 상담원 간에 커뮤니케이션 행위 없이 진행된다.
② 상호 피드백이 신속히 이루어진다.
③ 쌍방 간의 커뮤니케이션이 이루어진다.
④ 고객 반응별 상황대응능력이 중요하다.

22
커뮤니케이션 과정에서 전달과 수신 사이에 발생하며 의사소통을 왜곡시키는 요인을 의미하는 것은?

① 잡음(Noise)
② 해독(Decoding)
③ 피드백(Feedback)
④ 부호화(Encoding)

23
고객의 반론을 극복하기 위한 방법과 가장 거리가 먼 것은?

① 참을성 있게 공감적 경청을 한다.
② 최대한 회사의 입장에서 고객을 설득한다.
③ 고객의 반론을 질문으로 활용한다.
④ 고객의 니즈를 집중적으로 분석하여 관심을 유도한다.

24
고객 불만 상담의 원칙에 해당하지 않는 것은?

① 고객의 가치관을 바꾸려 하지 마라.
② 상담자의 개인감정을 표출하지 마라.
③ 규정과 기준을 자세히 설명하라.
④ 고객의 입장을 존중하라.

25
CRM을 통해 고객 기반의 가치를 향상시키기 위한 전략으로 보기 어려운 것은?

① 고객 이탈률을 줄인다.
② 저수익적 고객과의 관계 개선에 집중한다.
③ 고가치 고객에게 노력을 기울인다.
④ 교차판매 및 고가제품판매로 각 고객의 성장 잠재력을 높인다.

02 시장환경조사

26
마케팅조사자가 회사 내의 다른 부서에서 작성한 리포트, 재무보고서, 서베이 자료 등을 활용한다면, 이 조사자가 이용한 자료는?

① 내부 1차 자료
② 외부 1차 자료
③ 내부 2차 자료
④ 외부 2차 자료

27
서베이조사의 장점이 아닌 것은?

① 획득된 정보가 피상적이지 않다.
② 수집된 자료의 정확성이 높다.
③ 자료의 범위가 넓다.
④ 풍부한 자료를 얻을 수 있다.

28
시장조사에 관한 설명으로 틀린 것은?

① 시장조사의 모든 단계는 체계적인 계획이 요구된다.
② 시장조사는 진실된 정보 수집을 위해 공평하게 수행되어야 한다.
③ 시장조사는 정보를 규명, 수집, 분석, 보급하는 활동이다.
④ 시장조사는 현재를 규명하고 분석하여 미래를 예측하기 때문에 오차가 발생할 수 없다.

29
조사 대상의 조사 범위를 기준으로 과학적 조사 방법의 유형을 분류한 것에 속하는 것은?

① 표본조사
② 탐색조사
③ 기술조사
④ 실험조사

30
표본조사가 전수조사에 비해 갖는 장점이 아닌 것은?

① 조사비가 적게 든다.
② 조사원의 인원과 훈련비가 적게 든다.
③ 현실적으로 전수조사가 불필요하거나 불가능할 때 이용된다.
④ 모집단이 작은 경우 추정의 정도를 높이는 데 표본조사가 쓰일 수 있다.

31
하나의 개념을 여러 의미의 차원에서 평가하는 것으로, 응답자에게 반대되는 두 개의 입장을 주고 그 사이에서 선택하도록 하는 척도는?

① 누적 척도
② 리커트 척도
③ 서스톤 척도
④ 의미분화 척도

32
응답자가 자유롭게 응답을 하도록 하는 질문의 형태는?

① 다지선다형
② 자유응답형
③ 양자택일형
④ 가치개입형

33
인터넷조사의 단점으로 거리가 먼 것은?

① 조사자에 대한 관리 비용이 상승한다.
② 인터넷 사용자로 표본이 편중되는 측면이 있다.
③ 응답자를 정확하게 통제, 확인할 수 없다.
④ 조사에 능동적으로 응대하는 사람만 조사가 가능하여 대표성이 상실될 수 있다.

34
탐색조사에 대한 설명으로 적절한 것은?

① 어떤 현상의 기술을 주목적으로 하는 조사이다.
② 정확한 조사 연구 및 가설 전개를 위한 명제의 정립을 목적으로 한다.
③ 문제의 설정이나 가설 형성을 위해서 직접 현장에서 문제점을 얻는 조사이다.
④ 인과 관계에 대한 가설을 검증하는 조사의 형태이다.

35
확률표본추출방법에 해당하지 않는 것은?

① 편의표본추출방법
② 단순무작위표본추출방법
③ 층화표본추출방법
④ 군집표본추출방법

36
마케팅 정보 시스템의 종류와 가장 관련이 없는 것은?

① 내부정보 시스템
② 차별화 시스템
③ 고객정보 시스템
④ 마케팅 인텔리전스 시스템

37
종속 변수에 선행하면서 영향을 미치는 변수는?

① 잔여 변수
② 외생 변수
③ 독립 변수
④ 통제 변수

38
자료의 성격에 따라 1차 자료와 2차 자료로 구분할 때, 2차 자료에 해당하는 것은?

① 원 자료(Raw data)
② 현장 자료(Field data)
③ 실사 자료(Survey data)
④ 신디케이트 자료(Syndicated data)

39
표본설계과정을 바르게 나열한 것은?

> ㉠ 표본프레임 결정
> ㉡ 표본추출방법 결정
> ㉢ 모집단 확정
> ㉣ 표본 크기 결정
> ㉤ 표본추출

① ㉠ → ㉣ → ㉢ → ㉡ → ㉤
② ㉠ → ㉢ → ㉡ → ㉣ → ㉤
③ ㉢ → ㉠ → ㉡ → ㉣ → ㉤
④ ㉢ → ㉡ → ㉠ → ㉣ → ㉤

40
종단조사와 횡단조사의 설명으로 옳지 않은 것은?

① 동일한 현상을 동일한 대상에 대해 반복적으로 측정하는 것은 종단조사에 해당한다.
② 횡단조사는 특정시점에서의 집단 간 차이를 연구하는 방법이다.
③ 종단조사는 동태적인 성격이라 할 수 있고, 횡단조사는 정태적인 성격이라 할 수 있다.
④ 종단조사는 조사 대상의 특성에 따라 집단을 나누어 비교분석하므로 횡단조사에 비해 표본의 크기가 상대적으로 크다.

41
면접조사법의 장점으로 알맞은 것은?

① 다른 조사법보다 시간과 경비가 절감된다.
② 피조사자에 대한 설명의 융통성이 있다.
③ 응답자에게 생각할 시간적 여유를 충분히 준다.
④ 다른 조사법에 비해 단시일 내에 광범위한 조사를 할 수 있다.

42
마케팅 정보 시스템의 특징이 아닌 것은?

① 정보 처리와 관리에 시스템 개념을 적용한다.
② 문제해결은 물론 문제를 예측하여 예방한다.
③ 산발적이거나 단속적이 아닌 계속적 운영 시스템이다.
④ 기본적으로 정형화되거나 자동화되기 쉽다.

43
우편조사법에 대한 설명으로 옳지 않은 것은?

① 응답자에게 우편으로 배포되고 회수된다.
② 무기명을 납득시키기가 쉽다.
③ 조사의 회수율이 높다.
④ 면접원의 영향이 적다.

44
사례조사의 단점이 아닌 것은?

① 대표성이 분명하지 않다.
② 다른 사례와 비교가 불가능하다.
③ 관찰할 변수의 폭이 불분명하다.
④ 조사 대상의 특성을 제한 없이 파악하지 못한다.

45
설문지 작성 시 폐쇄형 질문의 장점으로 가장 거리가 먼 것은?

① 양적 연구에 적합하다.
② 자료의 코딩이 용이하다.
③ 응답 관련 오류가 개방형 질문에 비해 적다.
④ 개방형 질문에 비해 새로운 사실을 발견할 가능성이 크다.

46
관찰조사의 단점에 관한 설명으로 옳지 않은 것은?

① 언어표현능력이 없는 유아, 동물에 대해서는 관찰의 의미가 없다.
② 시간적으로 행위가 발생할 때까지 기다려야 한다.
③ 관찰사실에 대한 해석의 경우 관찰자마다 해석이 다르다.
④ 전부를 동시에 관찰할 수 없는 한계성이 있다.

47
설문지 작성 시 유의사항에 해당하는 것을 모두 묶은 것은?

> ㉠ 어려운 전문용어를 사용한다.
> ㉡ 이중질문을 하지 않는다.
> ㉢ 설문용어에 가치가 포함되어야 한다.
> ㉣ 설문응답 항목이 상호배타적이어야 한다.

① ㉠, ㉡, ㉢
② ㉠, ㉢
③ ㉡, ㉣
④ ㉣

48
범죄집단의 증거포착이나 인류학자들의 생태연구 시 많이 사용되는 방법은?

① 참여관찰
② 비참여관찰
③ 준참여관찰
④ 비통제관찰

49
시장조사 방법 중 자료를 수집하는 데 가장 빠르고 경비가 적게 드는 방법은?

① 우편조사법
② 관찰조사법
③ 전화조사법
④ 대인면접법

50
시장조사에 활용되는 측정 척도에 대한 설명으로 옳지 않은 것은?

① 서열 척도는 순서(순위, 등급)에 대한 정보를 포함하는 자료이다.
② 비율 척도는 모든 산술계산이 가능하며 절대영점이 존재하지 않는 유일한 척도이다.
③ 등간 척도는 명목자료와 서열자료에 포함된 정보와 측정값 간의 양적 차이에 관한 정보를 포함한다.
④ 명목 척도는 숫자에 의해 양적인 개념이 전혀 내포되어 있지 않으며 단지 확인과 분류에 관한 정보만을 내포한다.

03 마케팅관리

51
아웃바운드 텔레마케팅의 전략적 활용방안 중 판매촉진의 방법으로 볼 수 있는 것은?

① 소비동향 조사
② 수요예측 조사
③ 대금, 미수금 독촉
④ 신상품 정보 제공 및 구입 권유

52
시장세분화 전략의 핵심 포인트로서, 중점적이고 집중적인 타깃시장을 설정하는 것은?

① 목표시장
② 완전경쟁시장
③ 독점시장
④ 과점시장

53
고객 데이터베이스 분석 기법에 대한 설명으로 틀린 것은?

① RFM - 제품의 특성을 중심으로 분석하는 방법
② 판별 분석 - 집단 간의 차이가 어떠한 변수에 의해 영향을 받는가를 분석하는 방법
③ 군집 분석 - 여러 대상을 몇 개의 변수를 기초로 서로 비슷한 것끼리 묶어주는 분석 방법
④ 회귀 분석 - 영향을 주는 변수와 영향을 받는 변수가 서로 선형관계가 있다고 가정하여 이루어지는 분석 방법

54
기업이 시장세분화를 기초로 정해진 목표시장 내 고객들의 마음속에 시장 분석, 고객 분석, 경쟁 분석 등을 기초로 하여 전략적 위치를 계획하는 것은?

① 포지셔닝
② 전략화
③ 일반화
④ 동일화

55
'입에서 입으로'의 원리를 이용한 방식으로 짧은 시간에 큰 효과를 거둘 수 있는 마케팅 활용 방식은?

① 니치 마케팅
② 타깃 마케팅
③ 인터넷 마케팅
④ 바이러스 마케팅

56
포지셔닝 전략의 수립 절차로 알맞은 것은?

> ㉠ 경쟁 제품의 포지션 분석
> ㉡ 포지션의 확인
> ㉢ 소비자 분석 및 경쟁자의 확인
> ㉣ 자사 제품의 포지셔닝 개발
> ㉤ 재포지셔닝

① ㉠ → ㉡ → ㉢ → ㉣ → ㉤
② ㉢ → ㉠ → ㉣ → ㉡ → ㉤
③ ㉡ → ㉠ → ㉢ → ㉣ → ㉤
④ ㉡ → ㉠ → ㉢ → ㉤ → ㉣

57
다음의 특징을 가지는 소비재 유형은?

> – 가격이 비싸고 특정한 상표만을 수용하려는 상표집착의 구매행동 특성을 나타낸다.
> – 구매자가 기술적으로 상품의 질을 판단하기 어려우며 적은 수의 판매점을 통해 유통된다.

① 편의품
② 전문품
③ 선매품
④ 비탐색품

58
아웃바운드 텔레마케팅 수행 시의 문제점 중 다음의 내용과 관련 있는 문제는?

> 텔레마케팅 전담조직, 아웃바운드 접촉경로, 텔레마케팅 전담요원, 판매 및 운영비용, 콜관리 및 판매관리 정보 등의 문제

① 판매 요소에 관한 문제
② 프로모션에 관한 문제
③ 고객 정보에 관한 문제
④ 상품 기획에 관한 문제

59
재포지셔닝(Repositioning)이 필요한 경우로 적절하지 않은 것은?

① 경쟁자의 진입으로 시장 내 차별적 우위 유지가 힘들어진 경우
② 유망한 새로운 시장 적소나 기회가 발견되었을 경우
③ 소비자의 욕구나 취향이 변화하여 기업이 바라는 포지션과 일치할 경우
④ 판매 침체로 제품의 매출이 감소되었을 경우

60
편의품에 대한 내용으로 적절하지 않은 것은?

① 소비자가 최소한의 노력으로 자주 구입하는 제품을 말한다.
② 소비자들은 편의품 상표에 대해서 강한 애호도를 가지고 있다.
③ 대표적인 편의품으로는 주요 가전제품, 가구 등이 있다.
④ 편의품을 살 때에는 가장 편리한 위치에 있는 점포를 선택하는 경우가 많다.

61
Abandoned call에 대한 설명으로 틀린 것은?

① 일명 포기호라고도 한다.
② 자동분배시스템까지만 연결되어 끊어진 통화를 말한다.
③ 아웃바운드 콜센터의 응대서비스 레벨을 측정하는 데 소중한 자료가 된다.
④ 고객서비스 측면에서 콜센터의 적정한 규모를 산정할 때 중요한 기초자료로 검토된다.

62
데이터베이스의 속성 중 고객속성 데이터에 해당하지 않는 것은?

① 가구 소득
② 거주 형태
③ 과거 거래 실적
④ 신용카드 보유 현황

63
하나의 제품이나 서비스에 대한 수요를 일시적으로나 영구적으로 감소시키는 마케팅은?

① 디 마케팅
② 타깃 마케팅
③ 자극 마케팅
④ 전환 마케팅

64
인바운드의 중요성에 대한 내용이 아닌 것은?

① 거래 마케팅에서 관계 마케팅으로의 변화에 대응
② 기업 서비스 향상으로 고객요구에 대한 신속한 대응
③ 광고, 경험, 구전 등에 의한 고객 기대가치에 대한 대응
④ 적극적인 판매 유도를 위한 기업의 생존 전략

65
인바운드 상담절차 중 고객의 용건 파악 단계에서의 내용이 아닌 것은?

① 고객이 전화를 건 주목적과 의도 탐색 및 간파
② 고객의 문의내용의 경청
③ 고객에게 구매에 대한 동의 유도
④ 열린 마음으로 고객의 불평·불만을 수용

66
제품수명주기(PLC)에 대한 설명으로 옳지 않은 것은?

① 쇠퇴기에는 기업이 투자를 줄이고 현금 흐름을 증가시킨다.
② 도입기에는 판매의 성장이 완만하고 이익이 거의 발생하지 않는다.
③ 성숙기에는 제품 가격의 인하와 판매촉진비 증대로 이익이 성장기보다 하락한다.
④ 성장기에는 판매가 절정에 이르렀다가 감소하기 시작하며 경쟁이 높아져서 증가율이 떨어진다.

67
제품을 판매하거나 서비스를 제공하는 과정에서 다른 제품이나 서비스에 대하여 판매를 유도하고 촉진시키는 마케팅 기법은?

① 재판매
② 유도판매
③ 이중판매
④ 교차판매

68
고정비에 해당하지 않는 것은?

① 감가상각비
② 판매수수료
③ 부동산 임차료
④ 사무직원의 급여

69
BCG(Boston Consulting Group) 매트릭스에서 시장 점유율은 높으나 시장 성장률이 낮은 사업부는?

① 스타(Star)
② 캐시카우(Cash cow)
③ 물음표(Question mark)
④ 도그(Dog)

70
코틀러의 제품 3가지 수준에 해당하지 않는 것은?

① 명품제품
② 실체제품
③ 확장제품
④ 핵심제품

71
데이터베이스 마케팅의 특징으로 옳지 않은 것은?

① 고객과의 1:1의 관계가치
② 데이터 마이닝의 중시
③ 전문부서 전담
④ 고정 고객화 가치

72
제품이나 서비스의 가격을 결정할 때 상대적인 고가 전략이 필요한 경우가 아닌 것은?

① 시장 수요의 가격탄력성이 낮을 때
② 규모의 경제효과를 통한 이득이 미미할 때
③ 소비자의 본원적인 수요를 자극하고자 할 때
④ 높은 품질로 새로운 소비자층을 유인하고자 할 때

73
코틀러의 수준별 제품의 분류 중 당일 발송, 평생 무료 A/S, 전자 제품 무료 설치, 대금 지급 방식 등이 해당되며 핵심 혜택, 가시적 속성들을 제외한 부가적 서비스를 포함하는 제품은?

① 핵심제품(Core product)
② 서비스제품(Service product)
③ 유형제품(Tangible product)
④ 확장제품(Augmented product)

74
시장의 세분화 변수 중 인구통계적 변수에 포함되지 않는 것은?

① 가족 규모
② 연령
③ 직업
④ 라이프스타일

75
소비자에게 완전히 새롭거나 또는 소비자가 잘 알고 있지만 평상시에는 구매욕구를 느끼지 않기 때문에 특별히 탐색노력을 하지 않는 제품은?

① 편의품
② 선매품
③ 전문품
④ 비탐색품

04 조직운영 및 성과관리

76
텔레마케팅의 특성으로 옳지 않은 것은?

① 고객의 현재가치에만 중점을 둔다.
② 시간, 공간, 거리의 장벽을 극복한다.
③ 기업을 정보창조 조직으로 변모시킨다.
④ 구성 요소가 유기적으로 결합된 시스템에 의해 움직인다.

77
아웃바운드 상담원 개인별 성과를 나타내주는 양적 지표로 볼 수 없는 것은?

① 평균 통화대기시간(AQT)
② 시간당 성공콜 수(SPH)
③ 1인당 매출액
④ 시간당 통화콜 수(CPH)

78
아웃바운드형 콜센터와 관계가 깊은 것은?

① 서비스 지향형 콜센터
② CRM 콜센터
③ 고객 컴플레인 처리 콜센터
④ 성과 지향형 콜센터

79
고객으로부터 전화가 걸려 오면 기존에 거래하였거나 회원으로 등록된 고객의 정보를 상담원이 알 수 있도록 컴퓨터 화면에 보여 주는 것은?

① 스크린 팝
② 콜 블렌딩
③ 콜 라우팅
④ 콜 로그

80
콜센터 리더에게 요구되는 능력으로 적절하지 않은 것은?

① 끊임없는 자기 계발 및 원만한 인간관계
② 직원 교육훈련 능력 및 마케팅 전략 수립 능력
③ 상담원의 승진 인사에 대한 주관적인 판단 및 통솔력
④ 해당 업무에 대한 지식과 변화에 따른 유연한 사고방식

81
텔레마케팅 전문인력의 범주에 속하지 않는 것은?

① 매니저
② 슈퍼바이저
③ 텔레마케터
④ 경영자

82
기능 조직의 단점으로 적절하지 않은 것은?

① 이중적 구조로 갈등이 일어날 수 있고, 소통이 어려울 시 문제를 초래할 수 있다.
② 관리자 상호 간의 권한 싸움이 일어나기 쉽기 때문에 파벌주의가 생길 우려가 있다.
③ 경영 기능의 수평적 분화로 인해 기업 전체의 감독·조정이 곤란하며, 지휘·명령의 통일성이 결여되기 쉽다.
④ 각 관리자의 전문적 분화에 따라 간접적인 관리비를 증대시키는 경향이 있다.

83
마케팅 개념의 발전 환경 중 성격이 다른 하나는?

① 맞벌이 부부의 증가
② 고객 욕구의 다양화
③ 서비스 산업의 발달
④ 노령 인구의 증가

84
다음 요인들의 상호작용을 통해서 나타날 수 있는 리더십 이론은?

- 리더와 구성원 관계가 좋거나 나쁘다.
- 과업 구조가 높거나 낮다.
- 직위 권력이 강하거나 약하다.

① 리더십 특성 이론
② 리더십 관계 이론
③ 리더십 상황 이론
④ 리더-구성원 상호작용 이론

85
텔레마케팅의 분류 중 틀린 것은?

① 운영 방법에 따른 분류
② 착·발신 주체에 따른 분류
③ 고객 니즈에 따른 분류
④ 대상에 따른 분류

86
텔레마케팅 유형의 변화 추세에 대한 설명으로 옳지 않은 것은?

① 인바운드와 아웃바운드를 동시에 운영하며 인바운드 텔레마케팅 중심 체제의 업무가 확대되고 있다.
② 데이터베이스 시스템 구축으로 고객 정보를 활용한 적극적인 판촉활동을 전개하여 생산성과 수익 실현에 초점을 둔다.
③ 콜센터만을 전담으로 운영해 주는 전문조직이 생겨나 마케팅 성과를 기대할 수 있다.
④ 개인 또는 소규모 텔레마케팅 대행업무가 성행하며 이를 지원하는 소프트웨어가 개발·보급되고 있다.

87
성과급제에 대한 설명으로 옳은 것은?

① 업무의 성격에 따라 지급하는 임금제도
② 노동자의 지급요청에 따라 합의하여 결정하는 임금제도
③ 노동자가 실시한 작업량에 따라 지급하는 임금제도
④ 노동조합에서 결정한 임금제도

88
조직관리의 목적으로 옳지 않은 것은?

① 운영전략과 수행 효율성의 최적화를 이룬다.
② 인적 자원의 능력을 초과한 업무수행이 가능하도록 한다.
③ 충성심과 애호도를 높일 수 있도록 교육 및 훈련을 시킨다.
④ 조직의 역할이 최적화될 수 있도록 구성원 간의 역할과 기능을 명확히 한다.

89
텔레마케터의 능력 계발을 위한 교육 방법으로 적절하지 않은 것은?

① 실제 작업 환경과 같은 교육 환경을 제공한다.
② 교수자 지향적인 교육이 이루어지게 한다.
③ 신상품이 출시될 경우 스크립트를 개발하여 제공한다.
④ 교육 결과에 대한 피드백을 주며 개인별 코칭을 실시한다.

90
블레이크와 머튼의 관리격자 모형의 5가지 행동 유형이 아닌 것은?

① 개인형
② 절충형
③ 방임형
④ 인간중심 지향형

91
변혁적 리더십에 대한 설명으로 적절하지 않은 것은?

① 카리스마, 영감 고취, 개별적 배려 등의 특징을 가진다.
② 리더와 부하와의 관계를 교류적 혹은 비용과 이익의 교환 개념으로 본다.
③ 부하들에게 장기적 비전을 제시하고, 비전 성취에 대한 자신감을 고취시킨다.
④ 부하들이 기대한 것 이상의 능력을 발휘할 수 있도록 동기화시키는 지도력을 가진다.

92
OJT에 관한 설명으로 틀린 것은?

① 실시가 용이하며, 훈련비용이 적게 든다.
② 종업원의 개인적 능력에 따른 훈련이 가능하다.
③ 상사와 동료 간에 이해와 협동정신을 강화시킨다.
④ 많은 종업원들에게 통일된 훈련을 시킬 수 있다.

93
조직의 성과에 영향을 미치는 채용, 성과평가, 임금, 교육훈련 등 인적 자원 관리 기능에 대한 설명 중 틀린 것은?

① 성과평가는 구성원의 보상, 동기부여, 능력개발에 결정적인 역할을 한다.
② 시간급제는 성과에 상관없이 일정 시간에 따라서 구성원들에게 임금을 지급하는 방식이다.
③ 감수성 훈련은 구성원의 과업수행 과정에서 성과를 높이기 위한 지식과 기술, 기법에 관한 교육훈련이다.
④ 조직의 경영혁신과 관련하여 우수한 인력을 채용하기 위해 모집과 선발의 과정에서 지원자의 능력이 강조되고 있다.

94
모니터링 방법 중 상담원 옆에서 상담원의 상담 태도 및 상담 내용을 듣고 평가하는 모니터링 방법은?

① Mystery monitoring
② Silent monitoring
③ Self monitoring
④ Stand monitoring

95
다음 내용이 설명하는 것은?

> 콜센터 상담원을 대상으로 성과측정을 위한 인터뷰를 할 때 평가과정에 영향을 미치는 일반적 오류 중 한 가지 측면에서 뒤떨어질 경우 나머지 모두를 나쁘게 평가하는 것

① 각인 효과
② 후광 효과
③ 대조 효과
④ 상동 효과

96
콜센터 조직에서 상담원에게 필요한 동기부여 조건이 아닌 것은?

① 칭찬과 인정
② 자부심과 소속감
③ 상사의 권위적 리더십
④ 업무에 몰입할 수 있는 분위기

97
상담원이 자신이 맡은 직무를 수행하는 데 수반되는 과업의 수나 종류를 늘리는 것은?

① 직무 몰입
② 직무 확대
③ 직무 평가
④ 직무 만족

98
텔레마케터에 대한 설명으로 옳지 않은 것은?

① 텔레마케터는 고객분석가이다.
② 텔레마케터는 텔레마케팅 코디네이터이다.
③ 텔레마케터는 고객의 가치를 전달하는 홍보맨이다.
④ 텔레마케터는 고객과 커뮤니케이션을 직접 수행하는 고객관리 요원이다.

100
텔레마케팅의 대행 운영이 적합한 경우는?

① 텔레마케팅 운영요원·상담요원 및 텔레마케팅 시설이 갖추어져 있는 경우
② 고객 정보 데이터베이스의 외부 유출 방지가 요구되는 경우
③ 텔레마케팅 교육 및 경험이 축적되어 있는 경우
④ 현재 사내업무량이 포화상태에 이른 경우

99
콜센터의 심리적 장애 요인 중 텔레마케터의 성과나 동기부여가 현저히 저하되고 의욕이 상실되어 있는 최저 능률상태를 말하는 것으로, 다른 분야에 종사할 기회를 갖지 못한 상태에서 지나치게 오래 전화 업무만 한 경우를 나타내는 말로 적절한 것은?

① 콜센터 바이탈 사인
② Burn-out
③ 뜨내기문화
④ 유리벽

제3회 실전 모의고사

01 고객관리

01
고객의 경계심과 망설임을 없애는 방법으로 옳지 않은 것은?

① 데이터의 제시와 비교판단
② 상담원의 편으로 만들기
③ 철저히 업무적인 응대
④ 고객의 자발적 참여

02
인바운드 고객 상담의 개념에 대한 설명으로 옳지 않은 것은?

① 인바운드 고객 상담은 기업 주도형이다.
② 인바운드 고객 상담의 종류는 수신자 부담서비스나 ARS 등 매우 다양하다.
③ 인바운드 고객 상담은 주로 대답하기형 문의상담 기능이 강하다.
④ 인바운드 고객 상담은 고객들의 질문에 응답하기 위한 Q&A 시트를 많이 활용한다.

03
상담을 촉진하는 요소가 아닌 것은?

① 전문적 능력
② 주관적 판단
③ 수용적 존중
④ 공감적 이해

04
다음 설명과 관련 있는 것은?

> 정보나 지식, 가치관, 기호, 감정, 태도, 사실, 신념 등을 음성이나 문자로 전달하거나 교환하여 공감대를 형성하는 의사 전달 과정이다.

① 반론
② 피드백
③ 교육훈련
④ 커뮤니케이션

05
기업의 구매 후 상담으로 옳은 것은?

① 소비자 고발
② 제품의 생산에 관한 사항
③ 타 기업의 부당광고에 관한 사항
④ 제품 사용에 따른 소비자 피해에 관한 기업 측의 해명

06

커뮤니케이션에 있어서 선입견이나 속단적인 평가에서 발생하는 오류가 해당하는 측면은?

① 발신자 측면
② 수신자 측면
③ 상황적 측면
④ 준거의 틀로부터 발생되는 측면

07

구매 전 상담 내용이 아닌 것은?

① 자동차의 연비 설명
② 제품의 중요 부품 설명
③ 제품구매의 할부금융 문제
④ 고객 불만 처리

08

비언어적 의사소통에 대한 설명에 해당하지 않는 것은?

① 언어적 의사소통을 보완할 수 있는 장점이 있다.
② 언어를 통한 의사소통과 일치하지 않을 수 있다.
③ 다른 의사소통의 필요성을 감소시킬 수 있다.
④ 공식적인 기록을 할 수 있다.

09

다음 경청의 방해 요인 중 상담원 개인적 요인에 해당하는 것은?

① 노크
② 소음 공해
③ 전화벨
④ 심리적 혼란상태

10

텔레마케팅에서 CRM의 성공 전략으로 거리가 먼 것은?

① 고객을 중심으로 거래 데이터가 통합되어야 한다.
② 고객 분석 결과를 마케팅에 활용하기 위해 보유 상품 및 서비스에 대한 기준을 상담원에게 일임시켜야 한다.
③ 고객 분석을 위한 고객의 상세정보가 수집되어야 한다.
④ 고객 분석 결과를 활용할 수 있도록 제반 업무절차가 정립되고 시행되어야 한다.

11
B2B(Business to Business) CRM의 설명으로 틀린 것은?

① 기업 대 기업의 판매는 본질적으로 기업이 아닌 실체적인 개별 인간과의 거래이므로 실체적 인간이 바라는 요구에 대응하는 것이 B2B CRM의 핵심이다.
② B2B 고객과의 관계관리는 기업의 특성을 고려한 가치 있는 해법을 찾는 것이 과제이다.
③ B2B 프로그램의 경우 기업과 소비자 모두를 대상으로 하기 때문에 개별 소비자 프로그램에 비해 범위가 넓다.
④ B2B CRM은 B2C(Business to Consumer) CRM에 비해서 고려해야 할 범위가 일반적으로 좁다고 할 수 있다.

12
다음 중 고객 가치 측정 기법이 아닌 것은?

① 고객생애가치
② 품목점유율
③ RFM 분석
④ 고객점유율

13
불만족한 고객의 심리적 상태를 잘못 표현한 것은?

① 육체적 손해를 보상받기를 원한다.
② 애원하며 호소한다.
③ 즉각 화를 내기 쉽다.
④ 대단히 공격적인 상태가 많다.

14
CRM의 활용에 대한 설명으로 틀린 것은?

① 시장점유율보다 고객점유율에 비중을 둔다.
② 고객 유지보다는 고객 획득에 중점을 둔다.
③ 제품판매보다는 고객관계관리에 중점을 둔다.
④ 고객로열티 극대화를 중시한다.

15
고객데이터 분석 방법 중 고객의 평생가치를 기준으로 사용하는 방법은?

① RFM 방법
② MCIF 방법
③ DBMS 방법
④ LTV 방법

16
무리한 보상을 요구하는 고객의 심리적 상태가 아닌 것은?

① 고의적으로 소란을 피운다.
② 제품의 문제점과 약점에 대해 잘 모른다.
③ 큰소리치는 경우가 있다.
④ 형사고발 등 법적으로 대응하겠다는 엄포형이 많다.

17
고객이 공감 받고 공정하게 대우받기를 원할 때 상담하는 방법으로 옳지 않은 것은?

① 이해의 눈으로 보며 상담한다.
② 적절한 서비스를 제공한다.
③ 고객의 입장에서 일을 처리한다.
④ 고객이 불만을 제기할 때 사용자 측의 잘못이라고 책임을 전가한다.

18
고객의 구매 후 평가사항으로 틀린 것은?

① 제품을 사용할 때 만족해한다.
② 제품의 불량 부분을 발견한다.
③ 애프터서비스를 요청한다.
④ 판매사원에게 제품정보를 듣는다.

19
빅데이터 처리의 순환 과정을 바르게 표현한 것은?

① 저장 → 추출 → 시각화 → 분석 → 예측 → 적용
② 저장 → 시각화 → 적용 → 추출 → 분석 → 예측
③ 추출 → 저장 → 분석 → 시각화 → 예측 → 적용
④ 추출 → 분석 → 예측 → 저장 → 시각화 → 적용

20
홈페이지 개인정보 노출방지대책으로 틀린 것은?

① 기관에서 운영 중인 홈페이지는 주기적으로 현황 조사를 실시하여 관리할 수 있도록 해야 한다.
② 로그인은 하지 않는 페이지더라도 소스코드, 파일, URL에 개인정보 포함여부를 점검한다.
③ 관리자 페이지는 기본적으로 외부에서 접근이 용이하도록 운영한다.
④ 노출 발생 시 원인 분석 및 외부 유출여부 확인을 위해 웹 서버 로그를 일정기간 동안 보관한다.

21
고객상담 처리 기술에 대한 설명으로 틀린 것은?

① 고객이 말하기를 시작하면 경청하도록 한다.
② 고객에게 상품의 특징과 이점에 대해 설명한다.
③ 고객의 반론에 대해서는 먼저 공감하는 자세를 취한다.
④ 고객에 대한 다양한 정보를 얻기 위해서는 폐쇄형 질문을 한다.

22
외부 물리적 환경에 의한 경청의 방해 요인이 아닌 것은?

① 다른 상담자의 방문
② 편견
③ 사무실의 집기 소음
④ 소음 공해

23
전화 상담의 특성으로 옳지 않은 것은?

① 생각날 때 즉시 상담접수 답변을 받을 수 있다.
② 상담원의 능력부족, 자료부족 시 지연될 수도 있다.
③ 통화량이 집중되는 시간에는 상담이 어렵다.
④ 피해 내용, 제품 제시 등도 쉽게 처리할 수 있다.

24
커뮤니케이션 채널에 대한 설명으로 틀린 것은?

① 커뮤니케이션 채널은 크게 인적 채널과 비인적 채널로 나누어진다.
② 인적 채널은 대중매체와 인터넷과 같은 다이렉트 마케팅 도구들이 포함된다.
③ 비인적 채널은 발신자와 수신자 사이의 직접적인 접촉 없이 메시지가 전달되는 방법이다.
④ 커뮤니케이션 채널은 발신자가 수신자에게 메시지를 전달하는 데 사용되는 수단을 말한다.

25
고객 상담의 역할에 해당되는 것은?

① 기업과 고객 간의 의사소통
② 고객과 기업 간의 행동 결정
③ 기업과 고객 간의 의사 결정
④ 기업과 고객 간의 정책 결정

02 시장환경조사

26
시장조사를 위한 면접조사 시 발생되는 단점으로 거리가 먼 것은?

① 면접자를 훈련하는 데 많은 비용이 소요된다.
② 면접을 적용할 수 있는 지리적인 한계가 있다.
③ 응답자들이 자신의 익명성 보장에 대해 염려할 소지가 있다.
④ 비언어적인 커뮤니케이션이 아닌 언어적인 커뮤니케이션만을 통해 자료를 수집한다.

27
시장조사의 역할이 아닌 것은?

① 기업의 의사결정의 질을 개선한다.
② 소비자에 대한 경영자의 영향력을 증대시킨다.
③ 기업의 문제해결에 도움을 주는 정보를 제공한다.
④ 마케팅을 효과적으로 수행할 수 있도록 도움을 준다.

28
모집단에 대한 설명으로 바르지 않은 것은?

① 조사 대상 설정, 응답자 역할의 구체화 등을 고려하여 모집단을 설정한다.
② 조사자가 추론하고자 하는 모든 대상의 집합을 말한다.
③ 표본을 추출할 때 추출되는 표본 사이의 간격을 의미한다.
④ 전화조사 시 조사원이 어떤 사람들에게 전화할 것인가를 추출하는 기초자료이다.

29
탐색조사의 종류가 아닌 것은?

① 전문가조사
② 사례조사
③ FGI조사
④ 문헌조사

30
2차 자료의 특징으로 옳지 않은 것은?

① 오픈 데이터의 수집은 가장 기초적인 2차 자료 조사 방법 중 하나이다.
② 어떠한 연구를 위해 만들어진 자료는 다른 연구에 사용될 수 없다.
③ 어떤 형태로든 기록·보존되어 있는 자료 전부는 2차 자료의 범위에 포함된다.
④ 각종 학술 연구지, 상업 잡지, 통계 자료집 등의 다양한 분야의 자료를 조사하는 방법이다.

31
전화조사의 장점으로 옳은 것은?

① 멀티미디어 자료의 활용이 가능하다.
② 우편조사보다 조사 결과를 얻는 데 소요되는 시간이 짧다.
③ 익명성이 높고, 응답자로부터 솔직한 답변을 얻을 수 있다.
④ 면접원의 편견이 개입될 수 없다.

32
조사 결과를 이용하는 사람이 지켜야 할 윤리로 옳은 것은?

① 조사 결과 자료와 일관성이 없는 결과를 이용해서는 안 된다.
② 조사 결과를 개인이나 조직에서 수행한 업무나 결정을 정당화하는 데 사용해도 된다.
③ 연구자의 허락 없이 고유한 특성이 있는 자료를 사용할 경우 참고문헌을 표시하면 괜찮다.
④ 정당화될 수 없는 결과라도 조사 자료와 연관 짓는 것은 상관이 없다.

33
1차 자료 수집 계획이라고 할 수 없는 것은?

① 실험조사
② 질문조사
③ 역할조사
④ 관찰조사

34
응답자의 권리 보호와 거리가 먼 것은?

① 응답자의 개인정보를 상품판매에 이용해서는 안 된다.
② 응답자의 개인정보를 조사의뢰회사에 누설해서는 안 된다.
③ 응답자의 개인정보는 보호되어야 한다.
④ 응답자의 개인정보를 임의로 활용하여 재조사를 요구할 수 있다.

35
1차 자료를 수집하는 방법과 특징에 대한 설명으로 옳지 않은 것은?

① 의사소통 방법은 관찰 방법에 비해 자료 수집이 신속하다.
② 의사소통 방법에 의해 자료를 수집하면 응답자가 응답을 회피하지 않는다.
③ 의사소통 방법은 설문지나 응답자에게 직접 질문하여 자료를 얻는 방법이다.
④ 관찰에 의한 방법은 관심 있는 어떤 상황을 측정하거나 응답자의 행동 또는 사건 등을 기록하는 방법이다.

36
질문지의 문항 형식 중 응답 내용을 몇 가지로 제약하는 질문의 형태는?

① 양자택일형
② 다지선다형
③ 가치개입형
④ 자유응답형

37
다음에서 설명하고 있는 척도는?

- 주로 인간의 태도를 측정하는 태도 척도로, 이는 질문 자료에서 지표를 추출하여 구성하는 체계적이고 세련된 수준이다.
- 서열적 수준의 변수를 측정하는 것으로, 일단의 태도 문항으로 되어 있는데 각 문항은 거의 동일한 태도 가치를 갖는다고 인정된다.
- 응답 카테고리가 명백하게 서열화되어 있어 응답자들에게 혼란을 주지 않는다.

① 리커트 척도
② Q-분류 척도
③ 보가더스 척도
④ 어의차이 척도

38
인터넷 설문조사의 특징에 관한 설명으로 틀린 것은?

① 설문응답이 편리하다.
② 표본 수가 많아지면 추가 비용이 많이 든다.
③ 설문에 대한 응답을 빨리 회수할 수 있다.
④ 인터뷰 비용 없이 설문응답자와 상호작용할 수 있다.

39
변수의 종류 중 이질적인 것은?

① 원인 변수
② 매개 변수
③ 독립 변수
④ 종속 변수

40
마케팅조사 설계 시 내적 타당성을 저해하는 요소에 해당되지 않는 것은?

① 통계적 회귀
② 반작용 효과
③ 사전 검사의 영향
④ 특정 사건의 영향

41
비확률표본추출방법에 해당하는 표본추출방법은?

① 층화표본추출방법
② 군집표본추출방법
③ 단순무작위추출방법
④ 할당표본추출방법

42
폐쇄형 질문의 형태가 아닌 것은?

① 어떤 형태의 핸드폰을 원하십니까?
② 이 기계는 자동세척 기능이 있나요?
③ 내일까지 피해보상을 할 수 있지요?
④ 고객님, 주문하신 상품이 B상품 맞으십니까?

43
다음에서 설명하고 있는 조사 방법은?

- 동일한 현상을 동일한 대상에 대해 반복적으로 측정하는 조사 방법이다.
- 시간의 흐름에 따른 조사 대상의 특성 변화를 측정하고자 함이 목적이다.
- 조사 방법에는 패널조사, 추세조사, 코호트조사 등이 있다.

① 인과조사
② 횡단조사
③ 종단조사
④ 문헌조사

44
설문지 문항 작성 시 개별 항목의 작성원칙으로 볼 수 없는 것은?

① 응답자들에 대한 가정이 내포되어야 한다.
② 가능한 한 쉽고 의미가 명확하게 구분되는 단어를 이용한다.
③ 하나의 항목으로 2가지 내용의 질문을 하여서는 안 된다.
④ 다지선다형 응답에 있어서는 가능한 응답을 모두 제시해 주어야 한다.

45
설문지를 구성할 때 제일 먼저 위치해야 하는 요소는?

① 면접원의 신상기록 항목
② 응답자 분류를 위한 문항
③ 응답자에 대한 협조 요청문
④ 필요한 정보 획득을 위한 문항

46
2차 자료에 관한 설명으로 틀린 것은?

① 1차 자료에 비해 시간과 비용이 적게 든다.
② 조사 목적과 정확하게 부합되지 않을 수 있다.
③ 통계청, 한국은행 등에서 발간한 자료들이 해당한다.
④ 조사자가 당면한 문제를 해결하기 위하여 직접 수집한 자료이다.

47
표본조사 시 발생할 수 있는 불포함 오류의 설명으로 가장 적합한 것은?

① 면접이나 관찰 과정에서 응답자나 조사자 자체의 특성에서 생기는 오류
② 표본추출 과정에서 선정된 표본 중에서 응답을 얻어내지 못하여 생기는 오류
③ 표본조사 시 표본 체계가 완전하지 않아서 생기는 오류
④ 정확한 응답이나 행동을 한 결과를 조사자가 잘못 기록하거나, 기록된 설문지나 면접지가 분석을 위하여 처리되는 과정에서 발생하는 오류

48
면접조사의 원활한 자료 수집을 위해 조사자가 응답자와 인간적인 친밀 관계를 형성하는 것은?

① 라포(Rapport)
② 사회화(Socialization)
③ 개념화(Conceptualization)
④ 조작화(Operationalization)

49
다음과 같은 조사 방법은?

> 훈련된 면접 진행자가 소수의 응답자들을 일정한 장소에 모이게 한 후, 비체계적이고 자연스러운 분위기 속에서 조사 목적과 관련된 대화를 유도하여 응답자들이 자유롭게 의사를 표시하도록 하는 면접 방식

① 문헌조사
② 사례조사
③ 표적집단면접
④ 전문가의견조사

50
설문지의 구성에 있어서 주의할 점이 아닌 것은?

① 표준화된 용어를 사용할 것
② 질문은 자세하고 길게 할 것
③ 이중적 의미의 질문은 피할 것
④ 애매한 질문과 유도질문은 피할 것

03 마케팅관리

51
인바운드 텔레마케팅에 대한 설명으로 적절하지 않은 것은?

① 푸시 전략을 쓰며 적극적이고 독립적인 마케팅을 한다.
② 전화번호는 고객이 기억하기 좋은 번호로 선정하는 것이 좋다.
③ 각종 광고 활동을 통해 고객의 반응을 유도하는 마케팅 기법이다.
④ 고객이 주도적으로 전화를 걸기 때문에 판매로 이어지기 용이하다.

52
소비자의 구매의사결정 과정을 바르게 나열한 것은?

① 정보탐색 → 문제인식 → 대안의 평가 및 선택 → 구매 → 구매 후 행동
② 문제인식 → 정보탐색 → 대안의 평가 및 선택 → 구매 → 구매 후 행동
③ 문제인식 → 대안의 평가 및 선택 → 정보탐색 → 구매 → 구매 후 행동
④ 대안의 평가 및 선택 → 문제인식 → 정보탐색 → 구매 → 구매 후 행동

53
다음은 유통경로의 설계전략에 관한 내용이다. 빈칸에 들어갈 내용이 옳게 연결된 것은?

- (ㄱ) 유통은 가능한 한 많은 중간상에게 자사의 제품을 취급하도록 하는 것으로 저가 소비재 등과 같이 소비자들이 구매의 편의성을 중시하는 품목에서 채택하는 방식이다.
- (ㄴ) 유통은 제품의 이미지를 유지하고 중간상들의 협조를 얻기 위해 일정 지역 내에서의 독점 판매권을 중간상에게 부여하는 방식이다.

① ㄱ: 전속적, ㄴ: 선택적
② ㄱ: 전속적, ㄴ: 집중적
③ ㄱ: 집중적, ㄴ: 전속적
④ ㄱ: 선택적, ㄴ: 집중적

54
스크립트를 작성하는 목적으로 틀린 것은?

① 상담원의 능력과 수준을 일정 수준 이상으로 유지시켜 준다.
② 균등한 대화를 사용하여 정확한 효과를 측정하고 효율적인 운영체제를 구축한다.
③ 통화의 목적과 어떻게 대화를 이끌어 갈 것인가의 방향을 잡아 준다.
④ 텔레마케터가 주관적으로 상담하기 위해서 작성한다.

55
어떤 제품이나 서비스를 싫어하는 사람들에게 그것을 좋아하도록 태도를 바꾸게 하는 마케팅 과제는?

① 전환 마케팅
② 자극 마케팅
③ 개발 마케팅
④ 유지 마케팅

56
표준적인 고객구매행동 모델인 RFM에서 R이 뜻하는 것은?

① 최근 구매일
② 구매횟수
③ 구매금액
④ 구입품목

57
다이렉트 마케팅의 특징으로 보기 어려운 것은?

① 고객의 범위 – 특정고객, 주고객층
② 마케팅 활동 – 1:1 상호작용 마케팅
③ 개인성 정도 – 개인성이 약함
④ 고객반응 정도 – 즉각적·개별적 반응 체크

58
아웃바운드 텔레마케터가 갖춰야 할 기본요건이 아닌 것은?

① 상품 지식
② 불명확한 목표 의식
③ 인내심
④ 의사소통 기술

59
마치 틈새를 비집고 들어가는 것과 같다는 뜻에서 붙여진 이름으로, 특정한 성격을 가진 소규모의 소비자를 대상으로 판매목표를 설정하는 마케팅은?

① 니치 마케팅
② 디 마케팅
③ 표적 마케팅
④ 관계 마케팅

60
다음이 설명하는 시장세분화의 기준은?

> 연령, 성별, 가족 수, 가족생활주기, 소득, 직업, 학력, 종교, 인종, 국적 등의 객관적인 변수들에 기초하여 시장을 여러 집단으로 분할하는 것이다.

① 지리적 세분화
② 심리분석적 세분화
③ 인구통계적 세분화
④ 행동분석적 세분화

61
다음에서 설명하는 점포형 소매상의 종류는?

> – 한정된 제품계열을 취급하지만 해당 제품계열 내에서는 매우 전문적이고 다양한 품목을 취급한다.
> – 주로 가전, 오디오, 의류, 운동용품, 가구, 서적 등의 제품계열에서 볼 수 있다.

① 편의점
② 전문점
③ 전문할인점
④ 상설할인매장

62
다음에서 설명하는 마케팅은?

> 2개 이상의 독립된 기업이 제품 개발, 시장 개척, 경로 개발, 판매원 등 마케팅 계획과 자원을 공동으로 추진하고 활용함으로써 기업이 개별적으로 하기 어려운 것을 공동으로 하는 데서 얻는 이익과 마케팅 문제를 보다 쉽게 해결하고 마케팅관리를 효율적으로 수행하기 위한 것이다.

① 서비스 마케팅
② 심비오틱 마케팅
③ 마켓타깃
④ 마케팅믹스

63
마케팅관리 과정의 요소가 아닌 것은?

① 시장세분화 또는 특정화
② 시장의 전문화
③ 근로자의 후생복지관리
④ 목표시장의 진출과 평가

64
인바운드 고객 상담의 활동 분야와 거리가 먼 것은?

① 적극적인 판매
② 주문접수 처리
③ 제품 및 서비스에 대한 문의·상담
④ 회원가입 등에 관한 상담

65
마케팅 활동에 있어서의 4P에 해당하지 않는 것은?

① Price
② People
③ Place
④ Promotion

66
가격결정에 영향을 미치는 요인 중 외부 요인에 해당하지 않는 것은?

① 수요 상황
② 조직의 특성
③ 경쟁자의 상황
④ 법적·제도적 요인

67
광고보다 인적 판매가 더 유리한 경우는?

① 기능설명이 필요한 고가의 제품
② 고객의 수가 많음
③ 고객이 지역적으로 분산되어 있음
④ 표준화된 제품

68
기업의 전략적 사업 단위(SBU)를 분석하는 데 이용되는 BCG(Boston Consulting Group) 모형에서 수평축이 반영하는 것은?

① 희망투자 수익률
② 시장 성장률
③ 세분시장 규모
④ 상대적 시장 점유율

69
점포형 소매상의 형태로 볼 수 없는 것은?

① 슈퍼마켓
② 자동판매기
③ 드러그 스토어
④ 회원제 도매클럽

70
마케팅 촉진(Promotion) 전략에 대한 설명으로 옳은 것은?

① 제품계열(Product line)과 품목(Item)으로 구성된다.
② 기업이 제공하는 효용에 대해 소비자가 지불하는 대가인 것이다.
③ 기업이 고객과 의사소통을 할 때 사용하는 수단인 광고, 홍보, 판매촉진 그리고 인적 판매를 말한다.
④ 소비자가 원하는 제품을 원하는 장소와 원하는 시간에 구매할 수 있도록 해 주는 것이다.

71
시장세분화에 관한 설명으로 틀린 것은?

① 시장세분화란 상이한 욕구·행동 및 특성을 가지고 있는 소비자들을 분류하는 과정을 말한다.
② 시장세분화의 목적은 효과적인 마케팅믹스에 있다.
③ 시장세분화는 제품계열 단순화를 통해 생산을 표준화, 대량화할 수 있다.
④ 시장세분화는 다양한 제품계열·광고매체를 이용하여 수익률을 증대시킬 수는 있으나 생산원가 및 판매비·일반관리비의 증대를 가져온다.

72
회사가 제품에 대한 가격을 결정할 때 제품의 저가 전략이 적합한 경우가 아닌 것은?

① 경쟁사가 많을 때
② 시장수요의 가격탄력성이 낮을 때
③ 소비자들의 수요를 자극하고자 할 때
④ 경쟁기업에 비해 원가우위를 확보하고 있을 때

73
가격관리와 관련된 설명 중 옳지 않은 것은?

① 명성가격결정법은 가격이 높으면 품질이 좋을 것이라고 느끼는 효과를 이용한 고가 설정 정책으로, 고급상품의 가격결정에 이용된다.
② 상층흡수가격정책은 신제품을 시장에 도입하는 초기에 고소득층을 대상으로 높은 가격을 받고 그 뒤 차차 가격을 인하하여 저소득층에 침투하는 것이다.
③ 침투가격정책은 신제품을 도입하는 초기에 저가격을 설정하여 신속하게 시장에 침투하는 전략으로 수요가 가격에 민감하지 않은 제품에 많이 사용되는 방법이다.
④ 탄력가격정책은 한 기업의 제품이 여러 제품계열을 포함하는 경우에 품질, 성능, 스타일에 따라 서로 다른 가격을 결정하는 것이다.

74
기업은 효율적으로 마케팅 활동을 하기 위하여 여러 가지 특성에 따라 시장을 세분화하고 알맞은 마케팅 전략을 전개한다. 다음 중 목표시장의 선정을 위한 시장세분화의 조건으로 적절하지 않은 것은?

① 측정가능성
② 접근가능성
③ 유효성·정당성
④ 공공성

75
새로운 제품을 개발하여 새로운 고객에게 판매함으로써 성장을 추구하는 전략은?

① 시장세분화 전략
② 제품차별화 전략
③ 다각화 전략
④ 시장침투 전략

04 조직운영 및 성과관리

76
콜센터 조직의 특성 중 콜센터만의 조직문화로 볼 수 없는 것은?

① 콜센터의 근로 조건은 평준화되어 있다.
② 상담원은 비정규직, 관리자는 정규직인 경우가 많다.
③ 파견근무 형태에 따라 상담원들의 소속감 결여가 많다.
④ 상담원 개인에 따라 직업에 대한 직무만족도 편차가 심하다.

77
상담사들의 고객 상담 능력을 확인하기 위한 운영관리는?

① 성과관리
② 통화품질관리
③ 상품판매관리
④ 업무지식관리

78
일정한 역할을 통하여 개인에게 부여된 임무를 실제적인 능력보다 향상된 수준에서 이해할 수 있어야 한다는 기본전제를 지녀야 하는 교육훈련은?

① 코칭
② 강의법
③ 역할 연기법
④ 토의법

79
콜센터 문화에 영향을 미치는 사회적 요인에 해당하지 않는 것은?

① 행정 당국의 제도적 지원
② 상담원의 근로 선택의 자유
③ 상담원에 대한 직업의 매력도
④ 기업의 지명도

80
콜센터 상담원 교육관리에 대한 설명으로 틀린 것은?

① 각 직무별 교육계획안은 부서에서만 작성한다.
② 교육생이 이수하지 못한 교과목은 이수 예정일을 기재한다.
③ 교육생이 이수한 교과목은 이수한 날짜를 양식에 표시한다.
④ 교육과정에 참여하기로 한 직원에게는 정기적(혹은 월별로) 통지서를 보낸다.

81
OJT를 위한 단계를 알맞게 나열한 것은?

① 학습 준비 → 업무 실행 → 결과 확인 → 업무 설명
② 학습 준비 → 업무 설명 → 업무 실행 → 결과 확인
③ 업무 실행 → 학습 준비 → 업무 설명 → 결과 확인
④ 업무 설명 → 업무 실행 → 학습 준비 → 결과 확인

82
피들러의 유관 이론, 블레이크와 머튼의 관리격자 이론 등이 해당하는 이론은?

① 직무평가 이론
② 리더십 이론
③ 인사고과에 관한 이론
④ 인사배치에 관한 이론

83
다음 설명과 관련 있는 조직 구조는?

- 테일러가 창안한 조직 구조이다.
- 수평적 분화에 중점을 두고 있다.
- 각자의 전문분야에서 작업능률을 증대시킬 수 있다.

① 네트워크 조직
② 매트릭스 조직
③ 기능식 조직
④ 사업별 조직

84
직무 평가의 목적이 아닌 것은?

① 공정한 임금체계의 확립
② 인적 자원 관리의 합리화
③ 직무담당자의 협조
④ 노사협상의 기초

85
OJT에 대한 설명 중 가장 적절하지 않은 것은?

① 훈련성과가 작업성과와 직결된다.
② 기업 내에서의 종업원 교육훈련 방법을 말한다.
③ 훈련성과가 직속상사의 능력에 따라 좌우된다.
④ 교육훈련 내용의 체계화가 비교적 쉽다.

86
조직변화에 관한 설명으로 옳지 않은 것은?

① 조직변화는 자연적 변화와 계획적 변화로 구분할 수 있다.
② 조직변화의 내부 요인으로는 법적 규제의 강화, 급속한 기술발전 등이 있다.
③ 조직변화란 조직유효성과 능률 극대화, 구성원의 만족도 향상을 위해 조직의 구성 요소를 변화시키는 것을 말한다.
④ 조직변화 시 저항하는 구성원들의 협조가 필요할 때에는 교육과 원활한 의사소통을 통해 저항을 조정할 수 있다.

87
직무설계 방법에 해당하지 않는 것은?

① 직무충실화
② 직무확대화
③ 직무축소화
④ 직무순환

88
다음 내용과 관련 있는 콜센터 리더의 유형은?

- 도전적인 목표를 설정하고 직원들이 능력의 최대치를 발휘할 수 있도록 독려한다.
- 도전적인 목표를 가지고 잠재력을 계발하며 높은 성과를 지향하도록 유도한다.

① 지시적 리더십
② 후원적 리더십
③ 참여적 리더십
④ 성취 지향적 리더십

89
평균 통화처리시간은?

① 평균 통화시간 + 평균 마무리처리시간
② 평균 통화시간 − 평균 마무리처리시간
③ 총통화시간 − 평균 통화시간
④ 총통화시간 − 평균 마무리처리시간

90
인바운드 콜센터에서 고객으로부터 걸려 온 총수신 건수에 대한 응대 건수의 비율은?

① 포기콜률
② 수신콜 응답률
③ 주문획득률
④ 콜센터 스케줄링

91
바람직한 콜센터 리더의 자세가 아닌 것은?

① 콜센터 내 긍정적인 분위기 활성화를 위해 항상 노력한다.
② 생산성과 통화품질의 목표를 위해 조직적 계획을 세우고 실행한다.
③ 콜센터의 수익성을 높이기 위해 팀 내의 경쟁심을 유발한다.
④ 상담원의 업무능력향상을 위해 정기적으로 교육훈련을 실시한다.

92
일정 기간 텔레마케팅을 실행한 후 고객과 접촉한 비율은?

① 콜 접촉률
② 고객 DB 소진율
③ 주문획득률
④ 콜 응답률

93
다음 설명과 관련 있는 허시와 블랜차드의 리더십 유형은?

- 과업 지향적인 스타일로 지도자가 일방적으로 부하들의 역할을 결정하고 과업의 종류와 방법, 시기 등을 지시하는 유형이다.
- 성숙도가 최저인 부하들에게 효과적이다.

① 위임형
② 코치형
③ 지원형
④ 지시형

94
인사이동의 목적에 관한 설명으로 적절하지 않은 것은?

① 후계자를 양성하여 적격자를 계속 공급한다.
② 적재적소 배치를 하여 인적 자원을 효과적으로 이용한다.
③ 이동은 승진에 맞게 이루어지므로 승진의욕과 사기를 저하시킨다.
④ 종업원에게 새로운 일의 기회를 제공하여 능력계발을 도모한다.

95
모니터링의 성공 요소에 해당하지 않는 것은?

① 대표성
② 차별성
③ 주관성
④ 타당성

96
직무평가 방법에 해당하지 않는 것은?

① 분류법
② 서열법
③ 점수법
④ 연수합계법

97
인적 자원 관리의 주체가 아닌 것은?

① 최고경영자
② 인사전담자
③ 각 부서의 장
④ 노동조합위원장

98
다음에서 설명하고 있는 것은?

> • 리더십 과정에 작용하는 상황적 요소에 따라 그 성과가 다르게 나타난다는 피들러(Fiedler)의 이론이다.
> • 리더십의 결정 요인이 리더의 특성에 있는 것이 아니라 리더가 처해 있는 조직적 상황에 있다는 주장이다.

① 관리격자 이론
② 상황적합 이론
③ 행위 이론
④ 특성 이론

99
직무만족(Job satisfaction)에 관한 설명으로 옳은 것은?

① 직무만족은 다차원이 아닌 단일차원의 개념이다.
② 직무에 만족하면 반드시 생산성과 같은 양적 성과가 높아진다.
③ 직무만족이란 개인이 직무나 직무경험에 대한 평가의 결과로 얻게 되는 즐겁고 긍정적인 느낌을 의미한다.
④ 조직원의 불만족이 높아지면 조직에 여러 가지 부정적 결과를 가져오며 불만족이 모두 행동으로 표출되어 사전에 파악할 수 있다.

100
콜센터 조직의 안정화를 도모하기 위한 방안과 가장 거리가 먼 것은?

① 인력의 교체를 자주하여 전문화를 도모한다.
② 각 계층(상담원, 수퍼바이저, 매니저 등) 간의 소통 장벽을 제거한다.
③ 텔레마케팅의 현실적인 능력을 감안한 단계적인 생산지표를 설정하고 관리한다.
④ 보다 안정적인 근로조건을 갖추어 텔레마케팅의 의욕을 고취시킨다.

제4회 실전 모의고사

01 고객관리

01

고객 응대 관계의 특징으로 적절하지 않은 것은?

① 인바운드 고객 응대 관계는 고객의 자발적인 요청으로 관계가 형성된다.
② 고객 응대 관계를 통해 감정과 정서의 효과적인 표출이 발휘되어 친밀감을 형성한다.
③ 고객 응대 관계는 도움을 주고받는 관계로서 고객과 상담원은 서로의 가치를 존중하는 관계를 형성한다.
④ 고객 응대 관계에서 텔레마케팅 고객 응대는 언어적 커뮤니케이션만이 가능하다.

02

CRM의 특징이 아닌 것은?

① CRM은 고객점유율보다는 시장점유율에 비중을 둔다.
② CRM은 고객 획득보다는 고객 유지에 관심을 둔다.
③ CRM은 제품 판매보다는 고객 관계(Customer relationship)에 중점을 둔다.
④ CRM은 목표시장과 목표고객에 대한 고객 관계의 집중화에 더 비중을 둔다.

03

CRM 연구에서 신뢰성 있는 척도로 사용되는 메타 그룹(Meta Group)에 의한 CRM 유형 분류에 해당되지 않는 것은?

① 운영 CRM
② 분석 CRM
③ 전략 CRM
④ 협업 CRM

04

고객의 유형별 응대요령 중 수다쟁이형 고객에 대한 응대요령은?

① 충실한 자료와 증거를 제기하고 애매한 일반화는 피한다.
② 근거가 되는 구체적 자료를 제시한다.
③ 맞장구와 함께 천천히 용건에 접근한다.
④ 묻는 말에 간결하게 대답하고 의사를 존중한다.

05
상담화법에 대한 설명으로 바르지 않은 것은?

① 아이 메시지(I-message)는 상대방에게 내 입장을 설명하는 화법이다.
② 유 메시지(You-message)는 결과에 대해 상대방에게 핑계를 돌리는 화법이다.
③ 두 메시지(Do-message)는 어떤 잘못된 행동 결과에 대해 그 사람의 행동과정을 잘 조사하여 설명하고 잘못에 대하여 스스로 반성을 구하는 화법이다.
④ 비 메시지(Be-message)는 서로가 자신의 입장에 대해 진술하는 화법이다.

06
커뮤니케이션의 원칙 중 일관성에 대한 내용이 아닌 것은?

① 수신자의 수신태도
② 발신자가 전달하는 내용
③ 발신자의 표현 방식
④ 발신자의 전달 방식

07
구매 전 상담에서 제품정보를 제공하는 목적이 아닌 것은?

① 경쟁 제품과 비교할 수 있도록 하는 것이다.
② 소비자가 지불하는 제품값과 품질의 합리성을 설명하는 것이다.
③ 소비자가 충동구매할 수 있게 만드는 것이다.
④ 기업의 좋은 이미지를 형성하려는 목적이다.

08
기업의 입장에서 요구되는 고객 상담의 필요성이 아닌 것은?

① 고객에게 기업의 좋은 이미지를 구축한다.
② 제품구매 후 불만 고객에게 신속히 피해보상을 하므로 더 좋은 고객관계를 형성할 수 있다.
③ 고객 상담을 처리하면 매출이 급격하게 증가할 수 있다.
④ 소비자 지향적·고객 지향적 마케팅 활동을 전개하여 경쟁의 우위를 점할 수 있다.

09
고객생애가치(LTV ; Life Time Value)에 관한 설명으로 옳은 것은?

① 특정 회사의 제품 또는 서비스를 처음 구매하거나 요청한 기간을 말한다.
② 처음으로 자사 제품 또는 서비스를 구입한 때부터 고객이 사망하는 시점까지의 기간을 말한다.
③ 특정 회사의 제품 또는 서비스를 구매한 날로부터 최종 반품처리한 날까지의 순이익 가치를 말한다.
④ 한 기업의 상품이나 서비스를 최초로 이용하거나 거래한 시점부터 마지막으로 구매하거나 이용할 것이라고 예상되는 시점까지의 총누계액을 말한다.

10
빅데이터 수집 방법 중 크롤링(Crawling)과 가장 관련 있는 것은?

① 웹 로봇(Web robot)
② 웹 로딩(Web loading)
③ 웹 블로그(Web blog)
④ 웹 로그 데이터(Web log data)

11
경청에 방해가 되는 외부 환경 요인은?

① 소음 공해
② 심리적 혼란
③ 편견
④ 잡념

12
고객이 조직의 어떤 일면과 접촉하는 접점으로서, 서비스를 제공하는 조직과 그 품질에 대해 어떤 인상을 받는 순간이나 사상을 의미하는 용어는?

① FAB
② RFM
③ LTV
④ MOT

13
매슬로우(Maslow)의 안정의 욕구를 고려한 소비자 상담은?

① 불량품은 애프터서비스를 신속하게 해 준다.
② 고객의 불평불만을 우선 인정해 준다.
③ 고객의 취미나 건강에 관심을 보인다.
④ 고객이 자기표현을 할 수 있도록 한다.

14
고객 상담 시 고객과의 공감대를 형성하는 방법과 가장 거리가 먼 것은?

① 공통적인 화제로 성의 있게 대화한다.
② 인사는 격식에 따라서 위엄 있게 한다.
③ 고객을 진심으로 칭찬한다.
④ 고객의 신분에 맞는 존칭어를 구사한다.

15
화난 고객의 심리적 상태가 아닌 것은?

① 전화를 걸자마자 화부터 낸다.
② 대중을 선동하는 경우도 있다.
③ 화를 표출한 것을 후회하지 않는다.
④ 불쾌한 표현을 한다.

16
경청의 방해 요인에 해당되지 않는 것은?

① 몸을 고객 쪽으로 기울일 때
② 잡념이 심할 때
③ 심리적 혼란 상태가 될 때
④ 편견이 있을 때

17
다음과 같은 응대 기법이 충족시킬 수 있는 소비자의 욕구는?

> - 손님께서 얼마나 실망하셨을지 잘 알겠습니다.
> - 그때 어떤 느낌을 갖게 되셨는지 이야기하고 싶은데요.
> - 손님의 요구가 무리한 것은 아니군요.

① 존경을 받고자 하는 욕구
② 공평하게 대접받고자 하는 욕구
③ 적시에 신속한 서비스를 받고자 하는 욕구
④ 자신의 문제에 대해 공감해 주기를 바라는 욕구

18
고객 유형 중 유아독존형 고객에게 가장 효과적인 응대 방법은?

① 여유 있게 설명한다.
② 체면과 프라이드를 높여 준다.
③ 묻는 말에 간결하게 대답하고 의사를 존중한다.
④ 천천히 부드러우며 조용한 목소리로 응대한다.

19
감정노동 직업군 분류 중 간접 대면에 해당하는 것은?

① 호텔 직원
② 마트 판매원
③ 콜센터 상담원
④ 골프장 경기 보조원

20
고객 상담 시 텔레마케터의 자세로 옳지 않은 것은?

① 분명히 발음해야 한다.
② 고객의 말을 중단시키지 말아야 한다.
③ 음악을 들으면서 경청해야 한다.
④ 소리를 상황에 따라 조정하도록 한다.

21
CRM 성공전략 중 시스템 통합수준의 성공 요인이 아닌 것은?

① 후방조직 영역 활동의 종합적 관리
② 전방조직 영역의 CRM 활동의 자동화
③ 조직 내 다른 정보 시스템과의 개별화
④ 고객중심 업무처리절차 확립

22
효과적인 고객 상담을 위한 내용이 아닌 것은?

① 고객의 행동적 반응보다 언어적 반응에 주목한다.
② 고객과 대화 시 사용하는 단어 선택에 유의한다.
③ 고객에게 매 순간 최선을 다해야 함을 인지한다.
④ 고객은 단지 해결책을 찾지 못했을 뿐이지 결코 실패한 것이 아니다.

23
상담원의 대응자세와 상담 기법으로 부적절한 것은?

① 전문기관을 알선한다.
② 고객이 만족할 수 있는 방법을 제시한다.
③ 고객이 틀린 내용을 말하면 즉시 고쳐 준다.
④ 개방형 질문을 한다.

24
커뮤니케이션의 장애 요인에 해당되지 않는 것은?

① 발신자의 목표의식이 부족하다.
② 수신자의 반응과 피드백이 부족하다.
③ 고정관념을 가지고 상황을 판단한다.
④ 커뮤니케이션에 대한 지식과 기술의 수준이 높다.

25
고객의 구매의사결정이 어려운 이유가 아닌 것은?

① 기술적 정보가 많아진다.
② 쇼핑할 시간이 부족하다.
③ 여가생활의 비중이 커진다.
④ 소비시장이 확대된다.

02 시장환경조사

26
설문지가 완성되면 피조사자들에게 그 의미가 제대로 전달되는지 응답상의 어려움은 없는지 등의 형식적인 측면의 문제를 점검하기 위하여 조사대상자의 일부를 대상으로 본조사 전에 실시하는 조사는?

① 표본조사
② 사전조사
③ 1차 조사
④ 문헌조사

27
시장조사의 자료 중 1차 자료에 해당되는 것은?

① 경영 내부의 각종 기록
② 경영 외부의 각종 기록
③ 실태조사에 의한 수집자료
④ 대학교의 논문 자료

28
전화조사법의 장점이 아닌 것은?

① 조사가 간편하다.
② 조사시간과 내용이 길어도 좋다.
③ 시내통화의 경우 비용이 저렴하다.
④ 전화번호부에 의한 무작위 추출이 가능하다.

29
시장조사의 주체가 표본추출방법을 결정할 때 반드시 같이 결정해야 할 사항으로 조사 비용 및 조사의 정확도와 가장 밀접한 관련성을 가지는 것은?

① 모집단의 대상
② 표본의 크기
③ 면접원의 수
④ 신뢰구간의 크기

30
측정 도구의 타당도를 평가하는 수단으로 논리적·통계적 검증을 사용하는 타당도는?

① 내용상의 타당도
② 구조적 타당도
③ 경험적 타당도
④ 예측적 타당도

31
표본추출방법을 결정한 후 표본 크기를 결정할 때 고려해야 할 사항으로 옳지 않은 것은?

① 조사자가 표본을 통해 얻은 통계량에 대해 표본오류가 적길 원한다면 표본의 크기를 크게 한다.
② 조사자가 통계량을 바탕으로 추정한 신뢰구간에 보다 신뢰를 갖길 원할 때 표본의 크기를 크게 한다.
③ 표본의 크기가 커질수록 시간과 비용이 상승하게 되므로 조사에서 사용 가능한 예산범위를 고려하여 표본의 크기를 정해야 한다.
④ 조사자가 밝히고자 하는 모수에 대한 모집단 내 차이가 미비하고 유사한 특징을 보인다면 표본의 크기를 크게 하여 정확성을 높인다.

32
의사소통 방법에 의한 자료 수집 시 발생할 수 있는 다음 문제점에 대한 설명으로 옳은 것은?

> 주부들에게 가계부를 쓰느냐고 물을 경우 거의 모든 주부가 가계부를 쓰는 것이 주부로서의 역할을 충실히 하는 것이라고 믿고 있기 때문에 가계부를 안 쓰고 있는 주부들도 가계부를 쓴다고 대답한다.

① 응답하는 방법을 모르는 경우이다.
② 응답자가 정보를 고의로 왜곡되게 제공하는 경우이다.
③ 응답자가 자료를 제공할 능력이 없는 경우이다.
④ 조사자가 필요로 하는 정보를 응답자가 기억하지 못하는 경우이다.

33
마케팅 인텔리전스 시스템(Marketing Intelligence System)에 대한 설명으로 가장 거리가 먼 것은?

① 기업을 둘러싼 마케팅 환경에서 발생되는 일상적인 정보를 수집하기 위해서 기업이 사용하는 절차와 정보원의 집합을 의미한다.
② 기업의 의사결정에 영향을 미칠 가능성이 있는 기업 주변의 모든 정보를 수집하는 것을 의미한다.
③ 기업의 각 부서에서 발생된 자료들을 종합·분석하는 것을 의미한다.
④ 마케터의 의사결정을 지원해 줄 수 있는 여러 가지 정보를 공식화·체계화하는 것을 의미한다.

34
관찰법에서 신뢰도를 높이는 방법을 모두 고른 것은?

> ㉠ 반복 평가
> ㉡ 다른 도구의 사용
> ㉢ 기술 향상

① ㉠, ㉡, ㉢
② ㉠, ㉢
③ ㉡, ㉢
④ ㉢

35
우편조사법에 대한 설명이 아닌 것은?

① 우편으로 배포·회수한다.
② 무기명인 경우 무기명임을 납득시키기가 쉽다.
③ 대표성이 높다.
④ 접근하기 어려운 사람에게도 유용하다.

36
다음 중 관찰대상의 내부에 들어가 구성원의 일부로서 관찰하는 방법으로 자연성이 보장되는 방법은?

① 참여관찰
② 비참여관찰
③ 통제관찰
④ 실험관찰

37
설문지 작성 시 개방형 질문의 장점에 해당하지 않는 것은?

① 응답자로 하여금 그가 원하는 방향으로 자세히 응답하게 함으로써 창의적인 자기표현의 기회를 줄 수 있다.
② 질문지에 열거하기에는 응답 범주가 너무 많을 경우에 사용하면 좋다.
③ 몇 개의 범주로 압축할 수 없을 정도로 쟁점이 복합적일 때 적합하다.
④ 질문에 대한 대답이 표준화되어 있기 때문에 비교가 가능하다.

38
관찰에 있어서 나타나기 쉬운 오류의 발생을 방지할 수 있는 관찰기술로 볼 수 없는 것은?

① 가능한 한 객관적인 관찰도구를 사용한다.
② 관찰단위를 명세화한다.
③ 관찰시간을 될 수 있는 한 길게 잡는다.
④ 보다 큰 단위의 대상을 관찰한다.

39
조사자가 현재의 조사 프로젝트를 위하여 직접 수집한 자료가 아니라 어떤 조사 프로젝트의 다른 조사 목적과 관련하여 조사 내부 혹은 외부의 특정한 조사 주체에 의해 기존에 이미 작성된 자료는?

① 2차 자료
② 1차 자료
③ 현장자료
④ 원 자료

40
마케팅 정보 시스템 중 특이사항이 발생하거나 긴급한 상황이 발생했을 때 운영되는 마케팅 정보 시스템은?

① 분석적 마케팅 시스템
② 마케팅 인텔리전스 시스템
③ 마케팅 조사 시스템
④ 내부 보고 시스템

41
다음 (   )에 들어갈 알맞은 용어는?

> 반복해서 여러 번 측정을 해도 그 측정값이 비슷하게 나온다면 (   )이 있다고 할 수 있다.

① 민감성
② 타당성
③ 신뢰성
④ 선별성

42
전화조사를 할 때 응답 대상의 전체 집단 중 그 특성을 그대로 살리면서 소수의 적절한 응답자를 뽑은 대상은?

① 표본
② 표집
③ 모수
④ 모집단

43
표준화 면접에 관한 설명 중 옳지 않은 것은?

① 표준화 면접의 질문은 자유응답식이기 때문에 질문의 타당성이 높다.
② 표준화 면접은 사전에 질문 내용·순서·형식이 정해져 있다.
③ 조사자의 행동이 통일성을 갖게 된다.
④ 반복적인 면접이 가능하다.

44
백화점의 서비스 품질에 대한 만족도 조사를 할 경우, 단골 고객들 중 동일한 표본의 조사대상자들을 선정한 후 매월 이들을 인터뷰하여 백화점의 서비스 품질에 대하여 조사하는 것과 같이, 동일한 사람들을 대상으로 여러 시점에 걸쳐 조사하는 방법은?

① 횡단조사
② 패널조사
③ 추세조사
④ 코호트조사

45
집단조사법에 관한 설명 중 옳지 않은 것은?

① 피조사자를 한 장소에 집합시켜 놓고 진행한다.
② 현장에서 기입시키고 회수한다.
③ 비용이 많이 들지만 간편하다.
④ 피조사자의 개인차를 무시한다는 것이 단점이다.

46
자료의 처리순서가 바르게 나열된 것은?

① 편집(Editing) → 코딩(Coding) → 입력(Key-in)
② 편집(Editing) → 입력(Key-in) → 코딩(Coding)
③ 코딩(Coding) → 입력(Key-in) → 편집(Editing)
④ 코딩(Coding) → 편집(Editing) → 입력(Key-in)

47
집단조사법의 단점이 아닌 것은?

① 한자리에 모두 집합시키기가 쉽지 않다.
② 조사표를 잘못 기입하는 경우 시정이 어렵다.
③ 옆 사람의 영향을 받을 수가 있다.
④ 조사조건의 표준화를 기할 수 있다.

48
신뢰도를 측정하는 방법에 대한 설명 중 틀린 것은?

① 재검사법: 동일한 상황에 상이한 측정 도구를 이용하여 일정 간격을 두고 2번 측정 후 결과를 비교한다.
② 복수양식법: 대등한 2개 형태의 측정 도구를 이용해 동시에 측정하고 측정값 간 상관관계를 분석한다.
③ 반분법: 측정 도구를 임의로 반으로 나누어 독립된 2개의 척도로 사용한다.
④ 내적 일관성: 동일한 개념의 측정을 위해 여러 항목을 이용할 경우 크론바흐 알파계수를 통해 신뢰도를 저해하는 항목을 측정 도구에서 제외한다.

49
자료 수집을 위하여 사용하는 척도 중에서 다음의 특징을 가진 척도는?

> · 집단 간의 친밀 정도를 측정하는 데 사용된다.
> · 7점 척도로 구성되어 있다.

① 리커트의 척도
② 오스굿의 척도
③ 보가더스의 척도
④ 서스톤의 척도

50
설문지의 작성 시 주의해야 할 점으로 볼 수 없는 것은?

① 오해를 불러일으키지 않도록 명확한 개념을 사용해야 한다.
② 질문이 너무 길거나 복잡해서는 안 된다.
③ 전문용어 대신 응답자의 수준에 맞는 언어를 사용해야 한다.
④ 조사의 의도에 맞는 대답을 유도할 필요가 있다.

03 마케팅관리

51
제품 또는 서비스의 가격에 대한 설명으로 적절하지 않은 것은?

① 가격이란 효용에 대한 부가가치라고 볼 수 있다.
② 가격은 정형화된 일정한 체계를 구축하기가 어렵다.
③ 가격은 재화 및 서비스가 가지는 효용에 대해 기업이 부여하는 가치를 말한다.
④ 가격은 기업의 이익, 고객의 구매행위, 정부의 경제정책 결정에 중요한 역할을 하기도 한다.

52
아웃바운드 텔레마케팅의 활용 분야에 해당하지 않는 것은?

① 직접 판매
② 반복구매 촉진
③ 가망고객 획득
④ 각종 불평, 불만 접수 처리

53
목표시장을 선정하기 위한 세분시장의 평가요소와 가장 거리가 먼 것은?

① 기업의 내부 고객
② 기업의 목표와 재원
③ 세분시장의 구조적 매력성
④ 세분시장의 규모와 성장 가능성

54
판매관리에 대한 설명으로 적절하지 않은 것은?

① 판매관리란 마케팅과 유사한 의미를 가진다.
② 판매관리란 제조자에서부터 사용자에 이르는 유통과정을 관리하고 촉진시키는 전반적인 활동을 의미한다.
③ 판매관리는 판매 지향적인 마케팅 커뮤니케이션을 중시하는 경향이다.
④ 판매관리는 이제 단순한 세일즈 개념이 아니라 마케팅 요소와 커뮤니케이션 요소, 유통적 측면을 통합적으로 고려함은 물론 판매관리능력의 전문화도 요구된다.

55
다음 내용이 해당하는 가격조정 전략은?

> A대형마트에서는 B사의 오디오 제품가격을 300,000원에서 299,000원으로 조정하였다.

① 세분화 가격결정
② 촉진적 가격결정
③ 심리적 가격결정
④ 지리적 가격결정

56
제품수명주기 중 시장수용 및 이익이 급속하게 증대하는 단계는?

① 성장기
② 성숙기
③ 도입기
④ 쇠퇴기

57
기업의 환경 분석을 통해 강점과 약점, 기회와 위협 요인을 규정하고 이를 토대로 마케팅 전략을 수립하는 기법은?

① 경쟁사 분석
② SWOT 분석
③ 소비자 분석
④ 5 Force 분석

58
데이터베이스 설계 시 고려해야 할 사항이 아닌 것은?

① 통합성
② 즉시성
③ 유연성
④ 장기성

59
다음 중 인바운드 업무와 아웃바운드 업무의 특성을 바르게 연결한 것은?

㉠ Q&A에 의존하는 경향이 있다.
㉡ 스크립트에 의존하는 경향이 있다.
㉢ 고객의 상담에 수동적이다.
㉣ 성과 지향성이 강하다.
㉤ 판매와 수주계약이 비교적 간단히 성립된다.
㉥ 마케팅 전략의 개척과 능력개발을 위한 투자가 필요하다.

① 인바운드 업무 - ㉠, ㉢, ㉤
　 아웃바운드 업무 - ㉡, ㉣, ㉥
② 인바운드 업무 - ㉠, ㉡, ㉤
　 아웃바운드 업무 - ㉢, ㉣, ㉥
③ 인바운드 업무 - ㉠, ㉢, ㉥
　 아웃바운드 업무 - ㉡, ㉣, ㉤
④ 인바운드 업무 - ㉡, ㉣, ㉤
　 아웃바운드 업무 - ㉠, ㉢, ㉥

60
아웃바운드의 특징으로 보기 어려운 것은?

① 제품의 판매에는 적극적이나 서비스에는 소극적이다.
② 업체주도형 마케팅에 속한다.
③ 마케팅 전략이나 통화 기법 등의 노하우가 미치는 영향이 크다.
④ 능동적이며 적극적인 마케팅기법이다.

61
제품의 분류에 대한 설명으로 옳지 않은 것은?

① 사용시기가 한 번 내지 몇 번으로 제한된 제품을 비내구재라고 한다.
② 시간이 오랫동안 경과하여도 사용할 수 있는 제품을 내구재라고 한다.
③ 비내구재의 경우는 많은 수의 점포를 이용하여 판매하는 전략이 적합하다.
④ 내구재의 경우는 광고에 비중을 두어 많은 양을 판매하는 것이 중요하다.

62
제품수명주기 중 도입기에 대한 설명으로 알맞지 않은 것은?

① 혁신적인 고객이 제품을 사며 경쟁자가 거의 없다.
② 제품이 처음으로 시장에 도입되는 기간으로 원가가 높다.
③ 판매의 성장이 완만하고 이익이 거의 발생하지 않거나 부(負)를 나타낸다.
④ 시장 수용이 급속하게 이루어져 판매와 이익이 현저히 증가하며 판매촉진의 비중이 감소한다.

63
고객 데이터베이스의 설계 및 활용 방안으로 적합하지 않은 것은?

① 고객의 체계적 분류를 실현한다.
② 고객별 DB 반응도를 분석한다.
③ 제품별 판매 히스토리를 분석한다.
④ 고객 라이프스타일을 분류한다.

64
관계 마케팅과 관련이 없는 것은?

① 생산자와 공급자 간의 전략적 파트너 관계가 유지된다.
② 거래의 전환비용이 적게 든다.
③ 고객에게 제공하는 서비스 내용이 다양하다.
④ 마케팅 활동에 구매자의 참여 기회가 많다.

65
푸시(Push) 전략과 풀(Pull) 전략에 대한 설명으로 옳지 않은 것은?

① 푸시(Push) 전략은 기업 주도의 형태를 가진다.
② 풀(Pull) 전략은 홈쇼핑, 광고매체 등을 활용한다.
③ 푸시(Push) 전략은 직접적이고 적극적으로 마케팅을 진행한다.
④ 풀(Pull) 전략은 중간상인, 최종판매자, 소비자 모두를 대상으로 한다.

66
다음 설명에 해당되는 제품의 수명주기는?

- 판매량의 평준화
- 매우 강력한 경쟁
- 독특한 세분시장
- 산업 내 브랜드 등가(Parity)
- 경쟁력이 약한 기업의 도태

① 도입기
② 성장기
③ 성숙기
④ 쇠퇴기

67
데이터베이스를 고객속성과 거래속성으로 구분할 때, 고객속성에 해당하지 않는 것은?

① 직업
② 연령
③ 주소
④ 구입상품명

68
가격경쟁형 마케팅 전략의 전제조건이 아닌 것은?

① 제품의 수명주기상 도입기에 있는 경우
② 제품차별화가 이루어지지 않는 경우
③ 수요의 가격탄력성이 높은 경우
④ 소비자가 선택적·부가적 평가기준에 따른 구매를 하지 않는 경우

69
시장세분화와 관련된 4P라고 불리는 마케팅믹스의 구성 요소에 속하지 않는 것은?

① 제품
② 가격
③ 유통
④ 생산

70
일정 기간 반응이 없는 고객리스트나 입수한 지 상당 기간이 지난 고객리스트의 데이터를 체계적으로 추리고 최신 데이터를 체크·관리하는 것은?

① 리스트 클리닝
② 리스트 스크리닝
③ 데이터 마이닝
④ 데이터 웨어하우스

71
DM(다이렉트 마케팅)에 대한 설명으로 적절하지 않은 것은?

① DM은 어떤 장소에서든 측정이 가능한 반응을 얻거나 거래를 성립시키기 위하여 한 가지 혹은 한 가지 이상의 광고 매체를 사용하는 마케팅의 쌍방향 의사소통 시스템을 말한다.
② DM은 주문량이나 문의의 수와 같이 이론의 여지가 없이 구체적으로 제시할 수 있는 기준을 극대화시키는 것을 주목적으로 한다.
③ DM은 소비자의 인지적·감성적 측면보다는 소비자의 최종적인 구매행위 자체나 문의와 같은 구매행위 바로 전단계의 행위를 중시한다.
④ DM은 일대일의 쌍방향적 의사소통 시스템으로 소비자가 개별적인 반응을 할 수 없다는 점이 DB 마케팅과 다른 점이다.

72
시장세분화 변수 중 인구통계적 변수에 해당하지 않는 것은?

① 가족생활주기
② 사회 계층
③ 소득
④ 성별

73
마케팅 개념의 변화과정이 바르게 연결된 것은?

㉠ 생산자 지향적 마케팅
㉡ 제품 지향적 마케팅
㉢ 소비 지향적 마케팅
㉣ 판매 지향적 마케팅
㉤ 사회 지향적 마케팅

① ㉠ → ㉡ → ㉢ → ㉣ → ㉤
② ㉠ → ㉡ → ㉣ → ㉢ → ㉤
③ ㉤ → ㉠ → ㉡ → ㉢ → ㉣
④ ㉤ → ㉠ → ㉡ → ㉣ → ㉢

74
자주 구매되고 소비자가 제품 구매에 최소한의 시간과 노력을 투입하는 제품으로 비누, 치약, 식료품 등의 생활필수품은?

① 편의품
② 선매품
③ 전문품
④ 비탐색품

75
현재의 시장에 있어서 자사의 기존 제품 및 지위의 개선을 의도하는 전략은?

① 시장침투 전략
② 제품개발 전략
③ 제품다각화 전략
④ 시장개척 전략

04 조직운영 및 성과관리

76
상담원이 고객 한 사람을 상담할 때에 소요되는 평균적인 시간의 범위는?

① AWT(평균 업무시간)
② ATT(평균 통화시간)
③ ASA(평균 응답속도)
④ AHT(평균 처리시간)

77
텔레마케팅 커뮤니케이션의 3가지 요소 중 음성품질에 관한 내용으로 옳지 않은 것은?

① 목소리는 불변이지만 억양을 통해서 교정할 수 있다.
② 억양은 전문가성을 느끼게 해 준다.
③ 말하는 속도는 일반적으로 대면하여 말하는 것보다 다소 느린 속도가 바람직하다.
④ 발음은 언어훈련을 통하여 교정하는 것이 바람직하다.

78
OJT와 Off JT에 대한 설명으로 바르게 연결된 것은?

㉠ 교육훈련이 현실적이다.
㉡ 훈련과 직무가 연결되어 있다.
㉢ 현장과 관계없이 계획적인 훈련이 가능하다.
㉣ 훈련시설 설치에 따르는 경제적 부담이 증가한다.
㉤ 개인의 능력에 따른 훈련이 가능하다.
㉥ 훈련에만 전념하여 훈련효과가 상승한다.

	〈OJT〉	〈Off JT〉
①	㉠, ㉡, ㉢	㉣, ㉤, ㉥
②	㉠, ㉡, ㉤	㉢, ㉣, ㉥
③	㉠, ㉡, ㉣	㉢, ㉤, ㉥
④	㉠, ㉤, ㉥	㉡, ㉢, ㉣

79
모니터링에서 가장 핵심적이고 중요한 성질은?

① 정확성
② 객관성
③ 책임성
④ 성실성

80
리더십 이론 중 행위 이론으로 볼 수 없는 것은?

① 관리격자 모형
② 아이오와 대학 모형
③ 오하이오 주립대학 모형
④ Vroom & Yetton의 의사결정 상황 이론

81
콜센터 조직의 특성으로 알맞은 것은?

① 정보와 커뮤니케이션을 매개로 하지 않는다.
② 기업 중심적이다.
③ 고객의 가치를 중시한다.
④ 1:1 대면 접촉 방식이다.

82
기업에서 텔레마케팅 운영 방법의 선택 시 대행 운영을 택하는 것이 유리한 경우의 예가 아닌 것은?

① 자사의 제품, 서비스가 고도의 전문적·기술적 지식을 필요로 하는 경우
② 콜센터, 전화와 관련된 장비가 없고 투자가 어려운 경우
③ 텔레마케팅 업무의 운영이 단기적으로 이루어질 수밖에 없는 경우
④ 자사가 보유한 텔레마케터가 부족하고 텔레마케팅에 대한 실무가 약한 경우

83
컴퓨터와 통신을 결합하여 텔레마케팅 운영에 중요한 역할을 하는 것은?

① CTI
② CMS
③ CTT
④ TRS

84
피들러(Fiedler)의 리더십 이론에 관한 설명으로 옳은 것은?

① 상황에 따른 리더의 의사결정능력과 비전을 강조하였다.
② 리더십 스타일은 부하의 참여도와 성숙도에 따라 달라진다.
③ 리더에게 유리한 상황부터 불리한 상황까지 8가지 상황으로 분류하였다.
④ 리더십 스타일을 지시형, 위임형, 참여형, 지도형 4가지 유형으로 구분하였다.

85
다음 중 콜센터의 일반적인 모니터링 프로세스의 흐름이 올바른 것은?

① 평가항목 선정 → 평가 → 목표수립 → 모니터링 실시 → 모니터링 방법 및 계획수립 → 피드백 및 코칭 → 평가결과 보고
② 목표수립 → 평가항목 선정 → 모니터링 방법 및 계획수립 → 평가 → 모니터링 실시 → 피드백 및 코칭 → 평가결과 보고
③ 목표수립 → 평가항목 선정 → 모니터링 방법 및 계획수립 → 모니터링 실시 → 평가 → 피드백 및 코칭 → 평가결과 보고
④ 평가항목 선정 → 목표수립 → 모니터링 실시 → 모니터링 방법 및 계획수립 → 평가 → 피드백 및 코칭 → 평가결과 보고

86
직무정보의 수집 방법에 대한 설명으로 옳은 것은?

① 중요사건 기록법은 구성원의 작업일지 기록에서 직무에 관한 정보를 얻는 방법이다.
② 경험법은 직무분석자가 직접 경험하여 직무에 대한 생생한 정보를 수집하는 방법이다.
③ 관찰법은 이전의 직무기술서에 담긴 직무정보에서 분석대상 직무에 대한 기초정보를 확보하는 방법이다.
④ 종업원 기록법은 직무성과에 효과적인 행동패턴을 추출하여 정보를 수집하는 방법이다.

87
콜센터의 인적 자원 관리 방안으로 적합하지 않은 것은?

① 동기부여 프로그램 운영
② 콜센터 리더 육성 프로그램 운영
③ 상담원 수준별 교육훈련 프로그램 운영
④ 상담원의 안정을 위한 고정급의 급여체계로 개선

88
직무 분석의 방법 중 관찰법에 대한 설명으로 옳은 것은?

① 분석자의 주관이 개입될 위험이 적다.
② 대상 직무의 작업자가 많은 시간을 할애해야 한다.
③ 분석자는 대상업무에 대한 전문적 지식이 필요 없다.
④ 다른 작업자를 감독하거나 조정하는 등의 직무내용에 적합하다.

89
경영조직에 있어서 인사관리자가 속하는 부분은?

① 라인 부문
② 노동조합
③ 스태프 부문
④ 독립적 지위

90
SMART 성과 목표의 설정 항목 중 S에 해당하는 것은?

① Social
② Speed
③ Special
④ Specific

91
콜센터 문화에 영향을 미치는 요인 중 기업적 요인에 해당하지 않는 것은?

① 근무만족도
② 근로 급여조건
③ 기업의 지명도
④ 상담원과 슈퍼바이저의 인간적 친밀감

92
다음 ( )에 들어갈 알맞은 용어는?

( )은/는 신규 종업원에게는 직무환경에 자신의 능력을 적응시켜 효과적 직무 수행에 도움을 주고 기존 종업원에게는 새로운 기술과 능력을 증진시켜 변화하는 환경에 능동적으로 대처하게 한다.

① 인사이동
② 보상관리
③ 교육훈련
④ 경력개발

93
텔레마케터의 통화품질 평가 시 고려사항이 아닌 것은?

① 텔레마케터의 통화품질을 평가할 때는 인바운드와 아웃바운드를 구분하지 않고 텔레마케터의 개인적 품성 중심으로 평가한다.
② 인바운드 업무와 아웃바운드 업무를 중심으로 평가 목적, 평가 방법, 평가 체크포인트를 달리해야 한다.
③ 인바운드에서는 텔레마케터의 인성, 전화 받는 태도, 음성, 발성의 진지함과 정밀성, 인내력 정도를 중심으로 평가한다.
④ 아웃바운드에서는 진취적 성격, 제품 또는 서비스에 대한 전문지식의 전달, 고객설득 능력, 상황대응 능력을 평가한다.

94
콜센터의 효율적인 운영을 위해 고려해야 할 요소로 볼 수 없는 것은?

① 관련 부서와의 긴밀한 협조
② 콜센터 조직구성원 간의 신뢰
③ 고객의 요구수준에 부합한 서비스 제공
④ 동료 간의 철저한 경쟁을 통한 성과급 지급 체계

95
데이터베이스 상담에서 고려할 사항이 아닌 것은?

① 자료는 고객의 눈에 잘 띄게 만든다.
② 누구나 검색할 수 없도록 관리한다.
③ 자료를 검색하기 쉽게 한다.
④ 쉽게 읽을 수 있게 디자인한다.

96
다음 중 임금 수준의 결정 요인이 아닌 것은?

① 경쟁 기업의 재무 상태
② 기업의 지불 능력
③ 동종 기업의 임금 수준
④ 종업원의 생계비

97
인하우스 텔레마케팅에 대한 설명으로 적절하지 않은 것은?

① 기업 내에 텔레마케팅 센터를 설치하여 이곳에서 기업의 모든 텔레마케팅 활동을 계획·실행·통제한다.
② 비용 측면에서 초기 투자비가 상대적으로 적게 든다.
③ 기업의 입장에서 고객의 반응을 여과없이 바로 파악하여 융통성을 갖고 대응할 수 있다는 것이 최대의 장점이다.
④ 비용 측면에서 막대한 고정 투자비가 소요되므로 이를 감당할 수 있어야 하며 센터에 할당되는 작업량이 충분하고 안정적으로 공급되어야 한다.

98
인바운드의 기능과 거리가 먼 것은?

① 신규 가입의 문의·상담
② 가망 고객의 조사
③ 자료의 청구
④ 주문, 신청

99
다음 직무 스트레스 중 역할갈등의 예에 해당되는 것은?

① 상담원 A는 동료들과 어울리지 못하여 업무의 활동에 자주 소외된다.
② 상담원 A가 맡은 업무는 야근이 많고 수시로 근무 시간이 바뀌는 업무이다.
③ 상담원 A의 상사는 업무 이외의 요소, 예를 들면 복장 등에 대한 지적이 잦다.
④ 상담원 A는 기존 상담 업무를 지속하면서 동시에 신입 상담원 교육 업무를 하도록 지시받았다.

100
인적 자원 관리의 구체적 기능에 대한 설명으로 옳은 것은?

① 확보관리 기능이란 개인, 조직 간의 이해관계를 합리적으로 조정하기 위한 고충을 처리하는 것이다.
② 개발관리 기능이란 조직목표 달성에 필요한 적절한 인력의 모집, 선발, 배치를 하는 것이다.
③ 보상관리 기능이란 조직목표 달성을 위한 인력의 유능성을 지속하기 위한 교육, 훈련을 하는 것이다.
④ 유지관리 기능이란 직원의 문제관리, 이직관리, 노사관리, 협상 등 유능한 인적 자원을 조직에 유지하는 것이다.

제5회 실전 모의고사

01 고객관리

01
고객의사결정 단계별 상담에서 구매 전 상담에 해당하는 것은?

① 상품 유통 후 혹시 발생할지도 모르는 고객의 불만을 예방하는 차원에서의 상담
② 소비자가 재화와 서비스를 사용하고 이용하는 과정에서 고객의 욕구와 기대에 어긋났을 때 발생하는 모든 일을 도와주는 상담
③ 재화와 서비스의 사용에 관한 정보 제공, 소비자의 불만 및 피해구제, 이를 통한 소비자의 의견 반영 등에 관한 상담
④ 제품이나 서비스의 매출 증대를 위해 텔레마케팅 시스템을 도입하여 소비자에게 구매에 관한 정보와 조언을 제공하는 상담

02
커뮤니케이션에 대한 설명으로 적절하지 않은 것은?

① 정보의사를 효과적으로 전달할 수 있는 능력을 말한다.
② 정보의사를 호의적으로 받아들일 수 있는 능력을 말한다.
③ 성의 있는 행동을 유발시킬 수 있는 능력을 말한다.
④ 언어표현 능력에 비하여 경청 능력은 그리 중요하지 않다.

03
개인정보보호법상 정보주체의 권리로 볼 수 없는 것은?

① 개인정보의 처리에 관한 정보를 제공받을 권리
② 개인정보의 처리 정지, 정정·삭제 및 파기를 요구할 권리
③ 개인정보에 대하여 열람(사본의 발급은 제외한다)을 요구할 권리
④ 개인정보의 처리로 인하여 발생한 피해를 신속하고 공정한 절차에 따라 구제받을 권리

04
우수한 고객관계관리(CRM)를 통한 기업의 이득이 아닌 것은?

① 경쟁 기업의 성장
② 고객의 상품 재구매
③ 고객 만족과 직원 만족
④ 기업에 대한 긍정적 이미지 형성

05
커뮤니케이션의 장애 요인 중 발신자에 의한 장애 요인이 아닌 것은?

① 선입견
② 커뮤니케이션 스킬 부족
③ 발신자의 신뢰 부족
④ 준거의 틀 차이

06
빅데이터를 수집할 때 기술적으로 고려해야 할 내용이 아닌 것은?

① 대용량 데이터의 수집 가능
② 실시간 수집 가능
③ 수평적 확장의 용이성
④ 데이터 종류의 최소화

07
조직 측면에서의 CRM 성공 요인에 해당되지 않는 것은?

① 최고경영자의 관심과 지원
② 고객 및 정보 지향적 기업 문화
③ 전문 인력 확보
④ 데이터 통합 수준

08
소비자의 구매 시 행동에 대한 사항과 거리가 먼 것은?

① 판매원과 계약을 체결한다.
② 구매한 상품의 반품을 요청한다.
③ 홈쇼핑에서 신용카드 번호를 제시한다.
④ 현금으로 대금을 지불한다.

09
CRM이 등장하게 된 환경적 요인과 가장 거리가 먼 것은?

① 고객 정보의 실시간 활용 가능
② 전산시스템의 비활성화
③ 고객데이터의 과학적 분석 가능
④ 컴퓨터 정보기술의 발전

10
다음 중 CRM에 기반한 콜센터의 내부적인 효과는?

① 고객 맞춤서비스 제공 용이
② 고객의 기업 접근 용이
③ 기업 이미지 제고
④ 고객만족도 향상

11
고객상황 퍼포먼스를 말하는 것으로 고객이 느끼는 육체적·정신적 상황은?

① MOT
② CSP
③ POCS
④ ATT

12
상담원의 자세로 옳지 않은 것은?

① 부드러운 표정으로 맞이한다.
② 팔짱을 끼고 고압적으로 앉거나 서서 상담한다.
③ 메모하면서 진지하게 상담한다.
④ 고객의 잘못을 즉석에서 지적하지 않는다.

13
불만족한 고객을 대상으로 상담할 때의 응대요령으로 적합하지 않은 것은?

① 고객의 기분을 충분히 배려한다.
② 고객과 상담 시 폐쇄형 질문을 한다.
③ 고객이 만족할 수 있는 방법을 제시한다.
④ 고객의 말에 공감을 하면서 적극적인 경청을 한다.

14
비언어적 의사소통 도구에 해당하지 않는 것은?

① 미소
② 대화
③ 목소리
④ 얼굴 표정

15
효과적인 커뮤니케이션을 위해 메시지 전달자에게 요구되는 사항으로 틀린 것은?

① 적절한 커뮤니케이션 수단을 활용해야 한다.
② 상호 간의 공감적인 관계 형성을 위해 노력해야 한다.
③ 전달하는 내용에 대한 명확한 목표 설정이 있어야 한다.
④ 자신이 원하는 메시지를 전하고 기다리는 소극적인 커뮤니케이션 자세가 필요하다.

16
구매 후 기업의 고객 상담의 역할이 아닌 것은?

① 고객의 불만 해결
② 고객에게 책임 전가
③ 고객 정보 수집
④ 고객 계몽 및 간접적인 교육

17
텔레마케팅을 통한 고객 응대의 특성에 대한 설명으로 틀린 것은?

① 고객의 시간과 경비를 배려하기 위해 정확하고 간결하게 정보를 전달한다.
② 상대방의 얼굴을 볼 수 없어 청각에 절대적으로 의존하게 되므로 더욱 세심한 주의가 요구된다.
③ 고객은 시간과 장소를 가리지 않고 전화를 하므로 언제든지 이를 수용할 수 있는 자세를 갖추어야 한다.
④ 상담 시에는 텔레마케터와 고객 모두 통화 내용에만 집중하므로 다른 소음 등의 전달 여부에는 별도의 주의가 필요 없다.

18
고객 응대 시 효과적인 경청(Listening) 방법으로 볼 수 없는 것은?

① 고객에게 적극적인 호응을 한다.
② 고객과의 공통 관심 영역을 찾는다.
③ 반대 의견을 제시하고 조목조목 따진다.
④ 고객의 대화상 실수를 너그럽게 이해한다.

19
고객 불만 처리의 중요성에 대한 설명으로 옳지 않은 것은?

① 고객 불만을 잘 처리하면 고객유지율이 향상된다.
② 고객 불만의 해결은 기업 이윤을 감소시킨다.
③ 경영에 유용한 정보를 얻게 된다.
④ 기업의 좋은 이미지를 구축할 수 있다.

20
합리적인 유형의 고객에 대한 설명으로 옳은 것은?

① 인간 지향적이고 사람들이 찾아오기를 원한다.
② 평화와 안정 유지를 원한다.
③ 시간과 돈을 절약하기를 원한다.
④ 품질과 효율성·정확성을 원한다.

21
구매 전 단계에서 커뮤니케이션의 목표에 해당하지 않는 것은?

① 반복구매행동의 증가
② 구매위험의 감소
③ 상표인지의 증가
④ 기업이미지의 개발

22
경청에 대한 설명으로 옳지 않은 것은?

① 경청은 수동적이며 인지적인 과정이다.
② 심리적 잡음은 경청의 방해요소가 된다.
③ 경청이 어려운 이유 중 하나는 집중력의 부족이다.
④ 경청의 과정은 언어적 측면, 음성적 측면 모두에 집중하는 것이다.

23
상담의 기본 방법이 아닌 것은?

① 집요
② 경청
③ 공감
④ 명료화

24
전화 상담을 할 때의 자세로 옳지 않은 것은?

① 분명히 발음해야 한다.
② 필요할 경우 상담을 중단시킨다.
③ 집중하여 경청한다.
④ 소리를 조정, 변화하도록 한다.

25
불만족 고객의 심리 상태에 대한 설명으로 옳지 않은 것은?

① 감정적이고 분노하고 있다.
② 모든 것에 대해 수용적이다.
③ 자신의 말을 들어주길 원한다.
④ 심리적으로 보상받기를 원한다.

02 시장환경조사

26
전화번호부에 의한 표본추출 내용이 아닌 것은?

① 전화번호부에 표시된 지역구분보다 행정적인 경계로 표본단위를 정하는 것이 좋다.
② 가나다순으로 된 전화번호부에서 표본을 추출할 때 체계적으로 하되 중복되지 않게 한다.
③ 맨 앞이나 맨 끝은 가능하면 피하는 것이 좋다.
④ 최초의 목적이나 하나의 규정이 있으면 그대로 계속하는 것이 좋다.

27
시장조사를 위한 자료 수집 중 1차 자료에 해당하지 않는 것은?

① 고객 행동에 대한 관찰
② 실험실 조사에서의 소비자 반응 측정
③ 대학이나 연구소의 일반 소비자 조사 자료
④ 일반 소비자나 유통점 주인들을 대상으로 한 서베이

28
전화조사에 대한 설명으로 틀린 것은?

① 조사 시간대는 상관없다.
② 질문은 짧고 단순하게 구성하고 질문의 수를 줄인다.
③ 중간에 전화가 끊기거나 소음 등에 방해를 받지 않도록 한다.
④ 여러 주제를 다루지 않도록 한다.

29
1차 자료를 수집하는 방법이 아닌 것은?

① 설문조사
② 실험조사
③ 문헌조사
④ 전화 면접

30
마케팅조사 중 2차 자료에 관한 설명으로 적절하지 않은 것은?

① 자료 수집에 소요되는 비용과 시간이 많다.
② 마케팅조사의 출발점이다.
③ 다른 목적을 위하여 수집되어 이미 어느 곳에 존재하는 정보이다.
④ 문제 정의를 위한 정보를 제공한다.

31
시장조사를 의뢰한 기업체가 지켜야 할 사항과 가장 거리가 먼 것은?

① 법과 규칙에 부합되는 조사를 의뢰한다.
② 조사 결과를 자사에게 유리한 방향으로 오용한다.
③ 연구 목적이나 조사 목적을 의도적으로 숨기지 않는다.
④ 조사업체들이 형식적인 조사계획서를 제출하지 않도록 한다.

32
다음 빈칸에 알맞은 시장조사 방법은?

> (   )는 조사 의뢰자가 당면하고 있는 상황과 유사한 사례들을 찾아내어 깊이 있는 분석을 하는 조사 방법으로서, 분석하는 사례와 주어진 문제 사이의 유사점과 상이점을 찾아내어 현 상황에 대한 논리적인 유추를 하는 데 도움을 얻는 시장조사 방법이다.

① 문헌조사
② 사례조사
③ 횡단조사
④ 전문가 의견조사

33
설문지의 작성에 있어 가장 먼저 고려해야 할 사항은?

① 조사의 목적
② 예산의 정도
③ 판매의 예측
④ 질문순서의 결정

34
사전조사에 대한 설명으로 옳지 않은 것은?

① 본조사에 앞서 조사방법과 조사과정이 적절한지 등을 검토하기 위하여 실시한다.
② 마케팅 문제에 대한 사전정보가 적은 경우 전반적인 환경을 파악하기 위한 탐색적인 방법이다.
③ 표본설계에서 표본 크기를 정하고자 할 때 모분산을 모르는 경우에 이를 추정하기 위해서 실시한다.
④ 사전조사는 본조사에서 오차를 줄일 수 있도록 본조사의 50% 정도의 규모로 실시하는 경우가 많다.

35
비참여관찰법의 장점으로 적절하지 않은 것은?

① 외부에 나타나지 않은 사실까지 관찰이 가능하다.
② 관찰된 자료의 처리에 있어 표준화가 용이하다.
③ 관찰자에 감정적 요소가 개입될 여지가 적다.
④ 관찰활동에 제약이 별로 없다.

36
표준화 면접의 설명으로 적절하지 않은 것은?

① 정보의 비교가 가능하다.
② 신뢰성이 크다.
③ 융통성이 있다.
④ 질문의 언어구성에서 오는 오류를 줄일 수 있다.

37
집단면접법에 관한 설명으로 틀린 것은?

① 집단의 규모는 8~15명으로 구성한다.
② 면접은 편안한 분위기로 자발적인 참여를 유도한다.
③ 집단의 성격은 다양한 의견을 위해 반드시 이질적으로 구성한다.
④ 집단 구성원 간의 자유로운 참여를 유도하는 진행자의 역할이 중요하다.

38
다음 내용과 관련 있는 마케팅 정보 시스템의 하위 시스템은?

> 마케팅 환경으로부터 수집된 정보를 해석하고 마케팅 의사결정의 결과를 예측하기 위해 사용되는 관련 자료, 소프트웨어, 분석 도구 등을 통합한 것

① 내부정보 시스템
② 고객정보 시스템
③ 마케팅 인텔리전스 시스템
④ 마케팅 의사결정 지원시스템

39
전화조사에 대한 설명 중 틀린 것은?

① 비교적 쉽게 응답자와 접촉할 수 있다.
② 질문의 문항 수가 적고 간단한 것이 적당하다.
③ 어떤 특정 현상이나 사물에 대한 조사에 특히 효과가 있다.
④ 전화번호부를 이용하여 비교적 쉽고 정확하게 모집단의 표본을 추출할 수 있다.

40
면접 진행 시 필요한 여러 기술 중 옳지 않은 것은?

① 면접내용에서 이탈하는 응답이 길어질 때는 화제를 돌린다.
② 응답자에게 필요한 시간적 여유를 준다.
③ 응답자의 반대 의견은 허용하지 않는다.
④ 질문을 오해하고 있으면 반복질문을 한다.

41
확률표본추출방법에 대한 설명이 아닌 것은?

① 비용이 많이 들지만 표본 오차의 추정이 가능하다.
② 표집 오차가 큰 문제가 되지 않을 경우에 유용하다.
③ 선정된 표본이 모집단을 적절히 대표한다.
④ 단순무작위표본추출방법, 층화표본추출방법 등이 있다.

42
전화조사를 수행할 때 조사자가 지켜야 할 원칙으로 옳은 것은?

① 면접의 원활한 진행을 위해서 설명을 임의로 추가한다.
② 별도의 지시가 없는 한 모든 질문에 답을 얻어야 한다.
③ 응답자가 쉽게 답하도록 미리 수용가능한 응답을 지정해 준다.
④ 응답을 잘 받기 위해 질문의 순서는 상황에 따라 조정해도 좋다.

43
우편조사와 전화조사의 공통적인 장점이 아닌 것은?

① 시간을 절약할 수 있다.
② 경비를 절약할 수 있다.
③ 사려 깊은 응답가능성이 높다.
④ 직접 면접이 어려운 사람에게 이용할 수 있다.

44
면접의 여러 방법에 관한 설명 중 옳은 것은?

① 비표준화 면접은 언어구성에서 오는 오류를 최소한으로 줄일 수 있다.
② 표준화 면접은 타당도가 높다.
③ 표준화 면접은 의미의 표준화가 가능하다.
④ 비표준화 면접은 융통성이 크다.

45
다음 질문지에서 사용된 척도의 유형은?

> 여름철 휴가지에 대한 당신의 선호도를 알기 위한 질문입니다. 가장 선호하는 장소에는 1을, 다음으로 선호하는 장소에는 2를 표시하는 방식으로 각각의 휴가지에 대한 선호도 순위를 매겨주시기 바랍니다.
> 바다 (   )   계곡 (   )
> 산 (   )   해외 (   )
> 수영장 (   )

① 명목 척도
② 서열 척도
③ 비율 척도
④ 거트만 척도

46
신뢰도의 구체적 평가 방법에 해당하지 않는 것은?

① 재조사법
② 복수양식법
③ 내적 일관성법
④ 구성 타당도법

47
질문지 방법과 비교했을 때 면접이 가지는 특징은?

① 보편적 상황의 파악이 가능하다.
② 면접은 어느 정도 학식을 갖춘 자에게 적합하다.
③ 질문지의 회수율이 비교적 낮다.
④ 조사 상황에 대한 신축성·적응성이 높다.

48
다음 내용이 나타내는 오류의 유형은?

> 실제 분석 단위는 개인이 아닌 집단임에도 불구하고, 개인에게 적용해 똑같을 것이라고 가정할 때 발생하는 오류

① 무응답 오류
② 불포함 오류
③ 환원주의 오류
④ 생태주의 오류

49
정성적인 조사와 비교했을 때 정량적인 조사의 단점은?

① 조사의 결론이 분석가마다 다를 수 있다.
② 심도 있는 답을 얻기 어렵다.
③ 결과를 요약하기가 어렵다.
④ 응답자에게 신속한 답을 얻기가 어렵다.

50
측정 도구의 타당도에 관한 설명으로 옳지 않은 것은?

① 내용 타당도(Content validity)는 전문가의 판단에 기초한다.
② 구성 타당도(Construct validity)는 예측 타당도(Predictive validity)라 한다.
③ 동시 타당도(Concurrent validity)는 신뢰할 수 있는 다른 측정 도구와 비교하는 것이다.
④ 기준관련 타당도(Criterion-related validity)는 내용 타당도보다 경험적 검증이 용이하다.

03 마케팅관리

51
아웃바운드 텔레마케팅의 특징으로 적절하지 않은 것은?

① 1:1 고객관계로 차별적 대응이 가능하다.
② 대상 고객의 리스트나 데이터가 있어야 한다.
③ 전문적인 텔레마케터와 관리자가 필요하다.
④ 아웃바운드는 적극성이 개입되기 때문에 고객접촉률이나 고객반응률이 크게 중요하지 않다.

52
인바운드 텔레마케팅의 업무가 아닌 것은?

① 대금 회수
② 고객 상담 업무
③ 예약 및 예매 접수
④ 신규 가입 문의 및 상담

53
내부 마케팅과 관련이 적은 것은?

① 종업원의 동기유발
② 그룹기업 제품의 내부 거래
③ 서비스업에서 중시
④ 조직 전 구성원을 대상

54
효과적인 시장세분화의 요건으로 옳지 않은 것은?

① 측정가능성
② 규모
③ 동질적 반응
④ 접근가능성

55
고객데이터를 활용한 아웃바운드 텔레마케팅의 전개 순서로 옳은 것은?

㉠ 통화
㉡ 통화준비 및 통화시도
㉢ 데이터 처리
㉣ 종결
㉤ 고객데이터 수집 · 분석

① ㉠ → ㉡ → ㉢ → ㉣ → ㉤
② ㉡ → ㉠ → ㉢ → ㉤ → ㉣
③ ㉤ → ㉡ → ㉠ → ㉢ → ㉣
④ ㉤ → ㉠ → ㉡ → ㉢ → ㉣

56
인바운드 상담 시 요구되는 스킬과 거리가 먼 것은?

① 오감의 능력을 총동원하여 고객의 소리를 경청한다.
② 확고한 목표의식을 갖고 적극적으로 판매를 유도한다.
③ 고객의 입장에서 말하고 듣는다.
④ 자사 상품이 가지고 있는 상품의 장점을 강조한다.

57
현대 마케팅의 특징으로 가장 적절한 것은?

① 고객 지향적 마케팅
② 기업 중심적 마케팅
③ 생산 중심적 마케팅
④ 고압적 마케팅

58
시장세분화의 지리적 변수가 아닌 것은?

① 가족의 규모
② 거주 지역
③ 인구 밀도
④ 기후

59
상품을 효과적으로 설명하고자 할 때의 방법으로 옳지 않은 것은?

① 상품의 장점을 반복해서 설명하여 고객이 납득할 수 있도록 한다.
② 자신감과 신뢰성이 있는 말투를 사용한다.
③ 숫자나 표는 고객이 이해하기 어려우므로 무조건 사용하지 않는 것이 좋다.
④ 고객의 말을 경청하고 질문을 곁들이면서 설명하는 것이 중요하다.

60
경쟁사와 대비하여 차별적인 우위를 누릴 수 있는 포지셔닝 전략과 적합하지 않은 것은?

① 제품 차별화
② 서비스 차별화
③ 인적 자원의 차별화
④ 기업환경 차별화

61
편의품에 대한 설명으로 적절한 것은?

① 취급하는 상점들이 서로 인접해 하나의 상가를 형성하는 경우가 많다.
② 대체품이 많이 있기 때문에 광고와 포장이 대단히 중요하다.
③ 소비자가 구매하기 전에 충분히 비교하여 선별적으로 구매한다.
④ 소비자가 기술적으로 상품의 질을 판단하기 어렵다.

62
아웃바운드 텔레마케팅을 활용하는 마케팅 전략이 아닌 것은?

① 1:1 마케팅
② 다이렉트 마케팅
③ 바이러스 마케팅
④ 데이터베이스 마케팅

63
데이터베이스 마케팅의 목적과 관련된 설명으로 옳지 않은 것은?

① 데이터베이스 마케팅은 전통적인 유통채널을 대체할 수 있는 수단으로서의 역할을 수행한다.
② 데이터베이스 마케팅은 다이렉트 메일, 텔레마케팅, 직접반응광고 등을 이용한 고객과의 직접적인 의사소통을 통해 주문을 받거나 서비스 문의에 응할 수 있다.
③ 데이터베이스 마케팅의 한계점은 그 자체로 하나의 독자적인 유통채널 및 서비스 수행체제로 이해될 수 없다는 점이다.
④ 데이터베이스 마케팅은 전략의 수립에서부터 주문, 배송, 대금회수, A/S의 제공 등 고객과의 거래에서 발생하는 모든 과정을 포괄하는 거대한 시스템으로 이해될 수 있다.

64
스크립트에 대한 내용으로 옳지 않은 것은?

① 스크립트란 고객 응대를 위해 작성된 가상의 시나리오를 말한다.
② 효과적인 스크립트는 고객의 욕구(Needs)를 파악하여 일관된 흐름에 따라 대화가 진행되어야 한다.
③ 스크립트를 효과적으로 작성하기 위해서는 어떤 고객을 대상으로 어떤 상품을 판매할 것인지를 정해야 한다.
④ 텔레마케터는 개개인의 특성이 있으므로 정형화된 형식은 필요없다.

65
허시-블랜차드(P. Hersey-K. Blanchard)의 리더십 상황 이론 중 리더의 행동 유형에 해당하지 않는 것은?

① 변혁형 리더
② 지시형 리더
③ 지원형 리더
④ 참가형 리더

66
목표시장에 관한 설명으로 옳은 것은?

① 설탕, 벽돌, 철강 등의 제품은 비차별적인 마케팅이 적합하다.
② 시장 이질성이 클수록 비차별적인 마케팅이 적합하다.
③ 경쟁자의 수가 적어 경쟁 정도가 약할수록 차별적인 마케팅이 적합하다.
④ 기업의 기존 마케팅 및 조직문화와의 이질성이 큰 시장을 목표시장으로 선택하는 것이 좋다.

67
기존의 고객리스트 중에서 판매 목적에 맞게 가망고객만을 추출하는 것은?

① 해피콜
② 리스트 스크리닝
③ 리스트 클리닝
④ 데이터 시트

68
소비자 판매촉진의 방법으로 옳지 않은 것은?

① 쿠폰
② 샘플링
③ 가격 할인
④ 교육훈련 프로그램

69
제품의 수명주기를 연장시키기 위한 전략 중 기존 고객에게 신제품을 개발·판매함으로써 성장을 추구하는 전략은?

① 시장침투 전략
② 시장개발 전략
③ 제품개발 전략
④ 다각화 전략

70
고객 리스트의 효율적 관리 방법으로 적절하지 않은 것은?

① 고객 데이터 속성의 질을 개선
② 고객 리스트의 지속적인 관리
③ 고객 리스트의 지속적인 보충
④ 고객 속성에 따른 일률적 대응

71
이전에 접촉이 없었던 고객에게 전화로 판매나 프로모션을 실시하는 것을 지칭하는 용어는?

① Burn-out
② Call routing
③ Screen pop
④ Cold call

72
인바운드 텔레마케팅 수행 시 특정 상담원에게 콜(Call)이 집중되지 않고 균등하게 처리될 수 있도록 하는 시스템은?

① ACD
② ANI
③ IVR
④ VMS

73
고객로열티 형성에 영향을 미치는 요소로 보기 어려운 것은?

① 구매 횟수
② 구매 방법
③ 회사 기여도
④ 이용기간과 이용실적

74
재포지셔닝(Repositioning)에 관한 설명으로 틀린 것은?

① 판매 침체로 기존 제품의 매출이 감소되었을 경우에 재포지셔닝을 검토한다.
② 경쟁자의 진입으로 시장 내의 차별적 우위 유지가 힘들어진 경우 재포지셔닝이 필요하다.
③ 기존의 포지션이 진부해져 매력을 상실했을 경우에 재포지셔닝을 고려한다.
④ 소비자의 인식과 기업이 바라는 포지션이 같을 경우 기존의 포지션을 바꿀 필요성이 생긴다.

75
RFM 모델의 내용이 아닌 것은?

① 얼마나 최근에 물품을 구입하였는가?
② 얼마나 물품을 자주 구입하였는가?
③ 얼마나 많은 액수의 물품을 구입하였는가?
④ 얼마나 많은 종류의 물품을 구입하였는가?

04 조직운영 및 성과관리

76
텔레마케팅의 분류 중 전문 용역업체에 위탁하는 것으로 텔레마케팅 활동의 전문성을 최대한 이용할 수 있는 장점을 가지고 있는 것은?

① B to C telemarketing
② B to B telemarketing
③ In-house telemarketing
④ Agency telemarketing

77
신규 콜센터 구축 시 고려해야 하는 사항과 가장 거리가 먼 것은?

① 텔레마케팅의 목적과 목표
② 콜센터의 입지
③ 텔레커뮤니케이션 기기의 적합성 및 운영 능력
④ 데이터베이스(DB) 활용 능력

78
인적 자원 관리의 목적이 아닌 것은?

① 인재확보
② 인재육성
③ 근로조건 정비
④ 종업원의 경영참가 배제

79
조직 내 갈등관리에 대한 설명으로 알맞지 않은 것은?

① 조직 구성원들을 갈등 상황에 적응시키기도 한다.
② 갈등관리와 갈등 해소는 같은 의미로 볼 수 있다.
③ 조직 내 또는 직위 간 관계를 재설정하기도 한다.
④ 조직 변동 등을 통해 갈등 상황을 제거할 수 있다.

80
콜량 예측 시 필요한 데이터로 적절하지 않은 것은?

① 텔레마케터의 수
② 마무리시간
③ 평균 대화시간
④ 평균 처리시간

81
다음 중 아웃바운드 기능에 해당하는 것은?

① 신규 가입 접수 및 처리
② 주문 및 신청 접수
③ 가망 고객 조사
④ 자료 청구 접수 및 처리

82
다음에서 설명하는 리더십 이론은?

> 하급자들을 스스로 판단하고 행동하며 그 결과를 책임질 수 있는 셀프리더로 키우는 리더십

① 서번트 리더십
② 변혁적 리더십
③ 슈퍼 리더십
④ 지시적 리더십

83
CTI 콜센터를 도입하여야 하는 경우로 거리가 먼 것은?

① 상담원 수를 늘리고 1인당 처리 건수를 줄이고자 할 때
② 고객 불만을 야기시키는 통화단절이 발생할 때
③ 다른 상담원이나 부서로 호전환이 자주 일어날 때
④ 텔레마케터들의 퇴근 후에도 자동처리를 원할 때

84
콜센터 리더의 역할에 관한 설명으로 틀린 것은?

① 콜센터 내 객관적이고 평가적인 분위기 활성화를 위해 노력한다.
② 상담원의 업무 능력 향상을 위해 정기적으로 교육훈련을 실시한다.
③ 상담원이 교육받은 내용대로 업무를 하지 않고 적절하지 않은 행동을 했다면 즉시 원인파악을 해야 한다.
④ 상담원을 강압적인 자세로 대하지 말고 상담원 스스로 이해할 수 있도록 결론을 이끌어 주어야 한다.

85
Off-JT가 이루어지는 예로 옳은 것은?

① 신입사원이 기업에 들어오기 이전의 학교나 기타 훈련기관에서 받은 교육을 말하는 것이다.
② 신입사원이 직무에 착수하기 전에 특별한 훈련을 받지 않고 직접 어떤 직무에 배치되어 현장에서 작업을 하는 시간에 훈련을 받는 것이다.
③ 신입사원이 직무에 착수하기 전에 별도로 현장 밖에서 사전에 직무 수행을 위한 훈련을 받는 것이다.
④ 신입사원이 현장에서 작업을 계속하는 도중에 직장이나 고참사원에 의하여 직무훈련을 받는 것이다.

86
콜센터 슈퍼바이저에게 요구되는 자질에 관한 설명으로 틀린 것은?

① 조직의 목표가 달성될 수 있도록 최적의 콜센터 환경을 조성할 수 있어야 한다.
② 텔레마케터들의 통화품질, 업무성과, 근무만족도에 대해 평가 및 피드백을 할 수 있어야 한다.
③ 콜센터의 운영예산을 책정하고 집행할 수 있어야 한다.
④ 조직 분위기를 활성화할 수 있는 다양한 이벤트와 프로모션을 실시할 수 있어야 한다.

87
동기부여 중심의 OJT 교육내용에 해당하지 않는 것은?

① 신뢰감 표시
② 직무 축소
③ 실패의 위로
④ 칭찬하기

88
House의 경로-목표 이론이 제시하는 리더십 유형 중 다음에서 설명하는 것은?

> 부하의 복지와 안락에 관심을 두며 지원적 분위기 조성에 노력하고, 구성원 간의 만족스러운 인간관계 발전을 강조한다.

① 지시적 리더십
② 참여적 리더십
③ 지원적 리더십
④ 성취 지향적 리더십

89
다음 중 보상을 통한 동기부여 방안으로 옳지 않은 것은?

① 급여 차등지급
② 진급 우선 혜택
③ 복무규정의 차등
④ 근태 불량자 중점 관리

90
인적 자원 개발을 위한 교육훈련 절차로 옳은 것은?

① 목표설정 → 직무 분석 → 교육시행 → 성과평가 → 보상과 개선
② 목표설정 → 교육시행 → 직무 분석 → 성과평가 → 보상과 개선
③ 직무 분석 → 목표설정 → 성과평가 → 교육시행 → 보상과 개선
④ 직무 분석 → 목표설정 → 교육시행 → 성과평가 → 보상과 개선

91
인적 자원 관리의 특징 중 개인의 욕구와 조직의 목표를 함께 관리하는 방식은?

① 전략 지향적 관리
② 행동 지향적 관리
③ 인간 중심적 관리
④ 통합적 관리

92
통화품질관리(QA)의 핵심 성공 요인으로 볼 수 없는 것은?

① 통화품질 규정의 마련
② 전문 평가인력의 활용
③ 평가자의 주관이 반영되는 평가표
④ 합리적 평가표 마련

93
직무 분석 및 직무 평가를 실시하여 직무의 자격요건에 따라 적격자를 선정하여 승진시키는 제도는?

① 직계승진
② 대용승진
③ 자격승진
④ 역직승진

94
CTI(Computer Telephony Integration) 시스템에서 측정가능한 성과지표로 틀린 것은?

① 서비스 레벨
② 통화 포기율
③ 통화품질 만족도
④ 평균 통화시간

95
다음 요인들의 상호작용을 통해서 나타낼 수 있는 리더십 이론은?

- 리더와 구성원 관계가 좋거나 나쁘다.
- 과업 구조가 높거나 낮다.
- 지위 권력이 강하거나 약하다.

① 리더십 특성 이론
② 리더십 관계 이론
③ 리더십 상황 이론
④ 리더–구성원 상호작용 이론

96
콜센터 상담의 기술에 관한 내용으로 잘못된 것은?

① 전화 통화로 상담하게 된다.
② 인바운드 텔레마케팅은 고객의 의견을 듣는다.
③ 아웃바운드 텔레마케팅은 고객의 의견 조사에 많이 활용한다.
④ 콜센터 상담은 시간과 노력이 많이 소요된다.

97

콜센터의 심리적 장애 요인 중 소속감의 부재로 인하여 급여조건의 변동 또는 이점이 있으면 쉽게 근무지를 이동하여 높은 이직률이 나타나는 현상은?

① 유리벽
② 뜨내기 문화
③ 끼리끼리 문화
④ 콜센터 심리공황

98

텔레마케팅에 대한 내용으로 적절하지 않은 것은?

① 텔레마케팅은 단순한 판촉활동에서 벗어나 다양한 마케팅 기법 등을 활용한 컴퓨터통신통합시스템(CTI)로 변화하고 있다.
② 컴퓨터통신통합시스템(CTI)를 활용한 텔레마케터 센터가 바로 콜센터이다.
③ 텔레마케팅은 경기변동에 민감하지 않다.
④ 최근에는 텔레마케팅의 급속한 활용을 계기로 전 사원에게 텔레마케팅 교육을 집중적으로 실시하는 기업들도 늘어나고 있다.

99

텔레마케팅의 성공 요소로 적절하지 않은 것은?

① 단기적인 목표설정
② 최고경영자의 확고한 의지와 전사적인 참여
③ 고도의 전문화된 텔레마케터 관리자
④ 뛰어난 텔레마케팅 전략의 수립과 운영

100

텔레마케팅의 생산성 관리지표에 해당하지 않는 것은?

① 평균 처리시간
② 평균 통화시간
③ 평균 지연시간
④ 평균 대기시간

PART 3

정답 및 해설

- **제1회** 정답 및 해설
- **제2회** 정답 및 해설
- **제3회** 정답 및 해설
- **제4회** 정답 및 해설
- **제5회** 정답 및 해설

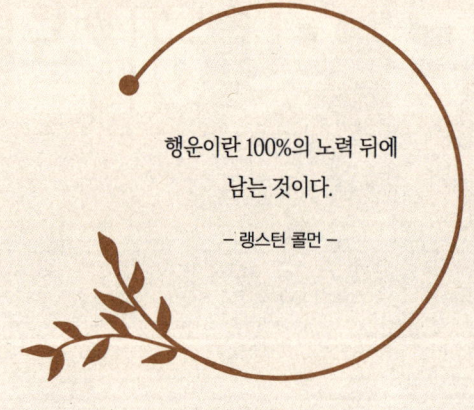

행운이란 100%의 노력 뒤에
남는 것이다.

- 랭스턴 콜먼 -

제1회 정답 및 해설

01 고객관리

01	②	02	③	03	③	04	③	05	①
06	④	07	③	08	④	09	④	10	①
11	③	12	①	13	②	14	④	15	③
16	④	17	③	18	③	19	③	20	③
21	②	22	②	23	④	24	①	25	③

01 정답 ②
고객 응대는 고객과 상담사 간에 1:1의 상호작용으로 이루어진다.

02 정답 ③
고객의 이질성 및 시장의 세분화를 고려하지 않는 기존의 매스 마케팅은 시대가 변하면서 효과적이지 않게 되었고, 그로 인해 고객의 욕구나 필요를 채워줄 수 있는 CRM, 데이터베이스 마케팅 등이 등장하게 되었다.

> **기출 선지로 Bonus Quiz**
> CRM의 등장 배경
> 1. 산업사회에서 정보화 사회로 변화하고 있다. O | X
> 2. 마케팅 전문부서에서 소수 전문가의 책임이 더 커지고 있다. O | X
> 3. 소비자들에게 있어 제품 구입은 소유 개념에서 공유 개념으로 인식이 전환되고 있다. O | X
>
> 정답 1. O 2. × 3. O

03 정답 ③
고객은 기업과 접촉하는 매 순간마다 기업에 대해 어떠한 인상을 받게 된다.

MOT(Moments Of Truth)
- 고객이 조직의 어떤 일면과 접촉하는 접점으로서, 서비스를 제공하는 조직과 그 품질에 대해 어떤 인상을 받는 순간이나 사상을 말한다.
- 일반적으로 고객이 종업원과 접촉하는 순간에 발생하며 고객이 기업과 만나는 모든 장면에서 기업에 대한 고객의 경험과 인지에 영향을 미치는 결정적인 순간을 의미한다.

04 정답 ③
목소리 톤에 변화를 주면 소비자의 집중력을 강화시킬 수 있다.

05 정답 ①
빅데이터는 다양한 형식으로 되어 있어 처리의 복잡도가 높다.

> **기출 선지로 Bonus Quiz**
> 1. 빅데이터는 방대한 규모(Volume)를 가진다. O | X
> 2. 빅데이터는 종류가 다양하다(Variety). O | X
> 3. 빅데이터는 데이터 처리 및 분석 속도가 빠르다(Velocity). O | X
>
> 정답 1. O 2. O 3. O

06 정답 ④
커뮤니케이션의 형식은 고정되어 있지 않고 계속 변화한다.

> **기출 선지로 Bonus Quiz**
> 1. 커뮤니케이션은 고객으로부터 정확한 정보를 얻기 위한 수단이다. O | X
> 2. 커뮤니케이션은 의사결정을 하는 데 있어 혼란을 초래할 수 있다. O | X
> 3. 커뮤니케이션을 통해 고객 불만이 증가한다. O | X
>
> 정답 1. O 2. × 3. ×

07 정답 ③

선입견은 수신자에 의한 커뮤니케이션의 장애 요인이다.

08 정답 ④

판매원의 구매 전 상담이 활발해지면 기업의 광고비를 절감할 수 있다.

09 정답 ④

RFM(Recency, Frequency, Monetary) 분석
- 고객이 얼마나 최근에 구입했는가(Recency), 제품 또는 서비스 구매를 얼마나 자주하는가(Frequency), 고객이 구매한 금액이 얼마인가(Monetary)를 분석한다.
- 구매가능성이 높은 고객을 찾아내는 데에는 편리하지만 고객의 개별적인 수익기여도를 직접 파악하는 데에는 한계가 있다.

10 정답 ①

빅데이터 분석 도구는 대용량 데이터를 분석하여 사용자가 효율적으로 의사결정을 하도록 돕는 것이 목적이다.

빅데이터 분석 도구
- SAS: 현재 공인되어 있는 거의 모든 통계 분석을 포괄하여 수행할 수 있고 매우 정밀한 결과를 제공한다. 데이터 입력 및 편집을 위한 DATA STEP과 본격적인 데이터 분석이 이루어지는 PROC STEP의 단계를 거쳐 진행된다.
- SPSS: 데이터 수집에서 통계, 데이터 마이닝, 보고서 입수까지 가능하며 학교, 연구소 등 대용량 데이터 처리가 없는 곳에서 주로 사용한다.
- R: 오픈소스 프로그램으로 통계, 데이터 마이닝, 그래프를 위한 언어이다.
- 파이썬(Python): 오픈소스로 다양한 라이브러리를 지원하고 있고 IT 사용자들이 쉽게 사용하고 있는 언어이다.

11 정답 ③

텔레마케터 중심의 언어보다는 고객 중심의 언어로 표현해야 한다.

12 정답 ①

CRM은 고객 운영의 효율화를 통해 마케팅 비용을 절감하는 데 그 목적이 있다.

기출 선지로 Bonus Quiz

CRM의 목적
1. 고객분석을 하여 마케팅 전략을 효율적으로 진행하기 위해 ○ | ×
2. 고객 유지율을 증가시키고, 고객의 수를 확대하기 위해 ○ | ×
3. 생산 지향적 전략으로서 기업의 수익성을 증대시키기 위해 ○ | ×
4. 차별화된 맞춤서비스를 제공하여 고객만족도를 향상시키기 위해 ○ | ×

정답 1. ○ 2. ○ 3. × 4. ○

---

13 정답 ②

문제를 가지고 찾아온 고객의 얘기를 충분히 진지하게 듣고 해결방안을 찾아서 도와주어야 효율적으로 상담할 수 있다.

14 정답 ④

표현적인 유형에 속하는 고객과의 상담 전략
- 고객의 감정에 호소한다.
- 고객의 욕구가 선호되고 받아들여지는 것에 초점을 맞춘다.
- 고객의 이야기를 듣고 자신의 이야기를 재미있게 한다.
- 고객에게 질문한다("이 제품이나 서비스를 어떤 면에서 좋아하시는지요?").
- 고객의 생각을 인정하고 긍정적인 피드백을 한다.
- 제품의 세부사항은 최소한으로 제공한다.
- 개방형 질문으로 친숙하게 접근한다.
- 제품이나 서비스가 어떻게 고객의 목표나 욕구를 충족시켜줄 수 있는지 이해시킨다.
- 의사결정을 촉진할 혜택을 제공한다.
- 고객의 관계에 대한 영향이라는 관점에서 해결책과 제안점을 설명한다.

15 정답 ③

서비스는 비표준성(이질성)을 가지고 있으며 동질의 서비스를 제공하더라도 고객 개인별로 서비스를 평가하는 기준이 다르다.
① 소멸성
② 가변성(변화성)
④ 무형성

16 정답 ④

명료화하기는 효과적인 경청 전략이다.

17 정답 ③

고객의 거절이나 반론에 대한 두려움을 없앤다.

18 정답 ③

① 고객의 말에 흠이 있는지 관찰하기보다는 고객의 감정을 잘 수용하여 공감을 표하고 우호적인 분위기를 조성한다.
② 스크립트는 고객과의 원활한 대화를 위해 활용을 하되, 기계적으로 스크립트를 따르는 것이 아니라, 고객과의 상담흐름에 맞게 조절하여 사용해야 한다.
④ 친근감을 형성하기 위해서는 본론부터 말하기보다는 일상적인 대화나 공통 주제로 분위기를 우호적으로 형성한 후 본론을 이야기하는 것이 좋다.

19 정답 ③

고객생애가치(LTV)
한 고객이 특정 기업의 상품이나 서비스를 최초 구매하는 시점부터 마지막으로 구매할 것이라고 예상되는 시점까지의 누적액의 평가이다.

20 정답 ③

호기심 많은 유형의 고객과의 상담 전략
- 제품과 서비스에 관한 단계, 과정, 세부사항 등의 개요를 구체적으로 말하고 정확성과 효율성에 대한 고객의 욕구에 초점을 맞춘다.
- 미리 세부사항과 정보를 준비하고 고객과 철저히 친숙해야 한다.
- 의사소통은 감정이 아닌 사실과 연관시킨다.
- 직접적·사무적인 매너로 접촉을 시도한다.
- 제품이나 서비스와 관련된 고객의 배경이나 경험에 대해 구체적인 개방형 질문을 한다.
- 자신에 대해 말하는 것을 피한다.
- 장점, 가치, 품질, 신뢰성, 가격 등을 연속적으로 강조하는 방법으로 해결책을 제시한다.
- 단점이 지적되거나 토론되는 경우를 대비한다.
- 고객의 결정을 강요하지 않는다.
- 계약을 할 때까지 계속 설득한다.
- 주장을 뒷받침할 이용가능한 자료를 갖춘다.

21 정답 ②

운영 CRM은 CRM의 구체적인 실행을 지원하는 시스템으로서, 조직과 고객 간의 관계 향상, 즉 전사적 자원관리 시스템의 기능 중에서 고객 접촉과 관련된 기능을 강화하여 조직의 전방위 업무를 지원하는 시스템이다. 운영 CRM에는 마케팅 자동화 시스템, 영업 자동화 시스템, 고객서비스 자동화 시스템이 포함된다.

22 정답 ②

상담원은 고객 상담을 할 때에 고객이 말할 기회를 충분히 제공하고, 상황의 해결을 위한 구체적인 질문을 하여 상담원의 목표 달성만이 아닌 고객의 요구나 문제를 해결하도록 한다.

23 정답 ④

개인정보처리자의 정당한 이익을 달성하기 위하여 필요한 경우와 명백하게 정보주체의 권리보다 우선하는 경우에 개인정보를 수집·이용할 수 있다. 이 경우 개인정보처리자의 정당한 이익과 상당한 관련이 있고 합리적인 범위를 초과하지 아니하는 경우에 한한다.

24 정답 ①

피해구제 문제는 상담원이 전적으로 결정할 사항이 아니기 때문에 단정적으로 확실한 약속을 해서는 안 된다.

25 정답 ③

CRM은 고객에게 다양한 유형의 맞춤서비스를 제공하기 위한 것으로 집단화 및 획일화와는 거리가 멀다.

02 시장환경조사

26	27	28	29	30
④	②	①	②	②
31	32	33	34	35
③	②	①	①	③
36	37	38	39	40
③	④	②	①	④
41	42	43	44	45
①	③	④	②	③
46	47	48	49	50
①	③	③	④	④

26 정답 ④

응답 처리가 용이하고 계측에 통일성을 기할 수 있는 것은 폐쇄형 질문에 대한 설명이다.

27 정답 ②

많은 인원을 대상으로 하면서 비용과 응답 오류를 줄이려면 집단설문조사가 적합하다.
① 관찰조사: 조사하고자 하는 대상물이나 행동을 계속해서 추적·관찰하는 방법이다.
③ 면접조사: 면접원의 영향이 가장 많이 미치는 조사 방법으로 면접 목적, 질문 내용, 응답자에의 접근용이도를 고려하여 선정해야 한다.
④ 방문조사: 조사대상자를 직접 방문하여 조사하는 방법이다.

28 정답 ①

시장조사는 직감을 통한 조사가 아니라 객관적인 조사로 이루어져야 한다. 시장조사를 진행할 때는 합목적성, 적합성, 신뢰성, 객관성, 정밀성 등을 고려하여야 한다.

29 정답 ②

마케팅 내부정보 시스템
- 기업 내부에 존재하는 정보를 통합적으로 관리하고자 하는 시스템이다.
- 기업 내부에 존재하는 정보에는 상품별, 지역별, 기간별 매출, 재고 수준, 외상 거래, 회계 정보 등이 있다.

30 정답 ②

마케팅조사는 현재의 사실에만 국한하지 않고 시장의 문제점을 발견하고, 원인을 규명하여 시장문제를 예측하는 역할도 한다.

31 정답 ③

자료의 신뢰성과 객관성을 확보하기 위해 자료원은 반드시 보호해야 한다.

기출 선지로 Bonus Quiz

1. 조사자는 고객에 관한 정보를 경쟁기업에게 누설하지 않는다. O | X
2. 조사자는 정보제공자의 익명성을 보장하여야 한다. O | X
3. 조사자는 조사가 끝난 후에는 입수한 자료의 비밀을 유지할 필요가 없다. O | X
4. 조사자는 부적절한 방법으로 조사를 진행하지 않는다. O | X

정답 1. ○ 2. ○ 3. × 4. ○

32 정답 ②

체계적 표본추출방법(계통표본추출방법)
모집단 추출 틀에서 단순무작위로 하나의 단위를 선택하고 그다음 k 번째 간격마다 하나씩의 단위를 표본으로 추출하는 방법이다. 모집단의 배열이 일정한 주기성과 특정 경향성을 보일 경우 편견이 개입되기 때문에 대표성이 문제된다.
① 층화표본추출방법은 모집단을 기존 지식을 활용하여 동질적인 몇 개의 층으로 층화하고 각 층에서 일정 수를 무작위 추출하는 방법으로 표본의 크기가 같다면 표본 오차의 크기는 '군집표본＞단순무작위표본＞층화표본'의 순이다.
③ 군집표본추출방법은 표본추출단위를 군집(집단)으로 하여 무작위 추출하는 방법이다.

33 정답 ①

명목 척도는 가장 간단한 척도로 인종, 성별, 상품, 유형별 분류, 시장세분구역 분류 등에 사용된다.

기출 선지로 Bonus Quiz

1. 명목 척도는 상호 배타적인 범주로 구분하기 위하여 사용한다. O | X
2. 명목 척도는 우열을 표시하는 것이 아니다. O | X
3. 명목 척도는 정보의 수준이 가장 높은 척도이다. O | X

정답 1. ○ 2. ○ 3. ×

34 정답 ①

우편조사는 어떤 지역이라도 조사 대상이 되고 직업이나 인종, 국적, 계층에 관계없이 응답자로 선정할 수 있다.

35 정답 ③

질문은 전반적인 질문에서 구체적이거나 특수한 질문으로 옮기는 것이 좋다.

36 정답 ③

2차 자료는 다른 프로젝트의 조사 목적과 관련하여 이미 작성된 자료이므로 수집 비용이 비교적 적게 든다.

기출 선지로 Bonus Quiz
1. 2차 자료는 기업 외부의 자료원으로부터만 얻어지는 것이다. ○|×
2. 2차 자료는 1차 자료보다 신속하게 구할 수 있다. ○|×
3. 2차 자료는 1차 자료를 얻는 것보다 보통 비용이 많이 든다. ○|×

정답 1. × 2. ○ 3. ×

37 정답 ④

실험을 강조하는 자료 수집 방법으로는 실험과 시뮬레이션이 있다.

38 정답 ②

무응답 오류
표본으로 선정하였지만 응답자의 거절이나 비접촉으로 데이터를 조사할 수 없어서 발생하는 관찰 불능에 의한 오류로, 전화조사에서는 응답자의 전화 거부로 나타나는 오류이다.

39 정답 ①

② 확률표본추출방법: 모집단에 속한 모든 요소가 표출됨에 있어 같은 확률을 가진다는 것이 전제되며, 비용이 많이 들고 불편하지만 표본 오차의 추정이 가능하다.
③ 집락표본추출방법: 확률표본추출방법의 하나로 표본(추출) 단위를 집단(일정한 지역)으로 하여 무작위로 표출한다.
④ 계통표본추출방법: 확률표본추출방법의 하나로 모집단 추출틀에서 단순무작위로 하나의 단위를 선택하고 그다음 k 번째 간격마다 하나씩 표본으로 추출한다.

40 정답 ④

시간·공간의 제약으로 동시에 전부를 관찰하지 못할 수 있으며, 관찰자의 주관이 개입되어 객관성을 잃는 경우도 있다.

기출 선지로 Bonus Quiz
1. 관찰조사는 조사 결과의 정량화에 유리하다. ○|×
2. 관찰조사는 조사자가 현장에서 즉시 포착할 수 있다. ○|×
3. 관찰조사는 행위, 감정을 언어로 표현하지 못하는 유아, 동물에 유용하다. ○|×

정답 1. × 2. ○ 3. ○

41 정답 ①

1차 자료
- 연구자가 문제해결을 위해 조사 설계를 하고 그 설계에 근거하여 직접 수집한 자료이다.
- 신뢰도와 타당도 면에서 연구 목적의 수행에 적합하다.
- 자료 수집에 비용과 시간이 많이 소요된다.

2차 자료(기존 자료)
- 개인, 집단, 기관 등의 필요에 따라 이미 만들어진 여러 가지 종류의 방대한 자료이다.
- 시간과 비용을 절약할 수 있다.
- 의사결정의 요구형태대로 자료가 정리되어 있지 않은 경우가 많다.

42 정답 ③

인과 관계를 규명하기에 적절한 모형은 실험법이다. 실험법이 포함된 변수에 대체 변수는 해당되지 않는다.
① 독립 변수: 마케팅 조사 설계의 기본 요소로서 일반적으로 마케팅 관리자가 통제하는 변수이며, 관찰하고자 하는 현상의 원인이라고 가정한 변수이다.
② 종속 변수: 독립 변수의 변화에 따라 값이 결정되는 다른 변수이다.
④ 매개 변수: 독립 변수와 종속 변수의 사이에서 독립 변수의 결과인 동시에 종속 변수의 원인이 되는 변수이다.

43 정답 ④

마케팅조사의 단계
문제 규명(조사목적 설정) → 조사 설계 → 자료 수집 방법 설계 → 표본 설계 → 자료 분석 및 해석 → 보고서 작성

44　정답 ②

표본의 크기가 작을 경우에 유용한 것은 비확률표본추출방법이다. ①·③·④는 확률표본추출방법에 대한 설명이다.

45　정답 ③

면접조사에서는 즉석에서 대답할 수 없는 경우가 발생할 수 있다.

면접조사의 장점
- 신축성: 면접원은 응답자와 자리를 함께하면서 개인적 접촉을 한다. 정해진 질문지 내용을 따르지 않고 응답자의 상황에 따라 자연스럽게 대화를 이끌어 가기 때문에 응답자의 거부 반응을 최소화할 수 있다.
- 동기부여: 면접원이 함께하기 때문에 응답자는 협조하고 싶은 동기가 발생하게 된다.
- 응답자의 교육과 지도: 면접원은 응답자가 질문을 잘 이해하지 못할 때 보조설명을 할 수 있다.
- 응답자의 관찰: 대화한 내용 이외에 응답자의 행동을 관찰할 수 있고 그를 통해 응답자의 사회적 계층, 연령, 인종 등을 분류할 수 있다.

46　정답 ①

정밀하고 통계적이며 수치적인 측정을 하는 조사는 정량적 조사이다.

47　정답 ④

기술적 조사는 연구과제의 상황을 범주화해 묘사하거나 통계분석 결과를 기술하는 조사 방법이다. 표본조사를 통해 일정시점에서 특정표본이 가지고 있는 특성을 파악하는 횡단조사가 이에 해당한다.

48　정답 ③

우편조사는 필기에 의한 응답만을 취급하므로 응답자의 비언어적인 행위를 파악할 수 없다.

기출 선지로　Bonus Quiz

1. 우편조사는 전화조사법에 비해 경제적이고 신속하다.　O | X
2. 우편조사는 다른 자료 수집 방법에 비해 회수율이 높다. 　O | X
3. 우편조사는 면접조사에 비해 피조사자가 성실하지 못한 응답을 할 가능성이 높다. 　O | X

정답　1. ×　2. ×　3. ○

49　정답 ④

사전검사가 사후검사에 영향을 미쳐 종속 변수의 변화를 나타나게 하는 것은 검사 효과로, 내적 타당도 저해 요소에 해당한다.

외적 타당도 저해 요소
반작용 효과(Reactive effects), 실험 대상자 선정에서 오는 편향, 독립 변수 간의 상호 작용 등

내적 타당도 저해 요소
통계적 회귀, 외적 사건, 검사 효과, 성장 효과, 도구 효과, 실험대상의 변동, 개입의 효과를 상쇄하는 보상, 표본의 편중, 선택과의 상호 작용 등

50　정답 ④

우편조사법은 우편으로 응답자에게 질문지를 송달하여 우편으로 회수하는 방법으로, 조사원이 조사의 내용을 잘 알지 못해도 조사가 가능하다.

03 마케팅관리

51	①	52	②	53	③	54	①	55	②
56	③	57	③	58	②	59	①	60	④
61	①	62	②	63	③	64	①	65	④
66	①	67	②	68	③	69	④	70	④
71	④	72	③	73	①	74	④	75	③

51 정답 ①

아웃바운드 텔레마케팅에서는 Q&A보다 스크립트의 활용빈도가 크다.

> **기출 선지로 Bonus Quiz**
> 아웃바운드 텔레마케팅의 핵심요소
> 1. 정교한 스크립트와 데이터시트 O | X
> 2. 대상 고객의 데이터 확보 O | X
> 3. 기업 주도형 텔레마케팅 프로모션 O | X
>
> 정답 1. ○ 2. ○ 3. ×

52 정답 ②

아직 첫 거래는 하지 않았으나 상품구입 가능성이 높고 스스로 정보를 요구하는 유망 고객을 잠재 고객 또는 예상 고객이라 한다.

53 정답 ③

소비자의 신제품 수용단계
제품 인지 → 관심 유발 → 대체안 평가 → 시험 사용 → 수용

54 정답 ①

아웃바운드 텔레마케팅은 고객접촉률과 고객반응률을 모두 중시한다.

> **기출 선지로 Bonus Quiz**
> 1. 아웃바운드 텔레마케팅은 공격적이며 성과 지향성이 강하다. O | X
> 2. 아웃바운드 텔레마케팅은 통화콜 수를 통제하기 어렵다. O | X
>
> 정답 1. ○ 2. ×

55 정답 ②

아웃바운드 텔레마케터는 성격이나 행동이 긍정적이며, 생동감 있는 목소리와 함께 고객의 반응이나 니즈를 간파할 수 있는 상황 대응 능력, 목표의식, 고객의 반론을 극복할 수 있는 설득력 등을 겸비해야 한다.

> **기출 선지로 Bonus Quiz**
> 아웃바운드 텔레마케터가 가져야 할 자질
> 1. 목표의식과 달성 능력 O | X
> 2. 수동적인 상담 자세 O | X
> 3. 인내심과 냉철한 판단력 O | X
>
> 정답 1. ○ 2. × 3. ○

56 정답 ③

제품의 수명주기(PLC; Product Life Cycle)
- 신제품이 시장에 도입되어 쇠퇴할 때까지의 기간이다.
- 도입기, 성장기, 성숙기, 쇠퇴기의 4단계로 구성된다.

57 정답 ③

아웃바운드 텔레마케팅 수행 중 상품 기획을 할 때 고객의 니즈와 시장상황을 조사해야 한다. 또한, 4P와의 연계를 생각하여 상품을 구성해야 한다.

58 정답 ②

성공콜은 아웃바운드 콜센터의 성과지표에 해당한다.
인바운드 콜센터 성과지표
콜처리율, 스케줄 준수율(고수율), 품질평가, 평균 후처리시간, 서비스 레벨, 고객만족도 등

59 정답 ①

목표시장의 선정은 세분시장의 요인, 경쟁자 요인, 자사와의 적합성 요인 등을 충분하게 고려하여 중심적이고 집중적인 목표시장을 설정하는 것으로, 시장세분화 전략의 핵심이다.

60 정답 ④

효과적인 시장세분화 요건
- 내부적 동질성과 외부적 이질성: 세분시장은 내부적으로는 공통된 특징이 있으며, 외부적으로는 마케팅 프로그램을 시행했을 때 서로 다르게 반응하여야 하는 정도이다.
- 측정가능성: 세분시장의 규모와 구매력을 측정할 수 있는 정도이다.
- 접근가능성: 세분시장에 접근할 수 있고 그 시장에서 활동할 수 있는 정도이다.
- 행동가능성: 특정한 세분시장을 유인하고 그 세분시장에서 효

과적인 프로그램을 설계하여 영업활동을 할 수 있는 정도이다.
- 규모의 경제성: 실질성, 유지가능성
  - 시장 부문의 규모가 크고 수익성이 커서 별도의 시장으로 개척할 가치가 있는 정도이다.
  - 세분된 각 시장 부문에 대하여 상이한 마케팅 계획이 필요하고 이에 따라서 많은 비용이 소요되므로 하나의 시장 부문은 가능한 한 동질적 욕구를 지닌 다수의 소비자로 구성되어 이익을 거둘 수 있는 규모가 되어야 한다.
- 유효정당성: 세분화된 시장 사이의 특징, 탄력성이 있어야 한다.

61 정답 ①

심리분석적 변수
라이프스타일, 사회 계층, 개성, 관심, 활동 등
인구통계적 변수
학력, 연령, 성별, 가족 수, 가족생활주기, 소득, 직업, 종교, 인종, 국적 등

62 정답 ②

데이터 마이닝(Data mining)이란 데이터 웨어하우스를 구축한 다음, 정보 분석과정을 거쳐 경영 전략을 지원하는 정보를 추출하는 일종의 데이터 분석 기법이다.

63 정답 ③

'적극적 판매'는 아웃바운드 텔레마케팅의 업무이다.
인바운드 텔레마케팅의 주요 업무
- 메시지 전달(상담), 정보 제공
- 고객 정보 수집 · 관리
- 재고확인, 기술지원, 주문접수, 캠페인 지원, A/S 처리, 클레임 처리

> **기출 선지로** **Bonus Quiz**
> **인바운드 텔레마케팅의 활용분야**
> 1. 구매 감사, 해피콜   O | X
> 2. 주문, 예약 처리   O | X
> 3. 신규가입 문의 · 상담 O | X
> 정답 1. × 2. ○ 3. ○

64 정답 ①

ANI는 Automatic Number Identification의 약자로, ARS 기능을 더욱 보강하여 전화를 건 사람의 전화번호를 수신자 측에 나타내주는 장치이다. 그러므로 고객의 이름이나 주소 등 별도의 인적사항에 대해 물어볼 필요가 없게 된다.

② ARS: Auto Response System은 자동응답시스템으로서 24시간 연중 고객서비스가 가능한 이점이 있다.
③ AID: Automatic Interaction Detection의 약자로 각종의 요인이 섞인 리스트 중에서 동질의 시장을 세분화하기 위한 프로그램이나 방법을 말한다.
④ ADRMP: Automatic Dialing Recorded Message Player의 약자로 재프로그램된 전화번호를 데이터베이스 기능에 의해 순차적으로 자동 다이얼링해서 녹음된 메시지를 내보내고 그 반응의 기록까지 처리하는 장치이다.

65 정답 ④

① 분업의 원칙: 다수의 중간상이 분업의 원리로써 유통경로에 참여하게 되면 유통경로 과정에서 다양하게 수행되는 기능들, 즉 수급 조절 기능, 보관 기능, 위험 부담 기능, 정보 수집 기능 등이 경제적 · 능률적으로 수행될 수 있다.
② 집중 준비의 원칙: 유통경로 과정에 도매상이 개입하여 소매상의 대량보관 기능을 분담함으로써 사회 전체적으로 상품의 보관 총량이 감소할 수 있으며, 소매상은 최소량만을 보관하게 된다.
③ 변동비 우위의 원리: 무조건적으로 제조와 유통기관을 통합하여 대규모화하기보다는 각각의 유통기관이 적절한 규모로 역할 분담을 하는 것이 비용면에서 훨씬 유리하다는 논리에 의해 중간상의 필요성을 강조하는 이론이다.

66 정답 ①

STP 전략
- Segmentation(시장세분화): 시장은 여러 형태의 고객 제품 및 요구로 형성되어 있으므로 마케팅 관리자는 기업의 목표를 달성하는 데 있어 어느 세분시장이 최적의 기회가 될 수 있는가를 결정해야 한다.
- Targeting(목표시장 선정): 기업은 여러 세분시장에 대해 충분히 검토한 후에 세분시장에 진입할 수 있다. 목표시장 선정은 각 세분시장의 매력도를 평가하여 진입할 하나 혹은 그 이상의 세분시장을 선정하는 과정이다.
- Positioning(시장 위치 선정): 자사의 제품이 표적소비자의 마음속에 경쟁 제품과 비교하여 명백하고 독특하게 바람직한 위치를 잡을 수 있도록 하는 활동을 말한다.

67 정답 ②

대량(매스) 마케팅
판매업자가 모든 구매자를 대상으로 하나의 제품을 대량 생산하여 대량 유통하고, 대량 촉진하는 형태이다. 하나의 회사가 한 제품에 대하여 전체시장을 대상으로 대량 마케팅을 주장하는 이유는 최소의 원가와 가격으로 최대의 잠재시장을 창출해 낼 수 있

기 때문이다. 고객 욕구의 차이점보다는 공통점에 초점을 맞춘다.

68 정답 ③
수요의 가격탄력성이 단위 탄력적이면 가격의 변화분만큼 수요의 변화가 일어나기 때문에 최고가 전략의 효과가 적다.

69 정답 ④
새로운 인력을 '선발하여 지속적으로 업무 교체를 하면 텔레마케터가 업무에 숙달하기가 힘들기 때문에 적절하지 않다.

70 정답 ④
마케팅믹스의 구성 요소(4P)
- 제품(Product)
- 유통(Place)
- 가격(Price)
- 촉진(Promotion)

71 정답 ④
제품 묶음가격 결정법을 사용하면 기업은 보다 낮은 가격으로 제품 또는 서비스를 제공할 수 있다.
제품 묶음가격 결정법
- 몇 개의 제품을 묶어서 인하된 가격으로 결합된 제품을 제공하는 방법이다.
- 기업은 핵심제품 또는 서비스에 대한 수요를 높일 수 있다.
- 기업은 부수적인 제품 또는 서비스의 수요를 창출할 수 있다.
- 기업은 묶음가격을 통한 시너지 효과로 보다 낮은 가격으로 제품 또는 서비스를 제공할 수 있다.
- 소비자는 묶음 제품을 구입하는 것이 단일 품목을 구매할 때보다 값이 저렴하다.

72 정답 ③
코틀러 교수는 제품 수준을 핵심제품, 유형제품, 확장제품의 3단계로 구분하였다. 핵심제품은 소비자가 그 제품으로부터 진실을 구하고자 하는 핵심 서비스를 말하며, 유형제품은 그 제품을 나타내는 상표, 품질, 포장, 무게, 내구성 정도를 말하고, 확장(포괄)제품은 유형 제품에 추가적인 서비스와 편익을 보강한 것을 말한다.

73 정답 ①
유통경로의 효용

소유 효용 (Possession utility)	재화나 서비스가 거래되어 생산자로부터 소비자에게 소유권이 이전되는 과정에서 발생되는 효용이다.
시간 효용 (Time utility)	재화나 서비스의 생산과 소비 간의 시차를 극복하여 소비자가 재화나 서비스를 필요로 할 때 이용할 수 있도록 해 주는 효용이다.
장소 효용 (Place utility)	지역적으로 분산되어 생산되는 재화나 서비스가 소비자가 구매하기 용이한 장소로 전달될 때 창출되는 효용이다.
형태 효용 (Form utility)	제품과 서비스를 고객에게 좀 더 매력적으로 보이기 위하여 그 형태 및 모양을 변경시킴으로써 발생되는 효용이다.

74 정답 ④
마케팅 당사자 3C
Customer(고객), Company(회사), Competitor(경쟁사)

75 정답 ③
판매촉진은 단기적이고, 직접적인 판매를 목적으로 한다.
판매촉진
- 매출증가에 직접적인 영향을 끼친다.
- 주목률이 높아 단기적인 매출증가에 효과적이다.
- 망각률이 높아 장기적인 효과는 거의 없다.

04 조직운영 및 성과관리

76	②	77	③	78	④	79	④	80	④
81	③	82	④	83	①	84	②	85	④
86	①	87	②	88	①	89	①	90	③
91	④	92	①	93	②	94	③	95	④
96	④	97	④	98	④	99	②	100	①

76 정답 ②

정보통신의 발달에 따른 유·무선 접촉채널의 다양화, 고객 요구의 다양성 등으로 인하여 정보통신산업은 물론 유통·금융·공공 서비스까지 많은 변화를 보이고 있다.

77 정답 ③

OJT를 실시하기 적절한 시기로는 신입사원이 입사했을 때, 기존 사원이 다른 팀에서 전보 왔을 때, 기존 사원의 실적이 떨어졌을 때 등이 있다.

78 정답 ④

텔레마케팅은 무점포형 소매상의 한 종류인 다이렉트 마케팅으로, 핵심 무점포 비즈니스 조직으로 전문화되고 있다.

79 정답 ④

일반적인 임금관리 방안은 고정급과 성과급이 혼합된 방식인데, 콜센터의 경우는 특히 성과급의 비중이 높아야만 근로자의 생산성과 근로의욕을 높일 수 있다. 따라서 성과에 대한 공정한 평가 및 보상이 이루어져야 한다.

80 정답 ④

① CMS : 콜관리시스템. 회선, 센터의 이동상황이나 코스트에 관한 정보를 얻는 시스템이다.
② QC : 품질관리. 제품품질의 유지·향상을 위한 관리이다.
③ ATT : 평균 통화시간. 상담원이 고객 한 사람과의 상담에 소요되는 평균적인 시간이다.

81 정답 ③

텔레마케팅은 전략적이고 역동적인 마케팅이다.

> **기출 선지로 Bonus Quiz**
> 1. 텔레마케팅은 대중보다 개인에 중심을 둔 마케팅이다. O | X
> 2. 텔레마케팅은 각종 멀티미디어를 활용하여 고객과 직접 관계를 형성하는 종합적 마케팅 활동이다. O | X
> 정답 1. O   2. O

82 정답 ④

CTI는 기존 시스템과 데이터베이스의 연동을 가능하게 한다.

83 정답 ①

고객으로부터 걸려 온 전화를 받으므로 인바운드, 일반 소비자를 대상으로 서비스하므로 B to C이다.

B to C telemarketing(소비자 텔레마케팅)
- Business to Consumer telemarketing이다.
- 일반 소비자를 대상으로 제품·서비스의 판매촉진, 고객서비스의 향상, 소비자 동향조사, 자료 수집 등을 목적으로 이루어진다.

B to B telemarketing(기업 텔레마케팅)
- Business to Business telemarketing이다.
- 기업체를 대상으로 제품서비스를 효율적으로 판매하거나 판매경로와 상권 확대를 도모하고 기업 간의 여러 가지 수·발주 업무의 원활한 처리를 위해 전화를 조직적으로 이용한다.

84 정답 ②

기능 중심적 인사관리에서 성과 중심적 인사관리로 변화되고 있다.

85 정답 ④

정보통신기술이 발달하고 실무자들의 자질이 향상되어 텔레마케팅의 새로운 업태와 서비스가 발전하고 있다.

86 정답 ①

② 텔레마케팅센터에 수신된 전화를 받아서 처리하는 것이다.
③ 텔레마케팅센터로부터 고객이나 잠재 고객에게 발신된 전화로 하는 마케팅 활동이다.
④ 기업이 고객과 의사소통을 원활하게 할 수 있게 광고, 박람회, 현장판매원, 텔레마케팅 등 다양한 수단을 선정하고 통합하는 것이다.

87 정답 ②

숙련된 텔레마케터는 아웃바운드 텔레마케팅의 성공 요인 중 하나이다.

> **기출 선지로 Bonus Quiz**
>
> 아웃바운드 텔레마케팅의 성공 요인
> 1. 브랜드 품질의 확보와 신뢰성 ○ | ×
> 2. 고객 니즈에 맞는 전용상품과 특화된 서비스 발굴 ○ | ×
> 3. 정확한 대상 고객의 선정 ○ | ×
>
> 정답 1. ○ 2. ○ 3. ○

88 정답 ①

프리뷰 다이얼링(Preview dialing)
- 의의: 전화 발신을 상담원이 직접 모니터 상에서 조회하여 처리한다.
- 적용: 기존에 수동으로 처리하던 전화업무를 자동으로 처리한다.

89 정답 ①

콜센터 조직이 갖추어야 할 조직의 특성
고객지향성, 유연성, 고품질성, 신속성, 민첩성, 상황대응성, 서비스성, 고객 지식(고객 정보) 활용, 성과측정, 고객 정보관리 능력 등

90 정답 ③

인적 자원 관리에서는 능력을 계발하고 근로생활의 질을 향상시키는 것을 기본목표로 삼는다.

91 정답 ④

① 서열법: 가장 간단하고 사용하기 쉬운 방법으로, 평가요소를 기준으로 직무의 가치를 비교하여 평가된 가치의 순서대로 서열을 정하여 평가하는 방법이다.
② 분류법: 직무 등급법이라고도 하며, 직무의 가치를 단계적으로 구분하는 등급표를 만들고 직무 평가를 그에 맞는 등급으로 분류하는 방법이다.
③ 점수법: 직무를 분류하고 다수의 평가요소들에 대하여 평가된 점수의 고저에 의해 그 직무가 가지는 상대적 가치를 결정하는 방법이다.

92 정답 ①

고객콜 대기시간이란 고객 대기시간과 고객 연결시간을 더한 것이다. 고객 대기시간이란 상담원이 고객을 통화보류 상태에 두는 시간을 말하며, 고객 연결시간이란 고객이 상담원과의 전화통화가 연결되기까지 걸리는 시간을 말한다.

93 정답 ③

텔레마케팅 조직은 타 부서와의 연관성이 높다.

94 정답 ③

① 자격승진 제도: 연공과 능력, 즉 직무주의와 연공주의를 절충시킨 제도이다.
② 연공승진 제도: 근무 연수, 학력, 경력, 연령 등 종업원의 개인적인 연공과 신분에 따라 자동적으로 승진시키는 연공주의에 의한 승진 유형이다.
④ 대용승진 제도: 자격승진 제도와 같이 경영 내의 공식적인 자격을 인정하고 그에 따라 승진시키는 것이 아니라, 승진 대상자는 많으나 담당 직책이 없을 경우, 인사 체증과 사기 저하를 방지하기 위하여 직무 내용상 실질적인 승진 없이 직위 심벌상의 형식적인 승진을 하는 것이다.

95 정답 ④

전화 보급의 확대는 기술적 환경에 해당한다.
마케팅 개념의 변화에 있어서의 경제적 환경
- 정보의 경제적 가치 증대
- 서비스 산업의 발달
- 시장 개방에 따른 경쟁의 심화

마케팅 개념의 변화에 있어서의 기술적 환경
- 통신 기술의 급속한 변화와 혁신
- 전화 보급의 확대
- 정보통신기술의 발달
- 데이터베이스의 발달

96 정답 ④

네트워크 조직은 현재의 조직기능을 경쟁력 있는 핵심역량 중심으로 합리화하고 여타 기능은 외부기관과 신뢰의 기반 위에서 상호 전략적 제휴나 상호 협력적 아웃소싱을 하는 등 효율적인 목표달성을 추구하는 위계적 조직이 아닌 수평형의 유기적 조직이다.

97
정답 ④

리더십은 의사결정 방식과 태도에 따라 구분할 수 있다. 의사결정 방식에 따른 리더십에는 독재형, 민주형, 자유방임형이 있고, 의사결정 태도에 따른 리더십에는 직무중심형과 인간관계중심형이 있다.

98
정답 ④

콜센터에 대한 인식은 기업에 장기적으로 이익을 주는 센터로 변화하게 되었다.

99
정답 ②

① Q&A: 고객의 질문과 답변을 모아 놓은 응답집이다.
③ Script: 고객과의 원활한 대화를 위한 대본이다.
④ Data sheet: 고객과의 통화 내용 및 상담 내용을 기록한 노트이다.

100
정답 ①

신규 고객의 확보보다 고정 고객이나 우량 고객의 관리에 중점을 두어야 하는 경우에 텔레마케팅 자체 운영이 적합하다.

제2회 정답 및 해설

01 고객관리

01	①	02	④	03	③	04	②	05	③
06	④	07	①	08	③	09	④	10	②
11	③	12	④	13	④	14	②	15	③
16	①	17	②	18	②	19	②	20	③
21	①	22	①	23	②	24	③	25	②

01　정답 ①

CRM은 고객과의 신뢰를 중시하는 고객 지향적 경영 기법이다.

기출 선지로 Bonus Quiz
1. CRM은 개별 고객의 생애에 걸쳐 거래를 유지하고, 늘려 나가고자 하는 것이다. O | X
2. CRM은 고객과의 간접적인 접촉을 통해 커뮤니케이션을 지속한다. O | X

정답　1. O　2. ×

02　정답 ④

정량적인 것은 양적인 부분을 말하고 정성적인 것은 질적인 부분을 말한다. 원가 절감 상황, 고객 유지 현황, 시장 점유율 등은 모두 정량적인 수치화가 가능하지만 구전 효과는 수치화하기가 어려우므로 정성적 측면에 해당한다.

03　정답 ③

빅데이터의 가치와 빅데이터로 창출할 수 있는 가치는 무한에 가깝다.

04　정답 ②

폐쇄형 질문은 간단한 답변, 즉 '예/아니요' 등의 단답을 이끌어 내는 질문 기법으로 고객이 말한 것이 무엇이고 무엇에 동의했는지 체크하는 가장 빠른 방법이다.

기출 선지로 Bonus Quiz
1. 폐쇄형 질문은 간단한 답변을 이끌어 내는 질문 기법이다. O | X
2. 폐쇄형 질문은 자료를 방대하게 모으는 데 더 효과적이다. O | X
3. 폐쇄형 질문은 정보를 명확히 하기 위한 질문 기법이다. O | X

정답　1. O　2. ×　3. O

05　정답 ③

설득 커뮤니케이션은 PR 커뮤니케이션의 상위 개념이다.

설득 커뮤니케이션
- 설득 커뮤니케이션은 크게 마케팅 커뮤니케이션, PR 커뮤니케이션, 선전 커뮤니케이션으로 이루어진다.
- 마케팅 커뮤니케이션은 광고, 대인판매, 판매촉진 커뮤니케이션으로 이루어진다. 텔레마케팅은 마케팅 커뮤니케이션의 일종이며 비대면접촉을 중시한다.
- AB 기법: 고객설득 기법으로 특징(Feature), 장점(Advantage), 이점(Benefit) 3가지 요소를 활용하여 고객을 설득하는 기법이다.

06　정답 ④

정부와 지방자치단체의 행정규제와 감시·감독이 오히려 강화되어야 한다.

07　정답 ①

구매 만족 여부를 확인하는 것은 구매 후 상담 단계의 내용이다.

08 정답 ③

인바운드는 고객이 필요에 의해 인입된 상황으로 판매보다는 고객의 말을 들어주거나 정보를 제공해 주는 부분이 더 중요한 요소라 할 수 있다.

09 정답 ④

상담원은 객관적인 자료에 근거하여 말을 해야 하고, 오해를 살 수 있는 용어나 개인의 주관적인 생각과 감정을 표출하여서는 안 된다.

10 정답 ②

MOT(Moments Of Truth)
고객이 조직의 어떤 일면과 접촉하는 접점으로서, 서비스를 제공하는 조직과 그 품질에 대해 어떤 인상을 받는 순간이나 사상을 말한다. 일반적으로 고객이 종업원과 접촉하는 순간에 발생하며 고객이 기업과 만나는 모든 장면에서 기업에 대한 고객의 경험과 인지에 영향을 미치는 결정적인 순간을 의미한다.

11 정답 ③

고객은 유능하고 책임감 있는 일 처리를 기대하지 제3자에게 업무를 넘기는 것을 원하지는 않는다.

12 정답 ④

공격이 아니라 공감하면서 경청해야 한다.

13 정답 ④

감정노동 종사자의 건강보호 조치 방법
- 고충처리 위원 배치 및 건의제도 운영
- 고객과의 갈등을 최소화하기 위한 업무처리 재량권 부여
- 사업장 특성에 맞는 고객 응대 업무 매뉴얼 마련
- 휴식시간 제공 및 휴게시설 설치
- 감정노동 종사자 보호를 경영 방침으로 설정
- 감정노동 실태 파악 후 스트레스 완화 방안 마련
- 부당한 요구 시 서비스가 중단될 수 있음을 안내
- 감정노동 종사자 지원 체계 마련 등 협력적 직장 문화 조성
- 폭력 등 발생 시 업무 중단권 부여 및 상담·치료 지원

14 정답 ③

서비스 평가의 측정요소(SERVQUAL 모형)
- 신뢰성(Reliability): 약속한 서비스를 믿게 하며 정확하게 제공하는 능력이다.
- 확신성(Assurance): 서비스 제공자들의 지식, 정중, 믿음, 신뢰를 전달하는 능력이다.
- 유형성(Tangibles): 시설, 장비, 사람, 커뮤니케이션 도구 등의 외형·물리적인 시설이다.
- 공감성(Empathy): 고객에게 개인적인 배려를 제공하는 능력, 관심 및 친절이다.
- 대응성(Responsiveness): 기꺼이 고객을 돕고 신속한 서비스를 제공하는 능력, 즉 자발성이다.

15 정답 ③

서비스는 고객과 상황에 따라 각각 다르게 제공되므로(이질성) 규격화나 표준화가 어렵다.

16 정답 ①

고객 상담은 언어적·비언어적 의사소통으로 진행된다.

17 정답 ②

전달되는 메시지는 수신자가 판단하기에 의미 있는 것이어야 한다.

18 정답 ②

개방형 질문을 하는 것은 합리적인 유형의 고객 상담 전략에 해당한다.

우유부단한 고객의 상담 전략
- 상담 경험적 통계로 더 유리한 안건을 제시한다.
- 인내심을 가지고 경청한다.
- 고객 스스로 의사결정을 하도록 돕는다.
- 문제를 분석한 후 선택에 필요한 정보를 제시한다.
- 상대방을 먼저 칭찬하면서 경청한다.
- 주의 깊게 경청한다.

19 정답 ②

효과적인 경청 기법
- 고객이 말한 것을 상담자가 다시 한번 명료화한다.
- 비판하거나 평가하지 않는다.
- 편견을 갖지 않고 고객의 입장에서 듣는다.
- 고객에게 계속적인 반응을 보인다.

• 고객의 말을 가로막지 말고 끝까지 주의 깊게 듣는다.

20 정답 ③

손가락 또는 물건으로 지적하기, 팔짱을 끼거나 주먹을 움켜쥐기 등은 부정적 행동 단서에 해당한다.

21 정답 ①

고객과 상담원 간에 제품 구매 또는 서비스 거래 등의 커뮤니케이션 행위가 일어난다.

기출 선지로 Bonus Quiz

텔레마케팅 고객 응대의 특징

1. 전화를 이용한 비대면 중심의 커뮤니케이션이다. O X
2. 쌍방향 커뮤니케이션을 필요로 한다. O X

정답 1. O 2. O

22 정답 ①

② 해독(Decoding): 신호에 해당하는 물리적 자극을 일정한 형태의 기호들로 지각(식별)하는 활동이다.
③ 피드백(Feedback): 환송 효과라고도 하며 한 체계가 과거의 성취 결과에 따라 체제 내에 재투입되어 그의 체제를 조절하는 방법이다.
④ 부호화(Encoding): 발신자가 전달하고자 하는 생각과 느낌을 언어, 어휘, 상징, 차트 또는 제스처와 같은 형태로 전환하는 구성과정이다.

23 정답 ②

불만 고객을 응대할 때에는 고객의 입장에서 고객 불만사항을 공감하는 태도가 필요하다.

24 정답 ③

고객이 화가 난, 감정적인 상태이므로 논리적으로 대응해서는 안 된다. 규정이나 기준을 설명하려다 보면 고객의 감정을 더 격앙시킬 위험이 있다.

25 정답 ②

저수익적 고객보다는 수익이 높은 고객과의 관계에 집중한다.

고객과의 관계에 따른 CRM의 전략적 활용
• 잠재 고객 발굴
• 고객 충성도 향상
• 교차판매와 격상판매를 통한 수익성의 증대
• 고객 이탈 방지 및 이탈 고객 재유치

02 시장환경조사

26	③	27	①	28	④	29	①	30	④
31	④	32	②	33	①	34	②	35	①
36	②	37	③	38	④	39	③	40	④
41	②	42	④	43	③	44	④	45	④
46	①	47	③	48	①	49	③	50	②

26 정답 ③

2차 자료는 다른 목적으로 이미 만들어져 있는 자료를 의미하며, 그중에서도 조직 내부에서 작성한 자료는 내부 2차 자료라고 한다.

27 정답 ①

서베이조사는 응답자의 심리적인 상태를 알 수 없으므로 피상적인 결과가 나타나기 쉽다.

서베이조사의 장점
• 서베이조사는 풍부한 자료를 얻을 수 있다.
• 서베이조사에 의해 수집된 자료는 정확성이 높다.
• 자료의 범위가 넓다.

28 정답 ④

시장조사는 올바른 모집단의 선정과 적절한 표본추출방법으로 높은 신뢰도를 획득할 수 있다. 그러나 오차를 완전히 제거하는 것에는 한계가 있으므로 완벽하게 문제를 규명하거나 예측하는 것은 불가능하다.

기출 선지로 — Bonus Quiz

시장조사

1. 직감을 통한 조사로 이루어진다. [O | X]
2. 마케팅 전략수립을 위한 과정이다. [O | X]
3. 현장에서 활용될 수 있는 실용성이 있어야 한다. [O | X]

정답 1. × 2. ○ 3. ○

29   정답 ①

② · ③ · ④는 조사 목적을 기준으로 한 것이다.

30   정답 ④

전수조사는 조사 대상 전체를 빠짐없이 조사하므로 원칙적으로 바람직하며, 모집단의 규모가 작고 추정의 정밀도가 높아야 하는 경우에는 전수조사를 이용한다.

표본조사의 특징

- 조사비가 적게 든다.
- 시간이 단축될 수 있다.
- 소수의 조사원으로 조사가 가능하며 조사원에 대한 훈련도 비교적 쉽다.
- 표본 오차 이외의 오차는 통제가 가능하다.

기출 선지로 — Bonus Quiz

1. 표본조사는 전수조사에 비해 시간과 비용, 인력을 절약할 수 있다. [O | X]
2. 표본조사는 전수조사에 비해 조사과정을 보다 잘 통제할 수 있다. [O | X]
3. 표본조사는 전수조사에 비해 비표본오류를 상대적으로 더 많이 줄일 수 있기 때문에 정확도를 높일 수 있다. [O | X]

정답 1. ○ 2. ○ 3. ○

31   정답 ④

① 누적 척도: 태도의 강도에 대한 연속적 증가 유형을 측정하고자 하는 방법이다.
② 리커트 척도: 서열적 수준의 변수를 측정하는 방법으로, 일단의 태도 문항으로 되어 있는데 각 문항은 거의 동일한 태도 가치를 갖는다고 인정된다.
③ 서스톤 척도: 일단의 평가자를 사용하여 척도에 포함될 문항들이 척도상 어느 위치에 속할 것인가를 판단하게 한 다음 조사자가 이를 바탕으로 척도에 포함될 적절한 문항들을 선정하여 척도를 구성하는 방법이다.

32   정답 ②

자유응답형 질문

응답자가 대답하기도 어렵고 자료를 처리하기도 어렵다는 단점이 있으나, 의견을 청취하거나 사전조사를 할 경우에는 유용하게 이용할 수 있다는 장점이 있다.

33   정답 ①

인터넷조사는 조사 비용이 적게 들며, 조사 대상자가 많은 경우에도 추가 비용이 들지 않는다.

인터넷조사의 단점

- 인터넷 사용자로 표본이 편중되는 측면이 있어서 표본의 대표성 문제가 제기될 수 있다.
- 조사에 능동적으로 응대하는 사람만 조사가 가능하며 대표성이 상실될 가능성이 있다.
- 응답자에 대한 통제가 쉽지 않으며, 응답률과 회수율이 낮게 나타날 수 있다.

34   정답 ②

탐색적 조사는 대부분 보다 정확한 조사 연구 및 가설 전개를 위한 명제의 정립을 목적으로 한다.

기출 선지로 — Bonus Quiz

1. 탐색조사는 사전 정보를 파악하기 위해 실시되는 조사이다. [O | X]
2. 탐색조사는 연구가 충분히 되지 않은 분야의 연구수행에 적절하다. [O | X]
3. 탐색조사에서 편견이 개입되지 않아야 하고 통찰력, 독창력이 필요하다. [O | X]

정답 1. ○ 2. ○ 3. ○

35   정답 ①

- 확률표본추출방법: 단순무작위표본추출방법, 층화표본추출방법, 군집표본추출방법, 계통표본추출방법
- 비확률표본추출방법: 편의표본추출방법, 판단표본추출방법, 할당표본추출방법, 눈덩이표본추출방법

36   정답 ②

마케팅 정보 시스템은 경영정보 시스템의 하위 시스템으로서, 마케팅 경영자가 마케팅관리를 보다 효율적으로 수행하기 위해 의사결정 시 사용할 수 있도록 정확한 정보를 적시에 수집, 분류,

분석, 평가, 배분하도록 기획, 설계되어 지속적으로 상호 작용하는 것을 말하는 것이다. 내부정보 시스템, 고객정보 시스템, 마케팅 인텔리전스 시스템, 마케팅 의사결정 지원시스템, 마케팅 조사 시스템으로 구성된다.

37 정답 ③

독립 변수
마케팅 조사설계의 기본 요소로서, 일반적으로 마케팅 관리자가 통제하는 변수이며, 관찰하고자 하는 현상의 원인이라고 가정한 변수이다.

38 정답 ④

신디케이트 자료는 전문조사기관 등에서 마케팅 의사결정에 필요한 제품에 대한 정보 등의 자료를 수집하고 정리·분석하여 공급하는 2차 자료이다.
①·②·③ 실사 자료, 원 자료, 현장 자료는 1차 자료이다.

39 정답 ③

표본설계과정
모집단 확정 → 표본프레임 결정 → 표본추출방법 결정 → 표본 크기 결정 → 표본추출

40 정답 ④

조사 대상의 특성에 따라 집단을 나누어 비교분석하기 때문에 표본의 크기가 상대적으로 큰 것은 횡단조사이다.

41 정답 ②

면접조사법의 장점
- 신축성: 면접원은 응답자와 자리를 함께하면서 개인적 접촉을 한다. 판에 박힌 듯한 질문지 내용을 하나하나 체크하지 않고 응답자의 상황에 따라 자연스럽게 대화를 이끌어 가면서 응답자의 거부반응을 최소한으로 줄일 수 있다.
- 동기부여: 면접원이 존재하기 때문에 응답자는 협조하고 싶은 동기가 발생하게 된다.
- 응답자의 교육과 지도: 면접원은 자신을 소개하고 응답자를 확인한 뒤 응답자가 질문을 잘 이해하지 못할 때 보조설명을 할 수 있다.
- 응답자의 관찰
  - 대화한 내용 이외에 응답자의 행동을 관찰할 수 있다.
  - 관찰을 통해 응답자의 사회적 계층, 연령, 인종 등을 분류할 수 있다.

42 정답 ④

마케팅 정보 시스템은 정형화되거나 자동화되기 어렵다는 특징을 갖는다.

기출 선지로 Bonus Quiz

마케팅 정보 시스템의 특징
1. 정성적 데이터와 정량적 데이터로 구분하여 관리한다. O | X
2. 기업 내·외부 자료를 체계적으로 관리한다. O | X
3. 마케팅 경영자의 마케팅 의사결정에 사용할 수 있도록 한 시스템이다. O | X

정답 1. ○ 2. ○ 3. ○

43 정답 ③

우편조사는 회수율이 가장 낮다.

44 정답 ④

사례조사는 특정 사례를 조사하여 문제를 종합적으로 파악하고, 그에 대한 실증적인 분석을 실행함으로써 깊이 있게 분석을 할 수 있다.

사례조사의 단점
- 대표성이 불분명하다.
- 다른 조사와 같은 변수에 대하여 관찰이 이루어지지 않기 때문에 비교가 불가능하다.
- 관찰할 변수의 폭과 깊이가 불분명하다.

45 정답 ④

폐쇄형 질문
- 채점과 코딩이 간편하다.
- 응답 항목이 명확하고 신속한 응답이 가능하여 응답 관련 오류가 적고, 시간이 절감된다.
- 응답 외에 새로운 정보를 얻기는 어렵다.

기출 선지로 Bonus Quiz

폐쇄형 질문의 장점

1. 부호화와 분석이 용이하여 시간과 경비를 절약할 수 있다. O | X
2. 민감한 주제에 보다 적합하다. O | X
3. 질문지에 열거하기에는 응답범주가 너무 많을 경우에 사용하면 좋다. O | X
4. 질문에 대한 대답이 표준화되어 있기 때문에 비교가 가능하다. O | X

정답 1. ○ 2. ○ 3. × 4. ○

46 정답 ①

관찰조사는 행위, 감정을 언어로 표현하지 못하는 유아, 동물을 조사할 때 유용하다.

47 정답 ③

설문지 작성 시 유의사항
- 전문용어의 사용을 피한다.
- 가치가 포함되어서는 안 된다.
- 민감한 질문은 가급적이면 설문지의 후반부에 배열한다.
- 답변이 용이한 질문들을 앞부분에 배치한다.
- 계속적인 기억이 필요한 질문들을 설문지의 앞부분에 배치함으로써 응답자가 맑은 정신으로 기억하고 응답하도록 한다.
- 질문 문항들과 응답의 신뢰도는 논리적 순서에 의거하여 배열한다.
- 동일한 척도 항목들은 모아서 배열한다.
- 질문 문항들을 길이와 유형에 따라 변화 있게 배열한다.
- 여과 질문을 적절하게 배열하여 사용한다.
- 애매모호한 용어의 사용에 주의한다.
- 유사응답세트를 변화 있게 구성한다.
- 유도질문과 위험한 질문의 사용에 유의한다.
- 이중질문을 지양한다.
- 설문지에 내포되는 질문 수가 너무 많아서는 안 된다.

48 정답 ①

참여관찰은 외부에 나타나지 않은 사실까지 관찰이 가능하고 관찰대상의 자연성과 유기적 전체성을 보장하므로 자연적 상태에서 그 생리를 파악할 수 있다는 장점이 있다.

49 정답 ③

'전화조사법＞우편조사법＞관찰조사법＞대인면접법'의 순서로 자료 수집이 빠르고 경비가 적게 든다.

50 정답 ②

비율 척도는 척도를 나타내는 수가 등간일 뿐만 아니라 의미 있는 절대영점을 가지고 있다.

03 마케팅관리

51	④	52	①	53	①	54	①	55	④
56	②	57	②	58	①	59	③	60	③
61	③	62	③	63	①	64	④	65	③
66	④	67	④	68	②	69	②	70	①
71	③	72	③	73	④	74	④	75	④

51 정답 ④

판매촉진은 기업이 제품이나 서비스의 판매를 증가시키기 위해 단기간에 직접적으로 중간상이나 최종 소비자를 대상으로 벌이는 광고, 홍보, 인적 판매 외의 모든 촉진활동을 의미한다. 그러한 활동 중 하나인 아웃바운드 텔레마케팅은 미리 선정된 고객의 DB를 갖추고 고객에게 전화를 걸어 기업의 상품이나 서비스를 적극적으로 안내 · 판매하는 마케팅 기법으로, 신상품 정보 제공 및 구입 권유 등의 촉진방법을 통해 판매율을 높일 수 있다.

52 정답 ①

목표시장이란 시장세분화 전략의 핵심 포인트로서, 세분시장 요인, 경쟁자 요인, 자사와의 적합성 요인 등을 충분하게 고려하여 중점적이고 집중적인 타깃시장을 설정하는 것을 말한다.

53 정답 ①

RFM은 고객에게 점수를 부여하여 고객의 우선순위를 선정하는 방법으로 최근성(Recency), 빈도성(Frequency), 구매액(Monetary)의 3가지 기준이 있다. 마케팅의 목적에 따라 임의로 가중치를 부여할 수 있는 만큼, RFM에서 가장 중요한 것은 기업에 따라 다르다.

54 정답 ①

포지셔닝이란 목표 소비자의 마음속에서 자사 제품을 경쟁 제품 대비 유리한 위치에 정립시키는 것이다.

55 정답 ④

바이러스 마케팅은 네티즌 간의 구전 효과를 이용한 판촉 기법으로, 인터넷 이용자들 사이에 확산 효과를 노린 마케팅 기법이다.

56 정답 ②

포지셔닝 전략의 수립 절차는 '소비자 분석 및 경쟁자 확인 → 경쟁 제품의 포지션 분석 → 자사 제품의 포지셔닝 개발 → 포지션의 확인 → 재포지셔닝'의 순이다.

57 정답 ②

전문품은 상표나 제품의 특징이 뚜렷하여 구매자가 상표 또는 점포의 신용과 명성에 따라 구매하는 제품으로, 가격이 비싸고 특정한 상표만을 수용하려는 상표 집착(Brand insistence)의 구매 행동 특성을 나타내는 제품이다. 구매자가 기술적으로 상품의 질을 판단하기 어려우며, 적은 수의 판매점을 통해 유통되어 제품의 경로는 다소 제한적이다.

58 정답 ①

아웃바운드 텔레마케팅 수행 시 문제점
- 판매 요소에 관한 문제: 텔레마케팅 전담 조직 설치 및 구성의 문제, 판매 및 운영비용에 관한 문제이다.
- 절차에 관한 문제: 고객 데이터베이스 선정에 관한 문제, 텔레마케팅 활동에 관한 문제, 회원가입 또는 판매 체결·배송·설치·대금 회수·사후관리 등에서 발생하는 문제이다.
- 고객 정보에 관한 문제: 고객의 개인 신용정보의 보호 문제, 고객에게 전화를 걸게 된 이유와 목적, 고객과 접촉하는 정보의 신뢰성 내지는 정밀성 척도의 문제이다.
- 상품 기획에 관한 문제: 고객의 요구(필요성) 조사 및 시장조사, 상품 기획 및 상품 구성에 관한 문제, 4P(가격, 유통, 상품 개발, 판촉)와의 연계 방안 및 판매 전략의 문제이다.

59 정답 ③

기업이 바라는 포지션과 소비자의 욕구가 일치하는 경우에는 기존 포지션을 유지해야 한다.

> **기출 선지로 Bonus Quiz**
> **재포지셔닝을 필요로 하는 상황**
> 1. 이상적인 위치를 달성하고자 했으나 실패한 경우 O | X
> 2. 시장에서 바람직하지 않은 위치를 가지고 있는 경우 O | X
>
> 정답 1. O 2. O

60 정답 ③

주요 가전제품, 가구 등은 선매품에 해당한다.

61 정답 ③

포기호의 정도는 인바운드 콜센터의 응대서비스 레벨을 측정하는 데 소중한 자료가 된다.

62 정답 ③

데이터베이스 속성
- 고객속성: 고객이 가지고 있는 고유한 성질의 데이터로, 직업, 성명, 연령, 주민등록번호, 주소, 성별, 전화번호, 신용카드 보유 현황, 가구 소득, 가족 수, 거주 형태 등이 있다.
- 거래속성: 고객이 자사의 상품이나 서비스를 이용하면서 생긴 데이터로, 상품 내용, 상품명, 상품 금액, 상품 코드, 상품 색상, 구입 장소, 구입 의도, 클레임 분류, 과거 거래 실적 등이 있다.

63 정답 ①

② 타깃 마케팅: 특정 고객을 대상으로 벌이는 마케팅 활동이다.
③ 자극 마케팅: 목적물에 대해 사람들이 알고 있지 못하거나 관심을 갖고 있지 않을 때 그러한 목적물에 대한 욕구를 자극하는 마케팅이다.
④ 전환 마케팅: 어떤 제품이나 서비스 또는 조직을 싫어하는 사람들에게 그것을 좋아하는 태도로 바뀌도록 노력하는 마케팅이다.

64 정답 ④

적극적인 판매 유도를 위한 기업의 생존전략은 아웃바운드의 중요성에 대한 내용이다.

인바운드 고객 상담의 개념

기업에 전화하는 고객의 능동적인 활동을 통해 일어나는 마케팅 활동으로서, 텔레마케팅의 기초적인 단계이며 기업 측의 영업 효율성을 배가하기 위한 고객 주도형의 마케팅 활동을 의미한다.

65 정답 ③

구매에 대한 동의 유도는 동의와 확인의 단계에 관한 내용이다.

66 정답 ④

판매가 절정에 이르렀다가 감소하기 시작하며 경쟁이 높아져서 증가율이 떨어지는 것은 성숙기에 대한 설명이다.

67 정답 ④

교차판매

하나의 제품이나 서비스 제공 과정에서 고객이 구매하는 상품과 유사한 성질의 다른 제품이나 서비스에 대해 판매를 촉진시키는 마케팅 기법으로 자사의 매출 증대나 고객에 대한 관계를 강화하기 위해 쓰인다.

68 정답 ②

판매수수료는 변동비에 해당된다.

69 정답 ②

캐시카우(Cash cow) 사업은 수익창출원으로서, 기존의 투자에 의해 수익이 계속적으로 실현되므로 자금의 원천사업이 된다. 시장 성장률이 낮으므로 투자금액이 유지·보수 차원에서 머물게 되어 자금 투입보다 자금 산출이 많다.

BCG 매트릭스
- 자금의 투입, 산출 측면에서 사업(전략 사업 단위)이 현재 처해 있는 상황을 파악하여 상황에 맞는 처방을 내리기 위한 분석 도구이다.
- 산업을 점유율과 성장성으로 구분해 4가지로 분류했다.
- 산업의 분류
  - 스타(Star) 사업: 성공 사업. 수익성과 성장성이 크므로 계속적 투자가 필요하다.
  - 캐시카우(Cash cow) 사업: 수익 창출원. 시장 성장률이 낮으므로 투자 금액이 유지·보수 차원에서 머물게 되어 자금 투입보다 자금 산출이 많다.
  - 물음표(Question mark) 사업: 신규 사업. 상대적으로 낮은 시장 점유율과 높은 시장 성장률을 가진 사업으로, 기업의 행동에 따라서는 차후에 스타(Star) 사업이 되거나 도그(Dog) 사업으로 전락할 수 있는 위치에 있다.
  - 도그(Dog) 사업: 사양 사업. 성장성과 수익성이 없는 사업으로 철수해야 한다.

70 정답 ①

코틀러의 제품 3가지 수준
- 핵심제품: 소비자들이 제품을 구입할 경우 그들이 실제로 구입하고자 하는 핵심적인 이익이나 문제를 해결해 주는 서비스이다.
- 실체(유형)제품: 소비자들에게 핵심제품의 이익을 전달할 수 있도록 결합되는 제품의 부품, 스타일, 특성, 상표명 및 포장 등의 기타 속성이다.
- 확장(포괄)제품: 핵심제품과 실체제품에 추가적으로 있는 서비스와 이익들로서 품질보증, A/S, 설치 등이다.

71 정답 ③

데이터베이스 마케팅의 특징은 1:1의 관계가치, 데이터 마이닝 중시, 고정 고객화 가치, 전사적인 활용 가치 등이 있다.

기출 선지로 Bonus Quiz

데이터베이스 마케팅의 특징
1. 쌍방향 의사소통   O | X
2. 단기간의 고객관리   O | X
3. 고객의 데이터베이스화   O | X

정답 1. O 2. × 3. O

72 정답 ③

소비자의 본원적인 수요를 자극하고자 할 때에는 상대적인 저가 전략을 사용한다.

73 정답 ④

코틀러(Kotler. P)의 수준별 제품의 분류
- 확장제품(Augmented product): 핵심제품과 유형제품에 추가적으로 있는 서비스와 이익들로서 품질보증, 애프터서비스, 제품 설치 등이 해당한다.
- 유형제품(Tangible product): 소비자들에게 핵심제품의 이익을 전달할 수 있도록 결합되는 제품의 부품, 스타일, 특성, 상표명 및 포장 등의 기타 속성이 해당한다.
- 핵심제품(Core product): 소비자들이 제품을 구입할 경우 그들이 실제로 구입하고자 하는 핵심적인 이익이나 문제를 해결해 주는 서비스가 해당한다.

74 정답 ④

시장세분화 변수
- 지리적 변수: 지역, 인구 밀도, 도시의 규모, 기후 등
- 인구통계적 변수: 나이, 성별, 가족 규모, 가족 생활주기, 소득, 직업, 학력, 종교 등
- 심리분석적 변수: 라이프스타일, 사회 계층, 개성, 관심, 활동 등
- 행동분석적 변수: 추구하는 편익, 구매 준비 단계, 사용 경험, 사용량 등

75 정답 ④

비탐색품은 수요 수준이 낮기 때문에 대체로 높은 이윤폭, 낮은 회전율, 높은 가격의 특성을 보이며, 공격적인 인적 판매 노력이 효과적이다.

---

04 조직운영 및 성과관리

76	①	77	①	78	④	79	①	80	③
81	④	82	①	83	③	84	③	85	③
86	①	87	③	88	②	89	③	90	①
91	②	92	④	93	③	94	③	95	①
96	③	97	②	98	③	99	②	100	④

76 정답 ①

텔레마케팅은 고객의 생애가치를 존중하며, 고객의 미래가치까지 고려한다.

기출 선지로 Bonus Quiz

텔레마케팅의 특성
1. 판매에 필요한 다양한 메시지를 이용하기 용이하다. ○ | ×
2. 신속한 사후 서비스를 제공할 수 있다. ○ | ×
3. 고객이 가지고 있는 반대 의견에 즉각적으로 대응하기가 어렵다. ○ | ×

정답 1. ○ 2. ○ 3. ×

77 정답 ①

아웃바운드 콜센터에서 상담원 개인별 성과를 나타내는 양적 지표는 시간당 통화콜 수(CPH), 시간당 성공콜 수(SPH), 1인당 매출액이다.

78 정답 ④

서비스 지향형 콜센터, CRM 콜센터, 고객 컴플레인 처리 콜센터는 인바운드형 콜센터와 관계가 깊다.

79 정답 ①

② 콜 블렌딩: 상담사가 담당 업무 외에 다른 업무도 조화롭게 진행하는 경우이다. 예 아웃바운드 상담사가 인바운드의 업무를 지원해 주는 경우 등
③ 콜 라우팅: 지정된 전화번호로 자동 연결시키는 기능이다.
④ 콜 로그: 전화 통화로 일어난 모든 업무를 기록하는 기능이다.

80 정답 ③

콜센터 리더는 상담원의 승진 인사에 대해 객관적인 판단력을 지녀야 한다.

81 정답 ④

텔레마케팅의 전문인력은 매니저, 슈퍼바이저, 텔레마케터, 컨설턴트 또는 강사 등이다.

82   정답 ①

이중적 구조로 갈등이 일어날 수 있고, 소통이 어려울 시 문제를 초래할 수 있는 것은 매트릭스 조직의 단점이다.

83   정답 ③

서비스 산업의 발달은 경제적 환경에 속하며 나머지 선택지는 인구통계적 환경에 속한다.

마케팅 개념의 변화에 있어서의 인구통계적 환경
- 소득의 증가로 인해 고객의 욕구가 점점 다양해지고 고급화됨
- 맞벌이 부부 및 독신자, 딩크족, 노령 인구의 증가 등으로 24시간 상품을 구매하거나 서비스를 받아야 할 필요성 대두
- 획일적인 대규모 시장에서 직업, 연령, 라이프스타일 등에 의해 차별화된 소규모 시장으로 분리됨으로써 이러한 시장에 적합한 마케팅 방법이 필요

마케팅 개념의 변화에 있어서의 경제적 환경
- 정보의 경제적 가치 증가
- 금융, 보험, 여행, 레저 등 서비스 산업의 발달
- 소득 증가로 인한 지출 내용의 다양화
- 국가 간의 무역 마찰에 따른 규제 완화로 기업의 국제적인 경쟁 환경

84   정답 ③

피들러(Fiedler)의 상황 이론(유관 이론)은 리더와 구성원의 관계, 구성원들의 업무 구조화, 리더의 직위 권력의 세 가지 요인에 따라 여덟 가지 상황을 설정하여 그에 적합한 리더십 유형(업무 중심적, 인간 중심적)을 제시한다.

85   정답 ③

텔레마케팅의 분류
- 착 · 발신 주체에 따른 분류(방향의 기능에 따른 분류)
    - 인바운드 텔레마케팅
    - 아웃바운드 텔레마케팅
- 대상(고객 유형)에 따른 분류
    - B to C(소비자 텔레마케팅)
    - B to B(기업 텔레마케팅)
- 운영 방법에 따른 분류(수행 주체에 따른 분류)
    - In-house telemarketing(자체 운영)
    - Agency telemarketing(대행 운영)

86   정답 ①

최근에는 인바운드와 아웃바운드를 동시에 운영하는 것이 일반적이며 아웃바운드 텔레마케팅 중심 체제의 업무가 확대되고 있다.

> **기출 선지로   Bonus Quiz**
>
> **텔레마케팅 운영의 변화 추세**
> 1. 기업들은 고정비 부담을 줄이기 위해 자체 텔레마케팅 운영을 확대하고 있다.   O | X
> 2. 콜센터를 중심으로 전용상품을 개발하여 판매활동을 강화하고 있다.   O | X
>
> 정답 1. ×   2. O

87   정답 ③

성과급제는 노동성과를 측정하여 측정된 성과에 따라 임금을 산정해 지급하는 제도이다. 그러므로 이 제도에서 임금은 성과와 비례한다.

88   정답 ②

조직관리를 통해 인적 자원의 능력에 적합한 업무수행이 가능하도록 한다.

조직관리의 기본 요소
- 공동목표: 조직화에는 반드시 그 조직이 달성해야 할 공동목표가 있어야 한다.
- 분업: 조직의 목표를 달성하는 데 개인의 능력으로는 한계가 있으므로 직무의 특성에 따라 적절하게 분업을 해야 한다.
- 권한: 조직의 목표 달성을 위해 개인이나 부문이 역할을 수행하는 데에 필요한 의사결정과정에서 재량권을 행사할 수 있는 영향력을 의미한다.

89   정답 ②

효과적인 교육을 위해서는 학습자 지향적 교육이 이루어져야 한다.

90 정답 ①

관리격자 이론
- 블레이크와 머튼(Blake & Mouton)이 주장한 이론으로, 리더십을 2가지 차원(인간관계에 대한 관심과 생산에 대한 관심)으로 생각한 관리망 개념을 설정하였다.
- 리더의 행동 유형으로는 무관심형(방임형), 친목형(인간중심 지향형), 과업형(일중심형), 절충형(중도형), 팀형(단합형)으로 나누었으며, 이중 팀형을 가장 이상적인 리더십 모형으로 보았다.

91 정답 ②

리더와 부하와의 관계를 교류적 혹은 비용과 이익의 교환 개념으로 보는 것은 교환적 리더십이다.

92 정답 ④

OJT는 많은 종업원을 동시에 교육하기 어렵고, 업무와 교육훈련에 모두 철저하기 어려우며, 교육훈련 내용의 체계화가 어렵다는 단점이 있다.

> **기출 선지로 Bonus Quiz**
> 1. OJT는 현장적응 훈련이다. O | X
> 2. OJT는 사내직업훈련이다. O | X
> 3. OJT는 실무에 투입되기 전 평가결과에 대해 피드백한다. O | X
>
> 정답 1. ○ 2. ○ 3. ×

93 정답 ③

감수성 훈련은 주변 상황을 잘 파악하고 타인의 심리를 읽어내 알맞은 반응을 할 수 있는 능력에 관한 교육훈련이다.

94 정답 ④

상담원 옆에서 상담원의 상담 태도 및 상담 내용을 듣고 평가할 때 거의 대부분 상담원의 옆자리가 비어 있지 않아 평가대상인 상담원 옆에 서 있게 되는 상황이 발생하므로 Stand monitoring이라고 한다.

95 정답 ①

② 후광 효과: 현혹 효과라고도 하며, 어떤 대상이나 사람에 대한 일반적인 견해가 그 대상이나 사람의 구체적인 특성을 평가하는 데 영향을 미치는 현상. 피고과자의 어떤 특성에 대해 우수하다는 인상을 갖게 되면 다른 특성 역시 우수한 것으로 평가해 버리는 경향이다.
③ 대조 효과: 차례로 제시된 대상들 사이의 차이점을 인식하는 과정에 영향력을 미친다는 현상. 피고과자를 평가함에 있어서 자신이 지닌 특성과 비교해 평가하는 경향이다.
④ 상동 효과: 피고과자가 속한 사회적 속성에 대한 편견이 개입되는 경향이다.

96 정답 ③

상사의 권위적·독재적인 리더십은 단기적인 효과는 있을지 모르지만, 장기적으로는 오히려 생산성에 역효과를 가져올 수 있다.

97 정답 ②

직무 확대(Job Enlargement)
직무 수행자의 직무를 다양화하여 직무의 수평적 범위를 넓히는 것이다.

98 정답 ③

텔레마케터는 기업의 가치를 전달하는 홍보맨이다.

99 정답 ②

① 콜센터 바이탈 사인: 반복적인 상담업무에서 비롯되는 권태감, 자책감, 음성피로와 장애 등으로 인해 정신적·육체적 이상현상이 나타나는 것이다.
③ 뜨내기문화: 소속감의 부재로 약간의 급여조건 변동 혹은 이점이 있다면 쉽게 근무지를 이동하는 조직이다.
④ 유리벽: 조직구성원의 수평적 이동을 방해받는 현상으로 특히 여성차별과 관련하여 많이 인용된다.

100 정답 ④

①·②·③ 자체 운영이 적합한 경우에 해당한다.

제3회 정답 및 해설

01 고객관리

01	③	02	①	03	②	04	④	05	④
06	②	07	④	08	④	09	④	10	②
11	④	12	②	13	①	14	②	15	④
16	②	17	④	18	④	19	③	20	③
21	④	22	④	23	④	24	②	25	①

01 정답 ③
고객의 경계심과 망설임을 제거하기 위한 방법으로는 데이터 제시와 비교판단, 상담원의 편으로 만들기, 자연스러운 응대, 고객의 자발적 참여, 교감 등이 있다.

02 정답 ①
인바운드 고객 상담은 고객 주도형이다.

03 정답 ②
상담을 촉진하는 요소는 내담자의 문제를 해결하기 위한 공감적 이해, 수용적 존중, 전문적 능력을 말한다. 주관적 판단은 촉진관계의 요소가 아니다.

04 정답 ④
정보나 지식, 가치관, 기호, 감정, 태도, 사실, 신념 등을 음성이나 문자로 전달하거나 교환하여 공감대를 형성하는 의사 전달 과정은 커뮤니케이션이다. 커뮤니케이션은 상대방과 어떠한 관계에 있느냐에 따라 주고받는 내용이나 전달 방식이 달라지며 쌍방향으로 진행된다.

05 정답 ④
기업의 구매 후 상담의 내용
- 소비자 불만·문제의 접수 및 해결
- 불만이나 문제해결에 관한 아이디어와 방법 제시
- 불만사항에 대한 책임소재와 이해협조 요구
- 문제해결의 전담부서 이관 및 이해 촉구
- 소비자단체, 행정기관, 매스컴과 관련한 문제해결 및 해명
- 관련 단체, 행정기관에 질의, 응답, 집회참석, 협조 등
- 매스컴에 홍보 및 협력
- 소비자 정보 수집
- 경쟁사 정보 수집
- 정보의 데이터베이스화
- 텔레마케팅, e-마케팅으로 소비자 상담
- FAX, 문서 상담
- 소비자계몽 및 간접적인 교육
- 회사 내 임직원 교육

06 정답 ②
수신자 관련 커뮤니케이션 장애 요인
- 선입견
- 선택적인 청취
- 반응과 피드백 부족
- 평가적인 경향

07 정답 ④
고객 불만 처리는 구매 후 상담 내용이다.
구매 전 상담의 내용
- 대체안의 제시와 특성의 비교
- 가격과 판매점에 관한 정보 제공
- 대체안 평가 방법에 대한 정보 제공
- 다양한 판매 방법에 대한 정보 제공
- 사용 방법, 관리 방법에 대한 정보 제공

08 정답 ④
공식적인 기록을 할 수 있는 것은 글에 의한 의사소통의 장점에 해당한다.

09 정답 ④

경청의 방해요인 중 상담원 개인적 요인
- 좋지 않은 신체적 건강상태
- 잡념
- 심리적 혼란상태
- 편견
- 잘못된 추측
- 청각능력의 감소현상
- 너무 빠르거나 느린 말의 속도

10 정답 ②

고객 분석 결과를 마케팅에 활용하기 위하여 보유 상품 및 서비스의 분류에 대한 공통적인 기준을 수립해야 하고, 고객 분류 기준과 대응할 수 있어야 한다.

11 정답 ④

B2B CRM은 기업체를 대상으로 제품서비스를 효율적으로 판매하거나 판매경로와 상권확대를 도모하고 기업 간의 여러 가지 수·발주 업무의 원활한 처리를 위해 전화를 조직적으로 이용하는 것으로, 고려해야 할 범위가 B2C와 다를 바 없다.

12 정답 ②

품목점유율은 시장에서의 총판매량 중 한 품목이 차지하는 비율을 말하며 고객 가치 측정 기법이 아니다.

13 정답 ①

육체적 손해의 보상이 아닌 금전적 손해의 보상을 원한다.

14 정답 ②

고객 획득보다는 고객 유지에 중점을 둔다.

15 정답 ④

고객생애가치(고객평생가치, Life Time Value)
한 고객이 특정 기업의 상품이나 서비스를 최초 구매하는 시점부터 마지막으로 구매할 것이라고 예상되는 시점까지의 누적액의 평가. 고객과의 장기적인 관계 구축을 통해 고객의 가치를 극대화하고, 수익성을 높일 수 있는 CRM(고객관계관리)과 관계가 깊다.

16 정답 ②

무리한 보상을 요구하는 고객의 심리적 상태
- 때로는 고의적으로 문제를 제기하고 고액의 보상을 요구하는 경우도 있다.
- 고의적으로 소란을 피운다.
- 제품의 문제점과 약점을 잘 알고 있다.
- 큰소리치는 경우가 많다.
- 신문, TV, 고발센터에 고발 운운하며, 공갈 협박성이 있다.
- 검찰청이라면서 전화내용을 녹취하겠다는 협박성도 있다.
- 형사고발 등 법적으로 대응하겠다는 엄포형이 많다.

17 정답 ④

비록 소비자 사용상의 잘못으로 문제가 발생하였더라도 고객의 입장에서 이해하면서 최대한 고객이 만족할 수 있는 범위로 상담 또는 서비스하는 것이 타당하다.

18 정답 ④

제품정보를 듣는 과정은 구매 중의 상담에 속한다.

19 정답 ③

빅데이터 처리의 순환 과정
데이터 추출 → 데이터 저장 → 데이터 분석 → 분석 결과의 시각화 → 미래 행동의 예측 → 결과의 적용

20 정답 ③

관리자는 개인정보를 포함해 민감한 정보들을 관리하고 있으므로 관리자 페이지는 보안 유지가 중요하다. 관리자 페이지를 외부에서 접근 용이하게 운영하는 것은 개인정보 보호와 거리가 멀다.

21 정답 ④

다양한 정보를 얻기 위해서는 개방형 질문을 해야 한다. 폐쇄형 질문은 단답(예/아니요)을 이끌어내는 질문이므로 다양한 정보를 얻기는 어렵다.

22 정답 ②

편견은 상담원 개인적 방해 요인에 해당한다.

23 정답 ④

전화 상담은 피해 내용을 체계적으로 전달하는 데 장애가 따를 수 있고 제품을 제시할 때는 현장으로 다시 방문해서 설명해야 하는 번거로움이 따른다.

24 정답 ②

인적 채널에는 입소문, 영업사원 등이 포함된다. 대중매체는 발신자와 수신자 사이의 직접적인 접촉이 이루어지지 않으므로 비인적 채널에 포함된다.

25 정답 ①

고객 상담의 역할 중 기업과 고객 간의 의사소통이 매우 중요하다.

02 시장환경조사

26	④	27	②	28	③	29	③	30	②
31	②	32	①	33	③	34	④	35	②
36	②	37	①	38	②	39	④	40	②
41	④	42	①	43	③	44	①	45	③
46	④	47	②	48	①	49	③	50	②

26 정답 ④

면접조사에서는 언어적 커뮤니케이션과 비언어적 커뮤니케이션을 함께 사용하여 자료를 수집한다.

27 정답 ②

시장조사의 역할
- 기업의 의사결정의 질을 개선한다.
- 기업의 문제해결에 도움을 주는 정보를 제공한다.
- 마케팅을 효과적으로 수행할 수 있도록 도움을 준다.
- 타당성과 신뢰성 높은 정보를 획득하고 의사결정 능력을 제고한다.

기출 선지로 Bonus Quiz

시장조사의 역할
1. 문제해결을 위한 조직적 탐색   O | X
2. 불확실성의 극대화   O | X
3. 고객의 심리적·행동적인 특성 간파   O | X

정답 1. O 2. × 3. O

28 정답 ③

표본을 추출할 때 추출되는 표본 사이의 간격은 표집간격이다.

모집단
- 조사자가 추론하고자 하는 모든 자료의 집합, 즉 조사의 전체 대상을 말한다.
- 전화조사 시 조사자가 어떤 사람들에게 전화할 것인가를 추출하는 기초 자료이다.

29 정답 ③

FGI조사는 표적집단면접조사이다. 탐색조사에는 전문가조사, 사례조사, 문헌조사, 관찰조사 등이 있다.

30 정답 ②

각각의 자료는 본래 생산 목적에 관계없이 새로운 연구 목적에 부합하면 기존 자료로 활용할 수 있다.

31 정답 ②

① 인터넷조사의 장점이다.
③ 우편조사의 장점이다.
④ 전화조사는 면접원의 편견이 개입될 수 있어 조사결과를 왜곡할 가능성이 많다.

기출 선지로 Bonus Quiz

1. 전화조사는 빠른 시간 내에 저렴한 조사비용으로 가능하다. ○ | ×
2. 전화조사는 개인면접으로 만나기 힘든 조사 대상자에 대한 조사가 용이하다. ○ | ×
3. 전화조사는 이슈에 대한 의견을 조사할 경우 시기적절한 정보를 수집할 수 있다. ○ | ×
4. 전화조사는 응답률을 높일 수 있고 심층면접을 유도할 수 있다. ○ | ×

정답 1. ○ 2. ○ 3. ○ 4. ×

32   정답 ①

조사결과 이용자가 지켜야 할 윤리
- 응답자의 개인적인 응답은 공개하지 않는다.
- 의뢰자가 동의하지 않는 한 의뢰자의 이름을 밝혀서는 안 된다.
- 조사 자료와 조사결과를 함부로 누설해서는 안 된다.
- 개인이나 기업에 행해진 업무 및 의사결정 등의 정당화 수단으로 사용하면 안 된다.

33   정답 ③

1차 자료 수집 계획
- 실험조사: 주제에 대해 서로 비교되는 2개의 집단을 선별하여 각각 다른 변수를 주고, 관련 변수들을 통제한 후 집단 간 반응의 차이를 조사한다.
- 질문조사: 지식, 태도, 선호도 등을 직접 질문하여 조사한다.
- 관찰조사: 행동, 상황 등을 관찰하여 조사한다.

34   정답 ④

응답자의 개인정보를 임의로 활용해서는 안 된다.

35   정답 ②

우편조사의 경우 어려운 문제는 응답률이 떨어진다.

36   정답 ②

설문 형식
- 자유응답형: 응답의 형태에 제약을 가하지 않고 자유롭게 표현하도록 하는 질문 형태이다.
- 다지선다형: 응답 내용을 몇 가지로 제약하는 질문 형태이다.
- 양자택일형: 2가지 중 하나를 선택하게 하는 극단적인 질문 형태이다.

37   정답 ①

② Q-분류 척도: Q-기법이라고도 하며, 응답자를 분석하는 척도이다. 단 한 사람의 특징이나 단일 현상을 설명하기 위해서 여러 가지 특징이나 요인을 도출해 내는 데 주력한다.
③ 보가더스 척도: 집단뿐 아니라 개인 또는 추상적인 가치에 관해서 적용할 수 있으며, 집단 상호 간의 거리를 측정할 때 유용한 척도이다.
④ 어의차이 척도: 개념이 갖는 본질적인 뜻을 몇 개의 차원에 따라 측정함으로써 태도의 변화를 좀 더 정확하게 파악하는 척도이다.

38   정답 ②

인터넷조사는 표본의 수와 상관없이 저렴하다는 장점이 있다.

인터넷조사의 장점
- 자료 처리 과정에서 코딩이나 입력을 하지 않아도 되므로 시간이 절약된다.
- 조사가 신속히 이루어지며 쌍방향 소통이 가능하다.
- 대규모 조사가 가능하다.
- 컴퓨터로 처리하므로 오류를 방지할 수 있다.

39   정답 ④

종속 변수는 다른 변수의 영향을 받아 결과를 나타내는 변수로, 결과 변수라고도 한다.
① · ② · ③ 원인 변수, 매개 변수, 독립 변수는 종속 변수의 원인이 되는 변수이다.

40   정답 ②

반작용 효과는 외적 타당도 저해 요소이다.

내적 타당성 저해 요소
통계적 회귀, 외적 사건, 검사 효과, 성장 효과, 도구 효과, 실험 대상의 변동, 개입 효과를 상쇄하는 보상, 표본의 편중, 선택과의 상호 작용 등

41   정답 ④

① · ② · ③ 확률표본추출방법이다.

42 정답 ①

폐쇄형 질문
- 의의
  - 짧은 답을 이끌어 내고 새로운 정보를 얻지 못한다.
  - 간단한 답변, 즉 예/아니요 등 단답을 이끌어 내는 질문 기법이다.
- 질문의 내용
  - 정보 확인: 단정적인 답을 구하는 질문으로 이미 말한 것이 무엇이고 무엇을 동의했는지 체크하는 가장 빠른 방법이다.
  - 주문 체결하기: 소비자의 욕구를 확인하고서 구매결정, 주문 계약의 체결을 추구하기 위한 질문이다.
  - 동의 얻기: 지속적인 대화가 있어 왔고 이제 대화를 마치고 실행이 요구되는 경우에 폐쇄형 질문으로 원하는 결과를 만들 수 있다.
  - 정보를 명확히 하기: 상대방과 대화 중 여러 가지 문제점이 도출되었을 때 그중에서 상대가 원하는 것을 정확하게 확인하기 위한 질문이다.

43 정답 ③

① 인과조사: 원인과 결과의 관계를 규명하는 조사를 말한다.
② 횡단조사: 상이한 특성을 가진 집단들 사이의 측정치를 비교하여 차이를 규명하는 것이 목적으로, 모집단에서 추출한 표본으로 단 한 번 조사하는 조사를 말한다.
④ 문헌조사: 조사와 관련된 주제나 변수와 관련된 이전의 연구, 보고서, 관련 서적, 각종 2차 자료를 이용하여 사전 지식을 얻고 조사에 대한 간접 경험을 하는 조사를 말한다.

44 정답 ①

설문지 작성 시 임의의 가정을 두는 질문은 사실 확인이 어렵기 때문에 피해야 한다.

> **기출 선지로 Bonus Quiz**
> 1. 설문지 문항 작성 시 응답자가 대답하기 곤란한 내용에 대해서는 직접적인 질문을 피하도록 한다. O | X
>
> 정답 1. O

45 정답 ③

설문지 구성 요소의 순서
응답자에 대한 협조 요청문 → 필요한 정보획득을 위한 문항 → 응답자 분류를 위한 문항 → 응답자의 신상기록 항목

46 정답 ④

2차 자료는 현재의 조사 목적에 도움을 줄 수 있는 자료로서 1차 자료를 제외한 기존의 모든 자료를 말하며, 기존의 정부간행물이나 기업에서 수집한 자료, 학술지에 발표된 논문 등도 포함된다.

47 정답 ③

불포함 오류란 원칙적으로 표본조사를 할 때 표본 체계가 완전하지 않아서 생기는 오류를 말한다.

48 정답 ①

라포(Rapport)
인간 사이에서 마음이 통하고, 따뜻한 공감과 감정 교류가 잘되어 서로 신뢰관계가 맺어지는 것을 말한다. 조사자와 응답자 사이에 라포가 잘 형성되면 원활한 자료 수집이 이루어지기 때문에 조사자는 응답자와 라포 형성에 신경을 써야 한다.

49 정답 ③

① 문헌조사: 조사와 관련된 주제나 변수와 관련된, 기존에 발간되어 있는 각종 2차 자료를 이용한 간접경험 조사 방법이다.
② 사례조사: 조사 의뢰자가 당면하고 있는 상황과 유사한 사례들을 찾아내어 깊이 있는 분석을 하는 조사 방법이다.
④ 전문가 의견조사: 조사 대상에 대해 통찰력이 있는 경험자 또는 전문가를 대상으로 하는 조사 방법이다.

50 정답 ②

질문이 너무 길거나 복잡해서는 안 된다.

03 마케팅관리

51	①	52	②	53	③	54	④	55	①
56	①	57	③	58	②	59	①	60	③
61	②	62	②	63	③	64	①	65	②
66	②	67	①	68	④	69	②	70	③
71	③	72	②	73	③	74	④	75	③

51 정답 ①

푸시 전략을 쓰며 적극적이고 독립적인 마케팅을 하는 것은 아웃바운드 텔레마케팅의 기법이다.

52 정답 ②

소비자의 구매의사결정 과정
문제인식 → 정보탐색 → 대안의 평가 및 선택 → 구매 → 구매 후 행동(평가)

53 정답 ③

유통경로 설계전략
- 개방적(집중적) 유통경로: 가능한 한 많은 소매점이 자사의 제품을 취급하도록 하여 소비자들에게 제품의 노출을 최대화시킨다.
- 전속적 유통경로: 일정 지역 내의 소매점에만 자사 제품의 독점 판매권을 부여하여 제품의 이미지를 제고하고 유지한다.
- 선택적 유통경로: 개방적 유통경로와 전속적 유통경로의 중간 형태로, 일정 지역에서 일정 수준 이상의 자격요건을 지닌 소매점만 자사 제품을 취급하도록 한다.

54 정답 ④

상담원이 주관적으로 상담해서는 안 된다. 스크립트는 표준화된 언어 표현과 상담 방법을 제공하여 모든 상담원이 일관성 있게 업무를 수행하도록 해 준다.

55 정답 ①

② 자극 마케팅: 애초에 하나의 목적물에 대하여 사람들이 알고 있지 못하거나 관심을 갖고 있지 않을 때 그러한 목적물에 대한 욕구를 자극하려고 하는 것을 말한다.
③ 개발 마케팅: 고객이 어떠한 욕구를 갖고 있느냐를 분명히 알고 나서 그러한 욕구를 충족시킬 수 있는 새로운 제품이나 서비스를 개발하려고 하는 것을 말한다.
④ 유지 마케팅: 치열한 경쟁 속에서도 현재의 판매 수준을 유지하려고 하는 마케팅 활동을 말한다.

56 정답 ①

RFM에서 R은 Recency의 앞글자로서 최근 구매일을 말한다.

57 정답 ③

다이렉트 마케팅은 개인성이 강하다.

58 정답 ②

아웃바운드 텔레마케터는 상품 지식, 명확한 목표 의식, 인내심, 의사소통 기술을 갖추어야 한다.

59 정답 ①

니치 마케팅이란 기존시장의 진입이 어렵거나 수익성 개선을 위하여 기존의 시장과는 다른 시장에 진입하는 것을 말한다. 니치란 틈새를 의미하는 말로, 남이 모르는 좋은 낚시터라는 뜻을 가지고 있다.

60 정답 ③

인구통계적 세분화는 연령, 성별, 가족 수, 가족생활주기, 소득, 직업, 학력, 종교, 인종, 국적 등의 인구통계적 변수들에 기초하여 시장을 여러 집단으로 분할하는 것이다.

61 정답 ②

① 편의점: 24시간 연중무휴 영업하며 재고회전이 빠른, 한정된 제품계열을 취급한다.
③ 전문할인점: 한정된 상품군을 깊게 취급하여 할인보다 훨씬 저렴한 가격으로 판매한다.
④ 상설할인매장: 제조업자가 소유·운영하는 염가매장(Off-price store)으로 제조업자의 잉여상품, 단절상품, 기획재고상품, 즉 이월상품 등을 할인된 가격으로 판매하는 매장을 뜻하며 아웃렛이라고도 한다.

62 정답 ②

심비오틱 마케팅
- 필요성
  - 신속한 기술변화에 대처한다.
  - 시장 상황과 소비자 욕구의 변화에 대처한다.
  - 과도한 연구개발비 지출을 방지한다.
  - 기업의 국제화 경향에 대처한다.
  - 경쟁의 심화에 대처한다.
  - 집중적인 신제품 개발의 필요성에 대처한다.
- 이득
  - 연구개발비, 신제품개발비, 신경로개발비, 새로운 판매원의 채용과 훈련에 따른 비용을 절감할 수 있다.

- 보다 과학적인 대규모 노력으로 판매기회를 증대할 수 있다.
- 경제적이고 안정된 원료 조달원을 확보할 수 있다.
- 신시장 개척이 용이하다.
- 위험을 감소시킬 수 있다.
- 생산 및 마케팅 기술을 습득할 수 있다.
- 경영관리층의 창의력 개발을 촉진할 수 있다.

63   정답 ③

마케팅의 관리 과정
시장의 설정 → 시장의 전문화 → 시장진출과 평가 → 포지셔닝 전략

64   정답 ①

적극적인 판매는 일반적으로 아웃바운드 텔레마케팅의 활동분야이다.

65   정답 ②

마케팅 활동에 있어서의 4P
Price(가격), Place(유통경로), Promotion(판촉), Product(제품)

66   정답 ②

조직의 특성은 내부 요인에 해당한다.

67   정답 ①

인적 판매는 판매원이 고객과 직접 대면하여 쌍방향 대화에 의해 자사의 제품이나 서비스의 구매를 설득하는 커뮤니케이션 활동이다. 고객의 요구에 즉각적으로 대처가 가능하므로, 기능설명이 필요한 고가의 제품 판매에 유리하다. ②·③·④는 광고가 더 유리한 경우에 해당한다.

68   정답 ④

BCG 매트릭스

	높음 상대적 시장 점유율 낮음	
시장 성장률 높음	**스타(Star)** • 높은 시장 점유율과 높은 시장 성장률의 상품이나 사업 영역 • 높은 투자, 성장 동력	**물음표(Question mark)** • 낮은 시장 점유율과 높은 시장 성장률의 상품이나 사업 영역 • 낮은 수익, 기회는 많으나 많은 투자비가 필요
시장 성장률 낮음	**캐시카우(Cash cow)** • 높은 시장 점유율과 낮은 시장 성장률의 상품이나 사업 영역 • 낮은 투자, 높은 수익으로 자금 투입보다 자금 산출이 많음	**도그(Dog)** • 낮은 시장 점유율과 낮은 시장 성장률의 상품이나 사업 영역 • 수익 낮은 퇴출 대상 사업

69   정답 ②

자동판매기는 무점포형 소매상에 해당한다.

70   정답 ③

마케팅 촉진(Promotion) 전략
- 광고(Advertising)
- 홍보(Public relations)
- 판매촉진(Sales promotion)
- 인적 판매(Personal selling)

71   정답 ③

제품계열 단순화 및 생산의 표준화는 시장세분화가 아닌, 목표시장 선택의 비차별화 마케팅에 관한 내용이다.

72   정답 ②

저가 전략이 적합한 경우
- 시장수요의 가격탄력성이 높을 때
- 시장에 경쟁자 수가 많을 것으로 예상될 때
- 소비자의 본원적 수요를 자극하고자 할 때
- 원가우위를 확보하고 있어 경쟁기업이 자사 제품의 가격만큼 낮추기 힘들 때
- 가격경쟁력이 있을 때

73 정답 ③

침투가격결정법은 수요가 가격에 대하여 민감한 제품(수요의 가격탄력성이 높은 제품)에 많이 사용하는 방법이다.

74 정답 ④

시장세분화의 요건에는 측정가능성, 접근가능성, 실질성, 행동가능성, 신뢰성, 유효성, 정당성 등이 있다.

75 정답 ③

다각화 전략
- 새로운 제품을 개발하여 새로운 고객에게 판매함으로써 성장을 추구하는 전략이다.
- 제품이나 프로그램의 수명 주기를 연장하기 위한 전략 중 새롭게 수정 혹은 개발된 프로그램으로 새로운 시장에 진출하는 것이다.

04 조직운영 및 성과관리

76	①	77	②	78	③	79	④	80	①
81	②	82	②	83	③	84	③	85	④
86	②	87	③	88	④	89	①	90	②
91	③	92	①	93	④	94	③	95	③
96	④	97	③	98	②	99	③	100	①

76 정답 ①

콜센터의 근로 조건은 콜센터마다 다르다.

77 정답 ②

통화품질관리(QA; Quality Assurance)
콜 모니터링과 코칭을 통해 생산성을 향상하고 고품격서비스를 제공하기 위한 일련의 과정으로, 통화품질에 대한 규정을 마련해 합리적인 평가를 한다.

78 정답 ③

역할 연기법
참가자 중에서 실연자를 선출하고 주제에 따른 역할을 연출하도록 함으로써 공명과 체험을 통하여 훈련효과를 높이는 방법으로, 상담원이 무의식적으로 사용하는 나쁜 말이나 주의점을 찾아내 상황 대응 능력을 제고할 수 있고, 상담 실무 적응력을 높이는 데 사용되는 훈련 방법이다.

79 정답 ④

기업의 지명도는 기업적 요인이다.
콜센터 문화에 영향을 미치는 사회적 요인
- 관련 행정 당국의 제도적 · 비즈니스적 지원 정도
- 취업 정보 개방에 따른 근로 선택 및 이직의 자유로움
- 콜센터 근무자에 대한 직업의 매력도 및 인식 정도

80 정답 ①

직무교육 시 해당 부서가 아닌 타 부서(유관부서)에서 피교육자나 교육자(강사)가 참여할 경우 교육과정 협의(스케줄)를 위해서 해당 부서에서만 단독으로 기획안이 생성된다면 효율성 및 합리성이 떨어진다.

81 정답 ②

OJT를 위한 단계
학습 준비 → 업무 설명 → 업무 실행 → 결과 확인

82 정답 ②

리더십이란 집단의 목표나 내부 구조의 유지를 위하여 구성원이 자발적으로 집단 활동에 참여하여 목표를 달성하도록 유도하는 능력을 말하며 리더십 이론에는 특성론적 이론, 행동주의 이론(블레이크와 머튼), 상황론적 이론(피들러, 허시와 블랜차드) 등이 있다.

83 정답 ③

기능식 조직
F. W. 테일러가 라인 조직의 결함을 시정하기 위해 창안한 조직 구조로, 관리자가 담당하는 일을 전문화하고, 분야마다 다른 관리자를 두어 작업자를 전문적으로 지휘 · 감독하는 것이다.

84 정답 ③

직무 평가의 목적
- 공정한 임금체계의 확립
- 인적 자원 관리의 합리화
- 노사협상의 기초
- 노동시장에서의 경쟁력 유지

85 정답 ④

OJT란 감독자가 직접 일하는 과정에서 종업원을 개별적으로 실무 또는 기능에 관하여 훈련시키는 것으로 모든 것이 현실적이고, 훈련과 생산이 직결되어 경제적이라는 장점이 있으며 지도자의 능력에 따라 그 성과가 크게 좌우된다고 할 수 있다. 따라서 지도자의 높은 자질이 요구되며 교육훈련 내용의 체계화가 어렵다.

> **기출 선지로 Bonus Quiz**
> 1. OJT는 종업원의 개인적 능력에 따른 훈련이 가능하다. O | X
> 2. OJT는 많은 종업원에게 동일한 훈련을 시킬 수 있다. O | X
> 3. OJT는 상사와 동료 간에 이해와 협조 정신을 강화시킨다. O | X
> 4. OJT는 상담원의 특성과 니즈에 따른 개인적인 교육과 코칭이 가능하다. O | X
>
> 정답 1. O 2. × 3. O 4. O

86 정답 ②

법적 규제의 강화, 급속한 기술발전 등은 조직변화의 외부 요인이다.

87 정답 ③

① 직무충실화: 단순히 직무를 구조적으로 크게 하는 것이 아니라, 직무의 내용을 풍부하게 만들어 작업상 책임을 늘리며, 능력을 발휘할 수 있는 여지를 만들고, 도전적이고 보람 있는 일이 되도록 직무를 구성하는 것이다.
② 직무확대화: 상담원이 자신이 맡은 직무를 수행하는데 한 가지 직무에 수반되는 과업의 수나 종류를 늘리는 것이다.
④ 직무순환: 기능, 작업 조건, 책임 및 권한 등에 있어서 지금까지 담당했던 직무와 다른 성격의 직무로 이동하는 것이다.

88 정답 ④

하우스(House)의 경로–목표 이론의 리더십 중 성취 지향적 리더십에 관한 설명이다.

89 정답 ①

평균 통화처리시간(AHT)는 평균 통화시간과 평균 마무리처리시간을 합한 것이다.

90 정답 ②

① 포기콜률: 총 수신된 콜 수 중에서 인입되는 콜 수가 상담원의 현재 시점에서 콜 수의 과다로 고객이 대기 중이거나 통화 접촉 불능 등이 발생하여 상담원이 응대하지 못한 채 중도 포기되는 콜이 차지하는 비율이다.
③ 주문획득률: 수신된 콜 수에서 응대 건수 중 주문으로 획득한 건수가 차지하는 비율이다.
④ 콜센터 스케줄링: 표준 작업일 상담원의 실근무시간 등 상황변수를 토대로 보다 현실적이고 실제적으로 콜센터 업무를 계획하는 것이다.

91 정답 ③

팀 내의 경쟁심 유발이 과도해질 경우 상담원 간에 갈등이 발생하여 콜센터의 수익성에 악영향을 미칠 수 있다. 바람직한 콜센터 리더는 콜센터의 수익성을 높이기 위해 콜센터 내의 긍정적인 분위기를 활성화하여 상담원 간의 협력과 화합을 이끌어낸다.

92 정답 ①

② 고객 DB 소진율: 총 고객 DB 불출 건수 대비 텔레마케팅으로 소진한 DB 건수가 차지하는 비율이다.
③ 주문 획득률: 총 발신에 대한 주문의 비율이다.
④ 콜 응답률: 총 발신 건수에 대한 반응 비율이다.

93 정답 ④

허시와 블랜차드의 리더십 유형
- 지시형(Telling): 대부분의 의사소통의 초점이 목표 달성에 맞춰져 있으며, 상급자가 하급자의 역할을 결정하고 과업의 종류나 과업수행 시기 및 방법을 지시한다.
- 위임형(Delegating): 리더와 하급자 간에 충분한 신뢰가 형성되어 있기 때문에 리더는 통제를 줄이고 하급자의 자율을 우선시하며, 수행업무의 합의가 이루어지면 자신의 영향력을 거의 행사하지 않는다.

- 지원형(Selling): 리더는 구성원 간 상호협력이 필요할 때 이해관계자들을 모아 협력하기 쉬운 문화를 형성하고, 하급자의 자주성을 배려하며 그들의 어려움이나 불편함을 해결한다.
- 참가형(Participating): 리더는 단순히 목표 달성을 목적으로 하는 것이 아니라 구성원들이 능력을 발휘해 과업을 달성할 수 있도록 하여 사기진작 및 동기유발을 유도한다.

94   정답 ③

인사이동의 목적
- 인적 자원을 적재적소에 배치한다.
- 인재를 육성한다.
- 승진의욕과 사기를 진작시킨다.

95   정답 ③

모니터링의 성공 요소
객관성, 대표성, 차별성, 타당성, 신뢰성, 유용성

96   정답 ④

직무평가 방법
- 분류법: 전반적 직무가치나 난이도 등의 분류기준에 따라 미리 여러 등급을 정하고 여기에 각 직무를 적절히 평가하여 배정하는 방법이다.
- 서열법: 직무 중요도와 난이도, 책임의 경중 등 직무의 상대적 가치를 고려하여 전체적 직무의 서열을 평가하는 방법이다.
- 점수법: 각 직무에 공통평가요소를 선정하고 여기에 가중치를 부여하여 각 직무요소별로 얻은 점수와 가중치를 곱한 합계가 가장 높은 직무를 가장 가치 있는 직무로 평가하는 방법이다.
- 요소비교법: 조직 내 가장 중심적 직무를 선정하고 요소별로 직무를 평가한 후 나머지 평가하고자 하는 모든 직무를 기준직무의 요소와 결부하여 서로 비교해 조직 내 상대적 가치를 분석적으로 평가하는 방법이다.

97   정답 ④

인적 자원 관리의 대상
- 주체: 경영자, 인사관리자, 감독자(각 부서의 장)
- 객체: 고용근로자

98   정답 ②

상황적합 이론
리더십의 결정 요인이 리더의 특성에 있는 것이 아니라 리더가 처해 있는 조직적 상황에 있다는 주장이다. 초기의 리더십 이론은 리더십을 단지 지도하는 개념으로 보고 리더의 개인특성을 규정하는 데 편중되어 있었으나 사회 변화 등 시대적인 조류에 따라 구성원과의 협력이란 차원에서 리더십의 개념이 조정되고 발전하였다. 이 이론은 리더십에 있어서 각기 다른 상황은 다른 접근방식이 요구된다는 전제 아래 어떤 상황이든 가장 효과적인 리더십을 발휘하기 위해서는 리더의 직위 권한, 수행해야 할 과제의 구조와 본질, 리더와 구성원 간의 인간관계 등이 필수적인 요소라고 보고 있다.

> **기출 선지로**   **Bonus Quiz**
> 1. 피들러(Fiedler)의 상황 이론에서는 리더십의 상황 요인으로 리더-구성원 관계, 과업 구조, 리더의 직위 권한을 제시하고 있다.   O | X
>   정답 1. O

99   정답 ③

① 직무만족은 다차원적인 개념이다.
② 직무만족이 반드시 생산성과 같은 양적 성과로 이어지는 것은 아니다.
④ 조직원의 불만족은 행동으로 표출되지 않는 경우도 있다.

100   정답 ①

텔레마케터의 잦은 이직은 채용공고와 채용과정에서의 비용 발생, 기존 인력을 대체한 신입인력의 생산성 감소, 신입인력 교육기간 동안의 수입 감소 등으로 이어져 질적인 부분의 증대를 기대하기 어려우므로 이직률을 낮추도록 노력해야 한다.

제 4회 정답 및 해설

01 고객관리

01	④	02	①	03	③	04	③	05	④
06	①	07	③	08	③	09	④	10	①
11	①	12	④	13	①	14	②	15	③
16	①	17	③	18	③	19	③	20	③
21	③	22	①	23	③	24	④	25	③

01　　　　　　　　　　　　　　　　정답 ④

텔레마케팅 고객 응대에서 언어적인 커뮤니케이션이 주로 이루어지지만 침묵, 목소리, 호흡 등 비언어적 커뮤니케이션도 이루어진다.

02　　　　　　　　　　　　　　　　정답 ①

CRM은 고객에 대한 이해와 반응을 분석하는 것으로 시장점유율보다는 고객점유율에 비중을 둔다.

기출 선지로 Bonus Quiz

CRM의 특징
1. 고객과의 관계에 있어서 기업 중심적이다. ○ | ×
2. 고객의 생애에 걸친 관계를 구축하고 장기적인 이윤을 추구한다. ○ | ×
3. 고객과의 직접적인 접촉을 통한 쌍방향 커뮤니케이션을 지속한다. ○ | ×
4. 정보기술에 기반을 둔 과학적 제반 환경의 효율적 활용을 요구한다. ○ | ×

정답　1. ×　2. ○　3. ○　4. ○

03　　　　　　　　　　　　　　　　정답 ③

프로세스 관점에 따른 CRM 분류
- 운영 CRM: CRM의 구체적인 실행을 지원하는 시스템이다.
- 분석 CRM: 영업·마케팅·서비스 측면에서 고객 정보를 활용하기 위해 고객 데이터를 추출·분석하는 시스템이다.
- 협업 CRM: E-CRM이라고도 하며, 분석 CRM과 운영 CRM을 통합하는 시스템이다.

04　　　　　　　　　　　　　　　　정답 ③

① 분석형 고객의 응대요령이다.
② 의심형 고객의 응대요령이다.
④ 유아독존형 고객의 응대요령이다.

05　　　　　　　　　　　　　　　　정답 ④

비 메시지(Be-message)는 잘못에 대한 결과를 일방적으로 단정함으로써 상대방으로 하여금 반감을 불러일으키게 하는 화법이다.

06　　　　　　　　　　　　　　　　정답 ①

일관성은 발신자가 전달하는 내용과 표현 방식, 전달 방식에 일관성이 있어야 한다는 내용이다.

07　　　　　　　　　　　　　　　　정답 ③

충동구매가 아닌 합리적 구매를 유도하고 소비자의 피해를 감소시키려는 것이 목적이다.

08 정답 ③

고객 상담을 잘 처리하면 기업은 좋은 기업 이미지를 구축하여 고객 유지율이 향상되고, 장기적으로 봤을 때 이윤 증대로 이어질 수 있지만, 매출이 급격하게 증가하지는 않는다.

기업 입장에서의 고객 상담의 필요성
- 제품이나 서비스가 불량하면 소비자에게 피해를 끼칠 수 있으며 피해를 입은 소비자는 그 회사에 대해 나쁜 이미지를 갖게 된다. 이때 고객 상담을 신속하게 처리하면 기업의 이미지 개선에 도움이 된다.
- 수집된 소비자 데이터를 확대재생산의 정보로 활용할 수 있게 된다.
- 소비자 지향적·고객 지향적 마케팅 활동을 전개하여 경쟁의 우위를 점할 수 있다.
- 고객의 무리한 피해보상의 요구에 올바르게 대응하기 위해서도 고객 상담이 필요하다.

09 정답 ④

고객평생가치(LTV; Life Time Value)
어떤 고객이 특정 기업의 상품이나 서비스를 최초로 구매하거나 이용한 시점부터 마지막으로 구매하거나 이용할 것이라고 예상되는 시점까지의 총누계액이다.

10 정답 ①

크롤링은 검색 엔진의 웹 로봇을 이용하여 소비자 상담 SNS, 뉴스, 웹 정보 등 인터넷에서 제공되는 웹 문서 정보를 수집하는 방법이다. ②·③·④는 크롤링과 관계가 없다.

11 정답 ①

외부 환경에 의한 경청의 방해 요인
- 외부에서 들려오는 소음 공해
- 전화벨이 자주 크게 울리는 것
- 다른 상담자가 문을 노크하고 들어오는 것
- 사무실의 집기 소음

12 정답 ④

MOT(Moments Of Truth)
- 고객이 조직의 어떤 일면과 접촉하는 접점으로서, 서비스를 제공하는 조직과 그 품질에 대해 어떤 인상을 받는 순간이나 사상을 말한다.
- 일반적으로 고객이 종업원과 접촉하는 순간에 발생하며 고객이 기업과 만나는 모든 장면에서 기업에 대한 고객의 경험과 인지에 영향을 미치는 결정적인 순간을 의미한다.

13 정답 ①

안정의 욕구
- 생활의 안정, 신체적인 안정, 자신의 직책상의 안정을 추구한다.
- 안정의 욕구를 해결하기 위해서 경제력을 갖추려고 노력하고 위해 물질이나 환경으로부터 생명의 안전을 추구한다.

안정의 욕구를 고려한 소비자 상담
- 소비자 상담 과정에서는 소비자를 안전하게 보호하거나 생활의 안정을 찾도록 지원·상담해야 한다.
- 불량품은 애프터서비스를 신속·정확하게 해 주고 환불보상은 소비자에게 피해가 없도록 처리한다.

14 정답 ②

상담자는 위엄 있는 태도를 버리고 고객에게 친근감 있게 대하는 것이 좋다.

15 정답 ③

화난 고객의 심리적 상태
- 화를 표출한 후에는 허전해하거나 후회하는 경향이 있다.
- 이메일로 욕설부터 퍼붓는다.
- 문제해결이 잘못되면 대표이사를 찾고 매스컴에 고발하는 등 문제를 확대시키기 쉽다.
- 문서상담에서도 불쾌한 표현, 결례되는 어휘를 사용한다.
- 전화를 걸자마자 화부터 낸다.
- 대중을 선동하는 경우도 있다.

16 정답 ①

고객을 향해 몸을 기울이는 것은 효과적인 경청 전략으로 고객의 심리를 인식하면서 듣는 방법이다.

17 정답 ④

공감대 형성을 위한 화법
- 고객과의 공감을 형성하는 데 도움을 주는 공통 화제를 선정하는 것이 중요하다.
- 고객의 신분에 맞는 존칭어를 사용한다.
- 전체 상담의 원활한 진행과 분위기를 위해 고객의 말에 적극적인 동감 표현을 하고, 긍정적인 관심을 갖고 적절한 질문을 한다.

18 정답 ③

유아독존형 고객을 응대할 때에는 묻는 말에 간결하게 대답하고 의사를 존중하는 전략을 취해야 한다.

19 정답 ③

백화점·마트 판매원, 미용사, 항공사 승무원, 호텔 직원, 골프장 경기 보조원 등은 직접적으로 고객을 대면하는 반면, 콜센터 상담원은 전화기를 통해 간접적으로 대면한다.

20 정답 ③

경청할 때 적극적으로 집중해서 경청해야 한다. 음악을 들으면서 소비자와 상담할 경우 엉뚱한 답변을 할 위험이 있다.

21 정답 ③

CRM은 고객과 관련된 기업 내 모든 정보를 통합하여 분석 및 관리하고 이를 전략적으로 활용한다.

22 정답 ①

상담은 내담자와 상담원 사이의 언어적·비언어적 의사소통을 통해 이루어지므로 2가지 모두에 주목해야 한다.

23 정답 ③

고객의 말을 가로막지 말고 끝까지 주의 깊게 듣는다.

24 정답 ④

커뮤니케이션에 대한 지식과 기술의 수준이 높으면 커뮤니케이션에 도움이 된다.
① 발신자에 의한 장애 요인이다.
②·③ 수신자에 의한 장애 요인이다.

25 정답 ③

여가생활의 비중이 커지면 구매기회가 많고 의사결정이 쉬워진다.

02 시장환경조사

26	②	27	③	28	②	29	②	30	②
31	④	32	②	33	③	34	②	35	③
36	①	37	④	38	③	39	①	40	③
41	③	42	①	43	①	44	②	45	③
46	①	47	④	48	①	49	③	50	④

26 정답 ②

사전조사
- 질문지의 타당성 여부를 시험한다.
- 사전조사를 통하여 단어의 사용, 질문의 내용, 형식, 순서 등을 확인하고 수정한다.
- 사전조사를 게을리할 경우 본조사 후 설문 내용에 치명적인 결함이 뒤늦게 발견되어 막대한 비용과 시간을 다시 들여 재조사를 하게 될 수도 있다.

27 정답 ③

1차 자료의 종류
- 실태 조사를 통하여 수집한 자료
- 실사 자료
- 원 자료
- 현장 자료

28 정답 ②

전화조사법의 장점에는 ①·③·④ 외에 피조사자에 접근이 용이하다는 것 등이 있다. 또한 전화가 있는 사람에만 가능하고, 조사시간과 내용이 짧아야 하는 등의 단점이 있다.

> **기출 선지로 Bonus Quiz**
>
> **전화조사의 장점**
> 1. 개인면접을 위해 만나기 힘든 조사 대상자에 대한 조사가 용이하다. ○ | ×
> 2. 이슈에 대한 의견을 조사할 경우 시기적절한 정보를 수집할 수 있다. ○ | ×
> 3. 응답률을 높일 수 있고 심층면접을 유도할 수 있다. ○ | ×
>
> 정답 1. ○ 2. ○ 3. ×

29 정답 ②

표본의 크기는 시장조사의 주체가 표본추출방법을 결정할 때 반드시 같이 결정해야 할 사항으로 조사비용 및 조사의 정확도와 가장 밀접한 관련성이 있다.

30 정답 ②

측정하려고 하는 개념이 측정 도구에 의해 제대로 측정되었는가의 정도를 파악하는 타당도로 논리적·통계적 검증을 함께 사용하는 것은 구조적 타당도이다.

31 정답 ④

모집단 내 차이가 미비한 문제점은 표본의 크기를 확대한다고 해서 해결할 수 없다.

32 정답 ②

의사소통 방법에 의한 자료 수집 시 응답자는 바람직한 응답을 지향하는 경향이 있으므로 고의로 자료를 왜곡하여 제공할 수 있다는 점을 염두에 두어야 한다.

33 정답 ③

기업의 각 부서에서 발생된 자료들을 종합·분석하는 시스템은 마케팅 내부정보 시스템(MIIS; Marketing Internal Information System)이다.
마케팅 인텔리전스 시스템(MIS; Marketing Intelligence System)
마케팅 관리자가 마케팅 계획을 수립하고, 기존의 마케팅 계획을 조정하기 위하여 마케팅 환경에서 일어나고 있는 여러 가지 변화와 추세에 관한 일상적인 정보를 체계적으로 수립하는 시스템으로 마케팅 외부정보 시스템이라고도 한다.

34 정답 ②

신뢰도는 반복 측정 시 동일한 결과를 보이는 정도를 의미한다. 따라서 기술을 향상시키고 같은 도구를 사용해 반복 평가할 경우 신뢰도를 높일 수 있다.

35 정답 ③

우편조사법은 대표성이 낮은 것이 단점이다.

> **기출 선지로 Bonus Quiz**
>
> 1. 우편조사는 전화면접법에 비해 자료 수집기간이 길다. ○ | ×
> 2. 우편조사는 응답자의 시간적 제한 없이 여유 있게 응답할 수 있다. ○ | ×
> 3. 우편조사는 응답자의 대표성에 문제가 있다면 신뢰성 있는 자료를 얻기가 힘들다. ○ | ×
>
> 정답 1. ○ 2. ○ 3. ○

36 정답 ①

관찰의 분류
- 참여관찰: 관찰대상의 내부에 들어가 구성원의 일원으로 참여하면서 관찰하는 방법으로 대상의 자연성과 유기적 전체성을 보장한다.
- 준참여관찰: 관찰대상의 생활의 일부에만 참여해 관찰하는 방법이다.
- 비참여관찰: 조사자가 신분을 밝히고 관찰하는 것으로 주로 조직적인 관찰에 사용된다.
- 통제관찰: 사전의 기획절차에 따라 타당성과 신뢰성을 확보하기 위해 관찰조건을 표준화하고 보조기구를 사용하는 관찰로 비참여관찰에 사용된다. 관찰내용은 조사목적에 맞게 기획된 카테고리를 관찰하고 관찰기록은 관찰표를 이용하여 부호로 기록한다.
- 비통제관찰: 관찰조건을 표준화하지 않고 조사목적에 맞는 자료이면 다양하게 관찰하는 방법으로 탐색적 조사에 많이 사용된다. 관찰내용에 통제가 없기 때문에 방대해질 수 있으므로 유의해야 할 것은 인적상황, 배경, 목적, 동기, 관찰대상의 행위, 그 행위의 시간과 빈도이다.

37 정답 ④

질문에 대한 대답이 표준화되어 있어 비교가 가능한 것은 폐쇄형 질문의 장점이다.

> **기출 선지로 Bonus Quiz**
>
> **개방형 질문**
> 1. 응답 가능한 모든 응답의 범주를 모를 때 적합하다. ○ | ×
> 2. 응답자가 어떻게 응답하는가를 탐색적으로 살펴보고자 할 때 적합하다. ○ | ×
>
> 정답 1. ○ 2. ○

38 정답 ③

관찰조사에 있어 나타나기 쉬운 오류를 감소시키는 방법
- 객관적 관찰도구를 사용한다.
- 혼란을 초래하는 영향을 통제한다.
- 관찰기간을 짧게 잡는다.
- 큰 단위를 관찰한다.

39 정답 ①

2차 자료
- 조사자가 현재의 조사 프로젝트를 위해 직접 수집한 자료가 아니라 어떤 조사 프로젝트의 다른 조사 목적과 관련하여 조직 내부 혹은 외부의 특정한 조사 주체가 기존에 이미 작성한 자료를 말한다.
- 시간과 비용을 절약할 수 있고, 수집 과정이 용이하다.

40 정답 ③

① 분석적 마케팅 시스템: 마케팅관리자가 보다 합리적인 의사결정을 내릴 수 있게 도움을 주기 위하여 마케팅 자료와 문제를 분석해 주는 시스템이다.
② 마케팅 인텔리전스 시스템: 경쟁자 등 외부환경에서 발생하는 사건이나 정보를 일상적·지속적으로 수집·보고하는 시스템이다.
④ 내부 보고 시스템: 기업의 판매상황, 원가, 재고 수준, 외상 등에 관한 내부보고서를 정기적으로 작성하고 이들 정보를 경영의 모든 부분에 전달, 보고하는 시스템이다.

41 정답 ③

신뢰도란 측정 도구가 측정하고자 하는 현상을 일관성 있게 측정하는 능력을 말한다.

42 정답 ①

② 모집단의 특성을 그대로 살리면서 소수의 적절한 수를 뽑는 과정이다.
③ 모집단의 특성을 나타내는 양적인 측도로서 전수조사를 통해 직접 알아내거나 표본조사를 통해 얻게 되는 표본의 특성이다.
④ 조사자가 추론하고자 하는 모든 자료의 집합, 즉 조사의 전체 대상이다.

43 정답 ①

자유응답식 질문 방식은 비표준화 면접에서 많이 사용되며, 표준화 면접은 신뢰도는 높으나 타당도는 낮다.

44 정답 ②

(소비자) 패널조사
- 특정 응답자 집단을 정해 놓고 그들로부터 상당히 긴 시간동안 지속적으로 연구자가 필요로 하는 정보를 획득하는 방법이다.
- 동일 샘플에서 동일 변수를 반복적으로 측정함으로써 조사대상의 변화를 추적할 수 있다.

45 정답 ③

집단조사법은 비용이 적게 들고 간편하다.

> **기출 선지로 Bonus Quiz**
>
> **집단조사법**
> 1. 조사의 설명이나 조건을 표준화할 수 있다. ○ | ×
> 2. 응답자가 다른 사람의 영향을 받을 가능성이 있다. ○ | ×
>
> 정답 1. ○ 2. ○

46 정답 ①

자료의 처리 순서
편집(Editing) → 코딩(Coding) → 입력(Key-in)

47 정답 ④

조사조건을 표준화할 수 있는 것은 집단조사법의 장점이다.
집단조사법의 단점
- 조사 대상을 한 장소에 집합시키기가 쉽지 않으므로 특수한 조사에만 가능하다.
- 출석자에게 일당이나 교통비를 주어야 할 경우 오히려 비용이 많이 들 수 있다.
- 응답자의 개인별 차이를 무시함으로써 조사 자체의 타당성이 낮아지기 쉽다.
- 응답자가 옆 사람이나 다른 사람의 영향을 받을 가능성이 있다.
- 질문지에 잘못 기입하는 경우 오기를 시정하기 어렵다.
- 피조사자 집단이 확률표본추출이 아닌 판단표본추출에 의해 추출되기 때문에 모집단을 적절하게 대표할 수 없다.

48 정답 ①

재검사법
조사의 신뢰성을 높이기 위해 대상을 일정한 시간을 두고 동일한 측정 도구로 반복 측정해 그 결과를 비교하는 방법이다.

49 정답 ③

보가더스 척도
집단 간의 태도나 친밀도 등 사회적 거리를 수량적으로 측정하는 데 쓰인다. 적용범위가 비교적 넓고 예비조사에 적합한 면이 있다.

50 정답 ④

설문지 구성상 유의사항
- 응답 항목들 간에 내용이 중복되지 않도록 한다.
- 이중 질문을 지양한다.
- 오해를 불러일으키지 않도록 명확한 개념을 사용해야 한다.
- 질문이 너무 길거나 복잡해서는 안 된다.
- 유도 질문과 위협적 질문의 사용에 유의한다.
- 전문용어를 사용하지 말고 응답자의 수준에 맞는 언어를 사용한다.

03 마케팅관리

51	52	53	54	55
③	④	①	③	③
56	57	58	59	60
①	②	②	①	①
61	62	63	64	65
④	④	③	②	④
66	67	68	69	70
③	④	①	④	①
71	72	73	74	75
④	②	②	①	①

51 정답 ③

가격은 재화나 서비스의 효용에 대해 소비자가 부여하는 가치를 말한다.

52 정답 ④

아웃바운드 텔레마케팅은 텔레마케팅 운용 주체인 기업에서 외부의 잠재 고객, 기존 고객에게 전화를 거는 마케팅 유형으로 컴플레인 접수에는 활용하지 않는다. 컴플레인 접수는 인바운드 텔레마케팅의 활용 분야에 해당한다.

> **기출 선지로 Bonus Quiz**
>
> 아웃바운드 텔레마케팅의 활용 분야
> 1. 상품 A/S 접수　　　　　　　　O | ×
> 2. 휴면 고객 활성화　　　　　　　O | ×
> 3. 소비자조사　　　　　　　　　　O | ×
>
> **정답** 1. ×　2. O　3. O

53 정답 ①

세분시장 평가요소
- 시장 상황: 규모와 성장 가능성, 매력도 등
- 경쟁자 상황: 경쟁 정도, 경쟁자의 경쟁력 등
- 자사와의 적합성: 기업의 마케팅 목표와 재원 등

54 정답 ③

판매관리는 고객 지향적인 마케팅 커뮤니케이션을 중시함은 물론 4P와 4C를 전략적으로 활용하고 데이터베이스를 통해 정보화 시스템을 추구한다.

55 정답 ③

가격의 심리적 측면을 고려하여 가격을 책정하는 방법으로 해당 내용은 심리적 가격결정방법 중 단수가격에 해당하는 설명이다. 이외에도 관습가격과 명성가격이 심리적 가격결정법에 해당한다.

56 정답 ①

성장기에는 시장수용이 급속하게 이루어져 판매와 이익이 현저히 증가한다. 이 단계에서는 상표강화를 통해 시장점유율을 급속히 확대시키는 전략, 저가격 전략(시장침투가격) 등이 요구된다.

57 정답 ②

SWOT 분석
자사 및 경쟁사의 강점(Strength)과 약점(Weakness)을 분석하고, 기업 외부에서 일어나고 있는 환경변화를 종합적으로 정리하여 자사가 처한 기회(Opportunity)와 위협(Threat) 요인들을 파악하는 것이다. 기업의 내·외부 환경을 분석할 때 가장 많이 사용되는 방법이다.

58 정답 ②

데이터베이스 마케팅은 장기적인 전략을 수립하므로 즉시성은 고려대상이 아니다.

59 정답 ①

인바운드 업무의 특성
- 고객이 전화를 거는 고객주도형으로 판매나 주문으로 연결하기가 쉽다.
- 주로 대답하기형 문의상담 기능이 강하며, 고객의 대기시간을 줄이는 것이 중요하다.
- 고객의 질문에 응답하기 위한 Q&A 시트를 많이 활용한다.
- 고객의 요구에 신속하게 대응하면 기업의 이미지가 향상되며, 고객의 신뢰를 얻을 수 있는 좋은 기회가 된다.

아웃바운드 업무의 특성
- 인바운드보다 더 고도의 기술을 요하며 마케팅 전략, 통화 기법 등의 노하우, 텔레마케터의 자질 등에 큰 영향을 받는다.
- 고정 고객의 관리는 신규 고객 획득에 비해 시간과 비용 면에서 더 경제적이고 효과도 높다.
- 아웃바운드는 무차별적 전화세일즈와는 달리 전화를 걸기 위한 사전준비가 필요하다.
- 아웃바운드에서는 고객리스트가 반응률을 결정한다.
- 아웃바운드는 기본적으로 기업주도형이므로 텔레마케터의 대화진행 기술이나 언어의 선택이 판매율에 영향을 미친다.

60 정답 ①

아웃바운드 텔레마케팅은 고객데이터베이스를 갖추어 제품이나 서비스를 적극적으로 판매하는 마케팅으로 마케팅의 전략이나 통화 기법 등의 노하우, 텔레마케터의 자질 등의 영향을 크게 받는다. 또한 아웃바운드 텔레마케팅은 업체주도형으로 이루어지는 적극적·능동적·목표 지향적 마케팅이다.

기출 선지로 Bonus Quiz

아웃바운드 텔레마케팅의 특징
1. 고객리스트는 반응률을 결정하는 중요 요소이다. ｜O｜X｜
2. 고객 반응을 유도할 수 있는 적합한 제안이 필요하다. ｜O｜X｜
3. 기존 고객이 이탈하지 않도록 하기 위한 적극적인 고객 관리에 유효하다. ｜O｜X｜
4. 콜 예측을 통한 서비스 레벨을 효과적으로 관리하는 것이 중요하다. ｜O｜X｜
5. 공격적이며 성과 지향성이 강하다. ｜O｜X｜
6. 통화 콜 수를 통제하기 어렵다. ｜O｜X｜

정답 1. O 2. O 3. O 4. × 5. O 6. ×

61 정답 ④

비내구재는 고객이 한 번 내지 몇 번만 사용하는 제품이므로 광고에 비중을 두며 많은 수의 점포를 통해 판매하는 전략이 적합하다. 반면 내구재는 고객이 오랫동안 사용하는 제품이므로 품질보증이나 A/S 등이 중요하다.

62 정답 ④

판매와 이익이 현저히 증가하고 판매촉진의 비중이 감소하는 것은 성장기의 특징이다.

63 정답 ③

고객 데이터베이스란 모든 고객과 잠재 고객의 정보가 저장된 데이터베이스로서 제품별 판매 히스토리는 이에 해당하지 않는다.

64 정답 ②

관계 마케팅은 기존 마케팅에 비해 비용이 많이 든다.

관계 마케팅
기업이 고객과 접촉하는 모든 과정, 즉 판매 전, 판매 중, 판매 후에 그들과 협조하거나 그들에게 지원적 경험을 제공함으로써 신뢰를 갖게 하고 기업이 제공하는 제품이나 서비스로부터 충분한 대가를 받고 있다고 느끼게 하여 지속적인 호혜관계가 이루어지게 하는 마케팅으로 한 번의 거래로 끝나는 거래 마케팅과 구분된다.

65 정답 ④

풀(Pull) 전략은 소비자를 마케팅 대상으로 하며, 푸시(Push) 전략은 중간상인, 최종판매자, 소비자 모두를 마케팅 대상으로 한다.

66 정답 ③

성숙기(Maturity)
- 판매가 절정에 이르렀다가 감소하기 시작한다.
- 많은 잠재 고객 혹은 참가자들이 이미 그 제품이나 프로그램을 구매했을 뿐만 아니라 경쟁이 높아져서 증가율이 떨어진다.
- 도입기나 성장기보다 오랜 기간 지속된다.
- 제품 원가가 가장 낮다.
- 제품 가격의 인하와 판매촉진비 증대로 이익은 성장기보다 하락한다.
- 판매량이 평준화되고 매우 강력한 경쟁이 나타난다.
- 경쟁력이 약한 기업은 도태된다.

67 정답 ④

구입상품명은 거래속성에 해당한다.

68 정답 ①

도입기가 아닌 성숙기의 특징으로, 성숙기에는 경쟁이 극심해지며 가격파괴 현상이 나타난다.

69 정답 ④

마케팅믹스의 구성 요소(4P)
제품(Product), 가격(Price), 유통(Place), 촉진(Promotion)

70 정답 ①

② 리스트 스크리닝: 기존의 고객리스트 중에서 판매 목적에 맞는 우량 고객이나 가망 고객만을 추출하는 것이다.
③ 데이터 마이닝: 축적된 고객 관련 데이터에 숨겨진 규칙이나 패턴을 찾아내는 것이다.
④ 데이터 웨어하우스: 기업 내 의사결정 지원 애플리케이션들을 위해 정보 기반을 제공하는 하나의 통합된 데이터 저장 공간이다.

71 정답 ④

DM은 1:1의 쌍방향적 의사소통 시스템으로 소비자가 개별적인 반응을 할 수 있는 방법이 마련되어 있다. 즉, DM 마케터는 소비자를 대중 가운데 한 사람으로 취급하는 것이 아니라 개별적인 고객으로 인식하고 각 개별 고객을 대상으로 일대일의 커뮤니케이션을 지향하며 이를 위해 고객이 개별적으로 반응할 수 있는 수단이 제공된다.

72 정답 ②

사회 계층은 심리분석적 변수에 해당한다.

73 정답 ②

마케팅 개념의 변화과정
생산자 지향적 → 제품 지향적 → 판매 지향적 → 소비 지향적 → 사회 지향적

74 정답 ①

② 선매품: 제품을 구매하기 전에 가격, 품질, 형태, 욕구 등에 대한 적합성을 충분히 비교하여 선별적으로 구매하는 제품이다.
  예 겉옷, 주요 가전제품, 가구 등의 소비용품 등
③ 전문품: 상표나 제품의 특징이 뚜렷하여 구매자가 상표 또는 점포의 신용과 명성에 따라 구매하는 제품이다.
  예 자동차, 피아노, 카메라, 전자 제품, 독점성이 강한 디자이너가 만든 고가의 의류 등
④ 비탐색품: 소비자에게 완전히 새롭거나 또는 소비자가 잘 알고 있지만 평상시에는 구매 욕구를 느끼지 않기 때문에 특별한 탐색 노력을 하지 않는 제품이다.

75 정답 ①

② 제품개발 전략: 기존 고객들에게 새로운 제품을 개발·판매함으로써 성장을 추구하는 전략이다.
③ 제품다각화 전략: 새로운 제품을 개발하여 새로운 고객에게 판매함으로써 성장을 추구하는 전략이다.
④ 시장개척 전략: 기존 제품을 새로운 시장에 판매함으로써 성장을 추구하는 전략이다.

04 조직운영 및 성과관리

76	②	77	③	78	②	79	②	80	④
81	③	82	①	83	①	84	③	85	③
86	②	87	④	88	④	89	③	90	④
91	①	92	③	93	①	94	④	95	②
96	①	97	②	98	②	99	④	100	④

76   정답 ②

① AWT(평균 업무시간): 전화응대가 끝난 후에 하는 잔업처리 시간이다.
③ ASA(평균 응답속도): 상담원이 고객의 전화에 응답하는 데 걸리는 평균시간이다.
④ AHT(평균 처리시간): 텔레마케터가 각기 통화할 때 평균적으로 걸리는 시간으로, 상담원의 평균 통화시간과 마무리 시간을 합한 시간이다.

77   정답 ③

전화할 때의 말하기는 대면 시보다 다소 빠른 속도가 바람직하다.

78   정답 ②

OJT
- 직장 내 교육훈련이다.
- 현실적·실제적인 교육훈련이다.
- 훈련과 직무를 연결한 내용이다.
- 개인의 능력에 따른 훈련이 가능하다.
- 작업과 훈련이 모두 철저지 못할 수 있다.

Off JT
- 직장 외 교육훈련이다.
- 현장작업과 관계없이 계획적인 훈련이 가능하다.
- 훈련에만 전념하여 훈련효과가 높다.
- 현장에서 즉시 활용할 수 없다.
- 훈련시설 설치에 따르는 경제적 부담이 높다.

79   정답 ②

모니터링이란 보다 나은 고객 응대를 위해 참신하고 객관적인 판단으로 향후 고객 응대 시 반영하려는 것이기 때문에 객관성을 잃어서는 안 된다.

80   정답 ④

리더십 이론 중 행위 이론에는 아이오와 대학 모형, 오하이오 주립대학 모형, 관리격자 모형 등이 있다. Vroom & Yetton의 의사결정 상황 이론은 상황 이론에 해당한다.

81   정답 ③

① 정보와 커뮤니케이션을 매개로 한다.
② 고객 중심적이다.
④ 1:1 비대면 접촉 방식이다.

기출 선지로 Bonus Quiz

콜센터 조직의 특성
1. 초기 조직적응이 중시되는 조직이다. O | X
2. 고객과 대면 접촉이 일반화된 조직이다. O | X
3. 아웃소싱 활용의 보편화로 인해 이직률이 높은 조직이다. O | X
4. 국내의 콜센터 조직은 점차 대형화, 전문화, 시스템화되어 가는 추세이다. O | X

정답 1. O 2. × 3. O 4. O

82   정답 ①

자사의 제품, 서비스가 고도의 전문적·기술적 지식을 필요로 하는 경우에는 자체 운영 방식을 택하는 것이 좋다.

83   정답 ①

CTI는 컴퓨터·통신통합체계로서 컴퓨터와 통신을 결합하여 새로운 부가가치를 창출할 수 있는 것으로 텔레마케팅 운영에 중요한 역할을 하고 있다. 즉, CTI는 컴퓨터와 전화를 통합한 모든 IT 기술을 가리킨다.

84 정답 ③

피들러(Fiedler)의 유관 이론(상황 이론)
- 3가지 요인에 따라 8가지 상황을 설정하여 그에 적합한 리더십 유형을 제시한다.
- 3가지 상황우호성 변수
  - 리더와 구성원의 관계: 구성원이 리더를 지원하는 정도로 얼마나 관계가 좋은가를 의미한다.
  - 구성원들의 업무 구조화: 업무의 목표나 처리 절차 등이 얼마나 체계화되어 있는지의 정도를 나타낸다.
  - 리더의 지위 권력: 보상이나 통제 등 지위를 행사할 수 있는 재량권의 정도이다.
- 효율적 리더십의 유형
  - 상황 1번~4번: 업무 중심적 리더십이 적합하다.
  - 상황 5번~8번: 인간 중심적 리더십이 적합하다.

85 정답 ③

모니터링 평가순서
통화품질 운영목표 설정 → 평가항목의 결정 → 평가항목의 코드화 및 설문화 → (평가 시스템 및 데이터베이스화) → 평가 및 측정 → 분석집계

86 정답 ②

직무정보의 수집 방법
- 면접법: 직무담당자를 개별 또는 집단적으로 면접하여 필요한 직무분석 항목의 정보를 수집하는 방법
- 관찰법: 훈련된 직무분석자가 직무수행자의 직무수행을 직접 관찰함으로써 정보를 수집하는 방법
- 경험법: 직무분석자가 직무를 직접 수행한 후 자신의 체험에 의하여 직무를 분석하는 방법
- 질문지법: 직무에 대한 설문지를 작성하도록 하여 직무분석에 필요한 자료를 수집하는 방법
- 중요사건 기록법: 직무수행에 결정적인 역할을 한 사건이나 사례를 중심으로 직무를 분석하는 방법
- 작업기록법(종업원 기록법): 직무수행자가 작성하는 작업일지를 참고하여 정보를 수집하는 방법

87 정답 ④

고정급보다는 상담원의 능력과 성과에 따른 성과급을 차등적으로 지급하는 것이 동기부여에 도움이 된다.

88 정답 ④

관찰법은 질문표 및 면접 방식에서 보조적으로 사용되는 방법이며, 작업자의 직무 수행 중에 일어나는 것으로 작업자가 많은 시간을 할애할 필요가 없다. 분석자의 주관이 개입될 위험이 있지만 분석자가 대상 업무에 대한 전문 지식, 경험이 있다면 정보수집에 정확성을 기할 수 있다.

89 정답 ③

인사관리자는 조직 내에서 생기는 제반인사문제에 관하여 경영자에게 조언·충고하는 스태프 기능을 수행한다.

90 정답 ④

SMART 성과 목표 설정 항목에서 S는 Specific, M은 Measurable, A는 Achievable 또는 Attainable, R은 Result-oriented, T는 Timely 또는 Time-bound이다.

91 정답 ①

근무만족도는 개인적 요인에 해당한다.

92 정답 ③

① 인사이동: 각 직무에 배치되어 있는 직원을 필요에 따라서 현재의 직무에서 다른 직무로 바꾸어 재배치하는 것이다.
② 보상관리: 임금 등의 보상과 관련하여 고용자와 노동자의 이해관계를 조정하여 상호이익을 추구하고 기업의 생산성 증진과 근로자들의 생활 향상을 달성하는 활동이다.
④ 경력개발: 개인의 경력목표를 설정하고 목표를 달성하기 위한 경력계획을 수립하여 각 개인의 경력을 개발하는 활동이다.

93 정답 ①

텔레마케터는 인바운드와 아웃바운드 상황에 따라 각기 다른 상담 기법으로 고객을 응대하기 때문에 통화품질 평가 시에도 서로 다른 기준으로 평가해야 한다.

94 정답 ④

공정한 성과 평가 및 보상이 이루어져야 한다. 성과급은 철저한 경쟁이 아니라, 성과에 따라 지급되어야 하며 성과에 따른 보상은 차등이 명확하여야 한다.

95 정답 ②

데이터베이스 상담에 있어서 누구든지 쉽게 자료를 검색할 수 있도록 관리한다.

96 정답 ①

임금 수준의 결정 요인
- 종업원의 생계비 수준
- 기업의 지불 능력
- 동종 기업의 임금 수준

97 정답 ②

초기 투자비가 상대적으로 적게 드는 것은 대행 운영 텔레마케팅에 대한 내용이다.

기출 선지로 Bonus Quiz

인하우스 텔레마케팅
1. 기업을 소구 대상으로 하여 텔레마케팅 활동을 하는 것이다. O | X
2. 자체적으로 텔레마케팅 센터를 설치하여 텔레마케팅 활동을 하는 것이다. O | X
3. 텔레마케팅 경험이 없는 경우에 외부에 위탁하여 텔레마케팅 활동을 하는 것이다. O | X

정답 1. × 2. ○ 3. ×

98 정답 ②

'가망 고객의 조사'는 아웃바운드의 기능에 속한다.

99 정답 ④

역할갈등이란 한 사람이 여러 지위를 동시에 갖거나, 한 가지 지위에 동시에 여러 가지 역할이 기대될 때 나타나는 역할 모순이다. ④는 상담원 A가 전화 상담 외에 교육 업무까지 하도록 기대되는 상황이므로 역할갈등이라 할 수 있다.

100 정답 ④

①은 유지관리 기능, ②는 확보관리 기능, ③은 개발관리 기능에 대한 설명이다.

인적 자원 관리의 기능
- 확보관리 기능: 수요예측, 모집, 선발, 배치 등 유능한 인적 자원을 확보하는 과정이다.
- 개발관리 기능: 교육, 훈련, 경력개발, 훈육, 직무 수행평가 등을 통해 인적 자원의 능력을 개발하여 증대시키는 것이다.
- 보상관리 기능: 임금 및 복리후생, 승진 및 이동관리 등 인적 자원의 업무성과에 대해 회사가 제공하는 모든 것이다.
- 유지관리 기능: 직원의 문제관리, 이직관리, 노사관리, 협상 등 유능한 인적 자원을 조직에 유지하는 것이다.

제5회 정답 및 해설

01 고객관리

01	④	02	④	03	③	04	①	05	①
06	④	07	④	08	②	09	②	10	①
11	②	12	②	13	②	14	②	15	④
16	②	17	④	18	③	19	②	20	②
21	①	22	①	23	①	24	②	25	②

01 정답 ④

①·②·③ 모두 구매 후 상담이다.

02 정답 ④

커뮤니케이션 개념 및 특징
- 커뮤니케이션의 의의
  - 1:1의 의사소통능력이다.
  - 감정전달 능력이다(고객관계의 유지능력이다).
  - 정보의사를 효과적으로 전달할 수 있는 능력을 말한다.
  - 정보의사를 호의적으로 받아들일 수 있는 능력을 말한다.
  - 성의 있는 행동을 유발시킬 수 있는 능력을 말한다.
- 효과적인 커뮤니케이션의 특징
  - 상대방의 본질을 파악하는 경청능력이 필요하다.
  - 청각을 통해 상대방의 감정상태를 파악하고 대처능력을 가져야 한다.
  - 자신의 생각과 감정을 체계적으로 전달할 수 있는 능력이 필요하다.
  - 적절한 화제의 선택이 필요하다.
  - 대화의 효과적인 전개방법을 구상하여야 한다.

03 정답 ③

개인정보에 대한 열람 요구 시 사본의 발급도 포함한다.

04 정답 ①

CRM은 고객 수를 증대하고 고객 충성도를 향상시켜 기업의 성장을 목적으로 한다.

05 정답 ①

선입견은 수신자에 의한 커뮤니케이션 장애 요인이다. 발신자 측면에서의 커뮤니케이션의 장애 요인으로는 목적·목표의식의 결여, 커뮤니케이션 스킬 부족, 발신자의 신뢰 부족, 타인에 대한 민감성 부족, 준거의 틀 차이 등을 꼽을 수 있다.

06 정답 ④

데이터 종류의 최소화는 빅데이터를 수집할 때의 고려사항이 아니다.

빅데이터를 수집할 때 고려할 점
- 확장성: 수집대상 서버대수를 확장(①)
- 안정성: 안정적으로 저장
- 실시간성: 실시간으로 반영(②)
- 유연성: 다양한 포맷을 지원(③)

07 정답 ④

데이터 통합 수준은 시스템 측면에서의 CRM 성공 요인에 해당한다.

조직 측면의 CRM 성공 요인
- 최고경영자의 관심과 지원
- 고객 및 정보 지향적 기업 문화
- 전문 인력 확보
- 평가 및 보상

08 정답 ②

구매한 상품의 반품 요청은 구매 후 상담에서의 행동에 속한다.

09 정답 ②

전산시스템 구축으로 고객관리의 체계적인 시스템화가 가능해져 CRM이 등장하게 되었다.

10 정답 ①

CRM에 기반한 콜센터의 내부적인 효과는 산재되어 있는 고객 DB의 통합으로 고객 서비스 프로세스 개선 및 다양한 고객 요구에 대한 차별화된 맞춤서비스 제공이 용이하다는 것이다.

11 정답 ②

CSP(Customer Situation Performance)는 고객이 느끼는 육체적·정신적 상황을 말하는데 현재 이후에 벌어질 고객행동의 예측도 포함될 수 있다.

12 정답 ②

상담원의 팔짱을 끼는 자세와 권위적·고압적 자세는 고객이 마음의 문을 닫게 하여 형식적인 대화로 이어질 수 있으므로 옳은 자세가 아니다.

13 정답 ②

불만족한 고객을 대상으로 상담할 때 폐쇄형 질문이 아니라 개방형 질문을 해야 한다.

14 정답 ②

대화는 언어적 의사소통 도구이다.

15 정답 ④

효과적인 커뮤니케이션을 위해 메시지 전달자는 적극적인 커뮤니케이션 자세가 필요하다.

16 정답 ②

구매 후 고객 상담은 고객과의 관계 개선, 기업이미지 개선, 소비자 계몽 등 여러 가지 효과가 있다. 그리고 책임소재를 분명하게 가려서 소비자가 만족할 수 있는 피해보상을 하려는 것이다.

17 정답 ④

외부에서 들려오는 소음 공해가 경청을 방해할 수 있으므로 소음 통제에 유의해야 한다.

18 정답 ③

고객 응대 시에는 고객의 의견을 비판하거나 평가하지 않는다.

기출 선지로 Bonus Quiz

상담원의 효과적인 경청

1. 고객의 이야기에 대한 관심을 구체적으로 표현한다. [O | X]
2. 확실하지 않은 내용은 다시 한번 정중하게 물어본다. [O | X]
3. 고객의 말을 끊지 말고 끝까지 주의 깊게 들어야 한다. [O | X]
4. 주관적 판단이나 감정을 통하여 이해하려고 노력한다. [O | X]

정답 1. O 2. O 3. O 4. ×

19 정답 ②

고객 불만을 해결하면 고객의 기업 애호도가 향상되고 제품 구매가 증가하여 이윤증대가 나타난다.

20 정답 ②

합리적인 유형은 평화와 안정 유지를 원한다. ①은 표현적인 유형, ③은 단호한 유형, ④는 호기심이 많은 유형의 고객의 특징이다.

21 정답 ①

반복구매행동의 증가는 구매 후 단계에서의 목표이다.

22 정답 ①

'경청'은 고객의 이야기에 대한 관심을 구체적으로 표현하고, 확실하지 않은 내용은 다시 한번 정중하게 물어보며, 고객의 말을 끊지 않고 끝까지 주의 깊게 듣는 것이다. 수동적인 것과는 거리가 멀다.

23 정답 ①

고객과 상담을 할 때에는 고객의 의견을 진지하게 경청하고, 의견에 공감할 수 있도록 한다. 고객의 욕구에 대해 구체적으로 질문하고, 고객이 원하는 것을 찾아내는 질문을 해야 하지만 집요한 태도는 좋지 않다.

24 정답 ②

전화 상담을 할 때에 고객과 의사소통상의 어려움이 있더라도 상담원이 임의로 상담을 중단시키는 것은 적절하지 않다. 끊을 때에도 고객이 먼저 수화기를 놓는 것을 확인 후 끊도록 한다.

기출 선지로 Bonus Quiz

전화 상담을 할 때의 말하기 기법
1. 전화로 이야기할 때에도 미소를 지으며, 중요한 단어를 강조하여 말한다. ○ | ×
2. 어조를 과장하여 억양에 변화를 주는 것은 소비자의 집중력을 약화시키므로 바람직하지 않다. ○ | ×
3. 소비자가 말하는 속도에 보조를 맞춘다. ○ | ×

정답 1. ○ 2. × 3. ○

25 정답 ②

불만족 고객은 감정적이고 분노하고 있으므로 모든 것에 대해 비수용적이다.

02 시장환경조사

26	①	27	③	28	①	29	③	30	①
31	②	32	②	33	①	34	④	35	①
36	③	37	②	38	④	39	③	40	③
41	②	42	②	43	③	44	④	45	②
46	④	47	④	48	④	49	②	50	②

26 정답 ①

전화번호부에서 지역적 표본추출을 할 경우에는 행정적인 경계 대신 전화번호부에 표시된 지역구분에 따라 지역별 표본단위를 정하는 것이 좋다.

27 정답 ③

대학이나 연구소의 일반 소비자 조사 자료는 조사 설계와 자료 수집 계획을 수립하여 직접 자료를 수집한 것이 아니라 다른 집단이나 기관에서 이미 만들어 놓은 방대한 자료이므로 2차 자료에 속한다.

1차 자료
- 문제해결을 위해 조사자가 직접 수집하는 자료이다.
- 조사자가 1차 자료를 수집하고자 할 때는 조사 설계와 자료 수집 계획을 수립하여 직접 자료를 수집해야 한다.

28 정답 ①

전화조사를 할 때에는 응답자가 불편을 느끼지 않는 시간이 좋다. 즉, 식사시간, 이른 아침, 저녁 늦은 시간, 토요일 오후나 일요일 등은 피한다.

29 정답 ③

문헌조사란 조사와 관련된 주제나 변수와 관련된 이전의 연구, 보고서, 관련 서적, 각종 2차 자료를 이용하여 사전 지식을 얻고 조사에 대한 간접 경험을 하는 조사 방법을 말한다.

30 정답 ①

2차 자료는 타 목적을 조사하기 위하여 이미 수집되어 있는 자료를 말하는 것으로 이러한 자료가 이용 가능하다면 시간과 비용을 감소시킬 수 있다는 장점이 있다. 그러나 자료를 수집한 목적이 다르기 때문에 자료의 유용성에 제한을 받는 경우가 많으므로 마케팅조사자는 자료의 불편성, 타당성, 관련성 및 신뢰성 등을 신중하게 검토하여야 한다.

31 정답 ②

조사 결과를 왜곡하거나 축소해서는 안 된다.

32 정답 ②

사례조사는 탐색조사의 한 종류로 특정 사례를 조사하여 문제를 종합적으로 파악하고, 그에 대한 실증적인 분석을 실행하는 조사이다.

33 정답 ①

설문지를 작성할 때에는 조사 목적 및 주제를 우선적으로 고려해야 한다.

34 정답 ④

사전조사는 조사결과에 대한 백분비를 계산할 수 있도록 20~50명 규모로 실시한다.

> **기출 선지로 Bonus Quiz**
>
> **사전조사**
> 1. 설문지의 내용이 적절하게 배치되어 있는가를 체크할 수 있다. (O | X)
> 2. 사전조사로 파악된 응답자의 의견을 반영하여 조사의 문제점을 보완, 수정한다. (O | X)
>
> 정답 1. O 2. O

35 정답 ①

비참여관찰법은 관찰자의 신분을 밝히기 때문에 조사 활동이 자유롭고 표준화가 용이하나 내재된 미묘한 문제점은 밝히기가 어렵다.

36 정답 ③

표준화 면접은 면접 상황에 대한 적용도가 낮아서 융통성이 적다.

> **기출 선지로 Bonus Quiz**
>
> 1. 표준화 면접 방식의 장점은 질문별 응답자들의 응답을 비교할 수 있다는 것이다. (O | X)
> 2. 표준화 면접 방식으로 응답자들에 대한 보다 심층적인 정보를 알아낼 수 있다. (O | X)
>
> 정답 1. O 2. X

37 정답 ③

집단의 성격은 조사의 목적에 따라 이질적으로 구성할 수도 있고, 동질적으로 구성할 수도 있다.

38 정답 ④

마케팅 의사결정 지원시스템
- 최고 경영자의 의사결정을 도와주는 시스템으로, 정형적인 문제는 의사결정 규칙에 의해 자동으로 해결 방법을 제시하고, 비정형적인 문제는 문제를 분석하여 최종 결정에 도움이 되는 정보를 제공한다.
- 각종 요인 변화에 대해 결과를 즉시 요약·제시하는 정보시스템으로, 의사결정에 대해 지원한다.

39 정답 ③

전화조사의 특징
- 모집단의 표본 추출 및 응답자와의 접촉이 쉽게 이루어진다.
- 질문을 명확하고 단순하게 구성하고, 질문의 수를 줄이는 것이 좋다.
- 특정 현상보다는 특정 시점인 현재에 일어나는 일에 대한 조사에 효과적이다.

40 정답 ③

면접의 진행요령
- 면접원은 성실하고 진지한 태도를 갖고 여유 있게 면접에 임하여야 한다.
- 응답자의 응답을 주의 깊게 들을 것이며 응답에 지나친 찬성 또는 반대의 태도를 보여서는 안 된다.
- 표준화 질문인 경우 조사표의 내용 및 그 순서에 따라 면접을 하여야 한다.
- 응답자들에게 응답에 필요한 일정한 시간을 주는 것이 좋으며, 응답자들이 질문을 제대로 이해 못하는 경우에는 다시 설명해 주는 친절을 베푸는 것이 좋다.
- 응답자의 응답이 필요 이상으로 길어지거나 다른 방향으로 이탈하는 경우에는 그 응답의 흐름을 깨지 않는 범위에서 적절히 조절하는 것이 필요하다.
- '모른다'는 대답이 나올 경우에는 진실로 모르는 것인가, 아니면 다른 어떤 이유가 있는가를 주의 깊게 파악하여 그에 대처하여야 한다.

41 정답 ②

확률표본추출방법
- 모집단에 속한 모든 요소가 표출됨에 있어 같은 확률을 가진다는 것이 전제가 된다.
- 선정된 표본이 모집단을 적절히 대표해 체계적인 편중의 위험을 최소화한다.
- 비용이 많이 들고 불편하지만 표본 오차의 추정이 가능하다.
- 종류: 단순무작위표본추출방법, 층화표본추출방법, 군집표본추출방법, 계통표본추출방법

비확률표본추출방법
- 모집단을 정확하게 규정지을 수 없는 경우에 유용하다.
- 표본의 크기가 작은 경우에 유용하다.
- 표집오차 추정이 불가능하며, 표집오차가 큰 문제가 되지 않을 경우에 유용하다.
- 종류: 편의표본추출방법(임의표본추출방법), 판단표본추출방법(목적표본추출방법), 할당표본추출방법, 눈덩이표본추출방법

기출 선지로 Bonus Quiz

확률표본추출방법
1. 시간과 비용이 많이 든다. O | X
2. 표본 분석 결과의 일반화가 가능하다. O | X
3. 연구대상이 표본으로 추출될 확률이 알려져 있다. O | X

정답 1. O 2. O 3. O

42 정답 ②

내용 및 순서를 기존의 설문지대로 진행하며, 답을 유도하지 말아야 한다.

43 정답 ③

우편조사는 응답자의 입장에서 자신에게 적당한 시간을 택해 응답할 수 있으므로 질문을 여유 있게 검토해서 대답할 수 있다. 반면 전화조사는 간단한 질문 및 답변만 할 수 있어서 상세한 정보 획득이 곤란하며, 전화상으로 질문을 주고받는 도중에 응답자가 끝까지 참지 못하고 전화를 끊어버림으로써 전화조사가 중단되는 경우와 특정 주제에 대한 응답을 회피하는 경우 등이 단점으로 꼽힌다.

44 정답 ④

비표준화 면접은 조사가 연구목적에 적합한 것이라면 면접상황에 따라 적당히 변경될 수 있는 비교적 신축성이 높은 면접이다.

45 정답 ②

서열 척도
- 측정 대상 간의 순서를 밝힌다.
- 측정 대상 간의 대소, 고저, 전후, 상하 등에 따라 서열화한다.
- 정확하게 정량화하기 어려운 응답자의 태도, 선호도, 사회계층 등의 측정에 이용된다.

46 정답 ④

구성 타당도(개념 타당도)는 타당도 평가 방법이다.
신뢰도의 평가 방법의 종류
재검사 신뢰도(재시험법), 동형검사 신뢰도, 반분법, 내적 일관성에 의한 신뢰도, 복수 양식법 등이 있다.

47 정답 ④

면접의 특징
- 문맹자에게도 가능한 방법이다.
- 개별적 상황에 높은 신축성과 적응성을 갖는다.
- 질문지의 회수가 필요 없기 때문에 보다 더 공평한 자료를 얻을 수 있다.
- 관찰을 병행할 수 있다.

48 정답 ④

① 무응답 오류: 표본으로 선정하였지만, 응답자의 거절이나 비접촉으로 데이터를 조사할 수 없어서 발생하는 관찰 불능에 의한 오류이다.
② 불포함 오류: 원칙적으로 표본 조사를 할 때 표본 체계가 완전하지 않아 생기는 오류이다.
③ 환원주의 오류: 개별적 원인으로 큰 결과를 설명하려는 경향으로, 개인의 특성을 집단에게까지 적용하는 오류이다.

49 정답 ②

정량적 조사는 질보다는 양을 중요시하는 대량 조사로 심도 있는 답을 얻기는 어렵다.

50 정답 ②

구성 타당도는 개념 타당도, 구조적 타당도라고도 한다.
구성 타당도(개념 타당도)
측정하려고 하는 추상적인 개념이 측정 도구에 의해 제대로 측정되었는가의 정도를 파악하는 방법이다.

예측 타당도
기준 타당도의 한 종류로서, 어떠한 행위가 일어날 것이라고 예측한 것과 실제 대상자 또는 집단이 나타낸 행위 간의 관계를 측정하는 것이다.

> **기출 선지로 Bonus Quiz**
> 1. 측정 도구의 타당도를 평가할 때 한 측정치를 기준으로 다른 측정치와의 상관관계를 추정한다. O | X
> 2. 개념 타당도는 측정하고자 하는 개념이 실제로 적절하게 측정되었는가를 의미한다. O | X
> 3. 내용 타당도는 점수 또는 척도가 일반화하려고 하는 개념을 어느 정도 잘 반영해 주는가를 의미한다. O | X
>
> 정답 1. × 2. ○ 3. ○

으로 이어지게 하는 방법이다.

03 마케팅관리

51	④	52	①	53	②	54	③	55	③
56	②	57	①	58	①	59	③	60	④
61	②	62	③	63	③	64	④	65	①
66	①	67	②	68	②	69	③	70	④
71	④	72	①	73	②	74	④	75	④

51 정답 ④
아웃바운드 텔레마케팅은 고객접촉률이나 고객반응률을 중시한다. 대상 고객의 데이터나 고객리스트의 활용도가 높기 때문에 텔레마케터의 대화진행기술이나 언어표현능력, 경청자세와 고객과의 신뢰성 구축능력 등에 따라 판매규모나 고객접촉률·고객반응률이 달라진다.

52 정답 ①
대금 회수는 아웃바운드 텔레마케팅의 업무이다.

53 정답 ②
내부 마케팅은 회사의 종업원을 내부 고객으로 보고 종업원에게 마케팅을 전개하여 종업원의 의욕을 고취시키고 소비자의 만족

54 정답 ③
효과적인 시장세분화의 요건은 측정가능성, 규모, 접근가능성, 차별적 반응 등이다.

55 정답 ③
고객데이터를 활용한 아웃바운드 텔레마케팅의 전개 순서
고객데이터 수집·분석 → 통화준비 및 통화시도 → 통화 → 데이터 처리 → 종결

56 정답 ②
확고한 목표의식을 가지고 적극적으로 판매를 유도하는 것은 아웃바운드 상담 시 요구되는 자세이다.

57 정답 ①
현대 마케팅은 고객의 욕구에 초점을 두는 고객 지향적 마케팅이다.

58 정답 ①
가족의 규모는 인구통계적 변수이다.

59 정답 ③
숫자로 된 표현은 전화상으로 알아듣기 어려울 수 있으므로, 또박또박 천천히 말하는 것이 좋다.

60 정답 ④
포지셔닝 전략에서 차별적 우위 전략에는 제품, 서비스, 기업의 인적 자원의 차별화가 있다. 기업환경은 경쟁사와 차별화가 어려운 영역이다.

61 정답 ②
①·③은 선매품에, ④는 전문품에 해당하는 설명이다.

> **기출 선지로** **Bonus Quiz**
>
> 1. 편의품은 소비자가 최소한의 노력으로 자주 구입하는 제품을 말한다. ○ | ×
> 2. 소비자들은 편의품 상표에 대해서 강한 애호도를 가지고 있다. ○ | ×
> 3. 대표적인 편의품으로는 주로 명품시계, 자동차 등이 있다. ○ | ×
> 4. 편의품을 구입할 때에는 가장 편리한 위치에 있는 점포를 선택하는 경우가 많다. ○ | ×
>
> 정답 1. ○ 2. ○ 3. × 4. ○

62 정답 ③

바이러스 마케팅은 네티즌 간의 구전 효과를 이용한 판촉 기법으로 인터넷 이용자들 사이에 확산 효과를 노린 마케팅이다. 아웃바운드 텔레마케팅을 활용하는 마케팅 전략으로는 1:1 마케팅, 다이렉트 마케팅, 데이터베이스 마케팅이 있다.

63 정답 ③

데이터베이스 마케팅은 전통적인 유통채널을 대체할 수 있는 수단으로서, 그 자체로 하나의 독자적인 유통채널 및 서비스 수행 체제로 볼 수 있다.

64 정답 ④

어떤 고객에게 어떤 상품을 판매할 것인지에 따른 적절한 화법과 상담의 흐름에 맞춘 정형화된 형식이 필요하다.

> **기출 선지로** **Bonus Quiz**
>
> 1. 스크립트는 텔레마케팅 활동 시 고객과의 대화를 원활히 진행하기 위해 사전에 작성한 대본이다. ○ | ×
> 2. 스크립트는 인바운드, 아웃바운드와 관계없이 고객의 상황에 따라 탄력적으로 대응할 수 있도록 융통성 있게 구성해야 한다. ○ | ×
> 3. 텔레마케팅을 실시할 때 스크립트에 대한 사전 테스트는 필요하지 않다. ○ | ×
> 4. 텔레마케터와 고객이 유연하게 대화할 수 있도록 흐름이 자연스러워야 한다. ○ | ×
>
> 정답 1. ○ 2. ○ 3. × 4. ○

65 정답 ①

변혁적 리더는 Bass가 정의한 리더십으로, 부하들에게 장기적 비전을 제시하고, 비전 성취에 대한 자신감을 고취시킴으로서 조직에 대한 몰입을 강조하며 부하를 성장시키는 리더십이다.

66 정답 ①

비차별적 마케팅
기업이 하나의 제품이나 서비스를 가지고 시장 전체에 진출하여 가능한 한 다수의 고객을 유치하려는 전략으로 시장세분화가 필요 없게 된다.

67 정답 ②

① 해피콜: 특별한 목적이나 판매 권유 없이 고객 서비스 만족을 위하여 고객에게 전화를 거는 아웃바운드 형태의 전화이다.
③ 리스트 클리닝: 일정 기간 반응이 없는 고객의 리스트나 입수한 지 상당기간이 지난 고객리스트에 대한 데이터를 체계적으로 추리고 최신 데이터를 관리하는 것이다.
④ 데이터 시트: 고객 응대 사항 및 통화 내용, 응대 결과 등을 정확히 기록·유지하는 일종의 통화 기록 노트이다.

68 정답 ④

교육훈련 프로그램은 제조업자가 중간 상인에게 진행하는 중간상 판매촉진 방법이다.
소비자 판매촉진
제조업자가 소비자에게 진행하는 판매촉진 방법으로 샘플링, 쿠폰, 사은품, 경연과 추첨, 보너스팩, 가격 할인, 환불 등이 있다.

69 정답 ③

제품/시장 매트릭스

시장 \ 서비스	기존 고객	신규 고객
기존제품	시장침투 전략 (점유구축 전략)	시장개발 전략 (시장확장 전략)
신제품	제품개발 전략 (품목확장 전략)	다각화 전략 (신규사업 전략)

70 정답 ④

같은 상품이라도 고객 리스트상의 차이나 속성에 따라 고객 응대 방법이 달라진다. 이와 같은 특성을 적극 활용하여 차별적인 고객 응대 방안을 강구하여야 한다.

71 정답 ④

① Burn-out: 상담원의 성과나 동기부여가 현저하게 저하되어 의욕이 상실된 상태를 말한다.
② Call routing: 지정된 전화번호로 자동 연결하는 기능이다.
③ Screen pop: 고객의 자료를 상담원 단말에 자동으로 조회하는 기능이다.

72 정답 ①

ACD(Automatic Call Distributor, 자동호 분배시스템)
고객으로부터 걸려 오는 전화를 해당 시점에서 전화를 받고 있지 않은 상담원에게 순차적으로 균등하게 자동 분배해 주는 시스템이다.

73 정답 ②

고객로열티 형성에 영향을 미치는 요소
구매 횟수, 이용기간과 이용실적, 회사 기여도, 추천·소개 정도의 여부 등

74 정답 ④

소비자 인식과 기업이 바라는 포지션이 같은 경우는 기존 포지션을 유지하여야 한다.

75 정답 ④

RFM
Recency, Frequency, Monetary의 약자로 얼마나 최근에 물품을 구입하였고, 얼마나 자주 구입하였으며, 또한 얼마나 많은 액수의 물품을 구입하였는가의 3가지를 기준으로 하여 고객을 평가하는 시스템으로, 이 3가지 기준에 가중치를 주어 고객점수를 산출하고 이 점수를 근거로 고객의 우선순위를 산정한다.

04 조직운영 및 성과관리

76	④	77	④	78	④	79	②	80	①
81	③	82	③	83	①	84	①	85	③
86	③	87	②	88	③	89	④	90	④
91	④	92	③	93	①	94	③	95	③
96	④	97	②	98	③	99	①	100	③

76 정답 ④

Agency telemarketing
- 텔레마케팅 활동의 전문성을 최대한 이용할 수 있다.
- 비용 측면에서 초기 투자비가 상대적으로 적게 든다.
- 짧은 기간 동안 많은 고객을 접촉해야 하는 기업과 판매부 지원시스템을 운용해야 하는 기업에 적합하다.

77 정답 ④

신규 콜센터 구축 시에는 데이터베이스의 구축 및 관리 능력이 필요하며, 데이터베이스의 활용 능력은 텔레마케터에게 요구되는 사항이다.

78 정답 ④

인적 자원 관리는 기업의 종업원을 기업의 자원으로 인식하여 인재확보 및 육성을 통해 기업의 자원가치를 증대시키고자 하는 것이므로 종업원의 경영참가 배제는 목적과 무관하다.

79 정답 ②

갈등관리는 여러 방법을 통해 갈등 상황을 제거하거나 순기능적인 갈등을 유발하는 등의 활동을 말하므로 단순히 갈등을 해소하는 것만을 뜻하지는 않는다.

80 정답 ①

콜량 예측 시 필요한 데이터
마무리시간(Wrap-up), 대화시간(Talk time), 평균 처리시간(AHT)

81 정답 ③

인바운드와 아웃바운드의 기능
- 인바운드
  - 신규 가입 문의 및 상담
  - 신규 가입 접수 및 처리
  - 자료 청구 접수 및 처리
  - 응모 처리
  - 본 · 지점 위치확인
  - 주문 및 신청 접수
  - 광고, DM에 대한 문의 상담
  - 불만사항 제시와 A/S 요청 접수
  - 각종 정보변경 접수
  - 분실, 습득, 가입, 해지 접수
  - 요금 관련 문의 상담
  - 사용법 문의 상담
  - 부가서비스 혜택 여부 상담
  - 판촉물 발송 요구 처리
- 아웃바운드
  - 방문 일정 관리
  - DM 발송 후 확인
  - 이벤트 참석 여부 파악
  - 가망 고객 조사
  - 앙케트 조사
  - 상품 · 서비스 홍보
  - 현장영업 지원
  - 고객만족도 조사
  - 이탈 고객 방지
  - 해피콜
  - 개별 고객관리
  - 부가서비스 가입 촉진
  - 반복구매 유도
  - 휴면 고객 · 우량 고객 · 연체 고객 관리

82 정답 ③

① 서번트(Servant) 리더십: 타인을 위한 봉사에 초점을 두고 자신보다 구성원들의 이익을 우선시하는 리더십이다.
② 변혁적 리더십(변화적 리더십): 부하들에게 장기적 비전을 제시하고, 비전 성취에 대한 자신감을 고취시킴으로서 조직에 대한 몰입을 강조하며 부하를 성장시키는 리더십이다.
④ 지시적 리더십: 추진하는 일의 목표 및 목표 달성의 스케줄은 어떻게 되는지, 특정 업무를 어떤 방식으로 시행해야 하는지 명확히 하는 리더십이다.

83 정답 ①

상담원 수를 늘리지 않고 처리 건수를 늘리고자 할 때 도입한다.

84 정답 ①

콜센터 내 긍정적인 분위기 활성화를 위해 노력해야 한다.

85 정답 ③

Off-JT는 OJT(직장 내 교육훈련)를 보다 효과적으로 하려는 목적에서 직장 밖에서 실시하는 교육훈련을 말한다.

86 정답 ③

콜센터의 운영예산의 책정 및 집행은 매니저 또는 경영지원본부(회계, 총무) 등 별도의 관리부서에서 시행한다.

슈퍼바이저
텔레마케팅업무가 효율적으로 운영되도록 텔레마케터의 업무를 지휘 · 감독하며, 텔레마케터에 대한 교육활동, 텔레마케팅 전략 수립, 텔레마케팅 판촉전개, 스크립트 작성, 고객리스트 정비, 운영코스트 관리 등 텔레마케팅 수행의 실질적인 관리를 담당한다.

87 정답 ②

직무 축소가 아닌 직무 확대가 적절하다.

88 정답 ③

후원적(지원적) 리더십은 조직 구성원 개개인에게 관심을 쏟으며 이들의 욕구를 충족시키는 데 집중한다. 부하의 복지와 욕구에 관심을 가지며 배려적이다.

89 정답 ④

근태 불량자를 중점적으로 관리하는 것은 보상을 위한 동기부여 방안이 아니라 처벌을 통한 관리이다.

90 정답 ④

인적 자원 개발을 위한 교육훈련 절차
직무 분석 → 목표설정 → 교육시행 → 성과평가 → 보상과 개선

91 정답 ④

인적 자원 관리의 특징
- 인간 중심적 관리: 종업원을 기계적·몰인간적으로 간주하는 데서 벗어나 하나의 인격적 주체로 인식하고, 질적 경영·인간 중심적 경영을 꾀한다.
- 행동 지향적 관리: 종래의 기록 정리, 문서 보관, 규칙 확립 등의 문제보다는 인적 자원의 능력 계발과 만족감 증진에 관심을 두는 실천적 경영을 중시한다.
- 전략 지향적 관리: 경영자는 종업원들의 잠재능력 계발에 주력하여야 한다.
- 통합적 관리: 조직 목표만 중시하던 종래와 달리 현대에는 개인 목표와 조직 목표가 통합될 수 있는 관리 방식을 실시한다.

92 정답 ③

통화품질관리(QA; Quality Assurance)는 콜 모니터링과 코칭을 통해 생산성 향상과 고품격 서비스를 제공하기 위한 일련의 과정이다. 평가자의 주관을 반영하여 평가하는 것이 아니라 통화품질에 대한 규정을 마련해 전문 평가 인력을 활용하여 합리적인 평가를 한다.

93 정답 ①

② 대용승진: 승진 대상자는 많으나 담당 직책이 없을 경우, 인사체증과 사기 저하를 방지하기 위하여 직무 내용상 실질적인 승진 없이 직위 심벌상의 형식적인 승진을 하는 것이다.
③ 자격승진: 연공과 능력, 즉 직무주의와 사람주의를 절충시킨 제도이다.
④ 역직승진: 조직 구조의 편성과 조직운영의 원리에 따라 상위의 직책으로 이동하는 것으로, 조직에서는 부장, 과장, 계장과 같은 역직이 발생하면 이에 따라 승진하는 것이다.

94 정답 ③

CTI(Computer Telephony Integration)로 평균 통화시간, 통화 포기율, 서비스 레벨 등을 측정할 수 있다.

95 정답 ③

피들러(Fiedler)의 상황 이론(유관 이론)은 리더와 구성원의 관계, 구성원들의 업무 구조화, 리더의 지위 권력의 3가지 요인에 따라 여덟 가지 상황을 설정하여 그에 적합한 리더십 유형(업무 중심적, 인간 중심적)을 제시한다.

96 정답 ④

콜센터 전화 상담은 비용과 시간이 비교적 적게 소요된다.

97 정답 ②

① 유리벽: 조직 구성원이 비핵심 부서에서 핵심 부서로의 수평적 이동을 방해받는 현상으로 특히 여성 차별과 관련하여 많이 인용된다. 수직적 이동을 방해받는 현상은 유리 천장(Glass ceiling)이라고 한다.
③ 끼리끼리 문화: 평소 친한 사람들과만 어울리고 그 외 사람들을 배타적으로 보는 집단 심리를 나타낸다.
④ 콜센터 심리공황: 조직이 점차 커지고 활성화됨에 따라, 상담원들이 기피하는 업종이나 기업의 콜센터는 집단 이탈, 인력채용·운영 효율의 저하 등이 나타나고, 급기야는 콜센터의 관리직도 자기 역할의 한계를 느껴 콜센터 조직이 와해되는 현상이다.

98 정답 ③

일반적으로 마케팅 활동은 경기변동에 따라 변화하는데 텔레마케팅은 불황일수록 적극적으로 대응하여 더욱 강한 조직력과 마케팅력을 발휘한다.

99 정답 ①

텔레마케팅의 성공 요소
- 최고경영자의 확고한 의지와 전사적인 참여
- 고도의 전문화된 텔레마케터 관리자
- 뛰어난 텔레마케팅 전략의 수립과 운영
- 1:1 커뮤니케이션에 의한 퍼스널 마케팅
- 데이터베이스 마케팅 시스템의 전략적 활용
- 장기적이고 지속적인 동기 부여

100 정답 ③

텔레마케팅의 생산성 관리지표
- 평균 처리시간(AHT)
- 평균 통화시간(ATT)
- 평균 대기시간(ADH)

좋은 책을 만드는 길, 독자님과 함께하겠습니다.

2026 시대에듀 텔레마케팅관리사 1차 필기 기출분석 단기완성

개정3판1쇄 발행	2026년 01월 05일 (인쇄 2025년 09월 11일)
초 판 발 행	2023년 01월 05일 (인쇄 2022년 09월 07일)
발 행 인	박영일
책 임 편 집	이해욱
편 저	텔레마케팅자격연구소
편 집 진 행	구설희 · 이영주
표지디자인	현수빈
편집디자인	고현준 · 조성아
발 행 처	(주)시대고시기획
출 판 등 록	제10-1521호
주 소	서울시 마포구 큰우물로 75 [도화동 538 성지 B/D] 9F
전 화	1600-3600
팩 스	02-701-8823
홈 페 이 지	www.sdedu.co.kr
I S B N	979-11-383-9915-9 (13320)
정 가	23,000원

※ 이 책은 저작권법의 보호를 받는 저작물이므로 동영상 제작 및 무단전재와 배포를 금합니다.
※ 잘못된 책은 구입하신 서점에서 바꾸어 드립니다.

텔레마케팅관리사 완벽 공략하기!

내 취향에 따라

실력과 취향에 맞는 학습 방법을 골라 보세요.

기초튼튼형

기본서의 중요한 내용 위주로 **기초를 다지고** 싶다면?

텔레마케팅관리사 한권으로 끝내기

텔레마케팅관리사 2차 실기 실무

실력탄탄형

정석대로 **꼼꼼하게**,
실패 없이 **확실하게** 학습하고 싶다면?

텔레마케팅관리사 한권으로 끝내기

텔레마케팅관리사 1차 필기 기출문제해설

텔레마케팅관리사 2차 실기 실무

시간절약형

어느 정도 **기초가 있는 상태**에서 빠르게 끝내고 싶다면?

텔레마케팅관리사 1차 필기 기출분석 단기완성

텔레마케팅관리사 2차 실기 실무

기출중시형

기출문제 중심으로 **실전 감각**을 키우고 싶다면?

텔레마케팅관리사 1차 필기 기출분석 단기완성

텔레마케팅관리사 1차 필기 기출문제해설

텔레마케팅관리사 2차 실기 실무

24년 연속 판매량, 선호도 1위 도서로 준비하세요!

※ 도서의 구성은 변경될 수 있습니다.

24년 연속 텔레마케팅관리사 부문 1위

1·2차 통합 기본서

텔레마케팅관리사 시험 한 번에 확실하게 잡기

한권으로 끝내기

1차 시험과 2차 시험에 출제되는 중요한 키워드부터
핵심 이론과 예제 및 실제 예상문제까지!
텔레마케팅관리사 시험에 대한 모든 것을
빈틈없이 정리하였습니다.

1차 시험 단기학습서

빈출 이론과 문제로 빠르게 끝내기

기출분석 단기완성

최근 6년 동안의 기출문제를 꼼꼼히 분석하여
빈출 이론과 문제를 중심으로 구성하였습니다.
최신 내용이 반영된 이론과 모의고사로
보다 효율적으로 학습할 수 있습니다.

텔레마케팅관리사 도서 안내

www.sdedu.co.kr

1차 시험 기출문제집

기출문제 정복으로 실력 다지기

기출문제해설

나왔던 문제가 또 나오는 텔레마케팅관리사 시험!
무엇보다도 기출문제가 중요합니다.
5개년 기출문제와 알찬 해설로 개념을 정리하고
실전 감각을 키울 수 있습니다.

2차 시험 기본서

2차 대비 핵심 이론과 기출문제 한 번에 정리하기

실무

실무 용어부터 핵심 이론, 그리고
10개년 기출문제와 실전 모의고사까지!
2차 시험에 대한 모든 것을 완벽하게 정리하였습니다.

※ 도서의 이미지 및 구성은 변경될 수 있습니다.

70.4%

*2024년 텔레마케팅관리사 1차 필기 합격률

CBT 모의고사, 이제 선택이 아닌 필수!

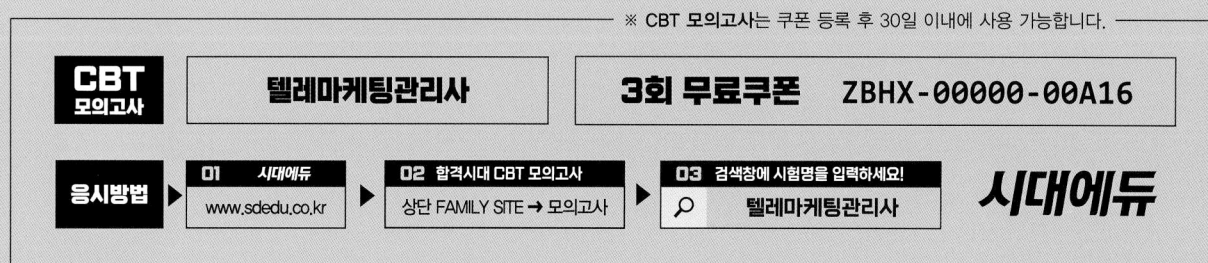